谨以此书献给辽宁社会科学院建院50周年

辽宁社会科学院学者文库

农村经济改革与乡村城镇化发展

张可时 著

张可时文集

社会科学文献出版社
SOCIAL SCIENCES ACADEMIC PRESS (CHINA)

图书在版编目（CIP）数据

农村经济改革与乡村城镇化发展：张可时文集/张可时著.
—北京：社会科学文献出版社，2013.12
（辽宁社会科学院学者文库）
ISBN 978-7-5097-5245-6

Ⅰ.①农… Ⅱ.①张… Ⅲ.①农村经济-经济体制改革-研究-中国 ②乡村-城市化-研究-中国 Ⅳ.①F320.2 ②F299.21

中国版本图书馆 CIP 数据核字（2013）第 257837 号

·辽宁社会科学院学者文库·
农村经济改革与乡村城镇化发展·张可时文集

著　　者／张可时

出 版 人／谢寿光
出 版 者／社会科学文献出版社
地　　址／北京市西城区北三环中路甲29号院3号楼华龙大厦
邮政编码／100029

责任部门／皮书出版中心（010）59367127　　责任编辑／李舒亚　陈　颖
电子信箱／pishubu@ssap.cn　　　　　　　　责任校对／秦　晶　谢　敏
项目统筹／邓泳红　丁　凡　　　　　　　　　责任印制／岳　阳
经　　销／社会科学文献出版社市场营销中心（010）59367081　59367089
读者服务／读者服务中心（010）59367028

印　　装／三河市东方印刷有限公司
开　　本／787mm×1092mm　1/16　　　印　张／26
版　　次／2013年12月第1版　　　　　字　数／426千字
印　　次／2013年12月第1次印刷
书　　号／ISBN 978-7-5097-5245-6
定　　价／128.00元

本书如有破损、缺页、装订错误，请与本社读者服务中心联系更换
△ 版权所有　翻印必究

辽宁社会科学院学者文库编委会

主　任　鲍振东
副主任　曹晓峰　孙洪敏　梁启东　牟　岱
编　委（以姓氏笔画为序）
　　　　　王　丹　王凯旋　吕　超　孙　航　李天舒　李劲为
　　　　　沈殿忠　张天维　张思宁　张洪军　张献和　陈　爽
　　　　　高　翔　韩　红　廖晓晴

作者简介

张可时（女），1942年12月生，汉族，中共党员，1965年7月毕业于沈阳农业大学农业经济系。曾从事教学和图书管理工作，在干校农村插过队（1969~1972年），1979年10月开始在辽宁社会科学院经济研究所从事科研工作，1993年晋升为研究员，历任农村经济研究室主任，经济研究所副所长，院务咨询委员。

主要社会兼职：辽宁省农业经济学会副理事长，辽宁省畜牧经济学会常务理事，中国管理科学院科学进步研究所研究员，中国农村综合发展研究所特邀研究员，天津社科院城郊发展研究与开发中心特邀研究员，中国农业经济学会《农业经济问题》杂志特约通讯员，辽宁省社会科学系列高级职称评审委员会评委，辽宁省乡镇企业经济系列高中级职称评审委员会评委，辽宁省社科规划评审小组成员，辽宁经济发展研究所学术委员，中共沈阳市委沈阳市人民政府决策咨询委员会委员并任农村经济组组长，还曾担任辽宁省社会科学界女高级知识分子联谊会副会长。

在多年科研工作中，亲自参加和主持了十多项院、省、国家各级重点科研项目和国家基金项目，以及"七五""八五"社科规划研究项目。尤其在农村经济、城郊经济和城乡关系等领域，加深研究力度，取得一些造诣较深的科研成果。在经济研究工作中，撰写并发表了科研报告、论文、论著等170余篇（部），280多万字。其中有21项科研成果，分别获得国家优秀论文奖2项，省政府科技进步二等奖2项，省优秀成果一等奖2项、二等奖2项、三等奖4项，省级优秀论文奖7项，市级优秀论文奖2项。

在从事经济研究工作中，常应邀参加国际、国家、省、市、县政府机关和学术团体的学术讨论会、成果论证会、决策咨询会。多次被评为先进工作者，优秀党务工作者，优秀共产党员，优秀学会工作者，优秀会员，还被评为省直机关优秀女职工（省直4万女职工选100人）。

总　序

时值壬辰，辽宁社会科学院走过了波澜壮阔的五十年征程。经过精心策划和编排，"辽宁社会科学院学者文库"终呈其面，令人欣喜，从中不难窥见中国学术传统的映像和传承，感知社会科学工作者栉风沐雨、砥砺研磨的艰辛劳苦，雄立潮头、凯歌行进的激情与欢乐。

社会科学研究事业于人类的生存发展意义重大。自有人类社会起，就开始了各种方式的对社会规律的探索，以叩问社会之道，寻求社会的良性发展。这些探索已成为人类探索自身的一部分。社会是人的活动域，有关这一场域的属性、构造、关系、机能等的规律性的研讨构成了社会科学的内容。康德生动、精准而有趣地表述了自然、人、社会的关联："大自然迫使人类去加以解决的最大问题，就是建立起一个普遍法治的公民社会。"（《历史理性批判文集》）人类结成社会以解决来自大自然的威胁，或者说人类以社会的方式告别了自己的自然之属。从那一刻起，社会就作为人的结构的一部分而存在，它和人的关系是那样的密切，以至于建设社会就是建设人自身，研究社会就是研究人自己，在对社会的研究中寄托着人类的希望。一个充满活力和希望的社会关联着人类的未来，在马克思的理想中，"人的社会"将"代替那存在着阶级和阶级对立的资产阶级旧社会"，理想社会"将是这样一个联合体，在那里，每一个人的自由发展是一切人的自由发展的条件"（《共产党宣言》）；社会"创造着具有人的本质的这种全部丰富性的人，创造着具有丰富的全面而深刻的感觉的人作为这个社会的恒久的现实"（《1844年经济学哲学手稿》）。对人类未来的期许成就了社会科学研究充类至尽的学术积淀，成就了社会科学研究事业的光昌流丽、兴旺发达。

社会科学研究事业有着不可忽视的学理传统，即要着眼于基础理论的研究。人类社会代有其变，但有着基本的规律贯穿其间，对这些基本规律的研究延续在数千年来对人类社会的体认之中，其成果构成了社会科学理论的深厚传统，凝聚为人类文明的珍贵积淀，影响着各个时代、各种体制下的社会建设。"天有显道，厥类惟彰"（《周书·泰誓》）。分门别类，彰显根本，对社会之道的追问是社会科学工作者的职责；对人类文明成果的积淀与守护，探索人类社会的运行法则和进步理念，是繁荣发展哲学社会科学研究的题中应有之义。

社会科学研究事业是与时俱进的，这是它的时代性，它由此建立起有差异的合法性、权威性，建立起与所处时代的血脉关联，并以此回应时代之问。时代精神赋予了哲学社会科学分析现实的视角和解决问题的能力，它必须与时代一同发展，葆有向新而在的敏锐性、先锋性，敏锐地在学理传统中整合进时代的质素，以此推进社会的积极发展。对于当下的中国社会科学研究工作者而言，要处理好八种关系，即学术与政治的关系、继承与创新的关系、求真与务实的关系、动机与效果的关系、调查与研究的关系、科研与科普的关系、有为与有位的关系、治学与修身的关系，在全面建设小康社会、开创中国特色社会主义事业新局面的伟大历史进程中，做好本职工作，积极推进哲学社会科学事业发展。

社会科学研究又是一项脚踏实地的事业，它的理论不是面向空中筑楼阁，而是朝向坚实大地的实践结晶，呈具象于大地上繁衍生息的各个人类共同体之中，与具体的生活、建设、发展相联结。它的应用性体现在作为社会管理、政策制定的智库，为具体的社会发展服务。由此，社会科学研究要继续"大兴调查研究之风"的光荣传统。事实上，倡导调查研究是现代中国社会科学研究固有的学术传统，早在20世纪初，中国大地上开展的一系列社会调查孕育了现代形态的中国社会科学研究事业，其卓越的成果不仅构架了中国社会科学的基架，而且为中国社会的大变革提供了学理上的合法性依据。当下，中国社会科学研究机构也必须在调查研究中切实致力于发现、认识并解决中国社会的现实问题，把自己打造成党和政府的智囊团。这是它安身立命的价值所在，任何一种脱离了社会现实和应用的社会科学都是没有作为、没有生命力的。

辽宁社会科学院起步于新中国社会主义建设时期的1962年，其前身是辽宁省哲学社会科学研究所；迅速发展于改革开放之后，进而蔚为大观。五十春秋，筚路蓝缕，薪火传承，为中国哲学社会科学事业奉献了弥足珍

总　序

贵的学术成果，并作为辽宁省委、省政府的智囊团，为推动辽宁的经济建设、社会发展和文化繁荣作出了应有的贡献，并在此过程中，造就了一支学有专攻、术有所长的学者队伍，涌现出一批学术精英人才。以我国全面建设小康社会关键的"十一五"时期为例。辽宁社会科学院共完成学术成果3500项，出版著作104部，发表论文、研究报告3266篇，有236项成果获胡锦涛、李长春、刘云山等国家领导人及省部级领导批示，总字数达5056万字。诸多成果不仅显示了特有的学术价值，而且被转化为新政策、新举措付诸实施，带来可观的社会经济效益。有关专家成为辽宁省重点学科——马克思主义哲学、世界经济、金融学、社会学、民俗学、中国语言文学、东北边疆史地史、明清史、东北近现代史、区域经济学的学术带头人。

展望未来，刚刚踏入"十二五"时期的辽宁社会科学院，志在通过五年的努力，建成体制完善、机制灵活、人才聚集、学科布局合理、在国际上有一定影响、在国内位居上游水平、在辽宁省内具有权威地位的哲学社会科学综合性研究机构，成为马克思主义中国化最新成果研究和传播中心、经济社会文化发展战略咨询服务中心、哲学社会科学学术和信息交流中心、地方党委与政府名副其实的思想库和智囊团。

辽宁社会科学院因时而生，为民而谋；孜孜以求，唯兴国以为宏志。共襄五秩盛典，无不鼓舞欢欣，豪情满怀。往事可追，前程在望。感慨系之，谨以为序。

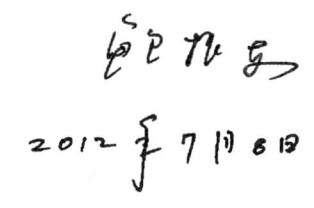

2012年7月8日

序　言

　　为纪念建院50周年，辽宁省社会科学院决定出版一批专家文集，作为辽宁省社科院科研成果和学术精品的记载与典藏，这项工作十分必要。

　　我是一名新中国培养、教育下成长起来的知识分子。在中学、大学读书期间经常下厂、下乡参加劳动。对城乡、工农、脑力与体力之间的不同有了一定的体会。特别是"文化大革命"时期，走"五七"道路，到农村插队三年，农村生活使我更加了解农村经济、农民的生活水平和生产状况。我是学农业经济的，充分认识到发展农村经济，提高农民的生活水平，改变农村和农民的生活方式，缩小城乡之间、工农之间、脑力劳动与体力劳动之间的差别等问题，是当代社会应当解决的重要的基本问题。我认为，这是祖国人民和当今社会赋予我们的使命。虽然，这是长期的艰巨的使命，但这是人类生活进步和经济社会发展的光辉大业。我愿意在其中贡献自己最大的力量！

　　1978年的春天，第一次全国科技大会的召开和党的十一届三中全会的召开，为科学发展带来了春天。尤其是召唤科技人员专业归队，使我受到极大的鼓舞。于是，1979年，我以一篇题为"三大差别在生产力发展中产生和消亡"的论文，通过考核，迈入了辽宁社会科学院的科学研究殿堂，从事多年渴望的科研工作。我怀有一种坚定的志向，就是沿着马列主义毛泽东思想指引的路线，为人类实现共产主义而努力工作，从此开始步入科研道路并从事科研工作。

　　在经济学界，我是从事城郊经济研究较早的成员之一。多年来，我研究探索"城郊农村经济，建设社会主义新型城乡关系，推进乡村城市化、城乡一体化"的课题，可以说是经历了一个由表及里、由浅入深的过程。

　　最初，以"建立社会主义新型城乡经济关系"为理论基础，首先选定了"大城市郊区副食产品生产和沈阳郊区蔬菜生产供应问题的调查研究"课题。该课题被列为经济所计划项目，由农经研究室主任庞振华负责，我和张乃贤参加，共同合作。我们于1980年秋考察研究了上海、南京、天津、北京和沈阳五大城市郊区的副食品供销状况，撰写了《五大城市郊区的副食品生产考察报告》[①]，并在此基础上对"沈阳市蔬菜生产供应问题"进行了深入的调查研究和实证分析。文章揭示出1980年代初，我国城乡关系仍然是"城市依靠广大农村供给粮食、依靠城市郊区供应蔬菜等副食品"的供应关系，仍然停留在以20世纪五六十年代所奠定的计划经济和产品经济为基础的城市及工业剥夺农村和农业的城乡对立关系上。由于我们发表的关于沈阳郊区蔬菜生产供应问题的调查报告，提出了改革蔬菜购销方式和采取合理调价制度，打破统购包销政策，调动生产者和经营者的积极性等建议，在推动商品经济发展上起到一定作用，受到中央有关部门重视。作为全国重要调研报告，被红旗杂志社经济部编入《经济调查》丛书第一辑，由红旗出版社1982年出版发行。

接着，在1982年召开的全国农村经济体制改革和调整农村经济结构学术研讨会上，由天津、湖北、上海、辽宁和北京五省市社科院和北京农业大学农经系代表倡议，提出开展中国大城市郊区农村经济研究课题，被中国社科院和国务院农研中心批准。1983年3月，我受庞振华主任的委托，有幸参加了全国大城市郊区县经济结构研究协作组成立大会。之后安排我承担了课题研究任务，并担任"沈阳课题组"组长工作。在1983~1985年的3年中，我与陶渊华以及沈阳市农委徐智远等同志合作，进行了大量调查和收集资料工作，对沈阳市郊区、县的经济发展历史、现状及与城市的密切关系等，作了详细的分析研究，撰写了《沈阳市农业经济结构问题研究》和有关沈阳市郊区县的林业、牧业、淡水渔业、旅游业、科技教育和小城镇建设发展的10余篇论文和研究报告。为沈阳市经济发展战略决策提供了咨询建议，受到市农委、计委的好评。在大量研究资料的基础上，我撰写了《城郊农村经济概论》，这是一篇在理论上具有突破性的高度概括的论文，为城郊农村经济理论奠定了初步基础。我认为城郊经济在区域上处于城乡结合部，是介于城市经济和乡村经济之间，形成一种城乡经济互相依托、联系密切、商品生产比较发达、综合发展的区域性农村经济。它一面

---

① 《经济资料与文稿》1981年第2期。

序 言

连着中心城市,一面连着广大农村腹地,因此城郊经济是城市经济联结的纽带,是发挥城市中心作用的基地,是广大乡村经济发展的先导,是实现缩小城乡差别和乡村城市化的第一梯队。该论文发表在《经济资料与文稿》1985年第2期上,后被《沈阳农村经济》1985年第1期刊载,辽宁省农经学会评其为优秀论文。与此同时我参加了全国大城市郊区县研究中心组,与其他成员共同研讨撰写了《中国大城市郊区县经济发展方针》,该文上报国务院农研中心和政研室,被国家在制定城郊经济发展战略方针政策时采纳。此后,我还参加中心研究组撰写专著《中国城郊经济研究》(执笔第二章"城郊型农业经济");参加撰写了中国第一本《中国城郊经济学》的第八章"城郊农业经济"[①]。《中国城郊经济学》为我国经济学科填补了一项空白。通过对城郊经济的研究,我们揭示出发展城郊农村经济,是建立具有中国特色的新型城乡经济关系,走出一条中国式城乡融合、城乡一体的农村城市化道路的重要途径。

此后,在参加方秉铸和徐兴田主持的辽宁省"七五"社科规划项目《辽中南经济区发展探索》和国家中华基金资助项目《东北经济区发展研究》中,尽可能创造机会继续研究城郊经济和城乡关系问题。其中我撰写了《辽中南经济区城郊经济的特点和发展道路》一文。这一研究成果对辽宁中部城市群和沿海城市带的城郊经济特点与发展趋势作了全面分析论证。由于辽中南地区大中城市多,密集成群,各大城市间距离较近,对城郊农村和广大乡村,所发挥的城市中心辐射作用重叠,互相影响渗透,显示出明显的聚集性、高效性、商品性和中心性的特点。因而辽中南经济区城郊经济比较发达,在促进城乡结合、经济协调发展过程中,城郊经济发挥着先导作用、基地作用、屏障作用、腹地作用。而且在城市经济辐射能力作用下和城乡经济网络制约下,城乡结合、经济协调发展的关系不断增强,城郊地区首先与城市实现一体化。在缩小和消灭城乡差别,实现城乡融合的历史进程中,辽中南地区的城郊农村一定会走在全国前列,成为农村城市化的第一梯队。

另外,通过"发展新型农村合作经济,完善双层经营体制"和"县级经济体制的综合改革"的研究论述,阐明了实行"统分结合,双层经营"体制,进一步形成多种形式、多层次的,既有分工又能协调发展的多种产

---

① 农业出版社1989年5月出版。

业、多功能的城乡联通、社会化县乡经济网络体系。尤其在城市经济体制改革的驱动、影响下，进行县级经济综合改革，才更有利于城乡结合、城乡一体化发展。尤其是在《市领导县体制是实现城乡一体化的重要模式》一文中，不仅论述了城乡一体化的丰富内涵及发展的必然趋势，而且早在1986年就论述了确定市带县适度规模的理论和原则，认为辽宁实行市带县的规模范围不合理，应进行调整。建议调整沈阳、鞍山等大城市的"大马拉小车"，领导县过少，而铁岭、丹东等市的"小马拉大车"，领导县过多的状况。这一具有可操作性的超前建议和理论依据，受到辽宁省、市领导和决策部门的重视，已于1990年作了调整。这项研究成果丰富了"消除城乡对立、城乡分割，建立城乡融合、经济协调一体发展"的城乡关系理论。这些研究成果，以及《辽宁城郊经济发展战略研究》等论文，都获得了全国区域、辽宁省社科规划和经济学会的优秀成果一、二等奖。

在小城镇与城市化问题研究中，除了1984年对沈阳郊区小城镇和卫星城镇的探讨外，我们还在1993年结合中国百县市调查对辽南城镇化发达的海城市小城镇的建设发展进行了深入研究，为我承担辽宁省计委1996年课题《辽宁农村小城镇建设与经济发展研究》奠定了基础。这项研究是通过对42个小城镇发展建设状况的调查，对辽宁城市化历史进程的剖析，揭示了辽宁城市化发展规律、特征及存在的问题，并提出推进城市化进程的新思路。建议制定高起点、高标准、城乡一体化的科学规划，尽快建立适应市场经济体制的城乡一体化的各种配套制度。如全方位改革二元结构的户籍管理制度，实施城乡一体的社会福利保障体系，等等。我撰写的《辽宁农村小城镇建设与经济发展研究报告》被省计委评为科技进步二等奖；《辽宁城市化和加速城市化进程的新思路》，获得了1996年在井冈山召开的全国农业和农村工作研讨会颁发的优秀论文成果奖。

在城镇化课题研究上，我取得了一些成绩，还需要进一步探索和实施。然而面对世界、中国、辽宁省层出不穷的新社会经济发展实践，应有更新的创造性思维，去探讨、研究，并担当起职责。作为社会科学的探索者，我依然任重而道远。必须善于学习，吸取一切有益知识，坚持良好学风，深入实践调查研究，秉持脚踏实地的科学态度，发挥自身优势，与业内同人协同攻关，为科学事业努力工作。

目录
CONTENTS

第一篇　农业生产与经济体制改革

试论农业生产专业化问题 …………………………………………… 3
庭院经济发展与立体农业 …………………………………………… 12
不放松粮食生产　积极发展多种经营 ……………………………… 18
农村经济综合发展问题初探 ………………………………………… 25
县级经济体制的综合改革 …………………………………………… 31
发展农村合作经济，完善双层经营体系 …………………………… 42
关于扩大土地经营规模问题的探讨 ………………………………… 55

第二篇　农业经济发展战略研究

辽宁农业需要有一个大发展 ………………………………………… 65
建立生态农业是极为重要的战略问题 ……………………………… 72
关于辽宁农业发展战略问题的浅见 ………………………………… 80
辽宁粮食生产的历史经验及发展道路的选择 ……………………… 85

第三篇　农村产业结构调整问题研究

沈阳市农业经济结构问题研究 ……………………………………… 101
关于调整农村产业结构几个理论问题 ……………………………… 109
按"贸工农"型调整辽中南沿海地区农村的产业结构 …………… 113
发挥营口市经济优势，调整产业结构 ……………………………… 127

辽宁农村第三产业发展及其战略思考……134
  正确处理三次产业的关系是经济协调发展的重大问题……153

第四篇　工农业协调发展与经济增长方式转变

  工农业协调发展与辽宁经济增长……165
  依靠科技进步是转变农业增长方式最根本的推动力……173
  面对知识经济时代的来临应采取的对策……184
  建立高新技术集成机制与培养辽宁新的经济增长点……192

第五篇　城郊农村经济研究

  关于沈阳郊区蔬菜生产供应问题的调查……203
  城郊农业经济结构与发展趋势……212
  城郊旅游业应尽快大发展……236
  关于沈阳市郊县淡水渔业生产的调查……240
  辽中南经济区城郊经济的特点和发展道路……246
  城市经济改革与城郊经济发展……255
  城郊农村经济概论……263
  辽宁城郊经济发展战略研究……269

第六篇　小城镇建设发展与乡村城镇化

  一座新型小城镇的崛起
  　　——辽中县茨榆坨镇经济调查……279
  对虎石台卫星城建设问题的探讨……285
  论沈阳市小城镇的建设和发展……291
  海城市小城镇建设与发展……301
  辽宁农村小城镇建设与经济发展研究报告……323

第七篇　乡村城镇化与城乡经济协调发展

  市领导县体制是实现城乡一体化的重要模式……343
  城镇化跨入新的发展阶段……353
  辽宁城市化和加速城市化进程的新思路……367
  走向现代化的必由之路：加速城市化进程……376

第一篇

农业生产与
经济体制改革

试论农业生产专业化问题[*]

农业生产专业化问题是农业现代化的基本问题之一。近年来我国学术界对这个问题作过一些讨论，对探索农业生产现代化问题起到极好的作用。为了迅速改变我国农业生产力的落后状况，笔者认为，现在仍然有必要继续讨论这个问题。

一 农业生产专业化的客观必然性

所谓农业生产专业化，就是指在农业生产内部进行生产分工并进行科学生产的组织形式。其特点在于按不同的自然条件和经济条件，把用途、结构、生产程序和生产工艺相同或相似的农产品集中在一定的地区、部门或生产单位进行生产。当然专业化生产并不意味着绝对的单一化经营。因为农业生产限制因素多，条件极为复杂，应根据地形、土壤、水利、气候等各种不同的条件，可以同时生产一种或几种农产品。这与农业生产专业化的概念是不矛盾的。

农业生产专业化是怎样产生的？农业生产专业化是社会生产劳动分工的必然产物，也是商品生产发展的必然结果。自从一些手工业从农业中分离出来以后，农产品的生产就不仅是为了满足自身生存的需要，而且是为了拿到市场上去卖，进行农产品的交换，供给从事其他行业的生产者进行消费。这就形成了农产品的商品生产。社会劳动产品交换的进行，使农产品也具有了商品的性质。随着社会分工进一步发展，商品生产和市场的扩大，客观上要求把制造整个产品的某一部分的生产率提高，就必须使这部分生产产品生产专业化，使它成为可以采用先进生产手段生产更多的产品

---

[*] 原载《经济资料与文稿》1981年第2期。

的特种生产。在这样的经济条件下,农业生产专业化就成为必然的,而且成为必要的生产方式。农业生产专业化的主要标志是生产一种或两三种主要产品,并由这些主要产品在同类产品的商品部分所占的比重来确定。主要产品在商品性产品中所占的比重越大,则标志专业化水平越高。社会分工、商品生产和专业化的关系,正如列宁所说的:"哪里有社会分工和商品生产,哪里就有'市场'。市场量和社会劳动专业化的程度有不可分割的联系。"[①]

可见,社会分工和商品生产的发展及由此引起的专业化生产都是生产力发达到一定程度的结果。农业生产专业化程度同样是随着农业生产力水平不断提高而提高。因此,农业实现生产专业化,不是人为凭空构造的,而是农业生产发展的必然产物,并且是现代化农业发展的普遍规律。世界上农业发达的国家都是走农业生产专业化道路。美国就是农业高度专业化的国家,1950年以来,作物平均单产提高60%,劳动生产率和农产品商品率都很高。但是在资本主义国家,农业生产专业化受到生产资料私有制的限制,农业资本家以榨取最高利润为目的,彼此进行残酷的竞争,在客观上显然也促使农业生产走向专业化,并能大幅度地提高劳动生产率,高速度地增加总产量。然而资本主义固有的各部门、各行业自发的不平衡发展,经常引起农业经济结构内部比例失调和造成土壤破坏流失、虫灾泛滥、环境污染、水源短缺、能源浪费等。这样的农业专业化、现代化并不完全符合科学规律,其根本问题在于专业化生产引起生产过程的社会性与生产资料私人占有相矛盾。相反,在社会主义制度下,生产资料公有制,为农业生产进一步分工和实现生产专业化和社会化,首先创造了前提条件。实行计划经济,对于各部门、各企业实行专业化与协作,将更有利于高速发展社会生产力和提高劳动生产率,并能大幅度增加农产品总产量。

新中国成立30年来,我国农业有了很大发展。但是发展速度仍然缓慢,因为广大农村还是用落后的生产方法和简陋的生产工具进行手工生产。政社合一的组织形式和靠行政命令追求产量指标,使农业生产不管当地的自然条件和经济条件如何,只顾眼前需要;在狭小的生产规模内种植种类繁多的作物,使多数地区的人民公社摆脱不了"小而全"或"大而全"的小农经济状况。农业劳动生产率和农产品商品率十分低下,无力扩大再生产,

---

[①] 《列宁全集》,1957,第83页。

严重地阻碍农业生产力的进一步发展。尤其是我国农业发展又经历了两次大挫折，一次党内由于犯了"浮夸风"、"共产风"和"瞎指挥风"的错误，另一次由于林彪、"四人帮"极"左"路线的干扰，党的各项经济政策被破坏，挫伤了广大农民和干部的生产积极性，生产力遭到严重破坏。以"农业为基础"的方针没有得到认真贯彻执行。单一抓种植业、抓粮食，忽视林业和牧业的生产，进行掠夺式生产，不但破坏了农业生态平衡，而且造成了不合理的农业生产结构，违背了自然规律和经济规律。不是用发展生产力的办法改变自然经济结构，而是用改变生产关系提高所有制公有化的程度来推动经济领域的社会主义改造。这一切主要是"左"的路线干扰破坏的结果，也是封建主义和传统的小农经济思想流毒的影响。

因此，我国实现农业生产专业化必须首先打破自给自足的落后的小农经济思想的束缚，要认真调整农林牧渔不合理的比例关系，建立符合科学发展规律的农业生产结构。根据"以粮为纲、多种经营、因地制宜、适当集中"的方针，按照自然规律和经济规律原则，搞好农林牧副渔各业的综合平衡。在保证种植业发展的同时，增加林牧渔业在农业中的比重；保证粮食作物播种面积相对稳定的同时，尽最大努力发展经济作物生产。在近两年经济调整工作中，扭转了单一抓粮食生产的状况，林牧业都有了一定发展。但千万不要忽视粮食是一切问题的基础，这是关系九亿多人吃饭的大事情，决不可掉以轻心，调整粮食生产势必量力而行，积极稳妥推进。如辽宁省粮食播种面积不得少于4000万亩，占全省总播种面积70%左右为宜。

其次，建立合理的农业生产结构，还要打破现有的行政区划老框框的束缚，根据不同类型地区的自然和经济地理特点，进行农业区域规划和作物布局，实行生产区域化、专业化和协作化。专业化与协作化是生产力发展的规律，也是衡量一个国家生产力发展水平的标志。专业化与协作化是矛盾统一体，相辅相成不可分割。随着社会生产力的不断发展，专业化与协作化会向更高阶段发展。

二　实现农业生产专业化的重要意义

实现农业生产专业化对农业生产发展的影响是很大的。

第一，农业生产专业化可以合理、有效地利用自然资源。人们通过对自然条件和经济条件的科学分析，在不同的条件下生产某一个或某几个品种，由此进行不同的农业投资，投放相应的人力、物力和财力，因地制宜地发挥自然资源和经济条件的优势，使各种农作物向着适合它生长的高产地区集中；使林业、牧业、渔业能够按照各自要求的生长环境进行合理安排，向着适宜生长的地区发展。

第二，农业生产专业化有利于提高每一个生产者的科学技术水平，并能按科学要求安排每一个生产环节的有效生产。由于生产的专业化，生产者在自己的岗位上从事着简单的劳动项目，更能集中精力钻研科学，不断提高劳动熟练程度，把科学技术应用于生产中，使每一个生产环节更加科学、合理地组织起来，从而培养出各种专业人才。

第三，实行专业化生产最大的作用是提高劳动生产率。国内外专业化生产经验都证明，只要实行专业化生产，产品产量可以大幅度提高，生产者的收入也可以大幅度增加。北京郊区四季青公社是从1978年实行区域化、专业化生产的。该公社设有8个蔬菜专业大队，9个管理站。1979年各项生产都超过了上1年。每个劳动力平均收入从1978年的536元增加到1979年的738元，最多的可得1000元，少的也得到了600元。

第四，专业化生产便于建立健全农业生产责任制，调动生产者的积极性。实行专业队、专业组或专业户，为采取联系产量计酬的劳动管理方法，创造了方便条件。再通过实行"包定奖"等管理办法，集体生产与社员个人物质利益更紧密地结合起来，从而有效地贯彻多劳多得的按劳分配原则，有利于充分调动生产者的积极性。

第五，实行农业生产专业化有利于实现农业生产机械化和提高农业机械的利用率。由于农业生产受到季节性影响，农机利用率没有工业机器利用率高。如果在一个农场、一个生产队进行多种生产，什么都种、什么都养，就需要购置多种农业机器，而每种机器一年只利用几天或十几天，这样做不但不能有效地发挥机械作用，也极不经济。因此应有重点地种一种或两三种作物（饲养一种或两三种畜禽），这样可以充分发挥农业机械的作用，做到增产节约。实践证明机械化和专业化是相辅相成的。生产愈专业化，农机利用率也就愈高，农业机器愈可能配套齐全，使每一项作业都能做到机械化。

三　实现农业生产专业化的途径

我国自然经济条件极为复杂，而现阶段我国农业生产力水平又低，要实现农业生产专业化，需要抓好以下几项工作。

1. 实现农业生产专业化首先应抓好农业生产布局和区域专业化工作

农业区域专业化的原则是根据不同地区的自然条件、经济条件、生产方式和结构特征，生产项目和产品品种在一个地区范围内的相对集中。各个地区必须在对自然资源、经济状况进行综合考察、摸清情况的基础上进行农业区域规划。进行区域规划必须强调因地制宜，适应自然规律和经济规律的客观要求。由于我国国土广大，农业生产水平各地差异极大，在农业各种类的布局上，要考虑各方面的相互关系，既要突出重点，又要进行综合平衡，绝不能粗枝大叶和搞"一刀切"。

例如，辽宁省工业比重大，城市人口多，为了满足人民生活水平不断提高的需要，在全省范围内调整农业生产结构。从实际出发，合理地开发和充分利用"六山一水三分田"的资源及广阔的海岸带。要查明辽宁省的土地资源、水利资源、气候资源和生物资源分布的情况，依据生态学原理和社会主义经济规律的客观要求，得出比较符合实际的数量统计和质量分析，然后才能科学地评价农业自然资源和社会经济条件，合理地作出全省一级综合农业区域规划。根据辽宁省农业区分划研究所提供的材料，辽宁省已划分五个一级农业区和一个农业类型，即（1）东北山地林产区。（2）辽东半岛经济作物水产区。（3）中部平原粮产区。（4）西部低山丘陵农牧区。（5）西北部风沙低丘农牧区。（6）城郊农业类型。各地区进行各自的重点项目（或种类）的专业化生产。之后，再根据一级综合农业区划内容，由各市县区、农场和社队，结合本地区本单位的自然、经济特点，分期分批作出相应的二级、三级或四级农业区划和各项专业区划。又如沈阳市东陵区，则应根据它所在城郊地理位置和承担供应大城市农副产品的任务要求，对本区的农作物生产分区划分为：近郊各公社共 11 万亩耕地，以生产蔬菜为主；中郊各公社共 21 万亩耕地，以生产水稻为主；远郊各公社 20 多万亩耕地，以生产旱田作物为主。各区都有自己的农业专业化的生产任务和特点。

农业区域规划，更有利于农业生产的发展，科学的农业生产区域化不但是实现农业生产专业化的重要前提,也是发挥地区经济优势的重要前提。

2. 实现农业生产专业化要依据不同的经济基础,采取不同的专业化形式

我国农业在半封建半殖民地社会的长期束缚下,农业专业化生产的发展过程极为缓慢。自新中国成立以来,农业专业化才逐渐形成和发展。但各地区发展很不平衡,凡是在农产品商品率较高的地区和单位,如大城市郊区、国营农牧场、经济作物产区等,实行专业化生产历史较久,发展也快。相反,在广大农村社队,仍然是"小而全"的半自给的自然经济,专业化生产水平极低。鉴于我国农业生产状况,要在不同的经济基础上,采取不同的农业生产专业化形式。

首先,广大农村生产落后的社队,要采取专业户、专业组或专业队等形式。因为广大农村自给自足小农经济为主要特点的社队,占我国农业中相当大的比重,在实现专业化生产中就要从这个实际出发,因地、因人制宜,按各种不同自然资源条件确定专业化生产内容和生产项目。具体来说,要根据生产特点、专业性质及社员的专长划分各种专业队、组或人。如有山林的地方,建立林业专业队、组;在有水面的地方,建立养鱼专业队、组;在有工副业原料的地方,建立专业工厂或副业队;还有如植棉队、蚕业队、果树队等。此外,还可以根据当地资源种类的多少,实行一业为主、多种经营为辅的专业化生产。如以粮食生产为主的生产队,可建立辅助的牧业或菜、果、渔业等专业队、组或专业户;以果树为主的生产队,可建立辅助的粮或菜、蚕、牧业等专业队、组或专业户等。另外在一些集体经济基础较薄弱的地方,可以利用特有专长的技术人员及一些多余劳动力,组织各种专业生产户。如养猪户、养羊户、养鱼户、植树造林户等。近年来辽宁省实行专业户生产,发展很快。沈阳市专业户发展到目前为止,已达 83944 户。

在组织建立专业队、专业组、专业户时,注意其规模大小,经营项目、生产门路都应当同现有生产力水平相适应。同时要逐步改变农林牧副渔各业不合理的比例关系,增加牧业、林业、渔业的比重,做到种植业与饲养业并举,以保证各业专业化生产的进一步发展。

其次,生产力水平较高的社队,要巩固和发展产品专业化生产形式。在集约化生产水平和劳动生产率水平都高于一般地区的人民公社和生产队,经济基础雄厚、农产品商品率和社员收益水平也较高,在生产上已经开始了专业化生产。这样的农业社队在经济作物产区和大城市郊区是很普遍的。

例如，辽东半岛上有以经营蚕业生产和果树生产为主的社队，都是农产品专业化生产单位，它们的产品商品率极高，而且具有悠久的栽培历史，积累了丰富的专业化生产经验，但还没达到高标准的专业化生产水平，需要在产品专业化生产中进一步巩固和发展。农业生产越趋向专业化，农业生产力越有较大提高，对国家贡献也就越大。例如，沈阳近郊区自实行合作化以来就开始了以蔬菜为主的专业化生产。其中南塔大队就是一个专业化生产历史悠久的蔬菜生产基地。现在该队建立了六个蔬菜专业队，一个为蔬菜育种的科研队，其次还有果树队、积肥队、基建队、奶牛场、养猪场、养鸡场等。其产品除以蔬菜为主外，还有肉、蛋、禽、奶、果等，专门供应城市需要。商品率达85%以上。近年来蔬菜总产量稳定在5000万斤左右。1979年为城市提供商品蔬菜4200多万斤，猪2250头，鲜蛋13.5万斤，牛奶56万斤，水果15万斤，肉鸡183吨，白酒48.5万斤，淀粉130万斤，支援了城市建设。同时社员生活水平也显著提高。1979年年终全大队总收入达到621万元，大队总积累达1000万元，人均收入358元以上。年终社员一次存款达40万元。因此，农业生产专业化的结果是生产力大提高、生产规模扩大、社员生活富裕。当前应对这样的专业化生产较早的地区和单位，因势利导，使它们加速向现代化农业前进，以带动广大农村共同富裕。

最后，国营农牧场要实现农业企业专业化生产。实现农业企业专业化生产的国营和集体农（牧、林）场，它们都是农业生产专业化程度相对比较高的农业企业，不仅劳动生产率和集约化水平高，而且农业机械化也有基础。国家要求农牧场建成商品粮基地、工业原料基地、农畜土特产品的出口基地、城市副食品生产基地。因此，为了加速发展农业生产，必须首先在农场内部调整不合理的生产布局和经营项目，加强专业化生产，逐步趋向生产一种或两三种农产品，以尽快提高劳动生产率和农产品的商品率。同时应使农业集约化经营向纵深发展，在生产技术上实现农业、畜牧业生产机械化、育种、蔬菜生产工厂化、灌溉、打药和施肥自动化，等等。当农业企业专业化生产发展到一定阶段，产品产量不断增加，农业生产不仅要求专业化，而且要进行协作化、联合化。即农产品从生产、加工到销售要实行联合经营，朝着农业生产社会化方向发展。

四　农业生产专业化的发展趋势

农业生产专业化进一步发展，自然要求生产程序的各个环节也实行专业化生产，把生产过程的前几道程序分别独立出来，成立专业公司并实行分工协作。目前成立的种子公司、饲料公司等就是这种分工协作形式。当然，繁育优良种子需要设立种子农场或种子公司，并实行专业化生产；牲畜的饲料，要由饲料公司专门生产和供应；化学肥料和机械化农具都由工业部门或专设的肥料公司和农机公司来生产和供应。同时生产过程的后段程序如产品运输、农产品加工也需要分离出来，设立专业公司承担运输及加工任务，并实行专业化经营。我们可以看到，这些专业公司能为农业提供所需要的生产资料，并可以减少流通环节，直接为农业生产服务。这种农业专业公司专业化程度高。它反映着社会生产水平的进一步发展，可以为将来农业生产的工厂化、科学化奠定基础。

农业生产专业化不仅要求种植业专业化，林业、牧业、渔业自然也要专业化。因为农林牧渔是相互联系的，不能割断它们之间的联系而孤立地实行专业化，应建立各业的分工协作关系。这种协作现在是在一个农场内部进行，将来要发展为不但在各农场之间，甚至在几个地区之间进行。总之专业化生产的发展，不但要求农业生产中各个工序环节分工愈细，并要求各工序之间密切协作；还要求农业内部各生产单位之间的协作；要求农业与工业、商业的协作。由工业部门提供所需要的生产资料和加工农产品，需要商业进行采购、运输、销售农产品。把农产品的生产、加工和销售三个主要环节有机地结合为一体，形成农业、工业和商业的联合企业。

当前，我国正在试办各种类型的农工商联合企业。笔者认为，凡是专业化和集约化生产水平高的地区和单位都可办起农工商联合企业。因为它确实能促进农业内部各业朝着专业化、社会化的方向发展。通过自己加工及销售农产品能为农业现代化积累资金和安排多余劳动力。更重要的是，它可以带动其他地区和单位加速专业化和现代化。因此在一些地区的某种产品如水果、牛奶、蚕丝、蔬菜、茶叶、甘蔗、棉花等，都可以试办农工商联合企业。今后应逐步打破农村农副产品运到城市加工的传统，建立农工商联合企业要将加工业的利润一部分返还给农民，使农村尽快富起来。

可以预见，随着时间的推移，农工商联合企业也必然要发展到高级阶段，将使集体所有的一些联合企业，根据生产和生活需要，联合建设大型的机械化综合体，或建设共同需要的温室、道路、灌溉系统、文化生活中心等，这些共同兴建的生产项目和生活项目，促进了生产的社会化。此外，国家所有制的农工商联合企业，因不断壮大再生产，进一步同工业企业、科研教育单位联合成跨单位的综合体。即把农业、加工业、科学和服务领域统一联合起来，形成跨部门、跨行业和跨地区的专业协作的一体化机构。随着生产社会化程度的不断提高，它必将打破国营经济和集体经济之间的界限，在国营经济与公社经济之间，公社与公社经济之间，组织起各种形式的新型农工商联合公司。

庭院经济发展与立体农业[*]

一 庭院经济的兴起及理论依据

我国国情的特点之一，是人口众多，耕地面积少。目前我国人均耕地面积只有1.9亩，仅为世界人均耕地数量的1/3强。在大城市郊区、县，由于人口密度大于一般农区，而且人口是继续增长的趋势，所以人口平均拥有的耕地面积就更少了。如上海市人均耕地面积为1.15亩，武汉市为1.34亩，成都市为1.07亩，沈阳市为1.14亩等。随着人口逐年增加，耕地面积在逐年减少；相反，随着人口的增加，居住使用的土地面积也不断增加。这样在有限的耕地上发展农业生产，按照传统农业的经营方式，获得的农产品，不可能满足日益增长的人口生活需要。过去受"左"的思想影响，农村经济落后，农民生活困难，为了生存，养成了在庭院里"养鸡下蛋、喂猪攒钱、种园吃菜"的习惯。但是这种习惯在"文化大革命"期间，被认为是资本主义尾巴，越割越短，庭院经济发展不起来。党的十一届三中全会以来，农村经济有了较大发展，特别是1982年在农村实行家庭联产承包责任制后，农民有了经营自主权，发扬了已经养成的勤劳致富的习惯，在庭院里的小小空闲地上，进行种植业、养殖业和加工业的生产，使家庭增加了收入，生活富裕起来了。

庭院经济的兴起和发展，一个直接因素，就是它可以获得比一般农业较高的经济收入。沈阳市苏家屯区白清寨乡农民何玉文在农艺师郭文涛的指导下，进行盆栽人参。仅培养西洋参种苗一项，在12平方米土床上就培育出一年生种苗共3600株，每株售价0.8元，共收入2880元。新民县西郊

---

[*] 原载《经济资料与文稿》1986年第3期。

村的七个重点户共32人，其中整半老弱劳动力15人，可利用的庭院土地9.5亩，1984年上半年在庭院种蔬菜平均每户收入4932元，人均收入1150元，平均每亩庭院耕地收入3634元。一亩庭院土地收入，等于一亩收入300元的高产大田的16倍。可见，发展庭院经济，是农民劳动致富的一条重要的途径。

庭院经济发展从理论上分析，有两个方面的依据。

第一，庭院经济是商品经济发展的产物。庭院经济是发展商品生产的好形式，它具有投资少，见效快，经营灵活方便的特点。农民在进行大田农业生产和集体劳动之余，利用庭院中小块土地，利用闲余时间和家庭中的辅助劳动力，从事各类生产活动。获得了高质量、高产量的农副产品，在商品交换中获得高收益。可见，庭院经济的发展，已经从满足农民自身需要转向了满足全社会需要。而且城市郊区邻近大城市，是商品经济发达的地区。在城郊发展庭院经济是以因地制宜地面向城市市场、服务城市为宗旨，所以城郊庭院经济的发展，就更为突出地体现了商品生产的特性。

第二，在庭院发展农业经济，农民可以获得较高的土地级差地租。马克思在《资本论》中讲"级差地租第Ⅰ形态"是由于土地肥沃程度不同和土地的地理位置不同而产生。肥沃土地的产量比瘠薄土地产量高，收益大。庭院的土地虽然是零星小块，但由于投入方便而比较肥沃，能获得高产高质的产品。土地位置不同，通常是指距离市场的远近不同，会使土地产品运到市场去出售时所支付的运费不同，因而在离市场近的土地上生产的产品，比距市场远的土地上生产的产品取得更多的利润。城郊区域由于邻近城市市场，所以与农区同等条件下，城郊的庭院经济会比农区的庭院经济获得更高的经济效益。另外，发展庭院经济主要是利用庭院土地，庭院土地具有离劳动者日常生活环境很近的特点。农民经营庭院土地十分方便，可以利用早晚休息时间，利用家庭中老、弱、病、残等辅助劳动力资源，在房前屋后，精耕细作，仔细料理，进行高度的集约化经营。庭院土地离生产者近，能够就近投入水和肥，肥源充足，不用专门储运，既省工、省时、省费用，又得到了优质肥沃土地。发展庭院经济还能够充分利用庭院自有的小气候条件使用塑料薄膜，利用院墙和其他设施等，经营一些农田中难以经营的产品。因此，可以证明一个道理："土地位置离劳动者日常生活环境的远近，所取得的收益，也会有很大差别的。"①这应当是级差地租理论的又一个重要方面。正因为有这样的理论根据，庭院经济成为一种独特的经济类型，而且在城郊地区发展这类庭院经济更具有实际意义。

二 庭院经济经营的类型和发展的趋势

庭院经济的发展，是以商品生产为目的。从生产经营上可分为以下几个类型。

专业型。是专门经营一个生产项目，一种产品，在房前屋后或庭院内的几分土地上，进行集约经营巧安排，如专门经营蔬菜，或只栽种药材等。

兼业型。是同时经营两种以上的产品或项目，如养猪（养鸡）的同时又种蔬菜，或栽种果树的同时又养花养蜂等。

立体型。是充分利用空间、地面、地下搞多种经营。如栽葡萄利用空间，葡萄架下建猪（鸡、鸭）圈，猪圈地下挖地窖贮藏葡萄和蔬菜等。

循环型。是利用生物生态循环发展庭院多种经营。如养鸡，用鸡粪喂猪和喂蚯蚓，再用猪粪和蚯蚓喂鱼，再出售鸡、蛋、猪、蚯蚓和鱼。或者养母猪和奶羊，用羊奶喂仔猪，猪粪发酵办沼气，沼气池上扣塑料棚种蔬菜、瓜果等。

加工增值型。用庭院生产的产品，经过再加工生产产品出售，来增加收入。如种薯类加工粉条，用大豆加工豆制品，豆渣喂猪等。

劳动密集型。充分利用劳动力和现有的设备，发展加工业和手工业生产。如在庭院建立服装厂加工服装，成立编织厂生产编织品。

庭院经济的发展，是因地制宜地发挥家庭经营优势的典范。它之所以这样蓬勃地发展起来，除了得到党和政府制定一系列富民政策的鼓励外，主要是由于发挥了每个农民家庭各自具有的特点和优势。

（1）庭院经济能充分利用庭院中被建筑物分割的零星小块土地，不用再占耕地，提高了土地利用率。

（2）庭院经济能充分利用剩余劳动力，无论男女老少，强弱病残，都可以参加庭院生产，调动了人们的积极性，提高了劳力利用率。

---

① 《农业经济问题》1984年第4期，第32页。

（3）庭院经济能充分利用农民的闲余劳动时间，由于在居住房屋附近从事生产活动，时间运用上机动灵活，提高了时间利用率。

（4）庭院经济可以充分利用每个家庭现有的房屋建筑及生产工具和设备，做到就地取材，可以节省资金、原料和能源，提高了物质利用率。

（5）庭院经济具有生产周期短、见效快、收益高的特点，平均收益均在50%以上，有80%以上的产品交售国家和进入市场，发挥添补不足、调节淡季、繁荣市场的作用，提高了产品商品率。

（6）庭院经济能充分挖掘农民的智慧和技术才能；发挥每人所长，实现人尽其才、物尽其用、地尽其力，有利于集约化发展劳动密集型、科学密集型的综合经营。

庭院经济经营自主，效益高，适应性强，具有很强的生命力。但是，庭院经济在发展过程中受土地面积少、生态环境小、经营规模小等因素的限制，生产力薄弱。为了扩大再生产，庭院经济的发展趋势已经开始向社会扩展。第一，从土地范围看，由庭院向村外田间发展；第二，从生产时间看，由季节性向常年性发展；第三，从经营形式看，由单家独户向联合经营发展；第四，从经营内容看，由单一项目向多种经营、多层次经营方向发展。

三 庭院经济是立体农业的一种较好模式

目前，在人多耕地少的地区，提倡发展立体农业。特别是在城郊地区和城市内发展立体农业，更具有现实意义。所谓立体农业是相对于传统的地面上发展的平面农业而言的。严格说来，"立体农业"的概念就是在一定范围的土地上充分利用平地和空间的土壤、水分、空气、养料、光能等要素或条件，进行生物体的生长繁殖，为人类带来投入少、产出多的高效益。这里的核心就是设法更好地发挥土地作为立体空间的作用。在立体农业生产中，使土地上的高层空间和低层空间并用，而且使利用的土地空间从低层到高层的距离更大些。那么，相对的"平面农业"，就是在土地上，只利用低层空间，进行生物体的生长繁殖，为人类创造生产、生活资料。所以平面农业比立体农业在同等投入量的条件下，效益要低得多。

一般情况下土地在农业生产中所起的作用主要有：第一，作为生产和人们从事农业劳动的空间；第二，作为生物生长所需物料的天然仓库和人工投入容器；第三，作为阳光的接收器；第四，是生物得以竖立、存在的支撑物。生物生长繁殖离不开土地所发挥的作用，虽然这几方面不同时起作用。动物和微生物饲养虽然没有利用土地、土壤，但它利用了空气、光、水、人工物料等进行生物再生产，这就是立体农业的一种形式。农民在庭院里进行养殖牲畜、种植各种作物或进行各类加工业生产，利用了庭院内的土地和空间，因此说庭院经济就是立体农业的一种较好的模式。庭院面积虽小，但利用其空间各层次进行农业生产，给人们带来了比平面农业所创造的价值高几倍甚至几十倍的利润。有的庭院没有提供生物生长繁殖的场所和肥料，但利用水泥地面阳台、屋顶，用盆栽方法，通过阳光照射作用，使院落和房屋在一定意义上成为农业土地，发挥其空间效益。这对于城郊地区人多耕地少而强调发展立体农业很重要。这不仅是城郊农业发展的重要趋势，而且，在城市、村镇的庭院和房宅中，发展立体农业，也是一个改善生态环境的重要途径。

四 庭院经济发展的重要意义

庭院经济的兴起和发展，对振兴农村经济、繁荣城市市场，使农民早日跨入小康水平具有现实的意义。特别是在城郊地区，由于农业生产技术水平高，设备条件好，农村剩余劳动力丰富，土地资源更紧缺，所以更适宜发展庭院经济，为社会创造更多的物质财富。充分利用这些优越条件，发展多形式、多层次、多类型的庭院经济，对于农村经济的发展，具有重要意义。

其一，可以做到庭院和房屋占地面积的增加，而不减少整个土地的收入。于洪区是沈阳市的近郊区，从事庭院经济生产，种植业收入千元以上、养殖业收入2000元以上、工商业收入3000元以上的农户共有6900多户，占全区总农户的15%，从业劳动力共1.5万人，占劳力总数的12.5%，总收入3900多万元，纯收入2200多万元，占农民收入总额的12%。全区出现100多个万元院。

其二，利用庭院具有的优势，发展农村多种经营，促进了商品经济的大发展。沈阳北郊北陵乡大含屯农民徐大成有4分多庭院，过去只种一点蔬菜，现在修建了20平方米的花窖，培育近千盆名贵花卉，建了一个150平方米的塑料棚，除了种植几种鲜细菜外，在棚内贮藏10万斤元葱，到冬季出售元葱使元葱增值2倍，他家的庭院被称为"万元院"。

其三，庭院经济可生产多种农副产品，丰富了城市和乡村市场，为城郊农村更好地服务于城市，增加了新的内容。过去城市居民冬季吃到的很少量的而且是冻坏的鲜细菜，均由南方调入。现在可以在农贸市场和早市上经常买到本地生产的鲜嫩细菜，如可以常年吃韭菜、菠菜、香菜、芹菜，还有西红柿、豆角、黄瓜等。市场上新鲜蔬菜品种繁多，既满足了城市居民生活需要，农民又增加了收入。

其四，庭院经济的发展，以较少的投资取得较多的收益，农民在几分土地上集约经营，所获得的收入比高产农田高几倍甚至十几倍，所以庭院经济是目前农村治穷致富的一条好路子。

其五，庭院经济的发展，使人们更加珍惜土地资源，促进农村更合理地利用土地。使住房向高层发展，节省出的土地进行生产，开发新的致富门路。

总之，我国农村商品经济发展中，庭院经济是一种商品生产的好形式，尤其在城郊人多耕地少的地区发展这种庭院经济。立体农业，对繁荣城市市场，服务城市，富裕农村具有重要意义。

不放松粮食生产　积极发展多种经营[*]

绝不放松粮食生产，积极发展多种经营。在保证粮食生产稳步发展的前提下，使棉品、油品、麻品、丝品、茶品、糖品、菜品、烟品、果品、药品、杂品各项经济作物和其他农副产品得到普遍增长，这是我国现阶段发展农业应遵循的一项战略方针。深刻理解这项方针，正确处理发展粮食和发展多种经营的关系，是辽宁农业生产中的一项重大课题。现仅就这个问题，笔者谈一下个人看法。

一　处理好发展粮食和发展多种经营关系的战略意义

长期以来，辽宁省农业内部结构比例失调很严重。种植业比重过大，林牧副渔业比重较小。粮食作物比重大，经济作物比重小。1978年以前，在农业总产值中，种植业产值占70%左右，林牧副渔产值只占30%。三中全会以来，由于各地认真贯彻党的一系列发展农业的政策，广泛推行农业生产责任制，调整农业产业结构，发展多种经营等重大措施，充分地调动了农民群众的生产积极性，使辽宁省农村经济得到较快的恢复和发展，农业内部结构开始向良性转化。种植业产值比重由1978年的68%下降到1980年的63.4%，而林牧副渔业产值比重由32%上升为36.6%，其中副业产值增长较快，比重由13.1%上升到17.9%。农业产业虽有可喜的变化，但这仅是个良好的开端，仍需进一步创造条件，使之更加合理。从生态学看，发展多种经营，可以建立良好的生态系统，防风沙，保水土，调节气候，创造增产的有利条件。发展多种经营，可以充分开发、利用荒山、林地、草原、水面、滩涂等各种自然资源，可以安排农村剩余劳动

---

[*]　原载《经济资料与文稿》1982年第6期。

力，向生产的深度广度进军；可以改变人们食物构成，利于改善人民生活；可以为轻工业提供多种多样的原料，生产更多的消费品，满足人民的需要；还可以提供更多的出口物质，增加外汇收入。总之，发展多种经营可以增加集体和社员收入，为扩大农业再生产积累资金，有利于国家、集体和个人，对加速国民经济发展具有重大作用。辽宁省地貌结构是"六山一水三分田"，自然条件优越，又兼有山地、丘陵、平原、河流、海滨等多种地理特点，生物资源和水利资源也十分丰富。林业用地有8600万亩，占全省土地面积的39.4%；天然草场有3400万亩；滩涂200多万亩；淡水水面200万亩。这些都是发展多种经营的有利条件。尤应引起注意的是，解放后到现在辽宁省人口增加较快，耕地逐年减少，人均占有耕地由1949年的3.9亩减少到1980年的1.6亩。人多同耕地少的矛盾越来越突出。如果我们只靠5000多万亩耕地搞单一经营，不可能满足辽宁省庞大的工业和3500万人的生活需要，也不利于农村尽快富起来。因此，必须积极发展农村多种经营，充分发展商品经济。当然，发展多种经营并不排斥粮食是农业的基础作用。人民天天要吃饭，没粮也不行。按目前人均的摄入水平，摄取热量的70%～80%，蛋白质的50%～60%，还得靠粮食、植物油。发展粮食生产对食品工业、酿酒工业、制糖工业、制药工业、纺织工业、化学工业、饲料工业等的发展也有很重要的作用。粮食是稳定市场及物价的重要商品，粮食产量的多少和价格的高低，对其他的农产品的发展也有较大影响，它同人民生活密切相关。这就是说，粮食生产上去了，也有利于国民经济发展和社会的安定团结。所以粮食生产和多种经营作为战略问题，都很重要，它们之间互相关联，互相制约，是辩证统一的。然而，粮食和多种经营之间也有争地和争生产资料的相互矛盾的一面，这是在调整农业产业结构、种植作物布局过程中尤应注意的问题。我们认为，在提高单产保持粮食产量继续增加的情况下，也要适当再增加些经济作物面积，保证多种经营上得快些。尽管辽宁省耕地面积很少，但也需要这样做。当然，发展经济作物还不限于这一条途径，还可把荒山、荒地、荒沟、河沿等闲散地充分利用起来。这都需要在进行区规划时予以重视并要合理安排的。

二 发展粮食生产和多种经营要从省情出发，兼顾国家大局，确定合理的递增率

辽宁省是全国重工业基地之一，大中城市多，人口多，特别是非农业人口比重大，占全省总人口的35.5%，要有大量的农副产品满足工业和人民生活的需要。但是辽宁省农业生产水平还很低，仍是国民经济中的薄弱环节。1980年农业总产值占工农业总产值的11.3%，是全国农业比重最低的省份。粮食、副食品和工业原料都很不足。为了满足辽宁省工业生产和人民生活最低水平的需要，平均每年要调入粮食大约25亿斤。1980年，粮食产量达到历史最高水平，还调入22.9亿斤；油料调入5700多万斤；生猪调入138万头，鲜蛋调入更多，达6829万斤。农产工业原料严重不足，1980年棉花就调入180万担，仍满足不了纺织工业的需要。加上生产水平低，不能抗御自然灾害，遇到重灾年成，减产幅度高达40%，至今粮食生产很不稳定。因为粮食不够宽裕，在不同程度上影响畜牧业、渔业、食品加工业的发展。所以，要改变辽宁农业的不合理现状，必须抓好粮食生产。同时，应从大局着眼，理解国家在粮食问题上的困难。目前我国粮食供应偏紧，粮食调出的省区逐渐减少，由1957年的17个减少到1981年的7个，要求调入粮食的省区逐渐增加，由1957年的11个增加到1981年的20个。而且，各省区粮食调出量、调入量也有变化，据统计，1980年比1977年，粮食调出量下降44%，调入量增加65%。辽宁省一直是粮食调入省份，为减轻国家和兄弟省区负担，辽宁也有必要抓好粮食生产。然而，多年来辽宁的多种经营受"文化大革命"干扰、破坏没有得到充分发展，自然资源的优势也未得到很好的发挥，也是客观事实。所以在不排斥抓好粮食的情况下，更要抓好多种经营，充分发挥辽宁省既适合粮食生产，又能为多种经营开辟广阔道路的自然资源的优势，可以一手抓粮食生产，一手抓多种经营，迅速把经济作物和林牧副渔工各业发展起来。1985年前，辽宁计划把经济作物的年递增率控制在7%，粮食作物的年递增率控制在3.4%是适当的。

三 一手抓粮食，一手抓多种经营的有效措施

1. 抓粮食，要确保粮食总产量有稳定的增长，除了要有足够数量的粮田面积外，但更重要的是在提高单位面积产量上多下功夫

解放以来，辽宁省粮食单产有了很大提高，1980年达567斤，比1949年的126斤增加441斤，增长350%，是全国同期粮食单产增长水平106.8%的3.3倍。但由于人口迅速增长，人均粮食产量，1980年为694斤，比1952年的563斤增加131斤，28年中平均每年只增长4.7斤。这样的消费水平还是相当低的。因此需要大幅度提高粮食产量。由于辽宁省人多田少，必须把重点放在提高土地生产率上，对现有的宜粮耕地，要实行集约化经营，加强精耕细作和科学种田，提高单位面积产量。为此，需做好以下工作。

（1）继续抓好商品粮生产基地，为辽宁省粮食增产作出更大贡献。辽宁省17个商品粮生产基地县、区贡献显著，1980年粮食产量占全省总产量的49.3%，为国家提供商品粮47.9亿斤，占全省商品粮总数的69%。要巩固和发挥这些地方土地肥沃、气候适宜、交通便利、粮食生产历史悠久、产量较稳定的良好条件，采取提高技术水平的措施，精耕细作，因土、因作物施肥，灌溉、灭虫防病及时准确，加强经营管理，应用新的科学技术，变科学为生产力，提高劳动生产率，提高单位面积产量。

（2）集中一定的物力、水力、肥力，发挥劳动力资源多的优势，提高中产区的粮食产量，作为近年内辽宁省的主攻方向。辽宁省粮豆单产400~500斤的县区占全省县区的36%左右，粮食产区分布广，潜力大，具有一定的灌溉条件和生产基础，如果积极采取生产措施，提高中产田的单位面积产量，使其变成高产田，与把绝大部分力量放在改造低产田上相比，可取得投资少、增产多的效果。

（3）要彻底改变对低产区掠夺式的经营方式，实行综合治理和休养生息的生产方针。辽宁省粮食低产区主要在朝阳和阜新两地较多。由于长期缺乏运用生态平衡观点指导生产，进行掠夺式的经营，目前森林覆盖率只有12%左右。土壤瘠薄，水土严重流失，旱灾连年发生，农业生产极不稳定，平均粮豆单产在200~300斤，甚至不少地方才几十斤。改变这种地区的根本问题，要从建立良好的农业生态系统入手，发展林业，把植树造林

种草放在中心地位。切实保护原有森林,禁伐防火。在造林中,要把营造新炭林和速生林列为重点,尽快解决农村燃料和民用木材的急需,并要迅速恢复和建设好退化的草场,有计划地合理搭配畜群,不能载畜过重继续破坏草场。现阶段采取以建设、保护为主,适当利用的方针。在今后的二三十年内,抓植树种草是根本,靠植树种草来改天养地,蓄水增肥,配合兴修水利工程,为粮食增产、畜牧业发展创造良好的生态环境。本区经过生态治理和休养生息以后,一定会成为辽宁省粮肉油果的重要产区。

2. 抓多种经营,要放眼 2.19 亿亩的全省土地面积,开拓山林、草原、滩涂、水面各种自然资源,使农林牧副渔全面发展

发展多种经营不仅在山地、草原,就是在沿海也有巨大的潜力可挖,而且有许多门路。发展多种经营就是让全省的山田河海各尽其力,为农业生产开辟更广阔的道路。

(1) 改变山区面貌,以林为主,林牧结合,大力发展多种经营。防治山地水土流失,把植树造林作为一项极为重要的工作。辽宁省林业用地中,无林和少林的面积比重将近 40%,需要进行大量的造林工作,这是造福于子孙后代的战略任务。特别是辽西地区,更应把植树造林列为首要任务。奋战几十年,使山区达到森林茂密、河水清澈,见不到荒山秃岭,不再发生水旱灾害,根据坡度和土层土质分级开垦利用。应规定山坡 10°以下可开垦为田,10°~25°坡修筑梯田,栽种果树或种植牧草,25°以上的山地全部封山造林,修整山道和公路。山区自然条件恶劣,农民劳动繁重,交通运输艰难。长期以来,靠人背篓和畜力运货物。要改变这种原始落后的状况,为发展山区多种经营,搞活山区经济,应当修整山道和公路,解决交通运输问题。必要的地方可以架设索道,提高效率,并要制造一些适合山区作业和运输的马力小、能爬坡的小型拖拉机,支援山区发展生产。实行以林为主,林牧结合的生产方针。辽宁省山区草场资源丰富,近 2000 万亩,发展草食畜禽大有可为,对饲养牛、羊、兔、鹅十分有利,养猪也有很大潜力。许多树的叶、种子是畜禽的优良饲料。山区发展草食畜禽,节省饲料、降低成本,收益大、见效快,采取有效措施,鼓励农民利用资源,保护资源,为国家生产更多的山林特产。山区处处是宝,野生资源相当丰富,盛产木本粮油、野生水果、珍贵药材、食用菌类,还有山菜、毛皮,加上养蚕、养蜂,等等,每年为国家创造很多财富和换回不少外汇资金。但是有些地区,对野生资源和山林特产的保护利用没有认识,有什么采什么,甚至砍树采果,掠夺式的原始采集,这种"杀鸡取卵"的盲目做法,只能是破坏资源。而且有关部门也只抓收购、采收,不抓资源管理和更新,必然造成资源逐渐减少的恶果。丹东地区的板栗,是本区最大的特产优势,但管理粗放,产量低,每株2~3斤,大部分处于杂生状态,虫害十分严重,影响板栗的产量、质量,对出口贸易特别不利。政府若稍加扶持,适当投资,增加设备,打药灭虫,并逐步发展栽培丰产园,建立加工工业,研究加工方法,走栗工商道路,板栗就会有很大的发展前途。

(2)改变农区面貌,也靠大力发展多种经营。农区大部分在平原,以种植业为主,但发展多种经营能促进种植业增产增收。①发展林业。主要是营造护田林、护河林,绿化道路和村宅,为农民创造良好的休息、娱乐场所。农区植树种草栽花,不仅有利于改造环境和气候条件,促进农作物增产,而且可为农民解决烧柴和民用木材问题。②发展畜牧业。当前商品畜产品的来源仍以农区为重点,这是因为农业是畜牧业的基础,为畜牧业提供饲草饲料,而畜牧业又为农业提供优质有机肥料和资金,促进农业的发展。猪、禽、奶羊的发展,可以改善人们食物构成,提高农区人民生活水平。③发展渔业。辽宁省农区集中在辽、浑、太、饶阳河流域,水面较大。应充分利用河沟、水库、池塘、稻田、水渠进行养鱼,还可以在千家万户调动闲余劳动力,利用大缸和水泥池养鱼。投资少,收入高,见效快。④发展家庭副业,利用农村剩余劳力和辅助劳力进行养殖业、种植业,搞编织、刺绣、缝纫、花卉苗木等,生产农副产品,投入城乡市场,在现阶段对农村经济发展,起着不可忽视的补充作用。⑤发展加工工业和商业。活跃农村经济,发展商品生产,必须开展多种经营。在农区从实际出发,开办一些食品、豆制品的粮油加工、饲料加工,经营百货、工艺品,或在交通要道开设旅店、饭馆等,都可以充分利用农区的农副产品发展多种经营,为农区致富开辟更多的道路。

3. 发挥辽宁省经济、自然优势,逐步建立专业化经济区

在确定辽宁省农业产业结构时,依因地制宜发挥地区优势的原则,坚持专业化生产的发展方向,逐步建立起一业为主或二业为主,多种经营并存的专业化经济区。东部山区的柞蚕和辽南、辽西丘陵地区的苹果,在全国都占有很重要的地位,驰名中外,柞蚕和苹果总产量分别占全国总产量的70%和30%,每年丝绸和苹果大量出口换回外汇,支援现代化建设。辽宁省的自然条件对柞蚕和苹果生产有着得天独厚的优势,因此可以在岫岩、凤城等十县，建立以蚕为主，多种经营的专业化经济区；在旅大、营口、锦州等各县建立以苹果、梨为主，多种经营的专业化经济区；在中部建立以粮食为主的专业化经济区；辽西北建立农牧结合的专业化经济区。建立专业化经济区必然要打破现有行政区划的框框，进行农业经营的改革。建立具有经济特色的专业化经济区，为辽宁省进一步发展农工商、牧工商、蚕工商、渔工商等奠定基础。保证辽宁省的农业沿着集约的、合理的、经济实惠的、商品经济发达的社会主义现代化农业道路前进。

农村经济综合发展问题初探*

一 农村经济综合发展的必然性

近来，党中央对农村采取了一系列正确的政策，逐步推行了多种形式的联产承包责任制，并改革了不适应农业生产力发展的公社体制，广大农民生产积极性高涨，农业生产取得了巨大成就，不仅农、林、牧、副、渔生产获得了全面发展，工业、商业、服务、运输、科技和教育等各行各业也有了较快的发展，出现了很多新型农（林、牧、渔）工商综合经营，促进了农业的产前、产中、产后服务业的发展。农村经济出现的新局面启示我们对农村经济综合发展问题，必须进行深入认真地研究。

当然，研究农村经济综合发展运动规律，需要借鉴世界各国农村经济综合发展经验和教训。世界各国农村经济发展虽然不平衡，但是各国农村经济发展都有一个共同点，就是"任何一个国家的经济起飞，无不与农村经济的繁荣发达及农业人口的转移紧密相连，其发展趋势是由单纯的农业经济向着农村经济综合发展方向转变"。在农业发达的国家中，农村经济综合发展的主要标志：（1）农牧业生产实现了专业化、社会化，农工商综合发展。美国第二次世界大战后，逐步在种植业和畜牧业等部门实现了机械化，如棉花、牛奶生产全部实现了机械化、自动化。目前美国农业劳动力占全国劳动力总数的4.2%，一个劳动力负担680亩耕地，一个农工生产农副产品可以维持60人生活消费。美国不仅机械化水平和农业劳动生产率很高，农作物专业化生产水平更高，在美国，小麦、水稻、玉米、高粱、蔬菜、水果都集中在一州或几州的大面积上，进行区域性专业化生产。农业

---

* 原载《经济资料与文稿》1986年第2期。

的产、供、销在社会上分工越来越细，农产品和畜产品的加工、贮藏、运输和销售等业务，由服务公司和有关机构负责，形成了社会化大生产，实行了农工商相结合、产供销一条龙的生产体制，实行教育、科研和推广三结合。总之，发达国家的农业生产、技术推广、水利设施、农产品加工、贮藏购销、交通运输、科技教育、文化卫生、信息信贷保险等各行各业全面发展。农村经济实现了地区性综合发展。（2）农业劳动力的大量转移，使农村人口占总人口的比重显著下降。1925年，世界总人口为19.28亿，其中农村人口15.23亿，占79%，这些农村人口绝大多数是从事农业生产的。到1980年，世界总人口达到了44.13亿，增长118.8%，其中农村人口25.43亿，只增长66.97%，农村人口占总人口的比重下降到57.6%。一些经济发达的国家更加明显，1980年农村人口占总人口比重，法国21.7%，美国17.3%，西德13.6%，英国只有11.7%，1982年日本农业人口已下降到17.9%。有的国家从事农业生产的人口更少，美国只有3%。这是农村经济发展的必然趋势。然而发展中的一些贫困国家，情况正相反，在非洲大多数国家的农村人口都在80%以上，比重最大的卢旺达农村人口占96%。这样的国家农村经济单一化，绝大部分人口和劳动力被束缚在有限的耕地上，从事种植业生产。农村经济十分落后，许多国家殖民地时期所形成的单一农业生产结构至今未变。这些国家严重缺乏资金、技术和人才，只靠农业、矿业的初产品出口取得国家财政收入和外汇收入，造成了经济结构畸形发展的后果，甚至农业萎缩，无抗灾能力，粮食产量逐年下降，粮食进口急剧增长，如撒哈拉以南非洲，1960年进口粮食为200万吨，1978年猛增为1200万吨，1984年有3500万人口由于干旱受饥荒。

我国农村经济发展虽然比非洲好得多，但是也需要吸取他国的经验教训。我国经济基础和农村经济发展水平与世界各国不同，有我们的国情和自己的发展特点，然而在总的发展趋势上也存在着某些共性。随着农村经济的逐步发展，专业化、社会化生产程度的提高，农村经济结构也在不断地起变化。"农村"已不再是"农业"的同义词。农村人口务农数量也在渐渐减少，从事他业人数逐渐增加，非农户、兼业户迅速增加，农村经济越来越成为一个区域性多行业、多层次、多形式发展的综合型经济。

辽宁省也同我国发达地区农村一样，多种经营有了明显发展，朝着农、林、牧、副、渔、农、工、商、服务、运输、建筑、科技、文教卫生等综合经济的方向发展。农村产业结构有很大变化，在农业总产值中，种植业产值比重从1952年的68.5%下降到1985年的36.4%，林牧副渔业产值比重由31.5%上升到63.6%。一些县、区、乡、村的工副业收入已经成为农村经济的主要收入，如沈阳市乡镇工业产值占农村社会总产值的57.1%，五三乡工副业产值占全乡社会总产值80%以上，于洪区造化乡的英守村工副业产值比重已达98%。辽宁省农业劳动力从业结构开始有了新的变化，农业人口占全省总人口比重由1952年的76.6%下降为1984年的60.4%，从事种植业劳动力占总劳动力比重由1952年的97.1%下降为1984年的70.4%。沈阳市郊五三乡从事农业的劳动力占总劳动力的比重，从1978年的94%下降到1984年的25%。从事工副业的劳动力则从6%上升到75%。可见农村已经开始形成了新的农村经济结构，而且农村经济的发展，一般都是同城镇人口的增加，农业人口的相对减少同步进行。伴随着多种行业、多种层次、多种形式的农村经济的逐步发展，"农村人口"这个范畴也将逐步改变传统的"农村人口"就是"农业人口"的含义，农村人口的组成，也会随着农村经济的综合发展而呈现出我国特有的多行业、多成分的状态。尤其在我国结合实际情况，实行离土不离乡，发展小城镇和县、乡经济综合发展的政策，就地转移农村剩余劳动力，防止了农村人口盲目流入大城市。所以说，世界农村经济综合发展的趋势，在我国农村经济综合发展中，将会以特有的形式体现出来。

当然，综合发展也是我国农村经济发展的客观需要。这是因为：

（1）农业生产的自然和经济特点要求农村经济综合发展。

就农业生产的自然特点而言，种植业、养殖业和林业的生产都是生物体的再生产过程，生物体的生长和繁殖又是生物的个体或群体同非生物环境之间的物质循环和能量转化的过程，因此农业生产离不开非生物环境，并且两者之间具有极为密切的相互依赖、相互制约的关系，形成了复杂的农业生态系统。为了维持农业系统内物质循环的正常进行，不断地提高农业生产力（即生物的再生产能力）就需要整个生态系统中的各个环节和部门，进行全面的综合协调发展，才能做到充分利用自然资源，使农业自然资源的开发利用，获得最优化的效果。由于农业自然资源的数量和增长潜力有限，在农业科技水平没有显著提高的情况下，还需要从深度和广度扩大农业再生产，因而更需要加快农村经济综合发展的步伐。

就农业生产的经济特点而言，不仅从自身角度看是生物体再生产过程，而且是整个社会经济这个大系统中的一个极为重要的基础部门，同时又是由农业各种产业和经济部门组成的。农村经济具备自己的经济结构系统和生态系统,而且经济结构系统内各组成部分之间,各生态系统之间及其与非生态系统之间都处于不断的运动状态,而且是由低级运动向高级运动发展着。农村经济这个大系统中,各产业间和生产各环节的综合发展,包含着农、林、牧、渔、工、副、商、运、服、科、文、教、卫等各行各业间的协调发展,也包含着生产、交换、分配、消费等各经济环节的全过程。农业生产的发展和变化,决定着农村经济和社会的发展和变化。在经济意义上说,农业生产是经济、社会发展的物质基础。现阶段,虽然农村经济发展迅速,但农业基础仍然是薄弱的,农村的各产业、各部门、各环节的发展仍然很不协调,农村工副业和农业的劳动生产率之间,存在着很大差距。例如,1984年与1978年相比,辽宁省的农业产值年递增为5.9%,正副业产值年递增为30.3%。因此,在农村农、林、牧、副、渔和种(植)、养(殖)、加(工)的协调综合发展,势在必行。

(2) 农业现代化、农业劳动生产率的提高,要求农村经济综合发展。

推行农业生产责任制,提高了农业劳动生产率。辽宁省平均每个农业劳动力创造的农业总产值,1984年比1978年提高了42.8%。解放了大批劳动力,从事农业的劳动力占农村劳动力的比重由1978年的80.4%下降至1984年的74.4%。从事工、副业的劳动力由16.4%上升为23.3%。如果农村经济不进行综合发展,不去开辟新的生产领域,从农业中转移出来的劳动力无事可做,或继续滞留在原来的农业经济体内,不仅限制了农村经济的发展,而且引起许多社会问题。从长远看,必须综合发展农村经济,发展多产业多部门,特别是发展乡镇工业和第三产业。只有牢牢地依靠农业、林牧渔业,同时工业、商业、服务业、交通、运输、建筑、能源等全面发展,才能实现农村现代化。

二 农村经济综合发展的内容和特点

农村经济是一个大系统,是由各种错综复杂的因素交织在一起的经济社会。当前,农村经济发展中提出了许多重大问题,都是综合性的。例如,农业生产专业化与商品化和现代化相关;研究农村经济体制改革,必然要研究计划管理体制和商品流通体制的关系;研究农村经济发展必然要调整各主要结构;研究村、镇发展、布局必然要涉及精神文明建设;研究城乡结合、协调发展必然涉及城乡关系；等等。这些都会涉及许多部门、许多学科，既涉及社会科学，又涉及自然科学；既涉及理论问题又涉及技术问题，还涉及国民经济管理机关和政府机关的实际工作问题。因此研究农村经济综合发展的运动规律时，必须在研究各个重大侧面规律性的基础上，研究其涉及的各生产和管理部门及科学领域，研究它们之间的相互联系、相互作用的经济运动。找出最优的比例关系和协调发展方案，从而作出正确的决策。

再具体地说，研究农业生产向专业化、商业化和现代化转变问题，必然涉及农牧渔业科学研究、技术改造、技术推广、技术服务和农村教育事业，还要涉及农村商品生产和商品流通及其各种体制改革和政策制定等。如果深入研究技术服务，就要研究农业生产专业化、商品化和现代化对技术服务提出的新要求，要求打破过去那种单项的常规服务，而要开展综合技术服务；要求打破传统技术服务，而要发展传统技术和现代技术相结合的技术服务。这种要求势必改革农业教育、科学研究和技术推广体制，又涉及重视智力投资，加强人才开发、技术开发等问题。在研究农产品商品化问题时，要研究如何改革不适应农村商品经济发展的现行流通体制和管理体制。

总之，农村经济综合发展有其规律和特性。因此需要认真把握以下基本特点。

（1）整体性。农村经济是有机联系的多因素构成的综合整体。具有多因子、多变量、多层次、多形式、多目标的特点。这个综合体既包括生产力，又包括与这种生产力相适应的生产关系。因而它是生产力与生产关系、经济基础与上层建筑的综合体。具体来说，它是由各个经济部门和行政、事业单位组成的，并形成以种植业为基础的种植业、饲养业、农村工业、商业、运输业、建筑业和服务业等多行业、多部门的产业结构，同时也形成了以农村产业结构为核心的农村经济结构。

（2）系统性。农村经济是相对城市经济而言的，农村的自然、经济和社会条件决定了农村经济有其自身的体系。农村经济是由农业经济系统、农业生态系统、农业技术系统、农业管理系统，以及与农业相关联的农业外系统所构成，是呈现着空间结构与时间结构立体交错状态的综合体系。

（3）协调性。在农村经济综合整体的各个组成部门和各个大系统之间，及其每个环节之间，都是相互作用、相互依存、相互制约的，都是要求多学科和跨学科的综合研究和专业化协作。因此在综合发展农村经济中，必须注意各部分、各系统、各环节之间的关联性和协调牲。在农村经济综合发展中，尽量做到其相互间的协调和配合。

（4）运动性。农村经济的各种要素、各种产业、各个系统，是处在不断发展和运动的状态，而且是有机联系的经济运动。它体现着农业的生产、交换、分配、消费生产的全过程，体现着农村各产业之间及产业外的投入产品的全过程，还体现了农村经济体系由低级阶段向高级阶段发展，由简单向复杂发展的过程，这种运动状态，反映出农村产业之间内在的、有规律的良性循环，反映出农村经济和社会的繁荣和发展变化。

当前，农村经济综合发展的关键，在于深入改革农村经济结构，特别是调整农村产业结构。近年来的调整，使原来不合理的状况，有了一定的改善。但是这项改革是复杂而艰巨的工作，涉及面广，内容繁多，而且各地区经济发展不平衡，各业之间和各业内部结构不合理的矛盾仍然很突出。农村劳动力转移速度并不快，除沿海等发达地区有较明显变化外，广大农村绝大多数的劳动力仍然束缚在农业生产中，全国3.7亿农村劳动力中，还有3.05亿人从事农业生产。因此必须深入进行农村产业结构的调整和改革。从商品生产的观点出发，建立多层次、多产业的农村综合体，同时落实各项有利于农村经济综合发展的政策，逐步形成城乡结合的农、工、商综合发展的农村经济。

县级经济体制的综合改革[*]

为彻底打破城乡分割，推进城乡一体化，需要进行县级经济体制的综合改革，以发挥县级机构的经济职能作用。县是城乡经济又是宏观经济与微观经济的结合部，县级机构具有决定宏观和微观关系的特殊职能。县级经济体制的综合改革，包括从农业领域扩展到工业、交通、商业、财政、金融，以及科技文教等各个领域进行配套改革。只有把这种综合改革搞好了，充分发挥县城的多功能作用，发展开放式网络型的"农工商""贸工农"类型的农村经济，才能最终实现"区域效益"和城乡一体化。

一 县级经济体制综合改革的意义

县级经济体制综合改革，在建立具有我国特点的农村经济体系，实现我国城乡二元经济结构向一元经济结构转化，探索一条中国式的乡村城镇化道路上，具有重要的理论意义和实践意义。

（一）进行县级经济体制综合改革，为开辟中国式的农村经济和社会的发展道路创造了新的经验

在社会主义国家里，实行计划经济，集中力量搞社会主义工业化，迅速发展城市现代化，而广大农村仍旧是自然经济，形成了城乡二元经济和工农对立的一系列矛盾。从二元经济结构向一元经济结构转化，苏联采取的模式是：先从农业中提取城市和工业发展的资金，然后在城市和工业发展的基础上，通过国家对农业的财政补贴、技术援助和吸收农村劳动力的途径，提高农业的集约化程度，实现农业现代化。到1980年止，苏联农业

---

[*] 原载方秉铸主编《辽中南经济区建设问题探索》一书，东北财经大学出版社，1988。

劳动力占社会全部劳动力的比重已降低到14%，城市人口占总人口的比重已提高到63%。在我国这一条路并未走通，长期保持落后农业与现代工业二元发展的格局，原因是我国农村人口数量庞大，又缺乏足够的资金，若农村人口大量进城，非城市所能承担。我国只能通过改革开放、搞活，造成良好的发展环境，放手依靠亿万农民自己去开发，改变农村面貌。20世纪80年代初以来的实践证明了这一条路是走得通的，农村中涌现出一批农民企业家和能人承包经营或联合经营的集体企业。可以看到，农村的第一步改革，已经冲破了旧的经营模式，出现了多形式、多层次、多成分的经济形式和经营方式，而且农林牧副渔、农工商运服，各行各业无所不包，农村经济已逐步摆脱了单纯向城市提供粮食和原料的附属地位。农村的第一步改革，取得了特别显著的效果，为农村第二步改革奠定了较坚实的基础。目前，我们开展的县级经济体制综合改革，就是农村经济第二步改革的第一战役。作为区域经济来说，它比第一步改革更是有宏观性。改革的成败直接关系一个区域经济的兴衰，比以家庭经营为主的联产承包制的改革，更为复杂，更为开阔。海城等市县综合体制改革试点表明，不仅扩大和完善了农业联产承包责任制的成果，而且农村商品经济大发展，各行各业趋向专业化、社会化。这种形势对流通、分配、服务乃至整个社会经济管理系统提出了新的要求，以一种巨大的力量冲击着城市和乡村的各条战线和各个领域，造成了全面系统地综合性改革的新局面。县级综合改革不但积极推进了城乡经济体制改革，而且为开创中国式的农村经济和社会发展道路，提供了新的经验。

（二）县级经济体制综合改革可使城乡两级改革有机地衔接起来，促成城乡两块经济协调发展

县级综合改革是农村商品生产发展的需要，也是城乡改革深入发展的必经环节。一方面，随着农村第一步改革的成功，商品生产的蓬勃发展，农村迫切要求城市提供技术、设备、人才、各种工业品，以及信息和技术的服务，同时农村的剩余劳动力、农副产品、工业产品和农村资金，也需要向外输送。这些因素相互作用，迫切要求在更大范围内和更高层次上，形成新的经济组合，以打破地区界线、行业界限，消除城乡壁垒，使城乡经济一体协调发展。另一方面，城市改革的全面展开，不但把县城拉进了改革的范围，而且城市改革的深入发展，也为农村提出了许多新的任务，

如扩大工业品市场，疏散产品项目，输出技术、人才、信息，增加高质量的农副产品的供应数量，等等，这些都必须由县级经济职能进行调节和安排。县级经济发展是以城市经济为指导，以农村经济为基础的，它不仅是城市经济发展的组成部分，而且是农村经济发展的组成部分。必须改革县级经济运行的旧机制模式，破除条块分割体制，搞好经济体制综合改革，才能使城乡经济协调发展。

（三）县级经济体制综合改革对促进城乡经济一体化发展，具有重要的历史意义

进行县级体制综合改革，使得相互依存的城乡经济合为一体，从而冲破了城乡分治、城乡分割的旧体制，建立了城乡合作、城乡一体的新体制。这种新体制就是让农民走"离土不离乡"的道路，大力发展以乡镇企业为主体的第二、三产业，建设小城镇，截留和消化农村剩余劳动力，使县、乡、村逐步趋向城市化。这就是我国乡村城市化道路的特色，它不同于西方资本主义国家"先使农村破产，农民大量地涌入城市发展工业，之后再回过头来办农业"的发展道路的基本特点，而当前开展的县级体制综合改革，进一步促进了乡镇企业的发展，不少县的乡镇企业已经发展成为农村经济的重要支柱，已经成为农村经济发展所需资金的重要来源，也是小城镇建设和扩大横向经济联合及对外开放的重要经济基础。由于横向经济联合和经济开放搞活，进一步促进了城市经济发挥中心作用，进一步扩大了城市经济对县域经济和乡村经济的辐射影响，从而更加快了城乡经济发展步伐，使城乡一体化经济日益深化，对加速城乡融合，缩小"三大差别"有着深刻的历史意义。

（四）县级经济体制综合改革，对于加速辽中南经济区的经济建设具有现实意义

辽中南经济区既是工业集中地区，又是城市集中的地区，需要大量的工业生产原料、农副产品等消费品。工业产品还需要广阔的城乡市场。城市需要农村，农村需要城市，城乡经济互相支援，互相关联，互相制约，已经形成了不可分割的统一整体。其中县级经济处于城乡经济发展的结合部，它上承省、市，下启乡村，是连接城乡的纽带。通过县级经济体制综合改革，强化县级的经济职能，加强对农村经济发展的指导作用，探索一

条计划经济和市场经济、城市经济和乡村经济的有机结合、相互协调的发展模式，在辽中南经济区已具备了优越条件。城乡经济体制改革的进展，也为辽中南经济区实行市领导县体制增添了新的内容。特别是县级体制综合改革，市可以直接给县放权让利，在资金、设备、技术、信息、产销等方面给予大力支持。在市的集中领导、统一筹划下，使县的各种计划均纳入市的全面规划之中。国家的指导性计划和社会化服务，以及进一步协调安排，使县、乡、村的各种形式的企业经营减少盲目性，在国家有计划的商品经济轨道上顺利发展。尤其是通过县级体制综合改革和对农村经济发展道路的研究，对辽中南经济区的经济建设，加快辽中南经济的开放、搞活，最终实现"区域效益"、城乡一体化和消灭"三大差别"，具有十分重要的现实意义。

二 县级经济体制综合改革的基本内容

从1984年7月开始，辽宁省海城、法库、新宾、新民、凌源五县进行了综合改革试点，其中除凌源县外，其余四个县都属于辽中南经济区范围。各县都在放权让利、促进商品经济发展、推动农村第二步改革、发挥县级机构组织经济的作用等方面，取得了一定的效果和积累了一定的经验。改革的内容，主要有以下几方面。

（一）改革财政体制，实行财政包干

长期以来，县一级财政，采取"收入上缴，支出下拨"的统收统支体制。价格、税收、信贷等经济领域的管理权主要集中在县级以上，县一级不具备用经济手段管理经济的能力。各试点县进行县级体制综合改革后，都采取多种形式，落实"三大包干"任务，其中实行财政包干最为突出。市对县、县对乡都实行财政包干，建立了乡级财政，进行民生理财。如新民县实行的财政体制是：市对县实行收支包干（不含专项拨款），定额补贴，自求平衡。以1984年财政预算为基数，一定四年不变；在县对乡镇一级财政体制上，采取"定收定支、超收分成、结余自用、自求平衡"的办法。海城由过去的统收统支，改为自收自支，自求平衡，一定五年不变；对乡（镇）实行定收定支，收支挂钩，差额补缴，一定三年不变。新宾县采取先定收支基数，增长分成，自求平衡，一定五年不变；县对乡（镇）

实行划定收支范围，合理确定收支基数，超收县、乡（镇）四六分成，减收县、乡（镇）六四分担，超支不补，节支留用，一定三年不变，等等。由于改革财政体制，各试点县（市）的财政收入都有不同程度的增长，激发了县、乡、村各级生财、聚财的积极性，从根本上解决了各乡（镇）吃县财政"大锅饭"的被动局面，增强了独立自主的发展本地经济和发展社会事业的财力，它有利于筹集农业发展的资金和增加农业的投入，为继续保持农业生产发展势头，促进农业现代化提供了前提条件。同时，财政包干的实行也为县级综合改革奠定了比较好的基础。

（二）改革流通体制，疏理流通渠道

几年来，经济区在流通体制方面采取了一些改革措施，实行国家、集体、个体一齐上，积极发展集体、个体商业并建立了一批区域性的贸易中心，各县还兴办了许多综合市场、专业市场、批发市场。扩大和增加了商品购销流通渠道，专业市场包括科技市场、牲畜交易市场、木材市场、家具市场、工业品市场、服装市场等。批发市场有国营批发、联营批发、个体批发等，加上下伸批发网点，形成了多层次的各种形式的批发网络。建立了乡（镇）村两级贸易组织，成立乡（镇）贸易公司、村贸易货栈，实行代购代销、联营联销和租赁业务，组织工业品下乡，农副产品进城。一个联结城乡的流通网络开始形成。

供销社体制也进行了改革，使其向着为农业服务的方向转变。法库县供销社制定了五个转向：即从单纯流通领域转向生产领域，从单纯的购销业务转向农副产品加工业务，从单纯经营型转向综合服务型，从单纯的商品零售方式转为商品批发、批零、专营等多层次的销售方式，从过去"小而死"的封闭经营转向"大而活"的横向经济联营。供销社的改革，使其真正发挥了在农村流通领域中的主渠道作用，同时逐步实现供销社由官办向民办转变。从组织机构和职工队伍上增加了民办因素，逐步恢复了供销社所具有的群众性、民主性、灵活性。目前，正向着农村综合服务方向发展，最终要形成产供销、农工商综合服务中心。

（三）调整农村产业结构

在农村稳定联产承包制的第一步改革的基础上，各试点县依据各自经济发展战略目标，按三个层次，进行产业结构方面的调整，大力发展二、三产业，积极开展第二步改革。

（1）在种植业内部，调整了粮食与经济作物的比例关系，发展了经济作物，增加了细粮种植面积。如新民县增加水田 11 万亩，种水稻的乡，由 3 个增加到 17 个，水稻产量占全县粮食产量的 31%，经济作物面积达到 25 万亩。蔬菜 10 万亩，其中保护地 7000 亩。全县建起了水稻、花生、种子、元葱、大蒜、柳编、葡萄、西瓜等十几个生产基地。

（2）在农、林、牧、副、渔各业的调整上，努力开发和利用一切可以利用的山地、草坡、水面等自然资源，宜林则林、宜牧则牧、宜渔则渔。如新宾县是"八山半水一分田"的纯山区，粮食生产受耕地面积的限制，主要是开发山区，划分高山、远山为森林山，近山、秃山为药、果、畜牧山。坚持栽、种、养相结合的原则，开发、利用、加工相结合，调整了农、林、牧、副、渔的各业比例关系。

（3）在第一、二、三产业的调整中，各试点市、县突出发展乡镇企业。如海城市乡镇工业在改革中得到起飞，1985 年比 1983 年翻一番。1985 年的乡镇工业产值达 8.4 亿元，占农村工农业总产值的 72%。五个试点市、县的乡镇企业从业人数，由综合改革前的 14.9 万人，增加到现在的 28.5 万人，工业产值由 3.8 亿多元发展到 11.9 亿元。第三产业的发展也很迅速，如新民县第三产业从业人员数已达 3.6 万人，占全县劳动力的 26%。

以联产承包责任制为中心的第一步改革，极大地提高了农业的劳动生产率，使大量农村劳动力从土地上解放出来。以调整产业结构为主要内容的第二步改革，实现了农业劳动力向非农业经营转移，加快了由自然经济向商品经济转化，由传统农业向现代化农业转化的进程。

（四）改革干部、人事、劳动制度，扩大企业自主权

海城市调整了市、乡（镇）机关的机构设置，实行精兵简政，克服了党政不分、政企不分，机构臃肿，人浮于事，官僚主义和低效率等弊端，把国家设在农村的一些单位下放给乡（镇）管理，强化乡（镇）的自主权。并适当下放干部的管理权限，对干部实行任期制，选举、任免和聘用制。对全民所有的企业，实行招收合同工制度。新宾县进行了县、乡（镇）、村三级管理体制改革，政企职责分开，实行简政放权。按干部"四化"要求，调整了有关部、委、办、局的领导班子。为了发展商品经济和加强宏观协调服务工作，成立了计经委、畜牧局、多种经营管理局，还建立了各专业

社会化服务的合作体系。

在乡（镇）一级实行了党、政、经分设体制，成立了在政府领导下的管理经济工作的经济委员会。通过政府与经委签订经济、社会发展的承包合同和财政包干合同，理顺政、经关系，明确党委、政府、经委的职权范围，实现了责、权、利的三统一。乡（镇）经委按自愿、互利和为商品经济服务的要求，下设有偿服务和经济实体的各种服务公司，乡（镇）干部实行选聘、待聘和解聘制度，改革了乡（镇）干部的终身制。

村一级改革主要抓精减村领导班子成员数量，一般村设专职干部3人，他们的工资与本村的经济、社会事业挂钩，并与乡（镇）签订"包、定、奖"合同，实行浮动工资和效益工资制度，加强了村级政权建设。

在国营工业和乡镇企业的体制改革中，实行政企分设，把所有权与经营权分开，扩大企业自主权，使企业成为相对独立的，拥有人、财、物、产、供、销等管理权限的经济实体。在企业内部实行厂长（经理）负责制，推行各种形式的经营承包责任制，实现责、权、利三统一。在一部分国营企业中实行了集体企业的管理办法。对乡镇企业普遍进行放权让利，适当减免税收，增强企业的自我发展能力，提高了企业经营管理水平，促进了工商企业的大发展。

（五）改革教育、科技、文化体制，实行责任制、聘任制和承包制

教育体制改革，主要实行县、乡（镇）、村三级办学，两级管理，实行校长负责制、教师聘任制。改革了中等教育结构，抓职业技术教育，在乡（镇）中学附设农业职业高中班，并通过电大、函大、夜大、刊授等各种途径培训在职干部和职工，为各县发展多层次教育闯出了一条新路。

科技体制也作了初步改革。有的县成立了科技开发服务中心，建立科技情报网，设立科技情报所和乡镇科技情报站。开展技术培训，组织科技攻关，完成了许多科研项目。海城市推行科技承包制。文化团体实行团长负责制、演员招聘制和联演计酬承包制，调动了干部、群众的积极性。

（六）发展横向联合，大力发展和建设小城镇

为了摆脱县（市）人才缺乏、技术落后、装备陈旧、资金短缺、工业生产路子窄、布局不合理的局面，改变商业只限于上拨下卖等状况，采取

了走出去、请进来，广交朋友，主动联合的措施。通过经济吸引、技术协作、工贸联营、农商联营、加工协作、合资经营等形式，发展横向联合，实行全方位对外开放。为加速振兴本市、县经济，主动与县外、市外、省外、国外进行各种形式的经济技术联合，学习外地先进技术和管理办法，广泛吸引外地资金。根据平等互利、共负盈亏、共同发展的原则，发展了跨地区、跨行业的多种形式的联合。如新民县利用现有厂房、劳动力、闲置的设备等，已办起了联合企业68家，联合的双方投资1763万元。一年可增加产值3300万元，获利润达到418万元。目前正在洽谈联办的项目尚有34家。新宾县先后与省内外11个地区、71个厂家开展了经济联合。全县已建成联合企业12家，开展了经济技术协作项目23项，引进资金134万元，输出资金51万元，招聘了各种技术人才24人，通过横向联合增加工业产值757万元，增加商业购销额1100万元，为国家增加利税99万元。各试点市、县通过横向经济联合，促进了城乡经济的振兴。同时吸引农民到交通方便和信息灵通的小城镇务工、经商、兴办第三产业，使小城镇面貌也发生了很大变化，改革了村、镇的经济结构和社会结构。小城镇建设方兴未艾，进一步促进了市、县、乡（镇）经济社会的发展。

三　如何深化县级经济体制综合改革

（一）提高对县级经济体制综合改革的认识

由于县级经济体制综合改革是局部试点，推进这项改革具有示范意义，领导者必须提高认识，明确县级经济体制综合改革是国民经济改革的重要环节。长期以来，县级职能上承省市、下联乡村，搞好这项改革，对于加强和健全县级经济职能，对城乡融合、城乡一体化，也具有重大意义，关系城乡经济的协调发展。从建设辽中南经济区来说，通过县级综合改革，发挥县级经济职能作用，加强城乡联系，高效力发挥各中心城市作用，促进农村经济迅速发展，具有实际意义。应当看到，在经济区的网络中，县级经济作为中心城市组织和协调城乡经济发展的纽带和桥梁，特别是扩大和强化中心城市的辐射和开放作用，是任何经济机构也代替不了的。一个县就是一个小经济区，它包括城镇乡村各级经济，以乡村经济为基础，形成了农、工、商、运、服等各行业的完整经济体系。辽中南经济区有28个这样的小经济区，是10个中心城市的经济基础。没有中心城市就没有经济区，没有县级经济区，也就不会有中心城市。中心城市只有通过县城这种"变压器"作用，才使经济发展与农村承受力相适应，达到城乡结合和城乡协调发展的目的，所以必须搞好县级经济体制的改革。

（二）解决试点县当前面临的各种矛盾问题

县级经济体制综合改革中，由于试点县先走一步，上下不同步，左右不配套，必然面临许多不好解决的矛盾问题，特别是城乡、条块之间的矛盾会阻碍改革的进展。从经济基础入手的县级经济体制综合改革，要引起上层建筑的相应变革，对不需要和不适应的机构要撤销或合并，对另一些需要的机构要建立，还要实行一些特殊的政策，这就会遇到阻力，阻力最大的就是条块分割体制。改革每走一步，不是中央有关部门干预，就是遇到省和市某项规定的限制，或与某项政策不符。例如，实行"定额包干，超收归己"这一条，就受到粮食部、商业部、财政部等部委干预。在企业管理改革中，矛盾更大，有的是块块放，条条收，尤其对国营企业困得较死，就是省市领导也无能为力，改革的成功有赖于条块之间的通力协作，理顺各级管理机制间的关系。解决目前面临的这些困难，应按照中央的改革方针，制定和执行有关政策，以便得到有关方面的支持和协助，保证试点县经济体制综合改革的顺利进行。

（三）改革财政管理体制

改革财政管理体制是县级经济体制综合改革的突破口。各市、县凡是建立乡一级财政的，都取得了明显的效果，促进了乡村商品经济的发展，增加了财源。有的试点县还没有建立和形成乡（镇）级财政，没设金库，做不到财政独立，只能由县财政掌管经费收支。乡财政仍无自主权，影响着资金使用的效益，限制了各项事业的迅速发展。必须贯彻好"先富乡、后富县"的原则，坚持执行财政包干的各项规定；还要健全预决算制度，做到有计划地使用资金；加强审计监督部门的职能，以保证县、乡管理好资金。在财政体制改革中还存在一些问题，有的市由于财力弱，市对县财政包干不让利，承包基数不定死，而且一年比一年升高，相反专项拨款一年却比一年少。专项事业费如农田水利建设、文教卫生事业费，省、市年年增加，集中在市里统一管理使用，作为改革的试点县连规定的标准额也得不到，甚至有的地方把一些政策性财政负担也加在包干基数内计算，如工资改革、化肥削价等都让县财政负担。可以说，这样的试点县没有得到改革的实惠。县仍缺少自主权，发展经济放不开手脚。因此，进一步扩大县自主权是搞好改革的关键。

（四）改革流通体制

流通体制的改革是发展商品经济的关键。必须打破旧的封闭式流通模式，积极支持农民和农民联合，办新型合作商业，支持县、乡、村建立农商一体、农工商综合经营。积极试办跨地区、跨部门、跨行业的农工、农商、农工商联营的商业企业，使流通领域中多种经济形式、多种经营方式和多种流通渠道并存。通过组织各种专业性的产销服务中心，把生产、加工、贮藏、运输等环节有机地组合起来。必须继续坚持开放、搞活，进一步开放金融市场、生产资料市场、劳务市场等，使生产要素得到充分流动和合理的组合，从而为发展有计划的商品经济，创造一个良好的宽松经济环境，建立起有计划的市场调节机制。

（五）进行政治体制改革

综合体制改革是一个庞大的系统工程，自然包括政治体制改革。经济体制改革要求政企分离，扩大自主权，使企业成为自主经营的商品生产者，但是行政部门已形成的各种控制体系，不但集中过多，而且管得过细，机构重叠，互相牵制，限制着宏观管理机制和市场调节机制的成长和结合。必须进行政治体制改革，必须对一些行政机构进行改组和调整，要给县级机构调整设置权，不必过于强调上下对口。在新旧体制交替的时候，可以采取一个机构保留几块牌子的办法，有利于协调上下关系和条块关系，努力做好上级布置的一切工作。政治体制改革要保证和服务于经济体制改革。改革的市、县要克服困难和阻力，进行精简，把一批有决策能力、善于管理、适合县、乡、村工作特点的干部和专业人才，选拔到领导岗位上来，组建一个高智能结构的指挥机关，使其成为既是一定范围群众实践活动的组织机构，又是综合改革措施的执行机构；既能接受宏观经济指导，又要实际组织微观经济活动，促进改革向纵深发展。

县级经济体制的综合改革

县级经济体制综合改革是我国全面改革的重要组成部分。随着城乡改革的深入，城乡改革的融合，为县级综合改革提出了更高的要求，无论在理论上或实践上都有许多问题需要认真探索和解决，因而应加强对县级经济综合体制改革的领导和支持，把这一步改革搞好。通过试点县的综合改革创造经验，带动全面经济改革，为早日实现城乡一体化，探索出一条中国式的改革道路。

发展农村合作经济，完善双层经营体系[*]

东北经济区地域辽阔，自然资源和经济基础条件千差万别，生产力发展水平不平衡。目前广大农村呈现出以家庭经营为基础，多层次、多形式的经营方式并存的格局。本章对东北经济区新型合作经济组织和农村双层经营体系的发展趋势，进行探索。

一 农村新型合作经济和双层经营的现状及特点

东北经济区农村从 1981 年开始逐步推行以家庭联产承包为主体的农业生产责任制。近年来，农村新型合作经济组织和有统有分的双层经营体系发生了历史性的变革。从根本上改变了原来束缚农业生产力发展的旧体制，不仅打破了集体经营的单一性，又突破了家庭经营的局限性，使农村经济成分、农业生产组织形式和生产经营方式更加丰富多彩。其特点是：

第一，以公有制为主体的多种所有制并存。在农村经济体制改革中，所有制问题是最根本的、不可回避的重要问题。坚持土地国家（全民）所有制和集体所有制，是我国社会主义农业经济的重要标志。维护土地公有制，也是我国农村进行经济体制改革的一条不可动摇的原则。农村改革，不是改变土地所有权，而是使土地所有权和使用权（经营权）分离，打破政企不分的传统僵化体制，实现农民自主经营，调动其生产积极性。经过几年来的实践，东北经济区农村形成了国家所有制、集体所有制、个体所有制及混合所有制等多种形式并存的格局。其中，土地实行以国家所有制为主体及部分集体所有制，生产工具和农业机械实行国家所有、集体所有、

---

[*] 原载方秉铸、徐兴田主编《东北经济区经济发展研究》，东北财经大学出版社，1991，第 350~367 页。本文在全国社会科学院系统农村发展研究中，被评为优秀论文。1994 年又获全国区域经济学会优秀成果奖。

个体所有和个体与集体共同所有等多种所有形式。以黑龙江省农村的链轨拖拉机为例，全省共有2.6万台，其中国家所有农机站经营的占1.9%，集体所有、集体承包经营的占23.3%，联户所有合作经营的占25.7%，农户所有、农户经营的占49.1%。

第二，以"统分结合、双层经营"为主体的多种经营方式并存。农村改革以来，出现了多形式、多层次的农业生产经营方式。绝大部分乡村实行了以家庭经营为基础的"统分结合、双层经营"的经营方式。一方面通过集体统一经营管理，把农民家庭经营有机联合起来；另一方面通过农民家庭分散经营，避免了吃"大锅饭"和克服过去那种行政命令式的指挥生产方式，充分调动了农民的智慧和干劲。双层经营主要是用承包制将集体经营与家庭经营有机地联系起来。例如黑龙江省肇东市农村6种承包经营方式：（1）耕地实行按人、按劳比例分田承包；（2）荒坡、荒沟、荒地、荒滩、水面和草原实行独户或联户承包；（3）森林、树木实行集体专业队承包，属于自营自造的树木个人承包；（4）机电井实行合理作价，变卖给个人所有，或专业户承包，或由村统一管理，季节性承包，或委托给专人管理；（5）大型拖拉机实行联户所有，共同经营或集体承包经营，也有独户所有个人经营的；（6）乡镇企业基本上实行厂长、经理负责制，厂内车间班组承包。总之，承包者有个体家庭、有集体的专业生产队，有联户和联合体等。在近几年，租赁制、股份制、合伙制、转包代耕等，也成为家庭经营与统一经营联系的经营方式。其中股份制较多，据黑龙江省1986年不完全统计，有1万多个合股经济。农、林、牧、渔各业，特别是乡村工业企业，已大部分实行股份制。另外租赁经营方式发展很快，辽宁省辽阳市农村从1985年开始，有10%的村、占13.3%的农户实行土地租赁制，租赁经营的耕地称为投标田或商品田。按人口划分粮田后，其余耕地均为投标田（商品田），分等定级，确定标底和基础租金，投标承租。还有代耕经营，转包经营等，组成了以"统分结合、双层经营"为主体的错综复杂的生产经营方式。

第三，以地区性合作经济组织为主的农业生产组织形式多种多样。东北经济区农村从事生产的经济实体——农业生产组织形式，也发生了很大变化。主要有以下四种类型。

1. 集体组织形式

集体组织形式有农工商或贸工农综合体，组织名称多数叫农工商联合公司、贸工农联合公司，下设分公司、管理站、专业队、农业生产车间等。实行"集体经营、分工分业、专业承包"。例如，沈阳市新城子区大辛二村，没有实行包干到户，而是取消了生产大队和生产队。成立了村生产联合社，统一经营全村土地，组成专业承包队。1984年第二步改革，又在生产联合的基础上成立了农工商联合企业公司，下设农业、工业、牧业、商业和多种经营管理5个管理站，实行集体经营，专业站承包，专业站独立核算，各站向公司上缴一定数量的积累。像这样的集体经营基层单位组织，还有大连市旅顺口区水师营镇三八里村，大连市金州区大魏家乡后石村、红旗乡渤海农工商总公司、营口县的青花峪村、黑龙江省汤原县望江乡东新村等，这种生产组织，主要是由原来的一些实行统一经营、统一核算的大队形成的，它们的收入水平较高，集体经济基础雄厚，经济实力强，村领导班子素质好、经营管理能力强。总的说来，这种集体经营的组织形式虽然比重很小，但经济发展都快，集体经济实力不断增强，基层组织巩固。

2. 合作经济组织形式

农业合作经济组织形式，又分为地区性合作经济组织、专业性合作经济组织和新联合体三种。

（1）地区性合作经济组织。这是当前农村合作经济体系中最普遍的形式。它是在村一级建立的一个或多个生产合作社。经济联合社，是新型合作经济组织。地区性合作经济组织属于统一经营层次，担负着农村基层生产单位的经营管理、社会化服务和协调指导的职能。它能克服家庭分散经营层次的局限性，并能代表农户与国家和其他经济组织进行经济贸易联系。家庭分散经营层次是地区性合作组织的重要组成部分，家庭经营生产形式有农业承包户、专业户、兼业户、家庭农（林、牧、渔）场等，接受上述统一经营层次的管理和指导。在各种合作经济组织中，地区性合作经济组织处于主体地位。

（2）专业性合作经济组织。这是既有生产性专业合作或服务性专业合作形式，也有生产与服务交织在一起的合作形式。为适应生产专业化与协作的需要，农村各类专业户、专业队在互助协作基础上建立了联合组、联合服务社、服务队和专业服务户。据黑龙江省1986年底不完全统计，全省建立这样的专业性合作已达2429个，参加的农户达到12412户。为解决资金困难问题，农村还成立了专业合作基金会、股金会等。目前，沈阳市已有36个乡镇成立了农民股金会，股金达3500多万元，为增加农业投资创出了一条新路。在商品经济比较发达地区，以产品或行业为龙头建立起来的系列化专业性合作经济组织，具有很强的吸引力和生命力。辽宁省海城市以行业为龙头建立了农业技术推广、畜牧业生产、生产资料供应、良种繁育推广销售、淡季菜、水果、柞蚕，以及经营管理和运输服务等各种系列化一条龙服务体系。吉林省梨树县叶赫镇的养鸡业生产、加工、销售"一条龙"系列化专业性合作生产服务组织，由镇统一向养鸡专业户提供种鸡、饲料、防疫等，养鸡户养出肉鸡交给镇办全鸡罐头厂，年产量达100万只鸡，生产出的鸡肉罐头由镇统一销售。还有市、县、乡、村多层次的为生产提供服务的各级组织，如技术推广站、生产资料公司、供销社、信用社，等等。

（3）新经济联合体。随着农村改革的深入发展，出现了城乡之间、工农企事业之间的多层次群体式的经济联合体。按照商品生产的内在要求，以产品或行业为轴心，由全民经济、合作经济、家庭经济联合形成多环节、多形式、多层次的农工商一体化、产加销一条龙的综合体系。有些联合体具有较大的经营规模。黑龙江省肇东县昌五镇的禽工商一体化、产加销一条龙的双向辐射型联合体系，与省外贸部门建立供应关系，吸收本县22个乡镇的一些养鸡专业户为之生产肉鸡，1986年创产值335万元，为国家创汇60万美元。

3. **个体经济**

农村普遍推行家庭承包责任制以来，农民家庭自营经济有了发展。有些农户完全放弃承包经营，从事园林、养殖、手工业和若干加工行业。当前农户庭院经济发展迅速，沈阳市郊区和县约有11万农户从事庭院经济生产，占全市农业总户数的20%，这些庭院经济绝大部分是商品性生产，都具有一定程度的个体经济性质，它可能向合作经济延伸，有的也可能向私营经济发展。

4. **私营经济**

在经济发达的地区，私营经济有了一定的发展，据1987年末统计，锦州市农村的私人企业已有1855户，占全市总农户的2.3%。在东北其他农村中，也出现了规模较大的雇工经营的私营农场、林场、牧场、渔场。这种私人占有、雇工经营、自负盈亏、市场调节的经济体，具有较强的独立性和营利性，私营经济是社会主义初级阶段的一种辅助经济形式，应允许其存在和适当发展，但国家应加强管理和引导。

另外，黑龙江省国营农场经营的组织形式也出现新的变化。黑龙江省是国营农场比重较大的省份，国营农场生产的商品粮占全省商品粮的1/3，国营农场的耕地面积占全省1/4，商品率较高。农村经济体制改革以来，国营农场也出现了承包制，出现了家庭农场、联户农场、雇工农场和专业化机耕队、运销队等。据1986年统计，全垦区兴办的家庭农场已稳定在10万个，联户农场2600多个，有80多万人参加机耕队。

由于东北地域广大，农村改革的进程存在地区性不平衡状态。一般说来，我国农村的第一步改革，是从不发达的落后地区开始的，但是当改革步入以发展农村商品生产为特点的第二阶段时，发达地区农村在改革中却后来居上。东北经济区农村改革进程较快的地区，一般都在沿海、沿河、沿铁路线和大城市郊区，而边远地区、山区，交通不便地区，则面貌变化不大。从全区的农村新型合作经济组织的经营方式的发展状况看，在不同地区大致呈现出四种特征。

第一，是实行"统一经营，专业承包"的集体经济组织。如沈阳市的大辛二村、八家子村、宁官村、南塔村、长青村，大连市的三八里村、小辛寨子村、后石村，营口市的青花峪村等。这样的村原来就是集体经营，没有实行包干到户，仍然实行集体统一经营农、林、牧、副、渔各业，统一兴办集体企业，吸收了联产承包责任制的精华——承包责任制。利用统一经营的条件实行专业承包，促进了商品经济的发展，促进农工商、贸工农综合发展。吉林、黑龙江两省有少数的村屯也建立了农工商一体化联合公司，实行集体"统一经营，专业承包"的经营方式。

第二，统分结合、双层经营同步发展。这类村约占全区农村的10%～20%。在农民家庭经营发展迅速的同时，以村建社，村办企业发达，有许多的公共积累，统筹开发，以工补农，以工建农，积极为农户生产提供各种服务。全村土地统筹规划经营；做到"手工作业家庭化，机械作业社会化"。这样的村劳动力转移较快，一般均有50%以上的劳动力从事非农产业。

第三，统一经营层次落后于家庭经营层次。这类地区占全区农村的60%～70%。有的由村民委员会或合作社与农民订合同，为农户购买种子、化肥、农药等生产资料。有的统一组织农田基本建设，有的也办了少数企业，但效益差。这样的村，种田的农业劳动力均在60%～70%。

第四，只有家庭经营一个层次。这样的村在全区约占10%。农村一级组织有名无实，村中无企业、无积累，对农户没有任何服务。此类地区多为交通不方便、商品经济不发达、文化较落后的贫困地区。

二　农村合作经济和经营方式发展中面临的问题

1. 推行家庭联产承包责任制工作上有失误

家庭联产承包责任制，符合我国国情，符合我国生产力发展水平。但是，推行这一制度必须从实际出发，因地制宜，不搞"一刀切"。而不少地区不从本地区实际情况出发，却搞了"一刀切"，带来了严重的后果：(1) 原有集体财产荡然无存，村一级固定资产折价变卖损失严重。(2) 大型农机具大部分折价卖给农户，不能有效地发挥作用。(3) 土地承包农户，平均分配；耕地分割，农机无用武之地。(4) 不顾地区特点和经济基础差异，宜分的分了，宜统的也分了，使原来基础比较好的集体经济受到极大损害。

2. 家庭经营层次生产力低下，有待发挥潜力

家庭经营作为农村微观经济组织，在总体上比较适应农业生产力发展水平，但由于自身的局限性和社会环境的制约，它已开始显露出与生产力进一步发展不相适应的矛盾。(1) 家庭经营生产以手工工具和手工劳动为主，土地产出率和劳动生产率较低。(2) 家庭经营规模小，无法独立使用农机、水利、植保等设施。(3) 家庭经营后劳动力不足，让子女半途辍学在家种田，使下一代农民缺乏文化知识，影响科学技术水平的提高，阻碍农业现代化进程。(4) 家庭经营后，农民务农时间压缩，务工、经商、运输等的时间增多，有的地方形成业余农业、星期日农业、早晚农业，以他业为主，农业为辅，农业基础遭到破坏。

3. 农村服务体系不健全

搞好社会化服务，是"统分结合，双层经营"的合作经济不可缺少的环节，也是国家对农村实行计划指导的重要手段。东北经济区除了辽东半岛沿海地带和铁路沿线农村商品经济比较发达的一些地区，有比较发达的社会化服务外，其余大部分地区服务组织和设施都很差，尤其是东北的西部和东部边远地区，大部分村几乎还是以农为主的自然经济，社会化服务几乎没有。即使在"双层经营"较好的一些地区，服务体系也十分不健全。

4. 农业生产出现短期经营行为

主要表现为：一是对土地进行掠夺性经营，地力衰退；二是水利工程年久失修，灌溉面积减少；三是森林、草原破坏，生态进一步恶化。

5. 家庭经营的土地规模过小，不利于生产力的进一步发展

实行家庭联产承包责任制，将公有土地进行分散经营，东家一条垄，西家两条垄，一户承包的耕地少则几块，多则十几块，把耕地分割得零零碎碎，很难实现农业生产要素的优化组合。由于耕地分割过于零散，农业机械不能发挥效力。

目前农业发展面临的难题是：（1）集体统一经营层次十分薄弱，缺乏经济实力，改革中集体经济丧失了"元气"。农民急需的各种服务无人提供，购买种子、化肥、农药、地膜、饲料，采用新技术，防病虫害，农田灌溉，水利工程修建等，基本无人管。集体公共积累少，经济力量弱，不少地区乡镇企业发展不起来。（2）未形成有效的农民投资机制。农户本应是投资主体，但由于农村政策多变，农民重消费轻积累，有钱盖房，买耐用消费品，无钱搞生产性投资。（3）农产品价格低，农业生产资料涨价，打击了农民的生产积极性。特别是在通货膨胀、物价上涨情况下，国家收购农产品采取打白条的办法，这不仅损害了农民的利益，而且伤害了农民的感情，对发展农业生产、深化农村改革极为不利。

三 农村新型合作经济组织和双层经营发展趋势

（一）当前农村深化改革的主要课题

1. 确立并健全农用土地制度

确立农用土地制度，是农村经济组织建立和经营方式形成的基础。土地制度的改革，当务之急不是改革土地所有制度，而是改革土地使用制度。土地经营的主要问题在于土地所有权和使用权分离后，打破了分配方面的"大锅饭"，却又造成了土地使用上的平均主义。结果是土地经营规模过于狭小，不利于集中管理，不利于合理流动和适当集中。为此，要注意以下几个方向。

第一，必须明确农村土地的所有权和使用权。属于国有的土地实行国家土地管理部门统一发放土地使用证。集体使用、联合使用、个体使用均可，在国家法规政策允许的范围内行使使用权。通过租赁、承包、入股、

转让、抵押等方式，经营国有土地。其中转让抵押方式涉及土地所有权时，只能在集体与集体、集体与国家之间进行，属于依照法律规定村民集体所有的土地，实行以村级经济合作组织为法人代表，由村民自治组织管理支配。集体使用，村办企业，农户使用时，可以通过承包、租赁、入股、合营等方式使用土地。

第二，集体所有土地和国有的农用土地，实行"两田制"。（1）口粮田每个村划出一部分耕地，按人口平均分到户，由农户作为"口粮田"长期经营。在承包合同期内，承包经营权可由子女续承；可以有偿、无偿转包给他人；可以通过土地入股与他人联合经营，但是"口粮田"不得抵押，可按人口变化调整口粮田的数量。（2）商品田："口粮田"以外的土地，采取大地块招标出租的经营方式，形成适度经营规模，成为国家农副产品的商品生产基地。对"商品田"可以家庭租赁、合伙租赁、集体租赁，发展专业性农业生产组织。林地、果园、草地、草坡、水面、滩涂等非耕地，具有生产周期长、投资大、收益慢的自然特点，还具有生态整体性和规模大小的要求，等等。在经营上，除了少数可以平均由农户租赁外，大多数实行招标方式选择租赁经营者，租赁期的长短，根据实际情况由农民集体民主议定。"商品田"和非耕地，在合同期内，无论家庭或集体可以采用入股联营，但土地用途不得改变，也不得转让和续承。

第三，建立和完善国家、集体对土地的监督管理制度。从实际出发，因地制宜地制定以下具体规定：（1）承租者有保护土地资源的责任，按合同规定，按国家法规政策使用土地，承担如期上缴承包金、租金。（2）农户承租使用土地违反合同规定时，集体可行使必要的处罚，直至收回土地。对无力经营户或农转非户，有权强制转出其土地。（3）集体统一组织农户整治土地和农业水利建设。（4）土地承租经营权的转让，可通过不同形式的补偿，进行土地调整，促进土地转向经营能手，适当扩大土地经营规模。（5）耕地与林、果、牧、渔等非耕地之间转变用途时，必须经过集体同意，并报有关部门批准。

2. 进一步完善地区性农村合作制，健全社会化服务体系

村一级地区性合作经济组织，仍然是当前农村合作经济的主体形式，也是集体经济、联合经济、个体经济等各种经济组织形式赖以存在和发展的基础，它具有其他经济组织不可代替的功能。

第一，它是农村集体土地所有者，依照国家法律和政策行使管辖范围内土地的管理权、支配权。

第二，它是连接国家和农民的纽带和桥梁，对国家它是农民的代言人，反映农民的意见和要求；对农民它是代表国家宣传贯彻党和国家政策，下达计划、任务、税收的组织者。

第三，它拥有集体财产所有权和支配权，进一步向农民提取积累，兴办集体公共福利事业。

第四，它有权组织农民兴修农田水利工程、公共基础设施，兴办乡村企业。

第五，它是健全农业生产产前、产中、产后服务体系的组织者。要建立农工商或贸工农等联合服务公司，为生产提供技术服务，为市场需要提供信息服务，为流通领域提供运、销服务等。

总之，地区性合作经济组织在当前具有重要的地位和作用。它在统一经营层次上承担许多经济职能，是推动农业实现"两个转化"，发展农村社会主义商品经济必不可少的环节。

3. 强化家庭经营层次，挖掘家庭经济的更大潜力

家庭经营在农业现代化进程中具有强大生命力，要长期肩负重担，必须大力加强家庭经营这个环节。

第一，要重视科技投入，迅速提高家庭经营的生产技术水平。农业生产技术包括机械技术和生物技术两大方面。提高机械技术节省劳动力和劳动时间，使家庭经营扩大生产规模，创造转移劳动力的条件。提高生物技术节省土地，实行集约经营，提高单位面积产量，创造少投入、多产出的条件。在机械技术和生物技术共同作用下，实现家庭经营层次生产潜力的充分发挥。

第二，要提高农民科学文化水平和经营能力。当务之急是抓好农村普及教育，重视农村职业技术培训教育。提高农民文化水平和劳动力素质，学会家庭经营管理和搞好生产决策的本领。为此，各级政府都要抓教育，增加智力投资，增加教育经费，改善教育条件，提高教师待遇。

第三，充分发挥家庭经营的灵活性、积极性、创造性。家庭经营作为农业生产基本单位，适应了农业生产的自然特点，这种适应性发挥得好，会带来生产力发展的强大推动力。这种适应性也是家庭经营具有长久生命力的源泉。为调动家庭经营的内在因素，制定必要的扶持和奖励制度，鼓励农民创办自我服务的合作组织、专业生产协会、基金会等。对生产有较大贡献的,对积极组织生产合作的,带动他人发展生产的都应给予鼓励、支持和必要的奖励,从而更充分地调动家庭经营的积极性、创造性,最大限度地提高生产力。

4. 从全局出发,尽快解决流通体制改革中的新问题

改革流通体制、价格体制,增强农业发展的活力。在统购政策改为义务(或任务)合同订购过程中,却形成了"死的一块"更死、"活的一块"未活起来的局面。解决这样的困境,首先,在各类农产品中,对全局冲击不大的农产品价格先行放开,再根据条件,逐步放开其他品种价格。各地区从实际出发,放开的品种和放开的速度,自行决定。重要品种如粮食价格,在短期内保持双轨制是必要的,但是可根据国家经济力量,逐步缩小国家定价部分,扩大市场议价部分。粮食消费,除了城市居民和特种粮供应以外,实行议价供应,以减少对农民合同定购粮部分。其次,逐步发育农村市场体系。不仅有农副产品市场,而且有劳动市场、资金市场和土地转让市场。完善市场功能,主要是发挥农产品和生产要素在市场上自由流动和竞争机制,建立市场法规,保证商品等价交换。

5. 因地制宜,不失时机地逐步发展适度规模经营

为了给农业现代化创造条件,提高农业经营效益和商品率,只有在实行土地适度规模经营的基础上,依靠集约经营,提高单产。但是实行适度规模经营,需要具备一定的社会经济条件,一是具有一定的农业机械化程度,为实行规模经营提供技术条件;二是社会化服务体系逐步建立,能够从生产、流通、金融等方面,满足规模经营所需要的服务;三是农民自觉自愿,不能强迫命令。一定要根据不同地区、不同情况,因地制宜地抓住时机集中土地,发展适度规模经营。目前,在东北经济区发达的部分地区已具备了规模经营的条件,例如辽宁省已经实现适度规模经营的耕地面积达到12%,少数的郊区乡村已达到50%~60%,但是绝大部分地区土地经营分散,还难以集中。

(二) 农村经济组织和经营方式的基本框架设想

1984年以来,全国改革农村体制,实行政社分设,分别成立了乡政府、村民委员会、村民小组三级政权及群众自治组织和乡经济委员会、村生产委员会、生产队三级经济组织,初步形成了农村管理体制。政社分设就是要把多年来的政社合一体制分开,使经济组织成为名副其实的从事生产、流通或服务性活动，独立进行经济核算的合作经济组织，克服政企不分、以政代企的弊病，有效地促进农村经济更快发展。但是，政社分开后并没有真正克服政企不分的弊病。主要体现在：（1）这样的组织机构仍然保持了原来三级层次关系。改革农村管理体制，主要是分别建立了乡政权和乡级经济组织，形成各自独立的机构，而对原大队和生产队的改革，并没有较大的突破。而且大部分村只是在原大队和生产队的规模上建立村民委员会和村民小组，并没有按照商品经济的发展需要设置经济组织，仍然保持了原三级组织形式。（2）这样建立的三级经济组织机构仍然是行政化的经济组织。三级经济组织之间没有内在的经济联系，既不是隶属关系，也不是指导关系，领导经济的全部工作还必须由政府部门来承担。在客观条件上决定了乡、村经济组织还是从事行政管理工作，许多政府工作也需要乡、村两级的经济组织来完成。在组织形式上，机构是独立了，但在实际工作中，业务没有分工。（3）有的乡即使建立了三级经济组织，也没有形成经济实体，尤其在村一级建立的村级合作经济组织，由于没有赖以存在的经济实体为依托，必然产生本身无法克服的弊端，村生产委员会由于组织不健全，只限于行政管理，村经济组织的作用未发挥，经济工作仍由政府部门担当，未形成新体系，因此必须彻底改革和健全村合作经济组织和经营方式，彻底冲破"三级所有队为基础"的旧模式，建立"统分结合、双层经营"的新体制。这是现阶段比较适应生产力发展需要的农村合作组织形式和经营方式。

中央〔1984〕11号文件指出："农村经济组织应根据生产发展的需要在群众自愿的基础上设置，形式与规模可以多种多样，不要自上而下强制推行某一种模式。"近年来，各地逐步探索和试验，创造出多种类型、多种组合的经济组织形式和各种经营方式，这为各地创造了经验。但是，究竟怎样选择村一级的合作经济组织形式和经营方式？主要的制约因素有：村中原有的生产力发展水平，村内经营项目的多少和经济活动的内容，各村之间的经济差别，农民群众的意愿和意见等。如有些村经济基础很雄厚，经营项目很多，专业化程度较高，已形成了一定的规模经济和规模效益，对农民有较大的吸引力，就应以村单独建立生产合作社或联合社，实行统一经营，专业承包或租赁。有的村农业生产水平较高，农产品商品率高，商品量大，具有一定的工业基础，加工、运、销能力强，并有一定数量的管理人才，就可以建立经济实体型的农工商公司，农工商、贸工联合社，实行企业化经营管理,采取专业承包,股份制。对于那些以自然屯为单位,各村屯之间的经济状况相差不大,生产条件差,经营项目单一的村,一般均以自然屯规模建立生产合作社,实行家庭或联合体联产承包制、租赁制、合伙制。这样选择有利于发挥村、屯的自然、经济优势。有效地利用经济实力,更好地为承包农户、家庭农场、联合农场等提供产前、产中、产后各种服务。不仅生产体系要根据当地客观实际进行设置,而且社会化服务体系也要结合本地的资源条件、生产项目和内容产品种类,以及交通运输和销售等实际情况建立。

要彻底改革三级层次关系,必须要深入发展和完善"双层经营"体制和经营方式。可以预见,在今后较长的时期内,仍然是以"统分结合、双层经营"为主体的多种组织形式和多种经营方式并存的格局。现阶段建立在村一级的各类合作经济组织形式和经营方式,随着生产力水平逐渐提高、专业化集约化生产和社会化服务的逐步发展,必然打破村级界限。实行土地国家所有制并在土地所有权和使用权分离的情况下,采取以租赁制为主,承包制、股份制、联合制并存的经营方式,建立由专业化生产体系和社会化服务体系组成的两大部分经济组织和经营方式,如图1所示。

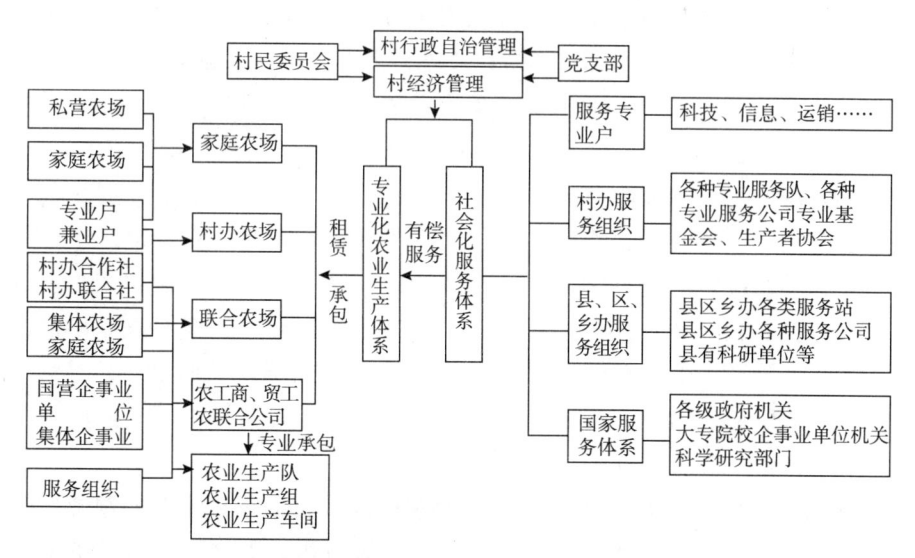

图1 农村经济组织和经营方式基本框架

专业化农业生产体系的经济组织形式可分为四种类型:

(1)家庭农场,是由现在的承包农户、专业户、兼业户、家庭农场和私营农场逐渐发展、形成的生产力较高的现代化家庭农场。

（2）村办农场，是由现在的村办生产合作社、联合社和家庭农场逐渐发展、形成的村办集体农场。

（3）联合农场或联合农业公司，是由现在的专业户、家庭农场、村办农场和服务组织参加，或有国营企事业单位和集体企事业单位参加的联合兴办的跨地区、跨行业的农场或农业生产联合公司。

（4）农工商、贸工农综合体，或称为联合公司，是由农业、加工业、商业、外贸等各行业组成的生产、加工、销售、出口等一条龙经营的综合体，生产力水平很高。

社会化农业服务体系也有四级组织形式：

（1）服务专业户，农村中专门从事科技示范、信息传递、运输销售等服务活动的农户，直接为农业生产提供有偿服务。

（2）村办服务组织，有村办的各种专业服务队、服务公司，如农机及修理、良种培育、科技示范、生产资料运销、农产品运销等专业队和服务公司，还有村办的专业生产基金会、生产者协会，如养鸡协会、果树协会，等等。

（3）县、区、乡办服务组织，有县、区、乡办的各类服务站、服务公司和县区科研单位，直接为农村农业生产服务，如技术推广站、兽医站、植保站、种子公司、农机公司、饲料公司、农业研究所、蔬菜所，等等。

（4）国家服务体系，政府机关的有关农业领导部门、大专院校、科学研究部门的科技人员和经营管理人员，都可以直接下农村，开展技术攻关，推广新技术，为农业生产直接服务。

上述的农业专业化生产体系和社会服务体系，将是农村中最基本的两大经济活动系统。前者是自然生产力发展的反映，后者是社会生产力发展的反映，二者相互补充，相互统一。在实际经济活动中，根据农业生产所处的条件，将两个系统有机地结合起来，形成农业生产力发展的整体系统。

在村一级农业生产力发展的整体系统，主要体现在村中所建立的专业化农业生产组织和社会化服务组织形式，以及正确采用的经营方式上，因此必须加强村级领导机构对专业化生产体系和社会化服务体系的领导和管理。由于我国现行的村级组织机构是上通各级政府，下联千家万户的基层组织，它承担着极其繁重的组织生产服务、统一协调、经营管理等多种职能。村中的生产组织和服务体系及采取的经营方式，都由村领导机构统一领导，完成各自的生产、经营和服务前的经济活动任务。

关于扩大土地经营规模问题的探讨[*]

土地集中，进行适度规模经营，是我国实现农业现代化的必然趋势，是传统农业向现代农业转变的根本出路，也是当前农村经济深入改革的重要内容。近年来，我国一些经济发达地区和大城市郊区，已经出现了土地规模经营，并取得了很好的经济效益。这一问题愈来愈引起普遍的关注。但是，由于我国农村经济发展水平极不平衡，实现土地规模经营，对全国广大农村来说，却是一个长期的艰巨任务。必须结合各地实际深入探索，不断总结经验，正确引导土地规模经营的健康发展，做到因地制宜地分阶段、分步骤地推行土地适度规模经营。

一 扩大土地经营规模是农业现代化的必然过程

扩大土地经营规模，走农业专业化、区域化的道路，是农业经济发展的历史要求，是世界各国实现农业现代化的必然过程。

1. 外国扩大土地经营规模的经验

第二次世界大战后，世界各国特别是一些经济发展快的国家，随着现代工业和现代科技的发展，先后实现了农业现代化。其中农业生产方式和经营方式变化的突出标志，就是土地集中化，经营规模扩大，形成一批机械化家庭农场和农业公司。但因为各国人口、土地状况不同，生产力发展水平不同，土地经营规模扩大的程度也不一样。一般来说，在人少地多，以粗放耕作为主的国家，土地经营规模均为100公顷以上。如美国平均每个农场耕地面积为170公顷，加拿大为200多公顷；在人多地少，以精耕细作

---

[*] 此文于1988年8月参加辽宁省委农村政策研究室组织的学术研讨会并编入《辽宁农村工作——完善土地制度与发展规模经营调查研究专辑》中，还刊载于《科技情报》1988年第14期。

为主的国家，土地经营规模均在十几公顷到几十公顷。如法国平均每户耕种24公顷，联邦德国为16公顷。这些国家在农业现代化过程中，农户和家庭农场的土地经营规模，都经历了长期的变化过程。多数国家早在庄园制度解体、农民获得土地以后，普遍建立起小而分散的家庭农场。这时期的农场实行自耕农制度，土地归小商品生产者的农民所有。土地经营规模小，适应当时生产力发展水平，经营上处于有利地位。所以各国都经历了一个稳定的长期发展阶段。直至第二次世界大战后，欧洲各国商品经济发展加快，特别是农业机械的发展和使用，对农业小规模经营冲击很大，出现了小规模经营同大规模的商品经济、同现代化的社会化大生产之间的尖锐矛盾。由于小规模经营的农场经济实力单薄，无力增加农业机械设备，难以应用科学技术。规模越小，成本越大，利润越低，收入越低。农户为解决收入低的问题，走上兼业化，追求非农业收入，放松了对土地的经营和投入，影响了对土地资源的利用。所以小农场竞争不过大中型农场，往往被迫破产或合并。在20世纪50年代，小农场大量减少，农场规模迅速扩大。到70年代以后，由于生物技术的运用和生态环境的改善，农业生产实行集约化经营，改善经营管理，发展了社会化服务和合作。随着农业现代化的实现，土地经营规模并不是越大越好的问题日益凸显。农场规模过大带来很多社会问题，使一些国家从立法和政策上限制发展规模过大的农场，并明确鼓励中型农场的发展。目前，发达国家适度的中型农场仍然在增加，大型农场趋于减少。我们在研究扩大土地经营规模问题时，外国这些关于扩大土地经营规模的经验是值得借鉴的。

2. 我国扩大土地经营规模的必要性和出发点

农村实行以家庭经营为主的联产承包责任制，克服了管理上过分集中和分配上平均主义的弊端，满足了农民对得到土地、解决温饱问题的迫切要求，极大地调动了农民的生产积极性，农业生产发展迅速。这是生产力发展的必然过程。但是，家庭联产承包责任制在纠正了劳动分配上平均主义的同时，耕地按人口承包，使得耕地在分配上又保留了平均主义的因素。为了利益均等，一块耕地，东家一条垅，西家两条垅，一家承包的耕地，分割成几块、十几块，把土地分割得零零散散，限制了土地生产潜力的发挥和规模效益的提高。（1）由于耕地分割得过细，规模过小，很难实现生产要素的最佳配置。有较强耕作能力的农户，因为承包耕地少，无用武之地，不能发挥生产潜力。（2）耕地承包过于分散、零碎，农业机械不能发挥效力，造成农业机械的闲置和浪费，大机械与小地块的矛盾，降低了机械效率，提高了生产成本。(3) 部分有其他就业门路的兼业户，视土地为生活"保险"，不肯退出承包地，但又没有更大精力在土地上增加投入，经营土地仅以维持自家口粮为目的，使土地不能充分发挥效益。土地生产率低，地力衰退，是变相的掠夺式经营。总之，这样小规模的土地经营，对于农业继续发展极为不利。即使增加投入，进行集约经营，农业生产也无法依靠自身积累而得到稳定和发展。1985年以来，我国农业增长速度已经迟缓下来，甚至有的地方已经出现了相当程度的停滞和萎缩。这样下去农业生产不可能摆脱自给半自给状态，也很难适应较大规模商品经济发展。因而，在条件成熟的地区，有必要因地制宜地采取有效措施，调整承包土地，首先走扩大土地经营规模的道路。

学者普遍认为，扩大土地经营规模同实现农业现代化的总目标是一致的。我国人多地广，各地区的生产力水平、资源条件和社会环境以及经济发展进程，各不相同，扩大土地经营规模的目的和出发点也不一样。但是最基本的出发点就是要提高土地生产率，增强农业发展的内在动力和活力，达到不断增加农产品总产量的目的。我国劳动力资源丰富，而自然资源相对缺乏，特别是耕地资源短缺，因而发展农业生产，必须把重点放在提高土地资源利用率和提高生产率上。目前我国的粮食问题还没有解决，人均占有粮食只有700多斤，这个水平还不到美国的1/4、苏联的1/20。今后人们消费水平还要不断提高，需要的粮食和副食品会更多。按2000年的战略规划要求，人均占有粮食应达到830～850斤，我国粮食总产量必须超过万亿斤。在11年中要增加2000亿斤，任务十分艰巨。我国可开发的土地资源有限，靠开荒造田、扩大播种面积，不可能实现目标。只有在扩大经营单位土地经营规模的基础上，实行集约经营，千方百计提高单产，才能保证增加总产，降低成本，增进自身积累的能力，使农业成为具有活力的独立发展的现代化产业。

发展农业规模经营是粮食和农业生产长期稳定增长、攀登新台阶和实现农业现代化的根本途径。随着生产力的发展，土地经营规模将由规模小向规模合理方向扩大，从低效益向高效益转变。农村第二、三产业的发展和多种经营的扩大，劳动力转移，为扩大土地经营规模创造了有利条件。这种符合生产力发展规律的变化，在今后的一定时期内是一个合理的必然的发展趋势。

二 扩大土地经营规模必须适应生产力发展水平

土地经营规模的大小，直接受生产力发展水平的影响和制约。目前我国的土地规模经营，都是在经济发达的地区提出来的，以土地生产率有所提高为前提，与一定的经济发展水平、物资装备程度和生产技术结构相适应。例如在大城市郊区、苏南、辽东半岛、山东半岛、东北的三江平原和松辽平原等地，都具备了扩大土地规模经营的条件。(1) 由于这些地区生产力发展水平较高，农村产业结构发生了变化，非农产业发达，第二、三产业已经容纳了大量的农村剩余劳动力，从业人数已达劳动力总数的60%～80%。农业劳动力大量减少，而且剩下的都是妇女、老弱劳力种田，管理粗放，单产下降，甚至土地撂荒，农业萎缩。这就为土地集中和扩大土地经营规模提供了可能。乡镇企业的发展，有能力建农、补农、购置农业机械，为发展规模经营创造了条件。(2) 经济发达地区农业机械化水平较高，一般都达到了翻地、耙压、播种、中耕等主要生产环节的机械化作业，有的种粮大户和家庭农场实现了农业生产全过程各个环节的机械作业，降低了成本，具备了规模经营能力。(3) 这些地方大多建立了双层经营的合作经济体制，为土地承包户提供了产前、产中、产后等一系列的社会化服务，还建立起较完善的服务体系和服务组织，必然促进土地规模经营的扩大。(4) 这些地区的农村科学文化水平相对较高，专业种田的劳动力具备较高的生产技术和经营管理水平，合作组织或村委会有善于组织管理的领导干部。

可见，在经济发达地区，能早日实现适度规模经营。但是大多数不太发达和生产力水平较低的地方，目前还难以实行土地规模经营。要充分认识我国扩大土地经营规模的长期性和艰巨性。就全国来说，人均资源少，农业劳动力比重大，占全部社会劳动力70%以上，到2000年至少还有50%的劳动力仍在土地上谋生，这是影响土地集中的最大的制约因素。很多地区，土地仍是农民经济收入的主要来源；农业生产以手工劳动为主；劳动者文化、科技素质低；自给性的农业或小商品生产长期地占领广大农村；交通落后、流通渠道不畅、生产力低下、服务体系不健全，"以农为本"的传统观念根深蒂固，把土地视为命根子。由于这些因素的制约，小规模经营、自给自足的农业，在较长时间内不能改变。对于我国土地资源稀缺，客观上需要加快扩大土地经营规模化、集约化的进程，是极大的矛盾，解决这个矛盾需要一段较长时间。因此，在扩大土地经营规模、发展生产力的艰难进程中，不要急于求成，一定要根据不同地区的不同情况，因地制宜、创造条件，抓住时机进行土地集中化，发展适度规模经营。

三　扩大土地经营规模急需的几项工作

1. 完善承包制，以建立双层经营体制为中心，适时调整土地经营规模

利用什么机制集中土地，扩大经营规模？目前理论界主张改革土地所有权和实行土地商品化，并提出几种观点：（1）改变现存土地二元公有制模式，变为土地国有，实行国家租赁、转让机制，这种观点是有一定道理的，但在实行上困难较大，目前不能全部展开。（2）变土地公有制为私有制。通过土地买卖，实现土地集中机制，这是资本主义国家采用的办法。实行土地私有制，允许土地自由买卖，在我国这样一个农业人口多的国家，很容易导致贫富两极分化：城乡有钱人大量购买土地，出租，一些农民由于生活困难或其他原因卖地，吃不上饭，社会动荡，后果不堪设想。（3）在双层经营条件下，由集体收回土地，重新调整承包土地。建立双层经营体制，加强承包管理机制。这种办法在当前最适合我国国情和经济发展状况，很多地方已经创造出了成功的经验。具体办法是保留口粮田，实行有偿转包责任田，采取兴办农业大户、家庭农场、专业队、合作农场等形式，发展适度规模经营。在现有土地承包制基础上，进一步完善和调整土地承包、租赁，顺应广大农民心理，这样容易被接受，不会因为体制大变动造成社会经济大波动。必须明确，我们一定要坚持土地二元公有制模式，实行双层经营的合作经济体制。土地分包到户是合作经济内部的一种经营形式。集体是土地所有者，有权加强对土地的管理和调配，向着有利于继续提高生产力方向，适时调整土地规模，集中土地并按商品生产的要求，发展和完善社会化服务体系，为扩大土地经营规模，创造良好的外部环境。

2. 加速调整产业结构，在广大农区发展第二、三产业，特别是要发展乡镇企业，促进农村劳动力转移

各级政府要善于引导农民广开多种经营门路。目前很多乡村苦于一无水面、二无山林和草原，对多种经营束手无策；很多乡村因资金缺乏，技术力量不足，又不主动想办法，坐等外力帮助，有些乡村农民仍然满足于种田吃饭，即"家家种点田，户户小而全"的自给自足落后的经营方式，思想守旧，没有商品经济观念，甚至仍然处于"春种、夏锄、秋收、粮食进仓半年闲"的状态。黑龙江和兴安盟的许多农村就是如此。思想问题不解决，观念不转变，这是发展多种经营、商品生产和调整产业结构的障碍。第二、三产业不发展，绝大多数劳动力捆在土地上，从而也阻碍着扩大土地经营规模，现在急需引导农民转变观念，县、乡干部首先要转变观念，培养商品经济意识，尽快领导农民发展第二、三产业，为实现土地规模经营创造条件。

3. 坚持土地集约经营、抓科技农业，为实现农业现代化做更多的实际工作

多年前，我国就提出了农业要实现电气化、机械化、水利化、化学化、良种化。在坚持集约经营、发展科技农业的方针指导下，我国农业机械化有了很大发展，农田水利建设大发展，农村电业和化肥工业也有了发展。实行良种化、科学种田、水利化，对农业生产起到了很大作用。增强了防御自然灾害的能力，促进了粮食增产。但最近几年，土地承包过于分散；大部分农机具闲置起来，水利基础设施年久失修，化肥紧缺，生产不均衡，农家肥不用，种地不养地，地力下降，等等，已经开始影响农业生产的发展。出现了新的停滞、徘徊，形势严峻。因此，政府必须重申重视农业，实现机械化、水利化、良种化、科学化、现代化。国家对农业必须增加投资，有的放矢地进行农田水利维修和建设。对土地增加投入，引导农民增施农家肥，增强地力，增强农业发展后劲。在资金、物质、技术上全面扶持农业生产，走科技农业的道路，推动扩大土地规模经营迅速发展。

4. 加强智力投资，办好农村教育，提高农业劳动者的素质，提高农村人口的文化科学水平

社会要进步，推广科学技术，抓科技、振兴农业，农业人口的文化程度和劳动者的素质是关键。近年来农村又出现了令人忧虑的趋向，即有文化的青壮年、党员都去搞第二、三产业，农村从事种养业的劳动力，多是老年、妇女和病残人。青少年不爱念书，中途辍学的现象普遍，劳动力素质和农村人口文化水平明显下降。因此要切实抓好农村教育事业，根据农业现代化的需要和农业规模经营的要求，从抓农村普及教育入手，大办职业技术教育，提高劳动力素质和全民的文化水平。培训技术人才和管理干部，为农村实行土地规模经营、集约经营打下坚实基础。

5. 调整和完善土地承包政策，制定关于发展土地规模经营的法规

为了加速扩大土地经营规模，国家和地方政府根据各类型地区特点，制定调整承包土地的政策。国家应颁布"调整土地法"，发挥必要的集体调整和国家干预作用。同时用切实可行的奖励政策、灵活优惠的政策，鼓励有专长的一些农民离开土地从事第二、三产业，让一些农户把土地转让出来。促进土地集中，可以分阶段进行。第一个阶段，具体制定转包土地细则，以自愿互利为原则，鼓励转包。对分散插花地块应通过调整使其连片，减少农户承包地的块数。对无能力种地户，又不肯退出土地的，可以保留口粮田。通过有偿转包责任田办法，把大部分责任田转包或租赁给种田大户和家庭农场、合作农场，在国有土地的地区，可以由国家直接实行租赁转让，建立一批大中型合作农场、家庭农场。第二阶段，当农业专业化、区域化形成时，对粮食和主要农作物产区，可以全部实行国家租赁、转让政策。在生产力发展缓慢的个别地区，还要实行土地集体所有制、农户承包经营。总之，必须依据我国各地千差万别的特点，适时进行土地集中，实现土地规模经营。

第二篇

农业经济发展战略研究

辽宁农业需要有一个大发展[*]

当前辽宁省农业生产同整个国民经济的需要和实现四个现代化的要求，还不协调。要切实改变长期以来在"左"的思想指导下的老一套做法，真正从辽宁省农业发展的现状、特点和条件出发，采取各种有效的政策措施，进一步更快、更好、更全面地发展农业生产，使农业起到真正成为发展国民经济基础的作用。

一

辽宁省和全国一样，在胜利地完成了土地改革，实现农业的社会主义改造之后，采取了一系列改变农业生产条件、发展农业生产力的措施，使农业得到了较快的恢复和发展，取得了较大的成绩。

（一）"三中"全会前辽宁省农业生产的成就

辽宁省农业发展速度、粮食单产、劳动生产率和产品商品量、人均收入等方面，均高于全国平均水平。

从农业发展速度看，1978年同1949年相比，农业总产值增长2.6倍，每年平均增长4.5%，高于全国4.4%的速度；粮食总产量增长1.8倍，每年平均增长3.6%，高于全国3.5%的速度；油料总产量增长3.1倍，每年平均增长5.0%，高于全国2.5%的速度；生猪增长4.6倍，每年平均增长6.2%，高于全国5.9%的速度。

从粮食单产水平看，粮食单产（按播种面积计算）1978年为448斤，比1949年增长261%，比全国高29%。

---

[*] 原载辽宁省统计局编《辽宁统计资料》增刊，1982年1月发行。作者与陶渊华合作课题。

从劳动生产率看，1978年每一农业人口生产粮豆965斤，高于全国（752斤）28%；按每一农业人口计算，生猪存栏0.51头，高于全国（0.37头）40%。

从提供的商品量看，辽宁1978年每一农业人口向国家交售粮豆281斤，高于全国（148斤）水平89.9%；每一农业人口交售油料（折油）4.46斤，高于全国（2.63斤）水平70%；每一农业人口交售生猪为0.14头，高于全国（0.13头）水平7.7%。

从集体分得的人均收入看，1978年社员从集体分得收入每人平均91.3元，比1956年增长53%，高于全国（73.8元）水平23%。

(二)"三中"全会以来的农业生产发展情况

在打倒"四人帮"以后，特别是"三中"全会以来，由于各地认真贯彻执行了党的一系列农业政策，广泛推行了农业生产责任制和采取发展多种经营等重大措施，使生产队自主权得到了尊重，贯彻按劳动分配原则，极大地调动了农民群众的生产积极性，从而使辽宁省农村经济得到迅速恢复和发展。

尽管近两年连续遭受严重的自然灾害，但产值、粮豆总产量、油料、交售生猪、人均收入等发展速度都快于打倒"四人帮"以前。农业总产值1980年比1978年增长9.8%，每年平均增长4.8%，快于1949～1976年每年平均增长4.4%的速度，每年平均增加2.6亿元，为过去31年每年平均增加1.27亿元的两倍。1980年全省粮豆总产量比1978年增长9.4%，每年平均增长4.6%，快于1949～1976年每年平均增长3.7%的速度，每年平均增加粮豆10.5亿斤，为1949～1976年每年平均增加5亿斤的2.1倍。油料1980年比1978年增长168%，每年平均增长64%，快于1949～1976年每年平均增长5.4%的速度。1980年交售生猪比1978年增长25.1%，每年平均增长12.5%，快于1950～1976年每年平均增长11.2%的速度。人均收入，1978～1980年，每年平均增加15.6元，是1956～1976年每年平均增加0.7元的22倍。农业总产值中，林、牧、副、渔业比重由1978年的32.0%上升到1980年的36.4%，特别是副业产值增长较快，比重由13.1%上升到17.9%。农业内部结构有了可喜的变化，农业开始全面发展。

二

辽宁省农业基础薄弱，满足不了现有工业和城市人口的需要。农业产值占工农业总产值的比重很小，是全国农业比重最低的省份。农业商品量低，粮食、副食品、工业原料的缺口都很大，同整个国民经济发展不相适应，表现在以下几个方面。

1. 城市人口多，人均粮食占有量不多，只有700斤，而农业发达国家在2000斤左右。粮食商品率只有24.6%，而发达国家在90%以上。农民口粮也不高，1980年农业丰收，人均口粮只有513斤，而且尚有17.7%的生产队社员口粮标准不到400斤原粮。在消费低标准情况下，全省粮食自给率只有90%左右。1952～1979年辽宁省平均每年要国家调入粮食24亿～25亿斤，1980年仍调入22.9亿斤。20世纪50年代，全省口油供应标准比现在高，油料还有调出，1972年以来，油料缺口越来越大，平均每年调入植物油3000万～6000万斤，1980年仍调入5720万斤。生猪1957～1979年平均每年调入96.4万头，1980年调入138万头。鲜蛋从1965年以来，平均每年调入2600万斤，1980年调入高达6829万斤。农产原料自给率低，棉花1952～1979年平均每年调入58.7万担，1980年调入高达180万担，仍满足不了纺织工业的需要。

2. 农业生产水平低，靠天吃饭局面基本没改变。种地不养地，土壤肥力下降，抗御自然灾害能力又低。31年中平均每年受灾面积达1000万亩左右，占总播种面积的1/6强。粮食真正增产的只有12个年头，基本平产的8年，比上年减产的有11个年头。减产幅度高达40%（一年减产40亿斤粮食）。迄今为止，粮食生产很不稳定，还没有摆脱靠天吃饭的状态。各地区粮食单产水平极不平衡。以1980年为例，亩产不足400斤的县（区）有16个，占26.2%，总产量仅33.7亿斤，如果这些县（区）的单产都能达到全省平均水平（506斤/亩），即可多产粮食26.8亿斤，超过辽宁省一年调入的粮食总量，可使全省粮食总产量增加一成以上。

3. 农业生产技术装备水平低，按耕地面积平均每亩拥有生产用固定资产仅88元，而日本为520元，联邦德国为653元，现有农机具不配套、维修管理工作跟不上，利用率又低，基本上是靠手工操作。现有水利设施不足，全省旱涝保收高产稳产田1980年为882.4万亩，仅占耕地的15.5%，中产田和低产田面积大。化肥施用量虽不少，但质次价高。重氮肥，轻磷、钾肥；重高产区，轻中、低产区。由于偏重氮肥，忽视农家肥，土壤肥力减退，据有关部门调查，土壤有机质含量已降到1%以下，有的在0.5%以下。

4. 自然资源优势远未发挥。赵紫阳同志在《我国今后经济建设的方针》中指出："我国人口多，耕地少，随着人口的增长，这个矛盾越来越尖锐，十分珍惜每寸土地，合理利用每寸土地，应该是我们的国策。"这也完全符合辽宁省的实际情况，辽宁省土地总面积2.19亿亩，平均每人占有6.35亩，与全国平均数（14.5亩）对比，还不到一半，与世界平均数（49亩）的水平就差得更远了。用于农业、林业、牧业的面积为1.56亿亩，占总面积的71.2%（高于全国44%的比重），按人口平均为4.5亩。全省耕地面积1980年为5680万亩，平均每人仅1.6亩。

但辽宁省自然条件比较优越，气候温和，雨量适中，日照时间长，物产资源和水利资源都较丰富，沿海又有丰富的水产资源，兼有丘陵、平原、海滨等多种自然条件的特点。"六山一水三分田"。过去只在三分田上下功夫，不注意山、林、水、海的开发，农业劳动力又很充裕，只要我们解放思想，政策正确，依靠群众，就能使农林牧副渔全面发展。

三

近3年来，辽宁靠政策、靠科学，加快农业生产发展取得了很大成绩，积累了一些经验。今后仍然要进一步落实中央关于发展农业的方针政策，认真研究和解决实践中出现的新情况、新问题，坚持社会主义集体化道路。

要在靠科学种田上下功夫。靠科学，有两方面的含义：一是实行科学种田，即按照自然规律和经济规律的要求，安排好农林牧各业之间的关系，使其互相促进，实现良性循环；二是用现代科学技术装备农业，提高农业生产的物资技术装备水平，并研究培育高产、早熟农作物新品种。这就要求要适当增加对发展农业的投资比重，注意投资使用方向和提高其经济效益，要充分利用辽宁省重工业的优势，为装备农业提供品种对路、质量优良、价格低廉的产品，以提高农业现代化水平。

为了在"六五"计划时期内，争取辽宁省农业有一个大发展，应当树立大农业观点，充分发挥辽宁省农业自然条件和资源条件的优势，需要在以下几个方面，作出具体规划，采取有效措施。

1. 逐步从根本上改善农业生产条件，提高物资技术装备水平

为了逐步改善辽宁省农业生产条件落后的状况，既要靠农业自力更生，扩大农业本身积累，又要靠国家财政扶助，增加对农业的投资。辽宁省历年国民经济投资总额中，农业占5%~7%，低于全国平均水平。根据辽宁省工业比重大，城市人口多，农业负担重的特点，农业投资占总投资的比重应高于全国的水平。今后一个时期，辽宁省农业投资的比例，应提高到15%为宜。全国在调整时期（1963~1965年）农业投资的比重达18.8%，辽宁省在1962年、1963年和"三五"时期也都达到过15%以上。新中国成立以来，农业投资主要突出了水利建设，占投资总额的64%，其他方面的投资都很少，如农牧业占14.2%，林业占6.5%，水产占9.6%，其他占5.8%。而在水利建设方面，由于存在着重主体、轻配套，重建设、轻利用的现象，投资效果很差，已建成各种水利工程的设计灌溉面积为2834万亩，而实际灌溉面积仅有910万亩，只占1/3左右。有将近2/3的设计能力，不能发挥效益。今后应集中三、五年的时间狠抓现有水利工程的渠系配套和土地平整。不能因为过去水利建设中浪费较大，就轻易断言水利不该搞。辽宁省人多地少，这就要求必须逐步创造高产、稳产的生产条件。实现稳产、高产的条件除靠生物措施外，必要的工程措施还是不可缺少的。今后一段较长时期，主要依靠集体劳动积累来改变农业生产条件是必要的。强调自力更生、艰苦奋斗的精神，依靠联合起来的集体经济的力量，抗御和战胜自然灾害，进行个体经济无法从事的较大范围的农业基本建设，是十分必要的。

与此同时，也应在良种、肥料、改良土壤及农机具等方面适当增加投资，使辽宁省的农业生产条件有一个较大的改善。

农村人民公社的扩大再生产资金主要来自提留的公积金。从历年公社基本核算单位的公积金占纯收入的比重情况来看，1957年占6.6%，1958~1978年均占10%~15%，而1980年只占9%，1980年的总收入比1978年增加了21.2%，纯收入增加了22.0%，社员分配部分也相应地增加了23.9%，公积金却只为1978年的88.8%，下降了11.2%。虽然处于调整时期，但这样的积累比例也是低了。改善生活不能忘了建设，公积金是社队扩大再生产的主要源泉，在丰年，生产增长，公积金应适当调高；歉年，生产下降，公积金应适当降低，这样生产才能不断发展，社员生活水平的逐步改善才有了物质保证。

2. 逐步调整农业生产结构，促使农林牧副渔全面发展

辽宁省农业经济结构不合理，农业（种植业）占60%以上，其余的林牧副渔业仅占35%左右，副业中又以社队工业为主，其他副业项目甚少。如单看种植业和畜牧业产值比例，则1949年为64.3%：9.8%，1980年为63.7%：13.1%，变化并不明显。在农牧业产值中牧业所占比重，辽宁省为17%，罗马尼亚为41%，匈牙利为45%，农业发达国家都在50%以上。30多年来，由于没有坚持因地制宜、发挥优势的方针，农业结构不合理的状况没有什么改变，其根源是由于长期出面强调"以粮为纲"而忽视多种经营全面发展的结果。

农林牧三者关系构成了农业结构的骨干，起着影响全局的作用。而目前辽宁省的状况恰恰是林牧业十分薄弱。今后应充分利用比现有耕地大得多的山区、丘陵、草山、草坡等积极发展林牧副业，我们不能只在5000多万亩耕地上搞农业，而应放眼于全省14万平方公里的土地面积。要在合理利用和保护自然资源、促进生态良性循环的前提下，把辽宁省没有利用的自然资源，都开发出来。广泛植树种草，绿化山区和环境；加强草山、草坡等的基本建设，积极发展食草畜禽；充分利用沿海及河流的优势，发展渔业生产；重视对社队企业和家庭副业的扶持，积极开展农村的多种经营。

3. 规划农业生产布局，贯彻因地种植、适当集中的方针，继续抓好全省的商品粮基地和各种经济作物生产基地的建设

粮食关系国需民食、备战备荒的大问题，也是多种经营和畜牧业的基础，发展林牧渔等业也需要有粮食来保障。粮食播种面积必须保持稳定，不能再减少。解决粮食问题，要立足于省内，调入一部分粮食，只能起调剂作用，所以必须千方百计提高粮食单产。辽宁省的17个商品粮基地县（区）贡献显著，1980年其播种总面积为2294万亩，占全省的47.5%；生产粮豆120.4亿斤，占全省的49.2%；亩产525斤，比全省平均亩产高19斤；平均每个农业人口生产粮食1538斤，比全省的1086斤高452斤，为全省的141.6%；为国家提供商品粮47.9亿斤，占全省的69%。除继续大力抓好商品粮基地建设外，在"六五"期间，还应特别重视提高中产田的产量，因为中产区的面积广、潜力大，积极采取措施将中产区变为高产区，才能实现大幅度增产。经济作物布局，也要因地制宜，适当集中，向区域化和商品化方向发展。辽宁省朝阳、阜新和锦州西部地区，粮食单产低于中部和东部地区，但一些油料和工业原料作物单产都较高；朝阳、建昌过去亩产皮棉 80~90 斤，而中部地区只有 40~50 斤；花生在旅大、锦州地区，大豆在铁岭地区，线麻在喀左，青麻在辽河下游地区单产都比较高；辽南辽西的苹果，以及林、蚕业等。这些地区都应因地制宜地逐步建成不同类型的商品生产基地，不仅为辽宁省，而且为全国生产更多的商品农产品。

4. 农业要走出一条投资少、经济效益高的路子，把现代科学技术的研究成果同农业精耕细作的优良传统结合起来

目前辽宁省农村落实各种形式的农业生产责任制，广大农民要求掌握科学技术的积极性空前高涨，迫切要求学科学，用科学。它标志着一个伟大的科学技术普及运动正在农村兴起，必将加速农业现代化的进程。今后要按照建立责任制的新情况，健全农业技术推广体系，全省公社推广站农民技术员有 2700 多人，是推广工作的重要力量，目前有些地区搞了技术推广联产合同制，这种合同制是坚持按自然和经济规律办事，防止瞎指挥，使社员解除推广新技术有可能造成减产的顾虑，是和农业生产责任制相适应的迅速推广科学技术的一种有效方法。

农业科研要紧密结合生产，更好地为生产服务。要继续完成一些科研项目和技术转让，技术服务试行合同制，如与上级主管部门就一个科研项目签订合同，与生产单位签订成果有偿转让联合制种合同或技术服务联产合同。这种形式有利于科研与生产相结合，有利于加强双方的责任制，有利于科研成果尽快应用于生产。

继续加强农业技术培训工作，提高干部对科学技术在发展生产力中的重要作用的认识，提高按客观规律指挥农业生产的本领。急需增加智力开发的投资，改变其落后面貌，确保农业科学技术水平的提高，培养足够的科技人才。知识形态的生产要比一般生产创造出更多的价值，这是公认的。现在全省农村形势很好，我们如果把"靠科学"的问题认真抓好，农村形势必将有新的发展。农村这一头搞好了，辽宁省的经济调整就有了成功的可靠把握。

建立生态农业是极为重要的战略问题*

一

生态农业是以生态学原理为依据，建立起来的一种新型的农业生产方式。它是针对现代的"石油农业"生产方式存在的问题而提出的。明确地说，生态农业是在人类能动地、自觉地控制下，充分利用各种自然资源，尤其是提高太阳能的利用率和生物能的转化率，发挥生态系统的总体功能效率，使自然界不断地保持和改善生态平衡。在经济效益和生态效益统一的情况下，最大限度地提高农业生产及其加工业的生产力水平。因而，生态农业的生产既要符合经济规律的要求，又要符合自然规律的要求。而"石油农业"是指一些经济发达国家生产力高度发展，生产工具高度机械化，农艺技术高度科学化，由封闭式农业转向了开放式农业，大量的农业机械、能源、物质由农业外部（工业）来提供，极大地提高了农业劳动生产率和土地生产率，为人们提供了日益丰富的农产品。但是由于现代农业使用的大量机械作业的燃料，以及所消耗的大量化学肥料、农药、塑料薄膜和电力等，都是石油的直接或间接产品，所以把现代农业称为"石油农业"。这是一种从农业外部向农业投入高能量换取高产量的农业生产经营方式。这种生产方式虽然能够很快取得高产量，却带来了恶化生态环境、破坏生态平衡等严重后果。

随着社会生产力不断提高，人类的农业生产，已经经历了原始农业、传统农业和现代农业三个发展阶段。在漫长的"刀耕火种"原始农业和"铁犁牛耕"传统农业的生产过程中，人和自然界之间的关系只是单纯地利

---

* 原载《经济资料与文稿》1987年第1期。

建立生态农业是极为重要的战略问题

用自然，甚至是掠夺自然界的物质和能源。虽然逐步形成了精耕细作，为土地浇水施肥，但是这只能是少量物质和能源在农业内部的返还和补偿，来自农业以外的输入极少，因此长期处于生产力低下，经济效益低下的状态，对自然界的破坏力并不大。但是，现代农业的情况就不同了。

有史以来，人类为了生存，必然要从自然界和环境体系中获取所需要的粮食、蔬菜、鱼肉、燃料、衣着、住房、工具，特别是清洁的水和空气等。因而人类不可能离开自然界和一定的环境体系。人与自然环境之间不断地进行着物质交换，进行着生活资料的再生产，种植五谷、放牧牛羊、饲养猪鸡、栽桑养蚕等，都在逐步改变着自然界的生态系统。由于人口递增，所需要的生活物资也随之增加，为了增产粮食，过度开垦耕地，破坏了森林、草原，甚至破坏了原有的耕地土壤，造成严重的水土流失，水旱灾害增加，生态逐渐失去平衡。当前世界人口趋于爆炸之势，1900年世界人口只有16亿，到1987年世界人口猛增到50亿，增加了2倍多。人类的消费量也大大增加，这就必然导致对自然资源无节制的开发。罗马俱乐部主席利欧·佩奇在他的《世界的未来》一书中指出：人类已从利用大自然变为滥用和破坏大自然。我们对于地球维持人类生存能力之有限无知得惊人，对资源贪得无厌，而且急不可待，因而产生了人口日益增加，而需要的资源却不断减少的局面。使得四大主要生物系统，即海洋生物、森林、牧场和农田，都已负担过重。书中写道"生命世界再也无力解决当代文明事业带来的大量废物和新的化学品所带来的问题了。生命世界已没有足够的再生能力，来弥补人类活动造成的破坏"。另外，《纵观世界全局》一书也指出，人类已开始"超支过活""全世界都在推行全盘的生物和农业经济的赤字财政"[①]，即挪用将来的资源、借用子孙的生活资料来生活。

西方经济发达国家，从第二次世界大战后走上了片面发展"石油农业"的道路，现已产生严重的不良后果："第一，自然资源急剧损耗。美国的农业一年要消耗6000万吨以上石油，1970年美国人口仅占世界人口的1/17，但是消耗的石油量却占世界石油总耗量的35%。从经济效益上看，美国农业自1949年以来，产量只翻一番，而能源消耗量却增加了三倍。第二，环境污染严重。在农业现代化过程中，由于大量使用化肥、农药、除草剂等，

---

① 《纵观世界全局》，中国对外翻译出版公司，1985，第26~27页。

造成大面积环境污染。"① 有的地方土壤肥力下降；有的地方大量石化制品流入江河湖海，污染水体，使渔业资源遭到严重破坏；有的地方污染了空气，形成酸雨，落到水和田里，土壤变质，土壤上生长的农作物再受污染。使有毒物通过空气、水、农产品进入人体，危害人类健康。西方国家"石油农业"的模式，使我们认识到，这种无机农业虽然比有机农业见效快，产量高，但也具有本身的局限性和破坏性。农业发达国家为克服"石油农业"的弊端，又在主张恢复传统的有机农业，美国中西部实行现代有机农业的农民有3万多户，日本的现代有机农业发展也很快。但是这种有机农业已经与传统有机农业有了很大差别。传统有机农业与较低的社会生产力水平相联系，专业化分工不发达，实行农业内部封闭式的物质能量循环转化；而现代的有机农业已包括了生态农业的内容，是与较高的社会生产力相联系的，在专业化、社会化发达的情况下，与农业以外部门紧密相连，进行开放式的物质和能量的循环转化，根据生态平衡的原理，实现有机农业与无机农业、机械技术现代化与生物技术现代化相结合，避免了"石油农业"产生的弊端，是具有更高的生产水平和经济效益的生产方式。这是探求现代化农业发展的新途径。因此，世界上许多国家都纷纷开展生态农业理论研究，并进行生态农业的试验，已出现了生态农场和生态农业区等生产组织形式。

总之，当今世界农业的发展，已经进入了生态农业的新阶段，它象征着农业发展的未来。生态农业就是世界现代化农业的发展方向。

二

建立和发展生态农业，是我国现代化农业发展中的一个极其重要的任务，是农业发展的必然趋势。

1. 从全国的生态经济问题，看发展生态农业的必要性

（1）我国森林面积减少，覆被率降低。据1976年统计，全国森林面积为18.28亿亩，覆被率只有12.7%，比世界平均森林覆被率的22%低42%。而苏联为34%，美国为32%，瑞典为53%，日本高达64%。到1983年我国统计局统计，森林面积又减少近1亿亩，覆被率下降到12%。据卫星图

---

① 王松霈：《生态农业》。

片分析，我国森林覆被率只有8%，在世界160个国家中排在第120位。可是，至今破坏森林的现象仍然存在，有些地方乱砍滥伐十分严重。森林资源较多的福建省森林覆被率从1976年的49%降低到目前的37%；云南省西双版纳地区1980年比1974年森林面积减少800万亩，近六年时间覆被率从57.8%下降到30%。

（2）水土流失面积扩大，水旱灾害日趋频繁。解放初期水土流失面积是116万平方公里，到1978年为140万平方公里，目前水土流失面积已达150万平方公里，占国土面积的16%。每年冲走泥沙约50亿吨，其中肥沃表土层就冲掉5000多万吨。冲下来的泥沙，淤积了河道湖底，暴雨一来，洪水泛滥，出现塌方、滑坡和泥石流等恶性灾害。贵州省毕节地区20世纪60年代后，森林损毁，覆被率仅为5.6%。泥石流、滑坡等经常发生，1982年5月一场20分钟的暴雨酿成泥石流，把34户的木井村冲刷个精光，耕地、草山、草坡被冲刷后，蓄水能力极差，地下水位下降，降水少时，旱灾也经常发生。

（3）草原退化，沙化严重，沙漠化速度加快。我国历史上形成的沙漠有12万平方公里，在近50年中沙漠化面积又增加了5万平方公里，在最近的25年间增加3.9万平方公里。此外，沙漠化的潜在土地达16万平方公里，总计33万平方公里[①]。沙漠化速度快得惊人。沙漠区域的扩大，吞没村庄、耕地和牧场，原来的绿洲变成了沙海，破坏着周围的生态环境，威胁着邻区农业生产的发展。

（4）城乡水源缺乏。许多地区人、畜饮水不足，尤其特大城市人口众多，成了难以解决的问题。天津市民很长时期饮用苦咸水，引入滦河后才得以解决。1981年《人民日报》就报道"首都严重缺水，节约刻不容缓"。在我国北方都存在缺水问题，农田灌溉水靠打深井、水库、超采地下水，有的地方地下水位下降，形成漏斗，地面下沉。

（5）污染严重，破坏了生态环境。现代工业排放废气、废水、废渣"三废"物质和垃圾日益增多，流入江河和沟渠。1985年全国废水排放341.5亿吨中，工业废水有257.4亿吨，占75.4%，经过处理的只有22%。目前我国仅乡镇企业中有污染的小企业约达20万个，污染农田1500万亩。1985年全国排放废气总量达73970亿标准立方米，在长江以南的上海、重

[①] 国家气象局的资料。

庆、贵阳、南宁等城市周围形成了酸雨区。全国工业废渣总量达 52590 万吨，堆存占地 56128 万平方米，其中占去农田 6728 万平方米。再加上城市、工矿区的垃圾和粪便没有处理，都严重污染着环境，威胁着人民的生活和生产。有的地方已成为肺心病、癌症高发区，有的地方中毒事故屡次发生。

（6）掠夺式生产经营，破坏了农业生态平衡。在农业生产中为了追求高效益，不顾生态平衡，不注意保护资源，进行掠夺式生产经营。由于实行以粮为纲，要求菜农、林农、牧民、渔民粮食自给，造成砍林毁草、围湖拦海造田，破坏了农、林、牧、渔之间的比例关系和生态平衡。由于加速农业现代化，农民积极发展"石油农业"，种植业生产种地不养地，几乎放弃有机肥料，普遍使用化肥、农药、除草剂等石化产品，使土壤板结、肥力下降，为了再高产，形成逐年增加施用量的恶性循环。林业生产过量采伐，只伐不造，只造不管，存活率低，1949～1976 年我国造林存活率仅为 31%。牧业生产忽视草原建设，草场贫瘠，超载放牧，草场更加破坏，产草系统失调，整体生产力很低。我国内蒙古草原每亩草场只有生产 0.65 两商品肉的能力。渔业生产对河湖海的水产品滥捕乱杀。捕捞过度，使资源趋向枯竭，已是有目共睹的严重恶果。生态平衡的破坏给人民带来更大的灾难。

2. 从辽宁的生态经济问题，看发展生态农业的迫切性

辽宁是我国重工业基地之一，新中国成立以来，辽宁省工业发展迅猛，特别是煤炭、钢铁、有色金属、机械加工和石油化工等大工业企业，规模宏大。过去由于"左"的错误路线影响，只抓生产和建设，不注意保护自然生态环境，不顾人民生活和健康，作出了许多违背自然规律和经济规律的蠢事。近年来，辽宁省虽然开始保护环境和治理污染，也不可能很快得到根本好转。

（1）辽宁工业"三废"污染严重。

据 1985 年统计，全省每年污水排放量仍旧多达 20.3 亿吨，其中沈阳、鞍山、本溪最多，分别为 4 亿吨、2.7 亿吨、2.7 亿吨。其中工业废水排放的有害物质含量达 8500 多吨，主要毒物是酸性和石油类物质。大量的污水污染周围的河流，浑河、太子河最重，浑河和张士灌区生长的水稻已不能食用。又因为辽宁生活用水和工业用水超量，城市地下水源不足和水质污染已成为两个突出的问题。沈阳、鞍山、辽阳、大连等市地下水位下降迅速，从 1975 年以来，每年平均下降 1 米左右，各市地下水开采区，已形成

较大的降落漏斗，漏斗中最深达30米。形成地下水和河水之间较大的水位差，被污染的河水不断地流入地下水，加上工矿企业和老居民点污染源下渗，地表水普遍受到污染。抚顺、辽阳两市区地下水不能饮用。大连市因地下水超采，导致海水入侵面积已达29平方公里。

辽宁省是我国大气污染严重省份之一。全省13个市普遍存在降尘、颗粒物、二氧化硫和氢氧化物的污染。本溪、沈阳、鞍山、阜新等市最为严重，污染负荷系数均大于40%。辽宁省工业生产和较长的冬季取暖，都排放大量的污染物。西部受内蒙古科尔沁沙漠侵害，农田和草场沙漠化扩大，气候干旱，大量的沙尘被风卷上天空，造成大气沙尘污染，出现了"黄雨""黄雪"。

辽宁工业废渣、城市废物排放量很大，污染环境、农田、农作物。全省每年产生废渣7264万吨，鞍山市为1380万吨，阜新市最多达2998.8万吨。废渣的堆放，对环境危害极大，它随风四起，严重污染大气。废渣中有毒物质随雨水渗入土壤和地下水，也污染了农田土壤和农作物。

工业"三废"污染了大气、农田和河流。辽宁省都是外流河，河区又是工业发达区，当前有效排污措施较少，废物废渣随着污染的河流又流入大海。使近海海域，无论水质、底泥都受到不同程度的污染。如大连湾油和砷污染严重。锦州湾汞和油污染严重，营口大辽河口和丹东鸭绿江口的油和酚污染较重。

（2）辽宁生态环境遭到破坏，自然害灾频繁。

辽宁自然资源开发较久，有两三千年的历史，森林、植被逐渐遭到破坏。尤其敌伪时期，掠夺资源，破坏严重，原始植被、森林已不复存在。虽然解放后有所改善，但全省森林覆被率也只有23.5%，并且分布不均。辽西森林覆被率只有13%，目前仍是光山秃岭，灌草疏丛，沙丘、盐碱地较多，水土流失严重，风沙大，十年九旱。辽东半岛有三千年的农耕历史，历代毁林开荒，樵采烧炭，使森林和植被受无数次破坏，大部分低山丘陵已开发为蚕场、果园和农田，或沦为灌丛草坡。个别地方的成片森林也是百年以上的次生林，只有东北部清原、新宾地区的偏远深山幸存有零星分布的原始森林。辽东森林仍处在不合理采伐状态，陡坡继续毁林开荒，柞蚕林场破坏也严重，全区水土流失有1000多万亩。雨量较大的宽甸县不断地发生泥石流，水灾时常发生，甚至造成山洪。解放以来，辽宁发生洪灾五次，1949~1977年的28年中就有21年发生了不同程度的涝灾，有史料记载，在900年中共发生了108次旱灾。尤其现在高速发展现代化农业生产，农民为了提高经济效益，忽视了生态效益，发展"石油农业"带来了严重的污染，加剧了生态系统不合理的恶性循环。

因此，当前世界森林缩小，草原退化、沙漠化、人口激增，粮食危机，生活资料缺乏，生产原料和饲料不足，等等，更加速了生态环境的恶化。所以有识之士不能不大声疾呼，要保护生态环境，发展生态农业，恢复生态平衡。

三

发展生态农业是当务之急，刻不容缓。应当把保护生态环境，建立生态农业，视为挽救人类、挽救世界的最大任务，谁也不能等闲视之，必须用生态农业的思想，指导农村经济建设和整个国民经济发展。党中央1983年一号文件，明确把"合理利用自然资源、保护良好的生态环境、严格控制人口增长"并列，作为我国发展农业和进行农村改革的"三大前提条件"。在制定我国"七五"计划的"建议"中，又再次明确提出："在一切生产建设中，都必须遵守保护环境和生态平衡的有关法律和规定，十分注意有效保护和节约使用水资源、土地资源、矿产资源和森林资源，严格控制非农业占用耕地，尤其要注意逐步解决北方地区的水资源问题。"但是，上述"三大前提条件"已提出四年，面对现实生态状况应当说我们是理解不深，执行不力。要建立生态农业必须合理利用农业资源，保护生态环境，恢复生态平衡，使生态恶性环境变为良性环境。

1. 提高对发展生态农业的思想认识，加强生态经济理论的研究工作

提倡建立生态农业经济，在我国还不到十年的历史，中央和南方一些省市都开始重视起来，但我们大多数人和各级领导同志，对生态经济的重大意义认识还不够。无论城市、农村、工业、农业都陷入盲目发展现代化生产，追求经济效益，忽视生态效益的状态。目前辽宁省研究生态经济问题的人很少，我国只有九个省没有建立生态经济学会，辽宁就是其一。上述辽宁生态污染和破坏之重，应当引起人民和各级领导的注意，要积极行动起来采取措施，争取生态环境尽快好转，逐步实现生态平衡。

2. 实行有效措施，加速建立生态农业

例如在发展现代化农业的同时积极抓好植树造林、草原建设、治理水土流失；在发展现代化工业的同时，加强治理污染，要增加对治理"三废"的投资，尽快改善和消灭城市和工业产生的污染源；有效地采用农业科学技术，按生态经济规律要求，利用自然资源，提高农业生产的经济效益，掌握好生态经济的适合度；正确合理地规划，布局农业生产，调整农村产业结构，建立合理比例关系；加强林业、牧业、渔业生产，建立良性循环的农业经济和生态系统，把生态村一个一个地建立起来；从多方面解决农村能源，发展沼气和小水电，利用生物能、太阳能、风能等，代替木材、煤炭、石油等燃料；特别要在制定现代化经济建设政策时，既符合经济规律要求，又符合生态规律要求。

3. 控制人口是改善生态环境、建立生态农业最关键、最重要的决策

人口膨胀对于自然资源、社会经济状况影响巨大。人类自身无度增加，将会面临灾难性的土地稀缺、物质短缺、资源不足、环境污染、威胁生命等问题，实际上是人类自相残杀，自掘坟墓。我国人口最多，人均资源最少，而且社会、经济、科学技术都比较落后，生产力水平较低，养活十亿人口是非同小可的大事。在现代化建设中，不控制人口增长，不建立生态农业，又不注意保护生态环境，不仅难以实现现代化和国富民强，而且十亿人民难以生存。

因此，我们要高度重视发展生态农业，必须加强生态经济问题的研究工作，力争在辽宁实现无污染、无残留、高效益的生态农业，这是现代化农村经济发展中的紧迫任务。

关于辽宁农业发展战略问题的浅见[*]

党的"十二大"提出，到 20 世纪末，我国经济建设总的奋斗目标是，在不断提高经济效益的前提下，力争使全国工农业的年总产值翻两番。实现了这个目标，整个国民经济的现代化过程将取得重大进展，城乡人民的收入将成倍增长，人民的物质文化生活，按人口平均可以达到小康水平。根据这样的设想，到 2000 年辽宁农业发展的前景，将会有什么样的变化呢？根据辽宁农业发展的实际情况来看，我们认为可以达到以下三项目标。

1. 农业总产值在 1980 年的基础上增长 2 倍，要保持平均每年增长 5.6% 的发展速度

1980 年农业总产值为 81.8 亿元（按 1980 年不变价格计算），到 2000 年，如果增长 2 倍，应达到 245.4 亿元。其中，种植业应保持平均每年增长 2% 的速度，由 1980 年的 49.2 亿元增加到 73 亿元，占农业总产值的比重由 61% 下降到 30%。畜牧业应保持平均每年增长 6.5% 的速度，由 1980 年的 12.5 亿元增加到 44 亿元，占农业总产值的比重由 15.2% 上升为 18%，工副业应保持平均每年增长 11.5% 的速度，由 1980 年的 13.5 亿元增加到 119 亿元，占农业总产值的比重由目前的 16.5% 上升为 48%。

2. 全省粮食总产量在现有的基础上，要增加到 350 亿斤，需要平均每年递增 2% 以上

20 年后，辽宁人口将达到 42000 万人，人均占有粮食可达 830 斤，比 1980 年人均占有粮食 700 斤增加 130 斤。如果耕地按 5000 万亩计算，平均每亩产量可达 700 斤。目前粮食平均亩产 500 斤左右，需要增加 200 斤，每年每亩必须增加产量 10 斤，比新中国成立 31 年来每年平均每亩增加粮食 12 斤还少 2 斤，而世界上粮食增长速度比较快的法国，在近二三十年的每

---

[*] 原载《经济资料与文稿》1983 年第 1 期。笔者与陶渊华合作研究。

年中，亩产增加了 15 斤。因此在农业大发展的形势下，辽宁省要达到每年亩产增加 10 斤的目标，还是能够达到的。

3. 全省农业人口人均增长，人民生活基本达到小康水平。1980 年农村每人平均从集体收入为 123 元（不包括家庭副业收入），到 2000 年，如果增长 2 倍，可达到 369 元，每年平均增长 5.6%。

1980 年农村人均收入（包括家庭副业收入）为 300 元，到 2000 年，如果增长 2 倍，可达到 900 元。农村人民生活将有一个明显的提高，达到丰衣足食，不仅改善了居住条件，而且改善了人们的食物构成。城乡人民的主食以细粮为主，副食中的油、肉、蛋、奶，在食物中的比重也要增加 2 倍以上，平均每人最低也要达到：油 20 斤，肉 80 多斤，蛋 20 斤，奶 15 斤等。

辽宁省要达到这样的奋斗目标，必须解决以下几个关键性的问题。

第一，做到人口有控制地增长，平均自然增长率应坚决保持在 10‰ 以下，力争全省人口到 20 世纪末，控制在 4200 万人左右。同时，要大力抓好普及教育、中等教育和科学技术教育工作，使人民的文化水平、技术水平和健康水平都有显著的提高。

第二，要使农业生态系统，基本上恢复和建立良性循环。解决辽宁自然灾害多，森林覆盖率低，水土流失严重，土地肥力减退，渔业资源破坏，粮食产量增减不稳等一系列问题。奋战、苦战 20 年，把绿化造林、改良土壤作为农业的基础工作，切实抓好。

第三，建立合理的农业经济结构，做到农林牧副渔工商各业协调发展，实行生产、加工、销售相结合的农工商综合经营。

第四，大力开展农业科学研究和技术推广工作。今后农业的发展，在正确方针指导下，只有靠科学技术，才能继续取得高速发展。因而必须加强农业教育和智力投资，提高全民的文化科学技术水平，为农业继续发展奠定牢固的基础。

第五，尽快搞好农村的体制改革，进一步完善农业生产责任制。稳定党在农村实行的有利于发展农业经济的各项政策，调动各方面的生产积极性，加快农村的建设速度。

这几项关键性问题，如果得到解决，就是我们实现战略目标的保证。这些目标如果能达到，辽宁农村就会变成多种经营全面发展、农工商综合经营的山清水秀的富庶农村。我们设想的宏伟目标，是建立在辽宁省情客观实际的基础上，从全省各方面的条件和拥有的巨大潜力来看，并不是高不可攀的，是完全可能实现的。

1. 社会主义制度是实现辽宁农业大发展的根本基础

我们具有优越的社会主义制度，劳动人民成为自然界的主人。生产资料公有，实行按劳分配，能充分调动广大农民的社会主义建设积极性。当前农村形势越来越好，主要是党的十一届三中全会以来，工作重点已经转移到社会主义现代化经济建设上来，我们在指导思想上完成了拨乱反正，纠正了长期以来阻碍经济发展的"左"倾错误，已经形成了正确的路线、方针和政策。全党、全民贯彻执行正确方针政策的自觉性和坚定性也大大地加强了。由于推行多种形式的生产责任制，特别是联产承包责任制形式的不断丰富和发展，对农业的迅速发展起到了重要作用。它具有很大的灵活性和适应性，具有很强的生命力，能够适应各种地区的不同情况。这种责任制形式，克服了过去分配上的平均主义，改善了干群关系，有效地减少了官僚主义、瞎指挥、贪污浪费现象，推动了农业生产的大发展。因此受到广大群众的欢迎，不仅农村大部分地区实行了这种责任制，而且已从农村扩展到城镇，从农业扩展到其他领域。它已经成为现阶段在农村发挥我国社会主义经济制度优越性的一种十分有效的形式。随着联产承包责任制的推行，专业户、重点户大批涌现，推动了农村商品生产的日益发展。辽宁农村专业户、重点户的蓬勃发展，已见成效，为今后辽宁省实现畜牧业的战略目标提供了保障，并将对全省农业发展产生更大的作用。目前专业户、重点户的生产已经开始向经济联合方向发展，形成了新的经济联合体，进行专业化、社会化的合作。通过多种形式的联合和实行合同制等办法，使农民家庭和小组承包的经济活动，同国营的各个部门建立密切的经济联系。使个体经济、集体经济在国家计划指导下进行活动，成为社会主义经济的有机组成部分。而且这种新的经济联合体，无论对发展生产、积累资金、提高生产技术水平，还是对提高农民的生活水平，都非常有利，并与当前的生产力水平和农民的思想基础也是相适应的。因此，在优越的社会主义制度下，实行有效的农业生产责任制，尤其实行联产承包责任制和专业户、重点户的生产，在今后较长阶段中，对辽宁省农业大发展，实现战略目标，会起到巨大的作用。

2. 辽宁有丰富的自然资源和充裕的劳动力，是实现农业大发展的战略目标的重要条件

辽宁地理环境的优越，为发展农业生产提供了比较丰富的自然资源。

在14.5万平方公里的土地上，分布有山地、平原、河流、海岸等多种地貌。有史以来，辽宁动植物种类繁多，水土、气候、能源等自然条件，适于农林牧副渔各业的生产发展。千百年来在这块土地上，已形成了农业较发达的地区，粮、豆、油、菜、林、桑、蚕、渔、猪、牛、羊，以及糖棉、药材等都有很大发展。辽宁是我国北方全面发展农业条件最好的省份。目前全省土地资源利用很不充分，在8619万亩的林业用地中，有林地面积占60%，有40%是缺林少林的地区；草原面积只有791万亩，绝大部分草场需要建设和牧草改良；辽宁海岸线较长，占全国总海岸线的12%，有海域103.3万平方浬，海产品产量占全国海产品总量的1/10。海水可供养殖面积122万亩中，只利用36%左右。在淡水可供养殖面积165万亩中，利用得也很少，淡水鱼产量仅占全省水产品总产量的2.5%；全省有1300多万亩蚕场也没有全部利用。辽宁不仅土地资源没利用好，生物资源也没有充分利用起来，如牛、奶牛、羊、家禽等都没有得到很好的发展。同时，随着辽宁人口的增加，劳动力也逐年增加。1981年农村人民公社劳动力资源达902万人，比1980年增加5.9%。在公社内农林牧副渔工等各业安排的劳动力只占总数的74.4%，社外使用的劳动力和其他劳动力还占劳动力资源的25.6%。应该利用这些充裕的劳动力，因地制宜，开发丰富的自然资源，发展多种经营。要在农村发展社队企业、家庭副业（包括专业户、重点户等）、商业。加强中小城镇的建设，广开生产门路，增加社会财富。

3. 辽宁工业发达，工业支援农业，能为农业大发展提供雄厚的物质技术力量

辽宁经过32年的建设，形成了强大的工业体系，钢铁、机械、化工、电力等都很发达。工业支援农业的物质技术力量十分雄厚。目前辽宁每万亩耕地拥有大中型拖拉机，比全国平均水平多102.7%；每亩耕地施用化肥，比全国平均水平多28.6%；每亩耕地用电量，比全国平均水平多一倍。辽宁交通发达，大中城市多，城市郊区和县镇连成片，有利于农业现代化的实现。

4. 农业教育事业和科研推广工作的迅速发展，对于实现战略目标起着极为重要的作用

辽宁是全国科学技术比较先进的省份之一，农业教育和科研事业及技术推广方面也不落后。辽宁有两所农林院校和多所中等农业专科学校。其中沈阳农学院、熊岳农校、锦州农校、铁岭农校等，都是师资水平较高的学校。全省每年都培养出 2000~3000 名高中级农业技术人才。全省还有 207 所农业中学，今后还要继续增办一些农业中学，这样每年还可以培养出 1 万~2 万名有知识的农民，对提高农民的文化水平，会起到更大的作用。同时近年来，社队群众性科研组织有了较大发展，已经建立了农业科研和技术推广体系。1980 年有独立科研机构的农业科研院所共 15 个，职工达到 4000 多人，研究人员有 1200 多人。全省农业技术人员达到 12300 多人，其中农艺师以上的有 1000 余人，从事科学研究的人员近 10000 人。全省社队科研组织已发展到 36070 个，在社队科研组织中，有国家技术员 2420 人，农民技术员 66330 人，试验地面积达到了 32.6 万亩。群众性科研组织的继续发展，对提高辽宁"四化"水平，实现战略目标也能发挥重要作用。

从上述情况可以看出，我们各方面都拥有巨大的潜力，只要把劳动者的积极性充分调动起来，把农村的生产潜力都挖掘出来，农村经济就能够取得巨大成就。

此外，党的"十二大"和"人大五届五次会议"已把农业列为今后 20 年内发展经济的战略重点，今后国家对农业的投资，各行各业支援农业，农工商一体化的发展，更将成为促进辽宁农业发展的巨大推动力。因此，辽宁农业的发展前景是广阔的，只要我们增强信心，宏伟目标就一定会实现的。

辽宁粮食生产的历史经验及发展道路的选择[*]

新中国成立40年，辽宁省粮食生产发展走过了一条坎坷不平的道路，尽管如此，辽宁省粮食生产发展仍然取得了很大的成就，尤其是农村改革以来，实行农村联产承包责任制，掀开了农村经济崭新的历史一页，进而推动了辽宁省粮食生产的迅速发展。然而，辽宁省粮食要继续发展，还面临着很大的困难和短期难以化解的客观制约因素。但是更重要的是，我们应从已经取得的成就中，总结经验，吸取教训，采取切实的措施，打破制约粮食发展的"瓶颈"，开创粮食生产发展的新局面。

一 四十年，一条坎坷不平的道路

辽宁的粮食生产历史悠久。新中国成立40多年来，辽宁省胜利地完成了农业的社会主义改造，进行了大规模的农业基本建设和一定程度的技术改造，使粮食生产取得了很大成就。据统计，1990年全省粮食总产量达到149.5亿公斤，比1949年40.5亿公斤增长2.7倍，平均每年增长3.25%。但是，回顾41年的历史，辽宁粮食生产发展却经历了一条曲折的发展道路，大体划分为五个阶段。

1. 1949～1956年"一五"时期，是迅速恢复发展阶段

在新中国成立初的三年和"一五"时期，由于在全省农村进行了土地改革，开展了互助合作运动，解放了农业生产力，粮食生产获得很大发展。全省粮食总产量由1949年的40.5亿公斤增加到1956年的74.3亿公斤，每年平均增产粮食4.8亿公斤，平均每年递增9%。

---

[*] 本文是朱世良院长主持的院重点课题"辽宁粮食发展对策研究"中的一项。此文载入《困惑与出路——辽宁粮食生产发展与对策研究》论文集，辽宁科技出版社，1993年10月出版。

2. 1957~1962年"二五"时期，粮食生产下降阶段

由于违反了经济规律，犯了"浮夸风""共产风"和"瞎指挥风"的错误，同时发生了严重的自然灾害，粮食生产遭遇重大挫折。1962年粮食总产量下降为46亿公斤，比1957年减少12.7亿公斤，平均每年减产2.55亿公斤，平均每年递减4.8%。其中1960年粮食总产量最低为35亿公斤，比1949年还低4.5亿公斤。

3. 1963~1965年经济调整恢复阶段

通过贯彻、调整、巩固、充实、提高的方针和落实党的各项经济政策，加强了各行业支援农业，增加对农业的投资，三年平均对农业投资额占总投资的11.7%，比"二五"时期增加6.3个百分点，使粮食生产很快恢复。1965年粮食总产量已恢复到67.05亿公斤，比1962年增长45.8%，平均每年递增13.4%。

4. 1966~1978年"三五""四五"和十一届三中全会以前是粮食生产发展比较缓慢阶段

由于"文化大革命"和极"左"路线的干扰，党的各项政策受到破坏，给农村经济发展带来很大影响，大大挫伤了广大农民和干部的生产积极性，使粮食生产发展较缓慢。1978年粮食总产量只有111.7亿公斤，比1966年65.6亿公斤增长70.2%。这期间平均每年增长3.8亿公斤，平均每年递增4.5%。

5. 1979~1990年三中全会以后，"六五"和"七五"时期是粮食生产大波动的曲折发展阶段

在"五五"时期由于清除了"左"的干扰，粮食生产有了较大发展。特别是党的十一届三中全会的召开，广大农村进行了经济体制改革，落实了一系列发展农业的方针、政策。并且从"六五"时期初开始实行了联产承包责任制，极大地调动了农民的生产积极性，使多年潜在的生产潜力得到迅速释放，粮食产量获得了突破性的进展。1983年粮食总产量达到148.5亿公斤，1984年达到142.6亿公斤，分别比1978年增长32.9%和27.7%。是新中国成立以来产量最高的两年，人均占有粮食达到409公斤，第一次实现了产销基本平衡，并略有结余。"六五"时期年平均粮食产量达到124亿公斤。超过"五五"时期年平均产量的9.6%。但是1985年因严重的洪涝灾害和农民种粮比较利益下降，粮食播种面积减少等原因，粮食大幅度减产，总产量为97.6亿公斤，降到了近年来的最低点，仅为1983年产量的

65.7%，1986年也只恢复到82.3%。接着粮食产量连年徘徊不前，并且1989年粮食产量又再次大幅度下降，这期间使本来已实现的产销平衡又出现了缺口，市场粮价上涨，农民手中存粮减少，造成国家购粮困难。辽宁省粮食产量增长速度出现由1980年以前的30年间高于全国的平均水平，降到了近6年的增长速度低于全国平均水平。而1990年由于增加了投入，特别是科技投入和开展农田基本建设，以及政策调整和气候风调雨顺等，粮食生产又获得了大丰收，达到149.47亿公斤，比1983年还多1亿公斤，再一次登上了历史的最高峰，突破了多年徘徊的局面。

总之，新中国成立以来，辽宁省粮食生产发展经历了一条崎岖不平的道路。特别明显的是在"六五"和"七五"的改革10年，全省粮食总产量呈现出"大起大落—徘徊不前—大起大落"的发展过程。充分暴露了辽宁省农业基础薄弱，粮食增产速度减慢，粮食生产很不稳定的突出问题，这个问题也是辽宁省粮食生产与整个国民经济发展和城乡人民生活不断增长的要求很不适应的根本原因。

二 找差距，获得持续发展的启示

纵观辽宁粮食生产40年的发展历史，虽然粮食总产量增长率比较低，但是总的趋势是不断地呈波浪式地向前发展的。任何事物的发展过程都不可能是孤立的，而是在一定的复杂环境条件下进行的，何况粮食生产都要受自然因素的制约，也要受政治、经济、社会等因素的制约，因此辽宁省粮食生产很不稳定，出现或大或小的波动性也在所难免。但是如何减少或缩小生产上的波动，是辽宁粮食生产持续发展应当解决的重要问题。为此，我们需要认真总结经验教训，找出差距和障碍，从中获取继续发展的启示。

1. 必须控制人口增长，解决自然资源不断减少的严峻问题

辽宁省人口多，增长快，是粮食生产发展中最大的制约因素。1990年第四次人口普查，全省已达到3946万人，比1949年1830.5万人增长1.16倍。人口密度由1949年每平方公里125人，增加到1990年270.5人，是吉林省人口密度的2倍，是黑龙江省人口密度的3.5倍，是全国平均人口密度的2.2倍。辽宁人口相对较多，人均资源水平相对较低，而且仍在日益减少。

（1）要保持现有耕地面积数量，下决心严禁占用耕地，这是增产粮食的基础。多年来,辽宁省耕地面积急剧减少,其速度十分惊人。1989年耕地面积为5205.6万亩,比历史上最高年份的1956年7297.5万亩减少2091.9万亩,平均每年减少63.4万亩。人均耕地面积也由1956年的3.16亩,减少到1989年的1.34亩。近几年辽宁省已处在每年减少相当于一个县的现有耕地面积,而人口增加却相当于一个县的现有数量的严峻形势之下。假如每年仍按63.4万亩的速度继续减少,再过82年,辽宁将无耕地可种,那么增加粮食、生产粮食将无从谈起。如果按亩产500斤计算,每年减产3.17亿斤粮食,相当于每年减少了45.3万人的用粮。由于耕地的急剧减少,给继续增产粮食带来巨大的困难。因此必须要保持现有耕地面积,不能再减少了,同时应当想办法合理地统一规划土地,尽可能地多开垦增加耕地,才能适应人口日益增长的需要。

(2)要采取措施开源节流,逐步解决淡水资源缺乏和供应紧张的矛盾。水是粮食生产的命脉。辽宁省浅层地下水综合补给量为118亿立方米,可采资源仅有59.6亿立方米,人均占有水量只有930立方米,是我国淡水资源最缺乏的省份之一,属全国倒数第三位。从淡水供需情况看,全省每年缺口已由1980年的13.2亿立方米,增加到17亿~18亿立方米。由于水资源缺乏,淡水供应紧张,目前仍在过量开采地下水,已造成严重的后果,沈阳地区已形成了250平方公里的地下水降落漏斗,使农田保水能力减弱。大连市由于过量开采地下水,已经引起海水倒灌,饮水和灌溉农田都很困难。辽宁省中部城市群,由于城市规模扩大和工农业生产的发展,淡水供需矛盾更加突出,工业生产和生活用水多,常常挤占农业用水,使农业用水更加紧张,近年春播插秧已受到严重影响。今后淡水问题不能妥善解决,将会更加严重地限制粮食生产的发展。因此,首先要节约用水,防止浪费;其次开发废水处理重复利用的途径;再次大力开展植树造林,改善生态环境,增加水源;最后通过协商和合理规划,实行南水北调等措施,解决辽宁淡水紧张的矛盾。

2. 必须认真贯彻以"农业为基础"的方针,要不断地增加对粮食生产的投入,增强粮食长期增产的后劲

(1)粮食要持续增产,必须不断地追加投入。新中国成立40年来辽宁粮食生产的历史和实践告诉我们,不增加投入,粮食生产就不能发展,同时证明这样一个规律:如果前一段时期大幅度减少对粮食的投入,那么后一段时期必然出现生产上的停滞甚至萎缩。"三五"时期全省农业基本建设投资占全省基本建设投资的15.4%，"四五"期间虽然有所下降，但也占全省投资总额的9%，正是由于这两个时期修建了大量的农田水利工程设施，还建成一批农用工业企业，较大地改善了粮食生产条件，加上党的十一届三中全会以后普遍实行家庭联产承包责任制，使"五五"时期粮食生产取得了连年增产丰收。而"五五"时期对农业投资比重下降到6.1%，"六五"时期继续下降到2.7%，这与"七五"期间粮食生产处于徘徊状态不无关系。据农村住户调查，农民家庭经营中对生产的投入也在减少，减少最多的是固定资产投资，1986年只有27.3元，比1983年下降了38.2%。这对"七五"时期粮食生产徘徊不前也有较大影响。所以要保持粮食生产持续稳定发展，必须不断地对粮食生产追加投入。

（2）大力发展农业现代化建设和基础设施建设，必须注重设施质量，发挥长期效益。粮食生产是随着生产力的发展而发展。粮食的持续增长不仅取决于自然资源的数量和质量如何，而且取决于它所依赖的生产条件的优化。辽宁粮食生产发展的历史表明，只有不断地改善粮食的生产条件，粮食产量才有可能持续稳定的增长。新中国成立以来，至1989年，全省共兴建大、中、小型水库985座，水库库容量达到302.8亿立方米，水库灌溉面积达到729.7万亩，占全部灌溉面积的64%。治理低洼易涝耕地达到1453万亩，占易涝面积的96.8%。治理水土流失面积达到3.52平方公里，占流失总面积的64.5%。改良盐碱地439万亩，占盐碱面积的76.1%。修筑堤防长度达到1.66万公里，堤防保护面积达到2065万亩。与此同时，在农业现代化建设上也有了较大的发展，1989年以来，农用机械总动力达到1043.6万千瓦，是新中国成立初期的40倍，每万亩耕地拥有农机具、各种型号拖拉机63.6台（件），机耕面积达到3288.2万亩，机播面积为920.4万亩，灌溉面积达1140.3万亩，分别占耕地面积的63.2%、17.7%和21.9%，每亩耕地施用化肥54.1公斤、用电量88.4度。这一切都表明辽宁省粮食生产条件已经发生了较大的变化，为粮食持续稳定的增长奠定了物质基础。

但是，"七五"时期粮食生产的徘徊不前，又暴露了辽宁省农业生产条件存在的严重问题。第一，农业基础设施脆弱。由于"五五"和"六五"期间粮食产量的不断增长，使人们产生盲目乐观和麻痹思想。实行联产承包责任制后，虽然强调统分结合，但是统得很不够，对统一组织和规划，对统一安排兴修农田水利工程和农田机械化作业以及植树造林等，采取措施不得力。农业基础设施年久失修，质量老化。近几年辽、浑、太流域的水库没有增加，全线堤防险工险段欠账太多。辽河大堤坝顶未达到原设计宽度。经不住洪水冲击，并且泄洪河道不畅，大量的排水沟弃管淤积，70%~80%达不到配套标准，致使连年内涝成灾，损失严重。1989年受灾面积高达5128.8万亩，其中成灾面积3672.1万亩，占耕地面积的70%，全省灌溉面积只有21.9%。第二，农业现代化水平不高。实行家庭联产承包责任制，将耕地进行分散经营之后，由于耕地分割过于零散，农业生产要素很难实现优化组合，农业机械不能发挥效力。这种情况不利于农业机械化、现代化发展。农机工业生产落后，拖拉机不适销对路，不能更新，农机具不配套，机械功能效力很差，机械作业种类单一，而且机耕面积也只占63%左右，机播、机插秧、机施肥、机收割等面积的比重都很低。化肥、农药、农膜、柴油等农用生产资料供应不足，品种质量也不能满足需要。根本原因是辽宁省化肥、农药、农膜等生产资料的生产落后，工厂设备陈旧，经济效益低、产品质量差、产量低。这些都是阻碍辽宁省农业现代化发展的重要因素。为此，我们要吸取经验教训，为了保证粮食生产持续稳定地向前发展，必须切实加强农业基础设施建设，改善农业生产条件，提高抗灾能力。水利工程建设要保证质量，达到10年一遇或20年一遇的标准。同时要积极推广农业机械化、现代化，提高粮食生产的土地生产率和劳动生产率，增强粮食持续增长的后劲。

3. 加强农业生态环境建设，逐步提高综合生产能力

回顾农业生产发展的历史，辽宁省农业生态环境面临着日益恶化的威胁，长期以来掠夺式的经营，严重破坏了农业生态平衡，许多地区种地不养地，或取多补少，土壤肥力下降，林过量采伐、毁林开荒、造林不保林，森林覆盖率虽比20世纪70年代有所提高，但仍然较慢；畜牧业不重视草原建设，超载放牧；渔业资源日趋衰竭等，导致资源破坏，农业生态失去平衡，形成恶性循环。主要表现在：一是水土流失严重。70年代以来，全省水土流失总面积达到8183万亩，虽然经过连续治理累计达到5275万亩，但是生态环境恶化的趋势仍然没有好转。其中辽西地区生态失调问题最为严重，山林草场继续遭到破坏，岩石裸露和沟壑纵横，面积不断扩大。朝阳市侵蚀沟由60年代的106万亩扩大到现在的170多万亩，岩石裸露面积也由33万亩扩大到120多万亩，造成干旱少雨，新中国成立40年来，有34年干旱，1980年以来的连年大旱是历史上少有的。辽东地区在70年代以前，由于乱砍滥伐，无组织地采石、开矿，进行掠夺式柞蚕生产，森林和蚕场遭到破坏，使这一地区的侵蚀模数增加45%以上。仅岫岩、凤城、宽甸三县的水土流失面积就达到了600万~700万亩，导致森林吞吐作用减小，调节气候功能下降，自然灾害频繁发生，近5年发生较大水灾5次，泻坡数万处。同时生物资源也遭到破坏。二是农业环境被污染。辽宁省工矿城市多，人口集中，形成的中部城市群，污染最严重。全省每年排放工业水和生活污水多达22.7亿吨，其中工业废水中含有害物质多达8000余吨，有80%未经处理就排放到地下和河流中，使地下水和地表水同时受到严重污染，在污染地段生产的粮食已达到不能食用的程度。

总之，破坏农业生态环境，违背自然规律，必然受到惩罚。辽宁省粮食丰歉波动很大，产量大起大落，引起经济全面发展的不稳定性，是我们必须吸取的深刻教训。要进一步改善农业生态环境，必须一方面积极进行农业生态建设，另一方面加强生态环境保护，加速治理污染。第一，大搞植树造林，建设好森林防护体系。加强"三北"防护林、西部山区水土保持林、东部山区水源涵养林、水土保持林和沿海、沿河防护林的建设。加快绿化荒山、荒坡、荒沟步伐。继续搞好"四旁"绿化和义务植树活动。切实抓好封山育林，保护好现有森林资源，加强森林、草场、蚕场、牧场、参场、石矿场、柴场的管理和治理。要努力实现20世纪末绿化辽宁的目标。第二，加速农田基本建设，减少水土流失面积。重点修筑山区坡耕地的水平梯田，变"三跑田"为"三保田"。提高地力，坚持种养结合和综合治理，有机农业与无机农业相结合，根据本地实际情况，积农肥，种绿肥，改良土壤，培肥地力，不断地提高土地资源的综合生产能力。

4. 要重视智力投资，提高粮食生产的科学技术水平

辽宁工业基础雄厚，技术力量强，但相比之下，农村的科技力量十分薄弱。1989年全省农业技术人员只有2.5万人，占全部各类专业技术人员总数的1.5%。农业科技队伍结构不合理，基层从事技术推广的专业干部和技术人员逐渐减少，主要是农业科技推广人员的工作、学习和生活条件、工资待遇、职称评定等方面与其他行业部门的科技人员相比，都很差。挫伤农业科技人员的积极性，改行改业，对粮食生产发展极为不利。所以必须制定鼓励政策，调动农业科技人员的积极性，建立有效的科研与农业相结合的运行机制，吸引广大科技人员面向农业生产，扎根于农业生产第一线。并且要多方筹集农业科教资金，各级政府和有关部门要努力增加农业科研、教育、推广经费。首先大力发展农村文化教育，通过农业、科技、教育、文化、广播、电视、出版等部门，采取多种形式向农民普及科技知识。积极兴办农村职业学校，不断提高农民的科技文化素质。教育部门要通过中小学教育，适当增加农业知识教学内容，培养社会主义的新型农民。其次还要设法建立农业科研和技术推广发展基金，积极鼓励兴办以科教研究和推广应用为主体的服务实体，开展有偿服务，使农业科教事业逐步走上自我发展、自我积累、自我完善的道路。逐步建设和完善乡（镇）农业技术推广站，并强化村级技术推广工作，设立村委会科技副主任和扩大科技示范户的覆盖面，扩大作用。积极扶持各种专业技术协会，传播适用的科学技术，向农民大力推广先进的农业适用技术，扩大依靠科学技术增产粮食的效果。

5. 必须按经济规律指导粮食生产，稳定粮食生产政策，时刻牢记鼓励和保护农民生产粮食的积极性

40年来，回顾辽宁粮食生产的历史，还有两点需要我们牢记的经验教训。

（1）不能违背经济规律。凡是违背经济规律，挫伤农民生产积极性，粮食生产就受到重大挫折，粮食产量下降，影响人民生活水平提高和经济建设的全面发展。相反调动农民生产积极性，粮食增产，就会带动经济、社会全面发展。例如，20世纪50年代的高级农业生产合作社，根据毛泽东同志的倡议，是经过逐步过渡的办法来实现的，开始经过互助组到初级社之后，预计再经过15年或更长一些时间，过渡到高级农业生产合作社。这是一个很好的设想。但是，由于当时的历史条件和多种原因，在方法步骤上犯一些错误，实际上只用了三年就过渡完了，而且全国"一刀切"搞一个模式。然后又只隔一年，还来不及巩固就进入人民公社。在这个过程中，很多地方出现了"共产风""平均主义""一平二调"，甚至出现了粮食生产中的"浮夸风"，有人说"人有多大胆，地有多大产"，"一亩地打2万斤粮食"到处放高产"卫星"，也有人相信！这都是违背经济规律和价值法则，不实事求是的结果。马克思主义原理告诉我们，新的生产关系，在与之相适应的生产力没有发展到一定高度时，就不会建立，更不能巩固。"大跃进""浮夸风"，过早地人民公社化，脱离生产力发展实际，超越历史阶段，才引来了粮食连年下降的后果，加上自然灾害，造成了三年倒退的极为困难时期，给粮食生产造成的损失也相当大。直到发布"六十条"得到纠正后，又经过5个年头才恢复发展上去了。再如，推行以家庭联产承包责任制的过程中，也发生了"一刀切"的做法，违背了经济发展不平衡和因地制宜的发展规律。在实践中没有吸取过去犯"一刀切"而吃过亏的教训，改革中哪些应当保护、赞扬，哪些应该批判、改革，缺乏仔细分析和区分，结果使一些乡村的集体经济受到较大损失。

（2）应当时刻保护和鼓励农民生产粮食的积极性。在辽宁由于工业占经济的主导地位，一直忽视农业和粮食生产，特别是在粮食丰收之后，存在的一些矛盾和问题往往被冲淡。这个教训是深刻的。1983年和1984年粮食生产取得大丰收之后，忽略了保护农民利益和进一步调动农民生产粮食的积极性。使1985年的粮食生产在一度好转之后出现了大幅度下降和连续徘徊状态。当然造成的原因是很多的，如种粮耕地减少、水利设施老化失修、农业技术进步迟缓、投入下降、务农劳动力素质下降、严重自然灾害等，而总的根源是农民对粮食生产的积极性下降，粮食生产的比较利益下降。在农村从事经济作物生产和从事第二、三产业的劳动力的净收入约为种植粮食生产的劳动者收入的2~3倍。由于粮食价格低，种粮生产者收入下降，这是农民生产粮食的积极性不高、粮食生产发展徘徊的主要原因。改革开始曾大幅度提高粮食收购价格，从1978年到1983年全国粮食收购价格提高了25.3%，对1984年前粮食连年增产起了重大作用。但是自1985年实行农产品价格的"双轨制"以后，其他粮食农产品价格放开，大幅度上涨，1985~1988年几乎所有农用生产资料价格提高1倍以上，而粮食价格只进行微调。这就使粮食生产的比较利益在一度提高之后又大大下降了。可见发展粮食生产必须得到政府在有关政策上的有力支持。例如，财政投资政策、粮食价格政策等，都要有利于调动和提高农民生产的积极性，有利于粮食生产发展，用稳定的政策保护农民的生产积极性，使粮食生产不断增长。

三 靠科技，开拓增产丰收的新路

从40年粮食生产发展的经验教训中，可以看到辽宁粮食生产发展，选择依靠科技进步，提高单位面积产量，继续增产丰收的道路。另外，发达国家和我国发达地区的成功经验也表明，必须依靠科学技术进步，实行农业技术改革，建立适合辽宁省情的现代化农业产业体系，保证粮食生产持续、稳定地发展。

依靠科技进步建设现代化农业产业体系，要根据本地自然、经济、社会条件，选择相适应的现代化农业发展模式。例如，美国、加拿大以及我国黑龙江省等，属人少地广，人均耕地多，选择高劳动生产率、高利润率的机械化为主体的现代化农业模式；日本、荷兰以及我国的山东、河北、江苏等，属人多地少，人均耕地少，则选择高土地产出率、高利润率、高投入的技术密集型现代农业模式。辽宁应从耕地资源少、人力资源丰富这一基本省情出发，选择后一种模式。对传统农业进行扬弃和改造，同时依靠科学技术进步提高效益，走土地高产出的内涵扩大再生产的路子。土地高产出的技术密集型现代农业产业体系，是由具有适度规模生产经营方式、高复种高土地生产率的耕作强度、高产优质品种结构、高科技生产技术结构、高效率的农技推广体系、高投入的投资机制、高效益的产供销一体化的全程服务体系、高素质的农业劳动力等诸多体系组成的。建立以提高经济效益为重心的高产出现代农业产出体系，不是一朝一夕就能完成的，需要一段过程，需要艰苦努力逐步实现，必须依靠科学技术进步来不断地装备起来，即是依靠科技兴科技的过程。

新中国成立以来，辽宁省进行了大规模农业基础建设，改善了生产条件，从无到有地发展了农业机械化、电气化、化学化、良种化，良种不断更新换代，农业先进技术逐渐应用和推广，不断地提高了耕作栽培技术，辽宁省农业科学技术进步方面取得了一些成就。但是，目前科技水平与发达国家和地区比较，还十分落后。现代农业技术措施和技术装备没有普及，采用的先进技术不配套、效益低。辽宁省粮食单产和施肥量比江苏省分别低99公斤和7公斤。由于抗御自然灾害能力还很低，粮食生产处于不稳定状态，依然由大自然主宰着粮食生产的命运。辽宁不仅农业技术落后，而且农业科技人员也严重不足，平均每万农业人口有科技人员5.2人，低于全国6.6人的水平。农民素质较低，现有农业劳动力中，高中文化程度的仅占5.3%，初中文化程度的占38.2%，小学文化程度的占43.5%，还有13%的文盲半文盲。并且农村的文化、技术教育发展缓慢，农业劳动力中受过各种技术培训的仅占9.8%，1988年农民中专学校只有17所，毕业生580人；在校生为2461人。农民文化、技术素质较低制约着学科学、用科学和种田能力的提高，也是制约着粮食生产登上新台阶的关键因素。目前辽宁省农业科学技术在农业增长值中的作用也较低，占30%~40%，远远低于发达国家占60%~80%的水平。

因此，为了使辽宁粮食生产持续、稳定地发展，在20世纪末再跃上新台阶，急需抓好抓实农业科学技术的发展工作。

1. 建立和完善良种繁育体系，实现作物品种优良化

采用良种一般可增产粮食10%~20%，是一项重要的增产技术。要在20世纪内实现良种化，首先抓好高产优质良种的培育和推广，不断地选育和推广新的高产优质、抗病虫害、适应性强的品种，力争3~4年更新换代一次。在良种繁育方面，实行种子生产专业化、质量标准化、加工机械化、品种布局区域化。并且健全良种审定、检验和管理经营制度，制定有关政策。

2. 加强水利工程建设，大力发展农用灌溉、防洪排水技术

辽宁水资源贫乏，分布不平衡。由于城市人口多，工业规模大，耗水量很大，用水不足的矛盾日渐严峻，农业用水一年比一年紧张。现在全省水浇地有1144.3万亩，计划到20世纪末发展到2397.5万亩。搞好农田基本建设，修建灌溉、排水防洪的水渠网。利用水资源的条件，根据作物品种需水规律，节约用水，适时适量用水，搞好平整土地，改漫灌为沟灌，有条件或创造条件发展喷灌和滴灌技术。在没有条件灌溉的旱地，积极发展防旱保墒的农业耕作技术，充分利用和提高保蓄天然降水能力。

3. 增施肥料，广辟肥源，建立化肥和有机肥结合施用制度，实行科学施肥，提高地力

影响粮食产量的重要因素是缺肥。目前土壤肥力低，土壤有机含量在0.98%~2.53%。因此，在实行增积和施用农家有机肥（厩肥、堆肥等）的基础上，加速发展豆科作物和绿肥，利用生物固氮资源，保持和提高地力。同时努力增加化肥生产，为了解决当前化肥数量与质量均不能满足需要的问题，20世纪末要生产化肥550万吨，比1988年施肥量273.5万吨增长1倍。研究改进施肥方法，根据不同作物的需肥规律，作出化肥氮磷钾施用的最佳配比方案、研制化肥与农家肥结合施用的最佳比例方案。采用土壤诊断、营养诊断等先进技术，根据不同地区、不同土壤状况，进行科学施肥，提高土壤肥力，为提高粮食产量发挥更大作用。

4. 广泛开发利用农业新技术，建立健全农业科技研究推广体系

农业新技术开发事业有着广泛的前景，对于辽宁粮食生产发展具有重大意义。增产粮食，增加物质投入是必要的，但也是有限的。而开发利用生物技术、物理农业技术等潜力很大，前景广阔。当前开发应用新的生物技术，增产效果明显。如杂交稻"黎优57"；大豆"辽豆3号"、"铁丰21号"；小麦"铁纯1号"；高粱"辽杂1号"等，推广应用后累计增产粮食309亿斤。据新华社报道，中国科学院长春物理研究所唐树廷副教授，提出物理农业的新思路，研究以光、电、磁三大要素为支柱的物理农业新技术，发明并完善了包括光助素、调光膜、激光和磁化育种在内的一整套物理农业技术，在吉林省120万亩耕地上应用后，增产粮豆1700多万公斤，增产果类、叶菜类3400多万公斤。这种物理农业技术是建立在太阳能、光能、磁力等可循环的天然资源的利用上，具有成本低、功效高、无污染的优点，正巧可以克服当代的化学农业造成的高成本、污染严重的弊病。物理农业和生物农业结合发展，有可能获得增产的更大成功。另外，在世界新技术革命大潮的推动下，在农业生产中，应用先进的计算机进行粮食生产预测以及制作种植结构的优选模型等，对提高工作质量和速度有明显效果。因此，建立辽宁农业计算中心，用于农业管理、产量预测、信息传递、制定工程规划等，迅速改变农业经营管理落后状态。有了优质品种和新技术，要使其迅速转变为农业生产力，扩大增产效果，建立健全农业科技推广体系是重要的工作环节。除了发挥现有的77个农业科研机构和1275个技术推广机构的重要作用外，还要进一步健全完善省—市—县—乡—村五级科技推广体系，同时大力提倡民办乡、村技术服务站和各种群众性的技术协会、研究会。制定有利于推动农业科技和生产发展的管理体制，发挥其推广、传播农业先进增产技术的作用。

5. 充分发挥辽宁重工业基地作用，带动农业机械化迅速发展

农业机械化是农业现代化的重要组成部分，对解放劳动力、提高劳动生产率发挥了重大作用。辽宁农业机械化发展要适应人多地少的省情，有步骤、有选择地进行，重点发展适用于精耕细作和多种经营的中小型农业机械。特别是重视小型拖拉机、农机具的配套生产，有效地发挥机械作用，发展深加工、保存、包装、贮运等机电设备，引进推广液压技术、自动化和微电子技术，向先进的农业机电一体化方向发展，使辽宁省农业机械化跨入新的征程。

6. 建立农业病、虫、杂草等防治和测报体系，加强植保工作

21世纪末，使用化学农药仍是防治病害、虫害和杂草的一个主要途径。但是要尽快研究发展高效、低毒、低残留的新品种农药，尽快淘汰那些有严重污染的化学农药。要科学施用农药，实行化学防治与生物防治、耕作防治、物理防治相结合的综合防治方针。植保和测报机构要进一步完善，应用先进的技术设备，提高病虫害防治和测报工作质量。

7. 继续改革农业教育，建立健全多层次的农业教育体系

我国培养的农业科技人才数量少，而且基本上集中在国家干部编制的农业科技和管理岗位上，在直接参加和指导农业生产的岗位上极少。农业劳动者无机会和条件，受到农业专业科技教育，这是当前农业劳动者科技素质差的主要因素。粮食生产登上新台阶，没有懂得和具有科学种田的农业劳动者，是不能实现的。因此要继续改革农业教育，重点转向培养具有现代农业技能的劳动者，建立以培养新一代农业生产者和高素质农业科技人才为主要目标的多层次农业教育体系。在省、市建立以农业高等院校和农业中等专科学校为中心，培养高素质农业科技和管理人才为主的教育体系；在县、乡、村建立以中级或初级农业技术学校为中心，培养具备现代农业技术能力的农业生产者和普及农业生产技术工作为主的教育体系。培养出农业科研、技术推广和农业生产等多层次的三支队伍，这是发展农业生产，促进农业技术进步，实现农业现代化的主要依靠力量。人才培养要注意数量，重视质量，而且要有层次性，使各层次人才在现代化事业中发挥不同的重要作用。并且对原有科技人才和生产者进行知识更新教育，分期分批地轮训提高，不断地增加知识和提高科学技术水平。

未来的农业发展中，依靠科技进步，不断地提高粮食产量是必由之路。但是还必须实施以下的措施作保证，才能达到预期目的和效果。

（1）坚决从严控制人口数量的增长，将全省人口控制在 4350 万人以内全力抓好计划生育和计划生育综合治理工作，提高人口与计划生育的科学管理水平。切实抓好晚婚晚育、优生优育工作。重视发展科学、文化、教育、卫生事业，不断地提高人口素质，才能保证实现科技兴粮的目的。

（2）严禁侵占耕地，积极培育地力。切实加强土地管理工作，科学地规划，合理利用土地。贯彻执行《土地法》，建立健全使用土地的各种制度，严格禁止或控制占用耕地，非法侵占耕地者以法制裁。通过各项制度、措施、法规，将每年减少的耕地面积控制在 20 万亩以内。同时通过有效措施，开发和复垦增加耕地，并尽快恢复和提高地力。

（3）以"教育兴民"来保证"科技兴粮"目标的实现。把教育事业放在一切事业的首位来抓。发展教育，提高人民的文化素质，是与控制人口增长和严禁占用耕地同等重要的一项基本国策。应将教育投资保持稳定的增长,近期应占国民生产总值的4%以上,逐步提高到6%~8%。尤其提高对农村教育发展的投入,尽快改革农村文化科学落后的状况。

(4) 要实实在在地增加对农业的投入。增加农业投资是保证粮食生产稳步发展和提高的必要条件。过去把农业、粮食生产放在次要地位,对农业增加投资总是说"要在财力允许的情况下",现在不是财力允许不允许的问题,而是要实实在在地改变投资结构,尽快提高对农业投资,应达到"四五"时期的水平。

(5) 进一步深化农村改革,尽快调整和改革粮食价格,解决种粮农民比较利益下降问题。制定合理的粮食价格政策,保护农民的生产积极性,同时进一步完善双层经营体制,适时适度地发展规模经营。强化集体经营层次,壮大集体经济实力,尽快完善社会化服务体系,稳定和提高农民种粮的积极性,保证粮食生产持续稳定地向前发展。

第三篇

农村产业结构调整问题研究

沈阳市农业经济结构问题研究[*]

沈阳市是我国重要的工业城市之一，总面积8515平方公里，辖两县四区，总人口514万，其中城镇人口占60%。工业基础雄厚，交通邮电四通八达。近年来，沈阳市根据农村的自然、经济特点，提出在郊区、县同时建设副食品生产基地和粮食生产基地。怎样实现这一目标，是一项重要的研究课题。

一 沈阳农业经济的结构现状和特点

1. 农业生产结构

长期以来，由于"左"的干扰和工作的失误，在指导农业生产上存在着片面性和主观主义。为扩大粮田面积，不惜毁菜、毁林、毁果，限制林牧副渔各业的发展。尽管如此，粮食产量最高的1975年才达到28亿斤。城市需要的农副产品供应紧张，粮、油、肉等都严重不足，造成了农业发展与城市发展需求极不协调的局面。

从农业产值看，农业生产结构具有如下特点。

（1）农业以种植业为主。种植业，20世纪50年代占87.8%，60年代占82.4%，70年代占75.8%，林牧副渔业产值之和，最高年代还不到25%。种植业比重虽然下降，林业、牧业、渔业和工副业的比重上升，但种植产量比重仍然大于林牧副渔工各业产值比重之和。而林牧副渔各业产值比重的增加，主要是由于工副业的产值增长较快，1982年工副业产值比重达到27.2%，而林业、牧业、渔业产值比重之和才只有14%。

（2）种植业以粮食为主。在种植业产值中产值比重历年都在70%以上，

---

[*] 原载《中国城郊经济结构与发展战略》一书，武汉大学出版社，1984，第147~152页。

蔬菜产值比重约占15%，而棉花和油料的产值比重还不到2%。

（3）畜牧业以猪为主。在畜牧业产品产值中，猪的产值比重在1978年以后仍然占50%左右，而牛奶产值比重平均为7.5%，禽蛋产值比重平均只占4.2%。

可见，农业生产结构是畸形发展的。

2. 农副产品的商品结构

大城市郊区、县的农业经济发展，要为城市服务，必须生产出更多的商品农副产品，尤其是副食品，以满足城市的各种需要，这就需要在郊区、县建立商品型的农业经济结构。因而研究农副产品的商品结构，是研究大城市郊县农村经济结构中非常重要的一个方面。

沈阳市的农副产品商品结构，从总的情况看，是比较好的。1981年全市农副产品收购额占工农业产品收购总额的25.7%，其中一半以上是粮、菜、油等农副产品及其加工品。全市农业商品率为54.6%，比1952年的农业商品率22.3%增加了32.3个百分点，比1987年的41.7%增加了12.9个百分点。既高于辽宁省同年农业商品率40.7%，也高于全国同年农业商品率33%的水平，但是同一些农业发达的国家相比，差距还很大。日本农业商品率在1976年就达到82%。

从品种来看，商品率较高。1982年沈阳市的肉类、粮食和大豆的商品率均为46%左右；蔬菜的商品率为90%；牛奶的商品率为85%。

为了贯彻大城市郊区以蔬菜和副食品生产为主的生产方针，同时建设商品粮基地，中共沈阳市委明确提出了"以粮食为基础、蔬菜为主，畜牧业为重点、乡镇企业为支柱"的多种经营全面发展的指导思想。从此，调整了农业构成和农作物布局，制定了加快商品粮基地、副食品基地建设的规划和措施。几年来，取得了很好的成效。在粮食面积减少730万亩的情况下，粮食年平均递增7.5%；蔬菜耕地面积比较稳定，全市有20万亩基本菜田，3万亩预备菜田，基本上做到了自给有余，保护地逐年增加，淡季供应明显好转。其他副食品如奶、鱼、蛋、禽、果、瓜、羊等也都有了较明显的增产。由于商品粮基地和副食品基地的迅速发展，城市的粮食和主要副食品的供应都有了明显的好转。

沈阳市目前的消费水平，按城镇人口计算，平均每人年消费量为：粮食587斤、食用油18斤、肉48斤、蛋5.5斤、奶2斤、鱼17斤、水果32斤、蔬菜500斤。1982年沈阳郊区县为城市提供农副产品的自给程度：粮食达到 87%，油料达到 17.9%，肉类达到 46.9%，蔬菜达到 100%。蛋、奶、鱼、果等品种，都凭票或议价供应，在低消费的情况下，自给率分别为 51.6%、89.0%、4.5% 和 21%。

三中全会以来，农业经济结构发生了很大变化，虽然农业商品率较高，但是由于郊区小，城市人口增长快，沈阳市的农副产品生产仍然是短线。除了蔬菜自给有余外，每年都必须从外省、市调入大量的农副产品才能补足城市人民生活消费和经济建设的需要。

例如，1978 年以来，平均每年调入粮食 3 亿～4 亿斤，食用油 4000 万斤，猪 9000 万斤，蛋 2000 多万斤，海鱼 5000 多万斤。仅猪肉一项平均每年亏损 1400 万元，每年调入农副产品需要财政补贴 2000 多万元。

3. 收益分配结构

三中全会以来，农村人民公社三级收入和社员人均收入，都显著增加。社员从集体分得的人均收入 1982 年比 1978 年增长 2 倍，同期家庭副业的人均收入却增长了 4.1 倍。1982 年社员人均收入达到 226 元，加上家庭副业收入，人均 361 元，比 1978 年增长 2.5 倍。

4. 区域结构

沈阳市已初步形成了以市区为中心的区域分布。三环式的地狱农业分布，已有了一定的基础。

种植业的布局：第一环近郊是蔬菜生产基地；第二环中郊为水稻生产区，还有 3 万亩蔬菜预备田；第三环地处中远郊共 454 万亩，为旱作区，是粮、油的主产区。

畜牧业的布局：第一环以奶牛生产为主；第二环以猪、鸡为主；第三环远郊以猪和食草动物为主。

林业的布局：第一环在近、中郊，以绿化环境和防护林为主；第二环在远郊和山区，以成片造林为主，同时开展草田轮作，发展牛羊。

工副业布局：第一环为以大工业产品扩散为主的企业居多，主要有机械加工、建材和化工工业；第二环远郊以农副产品加工和为农业生产服务的农机加工为主。

形成上述种种的经济形式，是多年城乡经济相互依赖、互相促进的结果。

5. 组织结构

沈阳农村经济在组织上发生了深刻的变化，主要表现为"双包""双户"的大发展,为农、林、副、牧、渔各业发展创出了一条宽广的道路。

1982年农村实行包干到户、包产到户的队,已达到了97.4%。联产承包责任制在农业的各种生产组织中不断扩大,从种植业、养殖业、乡镇企业到农机、水利等各行各业,都实行了不同形式的承包制。在承包制的基础上又涌现出大批的专业户和重点户。截至1982年,全市"两户"已达到20万户,占总农户的37.7%,各县都出现了一批养鸡村、养猪村和养猪社。"两户"的大量兴起,使农村家庭副业生产蓬勃发展,新的联合体也不断涌现,集体组织建立的服务公司、服务队、服务站,从事商业服务业、加工业、建筑业等各种服务,有力地促进了商品化、专业化、社会化的发展。

总之,新中国成立30多年来,沈阳农业发展速度还是比较快的。农业总产值由1949年的1.47亿元,增加到1982年的11.17亿元,增长7.6倍,年平均增长6.4%;粮食单位面积产量由131斤,增加到721斤,增长5.5倍,年平均增长5.3%。尽管发展速度较慢,但与沈阳城市大工业相比,郊县区的农业仍然不适应"四化"建设和城市人民生活需要。为了更好地满足城市人民对农副产品的需求,必须对农业经济结构作出切合实际的调整。

二 沈阳市郊农业经济结构调整

1. 调整的原则和条件

沈阳市农业经济结构,同现代大农业发展的要求,同自然资源的充分利用,同建立一个良好的生态系统和满足现阶段城乡人民生活需要,差距都很大,因此继续调整农业经济结构势在必行。根据农业经济结构的现状和自然资源的潜力,调整时应遵循这样的原则。

一是实行农林牧三结合。建立最优的农业经济结构。农林牧三结合是农业现代化的重要标志,它们之间互相依存互相制约,构成一个物质循环和能量转化的有机整体,是农业生态系统的基本结构。如果做到保护水土资源、调节气候、减少灾害、稳产高产,森林覆盖率至少应达到30%,并要求分布均匀。随着人类对食物营养要求的提高,必须改变现有的食物构成,但也必须看到我们的食物构成以粮食为主的传统习惯和历史。因此,急于改变牧业产值比重低的不合理状况的时候,不能像有些国家那样一下子把畜牧业提得太高,要考虑生产力基础和沈阳市郊的农区特点,还要考虑尽可能满足城乡人民生活的足量需要。如果按照亩产粮食400斤计算,一亩地养活一个人。而用四亩地种饲料喂牲畜，所得畜产品养活一个人。用这样的比例关系推算，目前畜牧业产值在农业总产值结构中占25%或20%为宜。如果畜牧业达到这样的比例，则农业取水于林、取肥于牧，畜牧业取料于农和林、送肥于农和林，林业供水于农牧等良性循环会基本形成，达到农林牧三结合的协调发展。

二是调整农业经济结构，要从实际出发，因地制宜。要充分利用自然资源和社会经济条件，发挥优势，提高经济效益。沈阳市郊区的地势平坦、土壤肥沃、气候适中、光照充足、雨热同季等自然因素，为农业生产提供了良好的条件。全市平原占77%，有610多万亩耕地，8.7万亩有林地，27万亩宜林荒地，19万亩养殖水面，适宜发展粮食生产和多种经营。郊区农村有丰富的劳动力资源，1982年达90多万人；参加农业生产的有72万人，剩余劳动力达18万多人，还要发挥沈阳的交通枢纽，大专院校、科研机构多，科技力量强，支援农业，特别是用现代化设备、技术武装农业具有十分优越的条件。沈阳有310万城镇人口，是全国中心城市之一，消费量大，购买力强。为农村发展商品性生产、服务城市、富裕农民提供了得天独厚的广阔市场。

但是，沈阳郊区也有限制农业发展的不利因素。突出的是人多地少，平均每人1.2亩耕地。此外，农业负担重，即一个农业人口负担一个半城市人口。另外农业基本建设不过硬，抗灾能力低，基本上还得靠天吃饭。

三是确立粮食的基础地位，保持粮食作物和经济作物有一定的比例，保持粗粮和细粮有一定的比例，在经济效益上有利于满足人民对细粮和油的需要，同时在自然再生产上，有利于倒茬轮作，做到种地养地相结合。

四是重视农村工副业的生产发展，坚持农村工业为农业生产服务为主要方向。农村工副业有强大的生命力，是农村经济发展，特别是大城市郊区县农业发展的客观必然。农村工业已经成为农村经济的重要组成部分，对于利用和开发地方资源，安排剩余劳动力，壮大集体经济，增加农民收入，改变农村经济结构，支援农业发展，促进小城镇建设，都起着重要的作用。对发展商品经济、活跃市场、扩大出口贸易、增加国家财政收入，都有很大贡献，对实现工农业总产值翻两番的战略目标有重要作用。因此，调整农村经济结构，必须坚持农村主业的生产方针和发展方向。发挥其城乡经济的枢纽作用，建立一个为农业服务，为城市大工业服务的农村工业结构。

2. 调整的方向和目标

要在现有的区域农业经济结构的基础上，进行全市农业经济的结构调整。第一，确定远郊两个区的靠近城市最近的20万亩耕地，为蔬菜生产基地；第二，把近郊两区内的部分公社和中郊的部分公社的150万亩耕地，建成水稻生产基地；第三，把中郊新城子区的大部分公社和远郊辽中县的部分公社的200万亩耕地，建成油料生产基地；第四，把中郊、远郊剩余的不适于开发水田的全部耕地将近250万亩耕地，建成旱作小麦、玉米、高粱、杂粮等的商品粮生产基地；第五，把东部山区，草山草坡和新民县柳绕地区建成林、果、牛、羊的生产基地；第六，把全市25个国营农场建成奶牛、蛋禽、生猪等畜牧业生产基地；第七，把分布在各区县的水库和其他大型水面和一切零星的可养殖的水面建成商品鱼生产基地；第八，继续办好"两户"，发挥其商品生产的作用，作为林牧渔工各业生产的补充；第九，合理布局县区工业、社队工业，做好130多个公社农场所在地的小村镇规划，为农村工业、商业、服务业等的发展奠定良好基础。这样布局有利于农业区域化、专业化、社会化的进一步发展。

各业的布局：（1）种植业内部的粮、油、菜的比例为20:10:1，粗粮和细粮的比例为5:3。（2）畜牧业内部主要畜产品肉、蛋、奶产值的比例为4:4:1，产品数量为猪120万头，蛋1亿斤，奶1.7亿斤，奶牛2.5万头，肉牛10万头，羊18万只。（3）渔业内部精养鱼池产量与大水面放养产量之比为1:4。精养鱼池要达到3万亩。（4）林业内部，森林覆盖率达到15%，有林地面积应达到190万亩。（5）工副业内部的重工业与轻工业由现在的8:2变为3:7，机械工业、建材工业、食品加工业比由7:2:1变为4:4:2。

按这样的区域规划布局，预计到2000年，在农业总产值中，种植业的生产值占30%，林业占5%，森林覆盖率为15%，牧业产值占13%，渔业产值占0.5%，工副业产值占51.5%。

为了实现上述目标，建立合理的农业经济结构，还必须采取一些必要的政策措施。

（1）坚持本城市郊区县以蔬菜、副食品生产为主的生产方针，全力抓好"两个基地"的生产建设，同时不断完善农业生产责任制，经常调查研究，总结经验。积极扶持和引导"双包"户、"两户"和"两园"以及新的经济联合体，向专业化、社会化方向发展，使其为郊区县的商品生产多做贡献。

(2) 加强农田基本建设，改善农业生产条件。目前农田成灾率为3.9%，已建成17座水库，190座塘坝和1083座灌溉站，以及8600多眼机电水井，发挥排灌作用还不足，实际灌溉面积只占耕地面积的26%，还有32%的菜田灌不上水。农业机械增加很快，大、中、小型拖拉机共10266台，农用汽车1700多台，但农机作业还没完全实现系列化作业，至今机械收割还是空白，再加上林业发展慢，生态破坏，地下水位下降，为农业生产带来的困难很多。为此要提高农田基本建设的经济效益，更要抓好植树造林、农田林网化、治理河道等工作。抓林业、搞绿化是根本。改善生产条件时应把柳绕地区作为重点。

(3) 发展畜牧业，重点抓好饲料的生产、供应工作。目前沈阳市副食品供应中，最突出的矛盾是蛋、奶、鱼稀缺。满足城市居民对蛋、奶、鱼的需求是当前非常重要的一项任务。尤其畜牧业的进一步发展，首先与增加饲料产量，而且是各种各样优质饲料的产量有决定性的关系。沈阳畜牧业的发展主要是饲料不足。每只鸡1年按70斤饲料计算，1982年存栏422万只鸡，共需2.95亿斤饲料，65万头出栏猪共需饲料3.47万斤，再加上大牲畜、养牛、养鱼等全部用饲料，每年约需8.3亿斤饲料。1982年粮食产量最高为34.4亿斤，交16亿斤商品粮，去掉农民口粮12.6亿斤、生产用种子0.7亿斤，农村只剩5.2亿斤。如果全部做饲料，尚缺3.1亿斤，另外饲料加工业发展太差，设备差、产量低、质量不合标准。与当前饲养业大发展的形势很不适应，农民意见很大。因此必须抓好饲料生产、供应工作，广开饲料来源，并抓好粗饲料、青饲料的加工。发展饲料工作，也要采取国家、集体、个人一起上，尽可能做到就地取材，就地加工，就地供应。需要的大量资金要纳入国家计划。小部分资金可靠社队联营自筹。还要搞好草山坡的建设，充分利用林间草地。河套地区可发展牛、羊等食草动物，利用农作物秸秆做饲料，利用牲畜粪便搞沼气，同时解决了能源不足，这是投资少、见效大的措施。

(4) 坚决控制人口的增长和占用耕地，同时加强农业教育，培养农业技术管理人才，依靠科学推动农业的全面发展。新中国成立以来，耕地共减少198万亩，年均减少6万亩；全市人口共增加273万人，年均增加8.27万人。农副产品增加得再快，人口增长快，人均占有量也不能多。一般人均占有粮食1000斤，才可满足人口生活和生产的需要。沈阳1982年粮食最多，人均只有669斤。原因之一就是人口多。而且人口质量低，文化科学水平低，科学技术人才少。1981年农业技术人员只有1971人，农民技术员有4780人，平均每一个生产队不到0.5人。许多农业干部，不但不懂农业技术和管理知识，而且对传统农艺也不精通。培养科技人才是当务之急。要农业大发展，必须加强智力投资。

（5）调整农业经济结构与农村经济体制改革相适应。随着多种经营的全面发展，农村的生产组织和管理机构，都应进行相应的改革。①把农村单一的经济成分，改变为公有制经济占优势的前提下，实行多种经济成分并存。即国营经济、集体经济占绝对优势，个体经济是必要的补充，经济联合体是混合经济成分。②依靠经济组织，运用经济杠杆和经济法规管理经济，把经济办法和行政办法结合起来，将人民公社政企分开，建立新的管理系统。建立各种形式的联合体和农业公司，负责组织生产、运输、销售。国家通过公司落实政策计划和进行技术指导。（3）农副产品产、供、销实行多条流通渠道。要贯彻计划经济为主体，市场调节为辅的方针。实行统购包销，计划生产、计划派购，在国家计划指导下实行议购议销等多条流通渠道。特别是对畜产品实行计划生产、计划收购十分必要，确定合理的购留比例，通过合同制，把国家计划与生产协调起来，满足城乡市场需要。

关于调整农村产业结构几个理论问题[*]

目前，广大农村在巩固、发展以家庭承包责任制为主体的合作经济，发展商品生产过程中，从实际出发，因地制宜地、积极而又慎重地进行了农村产业结构的调整。本文就有关调整农村产业结构中的几个理论问题略加剖析，以供商榷。

一 农村产业结构的概念和指标体系问题

调整农村产业结构，首先必须对产业结构的概念有一个明确的理解。

农村经济是与城市经济相对而言的，都是地域性概念。农村产业结构是由农村的所有制结构与经营结构、劳动力结构、产业结构和农村居民收入与消费结构组成的互相依存和互相制约的运动性经济综合体。农村产业结构是农村国民经济各部门产业组织形式的结构体系，它包括生产资料和生活资料两大部分。产业结构分为三个层次，第一产业包括农业、林业、牧业、渔业、采掘业；第二产业包括加工工业、制造工业、建筑业；第三产业包括交通运输、电力煤气、商业、金融、公用事业、服务业和政府机关，以及文化、艺术、信息等。作为农村产业结构的经济运动整体性和多层次有机联系的概念，必定会体现着生产、交换、分配、消费的全过程，同时也揭示了农村产业结构的全部内容和内在规律。用这样的概念指导农村产业结构的变革，就能总揽整个农村经济，因地制宜地发挥当地优势，按照自然规律和经济规律办事，保护和促进生态平衡，使农村经济逐步转向良性循环状态。

研究和评价结构的合理性，要从多方面进行分析，用若干个数量指标

---

[*] 原载《沈阳农村经济》1985年第4期。

加以规定和体现。目前，在表述经济结构时，主要的数量指标是总产值构成，但仅用这一指标是很不完善的。只有增加净产值构成指标、劳动力构成指标和播种面积构成指标，并且采用相应的实物指标，才能反映农村产业结构的实质特性。由于农村产业结构是多层次互相依存、互相关联，运动着的整体，反映这样概念的指标也应当是互相联系的，包括价值指标和实物指标的有机整体。反映经济发展实质的指标体系，也应从实际出发，作相应的变动，以适应经济管理需要。农村产业结构的指标体系也应在不同的经济发展时期的管理中有所侧重地体现出来。

二 农村产业结构合理化标准问题

调整农村产业结构评价其合理性必须从若干个方面进行分析研究。特别是农村产业结构与自然因素制约有极密切关系，因此探索建立合理的农村产业结构，必须看它是否达到以下标准。

（1）能够充分合理地利用和保护资源。包括自然、生物资源和社会、经济资源；（2）能够保持生态平衡的良性循环和发展；（3）能够适应和满足社会、市场一定水平需求关系的变化和要求；（4）能够促进国民经济各部门的协调发展；（5）能够实现较好的经济效益、社会效益和生态效益；（6）能够促进产、供、销流通渠道畅通并形成良性循环。

这些标准的核心在于符合自然规律，实现生态平衡，达到生产、消费各环节趋于良性循环；符合经济规律，取得最好的经济效果，不断提高社会生产力，满足人民日益增长的生活需要。做到既要有全局性宏观协调，又要充分发挥局部优势。注意解决好全局与局部、宏观效果与微观效果的关系，这是应当遵循的一条重要原则。

三 农村产业结构层次及影响因素

农村产业结构一般分为三个层次，调整时也应从这三个层次进行。

第一层次是种植业结构，包括粮食作物、经济作物、饲料作物和园艺等。现阶段，在这一层次结构的调整中，最突出的矛盾是粮食问题。目前，粮食生产在地区间很不平衡。粮食的集中产区，粮食增长快，但转化很慢，出现了相对"剩余"的现象。而一些贫困地区粮食仍然不足。从品种结构看，优少劣多，细粮少粗粮多。近年来，由于农产品成本在逐年上升，并且在一些工、商业比较发达的沿海和城郊地区，农民对生产粮食的积极性不高，不愿在粮田上投资，以致使一些地方的化肥厂停产、转产，甚至有的地方出现了弃田务工经商的现象。虽然近几年我国粮食生产连续大丰收，1984年粮食总产量达到了8000亿斤，超过美国，居世界第一位，但是按人口平均的粮食占有量才刚接近800斤，还没有达到1980年世界人均粮食815斤的水平。距现代食物消费结构，所需粮食标准1500~2000斤，还相差很远。可见，为了继续大幅度提高我国人均粮食的占有量，更大满足人民消费需要，我们还要继续拼搏。决不放松粮食生产是我们的基本国策。

粮食生产要根据国内市场的需求，根据不同地区的自然条件和交通运输条件，搞好粮食生产的地区平衡。对有种粮优势的地区，应稳定地发展粮食生产，为鼓励产粮区农民生产积极性，对产粮区要采取优惠的保护政策；对于粮食大量过剩，又因种种原因运不出去的地区，要尽可能发展粮食加工业，就地转化；对于缺粮，又因交通不方便，运不进粮的地区，可以采取粮食自给的政策；对于经济作物生产占优势，商品经济比较发达、运输方便的地区，可以不要求粮食自给，减少粮田面积，增加经济作物面积。

总之，对土地利用要选择最佳的经济区划方案，以保证粮食生产的宏观决策为前提，因地制宜地退耕还牧、还林、还渔等，促进农业生产良性循环。同时，根据人民消费情况，改良、更新优良品种，增加细粮比重，减少粗粮面积。只有种植业调整得好，才能保证第二、三产业的健康迅速发展。

第二层次调整的内容包括农、林、牧、副、渔五业。虽然经过了多年的调整，由于多种因素制约，林业、牧业、渔业仍然是薄弱环节，因此，我们要坚持大发展的方针。目前，最主要的问题是用粮食发展牧业和渔业，而粮食问题还没有根本解决。现在应当一方面抓粮食转化，发展饲料加工业；另一方面在有条件的地区，大量发展饲料作物和牧草，加强草原建设。在调整畜产品结构时，采取继续稳步发展生猪，优先发展禽、蛋、奶、鱼，积极发展食草动物的肉用牛、羊、鹅等。生猪生产要迅速增加瘦肉型猪。水产品以养殖为主，加强加工业的发展。调整牧业、渔业对改变人民的食物构成具有重要作用。大力发展林业，绿化祖国仍是当务之急，也是长远的战略任务。不仅山区要积极造林，平原地区也要发展水源林、防护林、薪炭林。在一切有条件的地方都要植树、种草、种花，美化环境，改善生态环境和气候条件。

第三层次包括农村工业、商业、建筑业、运输业、服务业等。当前在农村普遍存在一种倾向，以粮食为原料的农产品加工业还十分薄弱，许多农产品迄今仍然以初级产品出现在国内、外市场上。而且许多人又只注意发展挣钱多、来钱快的工业企业和商品，忽视了整体规划和比例安排，还有只追求发展速度，忽视了经济效益，特别是在发展重工业和化工工业中，污染环境，破坏生态平衡等，都很突出。

这一层次的调整，必须按照农村经济发展规律的要求，农村的第二、第三产业首先应当重视既能转化粮食，又为畜牧业发展奠定基础的饲料工业。其次发展食品加工业，开展粮食深加工、精加工，增加收入。再次发展建筑业、建材业，为城市、乡村的建设提供建材和劳务服务。又次发展交通运输事业，疏通渠道，增加农产品的流通量和流通速度。最后在有资源条件的地方，积极发展能源工业，如小煤窑、小水电、小矿山，还要利用太阳能、风能和沼气，千方百计解决能源问题。另外，大力发展科技服务，推广新技术，搞好信息和咨询。

调整农村产业结构不是一朝一夕、一次两次就能完成的，而是一项长期的任务。在经济发展过程中，不同时期、不同阶段，农村产业结构调整也有其不同的内容和不同的重点。现阶段调整农村产业结构，就是发展社会主义有计划的商品经济，提高社会生产力。但必须遵循开发资源、发挥优势，各产业间形成协调的生产、生态良性循环，才能高速度发展社会生产力。为此，调整农村产业结构就是开发、协调、再开发、再协调的过程，目的是进一步促进商品经济不断扩大，从而不断地满足人类社会的需要。

按"贸工农"型调整
辽中南沿海地区农村的产业结构*

中共中央和国务院发布的《关于进一步活跃农村经济的十项政策》中提出:"靠近沿海开放城市和经济特区的农村,应当成为农业全面的对外窗口和'外引内联'的基地。珠江三角洲、长江三角洲、山东半岛、辽东半岛和其他沿海地区要逐步形成'贸工农'型的生产结构。"充分发挥沿海开放城市的优势,按"贸工农"方针调整沿海开放区的农村经济结构,这一带有战略性的实际步骤,给沿海经济的发展指出了新的方向。需要我们在实践中不断地探讨,使之成为现实。根据在辽东半岛沿海农村进行的调查研究提出一些粗浅的看法。

一 辽南沿海农村建立"贸工农"型产业结构是经济开放的客观需要

1. 沿海农村经济的重要地位

辽东半岛人口密集,经济发达。尤其靠沿海的大连、营口、丹东一带更具有得天独厚、得水独富、得地独利的农业经济发展优势。这一地区自然资源丰富,宜于发展多种经营,是有名的"鱼果之乡",并具有发展水稻、花生、柞蚕生产的优越条件。丘陵山区林木茂盛,是柞蚕放养的集中区,产量占全国的70%。辽南的苹果,驰名中外,生产量和出口量在全国处于重要地位。海岸线曲折,港湾沟汊多,盛产鱼虾、海参、鲍鱼、扇贝等海珍品,是海产品养殖基地。据省统计局统计,辽东半岛经济区的沿海

---

* 原载《辽中南经济研究》论文集,辽宁人民出版社,1987。此文由笔者与陶渊华合作调研完成。

城市带，1984年的水果产量达1321万担，占全省水果总产量的86%；柞蚕茧58万担，占全省的75%；水产品50万吨，占全省的98%；油料作物产量占全省的64%。

近年来，农村产业结构发生了巨大变化，乡镇企业产值一般占农村工农业总产值的一半以上，高的达70%~80%。有半数以上的农村劳动力转入非农产业，几乎家家都有劳动力参加其他行业劳动，农户的收入已由农业收入为主，转为以非农业收入为主。可见，辽东半岛沿海地区的农村经济，在全省的经济发展中占有很重要的地位。因此，建立"贸工农"型产业结构，是"四化"建设的客观需要。

2. 对外开放沿海农村经济面临的新矛盾

沿海开放区农村经济，虽然是全省和全国农业经济的先导，但是在对外开放、对内搞活的新时期，还没有完全摆脱内向型、自给型的传统农业状况，同党中央、国务院对沿海经济开放的要求，同振兴辽宁的需要，存在一定的差距，面临着许多应当解决的矛盾。

（1）广大农民和干部的思想认识还不适应对外开放的新局面。一些人仍然愿意并习惯于在自给性封闭经济中进行生产和经营。他们在新形势下注意国内市场的需求，不了解国际市场，也缺乏寻求国际市场信息的条件。这种闭关自守的思想不打破，经济对外开放、对内搞活就不可能有很大发展。只有让农民生产和经营转到以多出口、多创汇的目标上来，适应国际市场需要，在数量、质量等方面作出灵敏的反应和相应的调整才能加速其经济的发展。

（2）出口的农产品不适应国际市场的需求。经济开放的目的是要加强引进和扩大出口。但由于生产技术、经营能力水平较低，出口产品大多是原料和初加工产品，创汇能力很低。出口的农副土特产品，还存在着数量少、质量低、竞争力差等问题。我们的水果在香港市场上品种极少，有的只能摆地摊，从色泽、果质、大小、病虫害等方面都竞争不过其他国家。缺乏商品竞争观念，严重地忽视加工、保鲜、储藏、包装、运输等各个环节，这不仅严重地影响着我们的商品在国际市场上的竞争力，而且，也限制了出口商品数量的增加。1984年辽宁省出口农副产品最多的苹果和花生也分别只有3.5万吨和2.8万吨，分别占总产量的5.1%和8.5%。质量低的关键问题又是生产和加工的科学技术水平低造成的，亟待解决，以适应国际市场的需要。

（3）乡镇企业落后，不适应加工出口的需要。多数乡镇企业设备陈旧，技术水平低，生产效率不高，影响出口农副产品的生产和加工。由于我们缺少农副产品精加工的先进设备，也只能廉价出口原料和粗加工制品，以致出现这样的现象：营口县向日本出口的镁砂，经日本精加工成镁砖再转销给上海"宝钢"，日本从中获利。这样我们不仅没有增加外汇，反而不断消耗外汇。这种状况务必改变。

（4）第三产业落后，不能满足对外开放的需要。长期以来我国处于封闭式内向型的经济状态，年年为了温饱奋战，在生产和生活上不需要更多的服务。但随着对内搞活、对外开放的进展，在生产和生活服务方面暴露出许多困难和矛盾。商饮服修、信息交流、技术推广、人才培训等第三产业落后，特别是生产出口产品的产前、产后的专业服务业，如仓储、包装和托运等配套服务更是薄弱环节。辽南沿海地区旅游资源丰富，以旅游业为主的旅游经济发展潜力很大，还没有充分利用开发，不能吸引游客和外商投资。

为了解决上述的一些矛盾问题，使沿海农村提高和增加出口农副土特产品的数量和质量，必须采取有效措施。

3. 建立"贸工农"型生产结构是实现农村现代化的重要途径

沿海地区农村的基本任务是积极发展商品经济，先行实现农业现代化。要达到这个目的必须加强对外经济技术交流，不能再搞闭关自守。虽然沿海地区的农村和农业生产有悠久的历史，有许多好的传统，需要加以继承和发展，但是必须承认，和发达国家相比，差距还很大。从人均生产总值看，大连、营口、丹东、盘锦四市还不到600美元。要改变我们贫穷落后的状态，必须实行对外开放，利用国际上的资金和技术，加速辽中南农村经济的发展。胡耀邦同志说："要利用国内的和国外的两种资源，打开国内和国际两个市场，学会组织国内建设和开展对外经济活动两套本领，博采天下之长，为我所用。"在沿海开放地区农村经济的发展中，应利用两个资源打开两个市场，学会两套本领。一方面应当千方百计利用、吸引外资，同时因地制宜地积极引进优良品种、先进设备、精湛技术和科学的管理方法。另一方面在国内要开发利用本地和广大腹地的资源，加强沿海和内地的技术合作，联合经营和合资经营，联合生产出口产品，扩大对外贸易；创收更多的外汇，加速现代化建设。但是，引进和出口是密切相连的，要更多地利用外资和引进技术。关键问题是增加出口，创造更多外汇收入。引进必须以出口为基础，以输出商品来保证引进技术和资金，做到以出促进，以进养出。

多年来，辽南地区出口的商品中，大多是原料和初级产品，价值较低。为了增加出口，扩大贸易，提高商品的价值竞争力，必须改进技术，发展精加工、保鲜、包装和运输事业，把出口产品质量搞上去，才能占领国际市场。中央提出"按出口贸易的需要来发展农产品加工，按加工需要发展农业生产，引进先进技术，提高产品质量，建立这样一种'贸工农'型生产结构，才能适应对外开放，是产品打入国际市场的需要"。建立"贸工农"型生产体系，具有很多优越性：①使生产、贸易、科研等各部门共同协作，互相配合，形成产供销一条龙；②在生产领域里，生产者可以有计划地根据市场需要，发展商品生产，并使生产者从市场上得到信息，及时调整出口商品品种和数量；③在流通领域里，可以适应社会主义市场竞争中不断变化的需要，经营者可以根据国内外市场情况，有目的地建立各种生产基地和销售基地，将产品直接上市和销售国外，既满足市场需要，又可获得合理利润，提高了经济效益；④在消费领域里，它能适应人民消费水平日益提高和消费结构的不断变化的需要，"贸工农"生产体系的发展，生产符合人民需要的"高、精、名、特"产品，对加速四化建设和实现小康生活水平，具有重大作用。

在目前阶段，由于交通运输和其他多种复杂的原因，辽宁全省范围还难以广泛地组织农副产品出口，因而首先应把靠近沿海的农村，按"贸工农"结构建成农副产品出口、加工、生产基地，然后逐步推进到整个辽中南经济区，这是一项新的战略任务，举足轻重，牵涉全局，直接关系到辽宁的振兴，关系到整个农村的现代化建设。最近，辽宁省政府确定营口市和东沟县为建立"贸工农"型生产结构试点，是为促进沿海开放区农村经济由内向型向外向型转化，通过"贸工农"型经济发展，促进全省农村现代化建设的迅速实现。

二 辽南沿海农村建立"贸工农"型生产结构的有利条件

1. 地理位置得天独厚

辽东半岛位于东北南端，伸向渤海和黄海之中，与山东半岛成犄角之势。海岸线长，港口多，是我国的主要外贸基地之一，大连港是我国北方的最大港口，港深水阔，不淤不冻，属海湾型商港，有发展海运、外贸、旅游、海洋工业等优越条件，这一点与香港类似，因此，历史就有"南有香港北有大连"之说。营口位于松辽平原南端，处于辽河入海口处。新建的鲅鱼圈港，是东北第二个对外开放的港口。全区地处温带，属于暖温带半湿润区，气候温和，雨量充沛，光照充足，又处于世界有限的以苹果为主的果树带之中，适于发展多种外贸出口的经济作物，不仅适宜以苹果为主的果树生长，而且可以放养世界稀有的柞蚕。这大自然的优势，为辽东半岛的开放和对外贸易的发展，提供了极为有利的条件。

2. 水陆空交通十分方便

辽东半岛沿海有大连、丹东、营口三个较大港口，海运方便。铁路、公路运输也十分发达。辽南铁路四通八达，密度大，复线里程长，哈大铁路和沈大公路（将建为高速公路），是连接腹地与窗口的两大干线。大连和丹东可与苏联、朝鲜连接起来，形成我国东北联运网。大连民航已通航。辽东半岛已经形成了铁路、公路相通，航空、水运、陆路相配合的交通运输网。为引进技术、人才及先进的管理经验，利用外资，发展对外贸易和旅游业提供了极为有利的条件。

3. 有丰富的自然资源

农业生产是自然再生产与经济再生产的统一。自然再生产是经济再生产的基础。辽东半岛资源丰富。除矿藏资源丰富外，渔业资源也极为丰富，是全国有名的"鱼果之乡"。沿海地区农村土地面积有4万平方公里，占全省1/4强。农业总产值却占全省农业总产值的1/3左右。这一地区有长达900多公里的海岸线，水产捕捞和海水养殖发展很快，是全国对虾、海参、鲍鱼、扇贝、海带的主要产区。柞蚕、烟草、对虾、山楂、板栗、柱参是丹东"六宝"，其产品闻名于世。丹东的水利资源居全省第六位，水质高于国际标准，是发展饮料生产、食品加工的最佳原料。营口地处辽河下游，土质好，是以水稻为主的商品粮基地。山区丘陵是林果和蚕业集中的产区。全区盛产玉米、水稻、花生和各种经济作物。由于资金和技术等条件的限制，许多资源还没有得到充分开发和利用，有的资源虽然开发了，但因"粗放经营""原始开采"，经济效益很低。有待于今后"内联外引"及通过各种合作方式，打开资源利用的新渠道，使宝贵资源尽快为四化建设服务。

4. 农村经济改革已进入了一个新的时期

党的十一届三中全会以来，随着农村经济体制改革的进行，调整了产业结构，沿海地区农村经济得到迅速发展。大连、丹东、营口、盘锦四市的农村总产值达 41.3 亿元（1984 年），比 1978 年增长 153%。1984 年以来，大连、营口相继被批准为对外开放城市，为沿海地区农村经济发展创造了更好的条件。这些地区的农业经济已开始进入新的历史变革时期，其表现主要有以下特点。

（1）农村经济体制由旧模式向以家庭经营为主的多种经营形式转变。由于普遍实行了家庭联产承包制，极大地调动了广大农民的生产积极性。沿海地区农村专业户发展很快，达 10 万余户，占总农户的 12%。在专业户中有从事种养业、渔业、工业、运输、建筑和商饮服等各种专业劳动，呈现出基本上全面发展的格局。生产专业化、社会化程度越来越高，分工越来越细，出现了由兼业到专业、由全到单的趋向，还出现了一些生产专业户、推销专业户、技术指导专业户等多种松散的合作经营体系，许多地方形成了以某项专业生产为主的专业村、专业乡。如新金县有果树专业乡 3 个，专业村 490 个，专业户 3172 户，重点户 8556 户，占果树承包户的 8.8%。这种集中连片的专业户，具有更大的优势，提高了产品的竞争能力，商品量增加，商品率提高，安置了更多的剩余劳动力，并有利于科学技术的推广应用。同时，逐渐向开发性生产项目扩展，一些专业户为了提高经济效益，开始引进新技术、新设备、新工艺、新产品，把劳动密集和技术密集结合起来，实行集约经营。对承包山林、水面、滩涂等积极投工、投资，进行发展性生产。并通过服务性专业户，如运销、储藏、建材、信息及科技服务等，农副产品加工专业户、专业村，把大量的原料资源优势转化为产品优势、商品优势和经济优势。各种生产要素的多种形式结合，促进了农村新的合作经济的发展，各种经济联合体也在不断出现，已初步形成多种经济形式、多种经营层次并存的新格局。

（2）农村产业结构由单一的粮食为主向多种经营的综合型转变。党的十一届三中全会以来，沿海地区农村产业结构已逐步进行了调整。第一，调整了种植业结构，适当扩大了包括蔬菜在内的经济作物比重。大连市减少粗粮面积 30 万亩，增加了 7 万亩水稻、10 万亩经济作物（花生为主），扩大了果树栽培面积。粮豆总产量虽然比上年减少 4.4%，但水稻产量增加了 20.3%，油料增加 40.7%；其中花生增长 46.6%。营口市也有同样的变

按"贸工农"型调整辽中南沿海地区农村的产业结构

化。第二，调整了种植业与林牧副渔的比例关系，适当扩大了水果、牧业、副业、渔业的生产。1984 年林牧副渔四业产值为 24.3 亿元（按 1980 年不变价格），比 1978 年提高 1.6 倍，占农业总产值比重由 1984 年的 45% 上升到 58.8%。第三，乡镇工业已成为农村经济的支柱。1978 年乡镇工业产值 31.6 亿元，比 1983 年提高 63%，约占农村总收入的 58%。从事种植业的农村劳动力在逐渐减少，转向林牧工副渔各业。

（3）传统农业向现代化农业转变。随着农业技术革命的深入，科学技术在农业上的推广，起到了重大的作用。近年来，先后推广应用地膜栽培、蔬菜保护地、果树矮化栽培、飞机喷硼、海珍品人工育苗等各种新技术，引进新品种百余个。花生基本覆膜化，单产获得大幅度提高，随着技术的进步和多种经营的发展，农业生产不断地开拓了新的领域，广东甘蔗在盖县试种成功，美国西洋参已引种驯化成功，将在丹东等地推广。淡水养殖也开辟了新的途径，如稻田养鱼、工厂化养鱼、人工养殖对虾，在许多地区取得了成效。果品的贮藏、包装，水产品和一些农副产品的保鲜、初加工和综合利用也有了新的发展，大连水产养殖公司，仅藻类加工增值，1984 年就获利 20 多万元。沿海地区农业生产正向深度和广度发展。各种农机拥有量大量增加，已由农田扩展到林牧副渔各个生产领域。此外，利用外资、引进技术有了良好开端。

（4）生产经营由"内向型"向"外向型"转变，随着沿海城市开放，农村开始打破传统的封闭式经营，开展了外引内联，扩大了对外贸易。1984 年大连、营口、丹东三市出口商品收购总额为 14.03 亿元，比 1978 年增长 78.3%，占全省收购总额的 45.2%。大连的金县今年先后与日本、美国、联邦德国、我国香港等 10 多个国家和地区的 60 多个厂家洽谈生意，与国内的 9 个省市自治区的 300 多个地区和部门开展了经济技术联系和协作，1985 年上半年外引签订协议 8 项，成交 2 项，内联成交达 156 项。沿海地区一批出口农副产品的生产基地在逐步形成。如营口西部水田区建成优质水稻出口商品基地；盖县建成水果基地和食品加工基地，重点发展苹果、黄桃、葡萄、山楂；沿海各乡村要建成水产养殖出口基地，重点发展对虾、海蜇和各种海珍品。搞好出口基地建设，必将进一步扩大出口货源。

（5）农民生活由温饱型向小康水平转变。由于农村经济的迅速发展，农民收入大大增加。1984 年大连、丹东、营口三市人均收入分别为 523 元、403 元、581 元，比 1978 年分别提高 5 倍、4.1 倍、4.9 倍。农村生产向多层次发展，收入结构也发生了新的变化，来自农业生产的收入比重逐渐下降，而来自第二、三产业收入比重在上升。由于沿海农村商品生产发展较快，农民生活富裕起来，大连市人均消费额达到388.3元，占人均收入的74.2%。在一些先富起来的农民带动下，广大农民开始摆脱了收入低，生活困难的状况，逐步走上共同富裕的道路，农民吃、穿、住、用的水平显著提高。

5. 有良好的外引条件和广阔的内联腹地

辽东半岛沿海农村建立"贸工农"型生产结构，除了自然地理资源和经济优势外，还有良好的外引内联的客观条件。

（1）有大连、营口、丹东等港口作为对外出口和引进的窗口。辽东半岛沿海港口对外贸易历史悠久。营口港是东北地区历史上第一个对外开放的港口，已开港120余年。大连口岸始建于1899年，1940年建成大港码头，年吞吐能力为1200万吨。新中国成立后，在党和人民政府的领导下，大连港经过扩建和新建，逐步发展为年吞吐量4000多万吨的综合性大型港口。目前，与140多个国家和地区建立了贸易关系。丹东港历史较早，通过鸭绿江水运交通的便利条件，成为沿江流域物资集散地。后来因修建丰满水电站，把鸭绿江拦腰切断，堵住了这条运输线，影响了丹东港的发展。现在丹东港、大东港区扩建工程已开始兴建，今后为辽东半岛又开拓了一条新的海上通道，成为沟通长白山区对外贸易的窗口。

（2）形成了对外贸易的生产基地。辽东半岛沿海地区对外贸易发展迅速，已经建立了一批出口商品生产基地，为口岸服务的生产厂发展到1600多家，生产出口农副产品的场点星罗棋布。营口市1981年就已是全国外贸商品综合生产基地，现有8个出口专业厂，18个单项生产基地，出口产品收购额占工农业总产值的7.3%，全市生产出口产品的村有421个，占总数的45%，农业从事出口生产的劳动力有3万多人，占劳动力总数的7%左右。大连经济技术开发区建成后将进一步促进辽宁以至东北的经济繁荣。辽东半岛经济区通过丹东、营口、大连和大连经济技术开发区对外窗口，将东北三省和内蒙古广大腹地同国际市场联系起来，实行双向服务。

上述条件有利于沿海地区对外开放发展贸易，我们要不失时机地充分发挥地区优势，瞄准国际市场，按照"贸工农"型生产结构的要求，努力把沿海农村建设成为农业方面的对外窗口和外引内联的基地。

三 按照"贸工农"的要求继续调整农村产业结构

辽南沿海地区调整农村产业结构，积极发展外贸出口产品加工业，逐步形成外贸出口产品生产和加工体系，应当抓好以下几项主要工作。

1. 根据市场需求，科学地调整农业产业结构

目前农村商品生产基本上还是内向型的，出口产品占整个农村商品生产比重仍很小，主要是当前农村的生产结构不够合理。因此，必须继续调整农业生产结构。

（1）在不放松粮食生产的同时，重点发展水产、水果、水稻、蔬菜、花生及各种土特产品及其加工产品。沿海地区农村在调整产业结构时，也必须重视粮食生产。辽东半岛沿海农村年产粮食占全省1/4左右。特别是营口地区的气候和水质好，生产优质水稻，是我国优质稻米出口商品生产基地，担负出口和供应北京等六大城市的任务。对这一地区要增加投资，实行集约经营，不断提高单产，并逐步扩大水田面积，进一步增加水稻产量。沿海农村由于普遍应用了花生地膜覆盖技术，大大地提高了单产，总量也占全省的1/3左右，也是主要出口产品之一。

水果是辽南地区农业生产的一大优势。应根据国际市场需求，积极发展"富士""新红星""红冠"等苹果新品种和黄桃、大樱桃等高档名贵果品。同时要积极改善生产条件，提高技术水平，加强果树管理，搞好果树更新换代，努力提高果品质量。

发展蔬菜生产，在辽南地区具有广阔的发展前景。在逐步扩大塑料大棚、温室等保护地生产的前提下，积极扩大种植面积，鼓励农民生产鲜细菜，在满足国内市场需要的同时，努力打开蔬菜出口渠道。

水产生产要从捕捞为主转向以养殖为主，按"贸工渔"的要求，在发展远海捕捞的同时，重点开发近海水面和滩涂资源，大力发展人工养殖对虾、扇贝、海参等海珍品和藻类生产。

还应根据国际市场需要，积极扩大水貂、肉鸡、毛兔、蘑菇等土特产品和畜禽的生产。

扩大对外出口，还必须发展加工业，改变目前以出口原料和初级产品为主的局面，利用资源优势，积极发展果品、水产品、土特产品、畜产品、建材、矿产和服装等加工业。现有的加工厂点，通过革新挖潜、引进技术等办法，提高加工能力。逐步向深加工、细加工、精加工方面发展，建立一批加工能力较强的外贸出口产品的骨干企业和生产基地。

（2）努力提高产品质量，扩大对外贸易，发展鲜活、优质、名牌、特产新型产品，增强竞争能力，多创外汇。目前由于出口产品的生产和加工能力较低，产品品种和质量不高，直接影响对外出口。丹东地区很多土特产品在国内外市场上享有盛名，但近年来，一些产品如柞蚕丝、人参、烟草等在国际市场上趋于饱和，由畅销变成滞销。国内市场需求量较大的大理石，由于采掘加工设备和技术落后，产品质量粗糙而难以出口。农产品加工业虽有发展，但因设备简陋、产品质量差、产量低，出口产品大多为原料和初级产品。特别是苹果质量下降，品种老化，不再适应出口需要，除对苏联外，在其他国际市场上竞争能力较差。辽南的苹果从品种构成上看，"小国光"占70%以上，但在国际市场上因果小、色泽差无竞争力。今后除了"小国光"保留一定比重在国内销售，占领市场外，主要发展"富士""元帅""金星""蛇果""皇村"等优良品种，去占领国际市场。而且要调整果树树种，发展大樱桃、黄桃、葡萄、杏、李等满足国内外市场需要。尤其金县以南生产的黄桃加工成罐头，颇受国内外欢迎。还要调整蔬菜品种，改变过去只满足国内市场需求的状况，除了生产大宗品种外，应生产出口加工品种，如结球生菜、胡萝卜、韭黄、苦瓜、白瓜、洋芹等。

应根据沿海农村的资源优势，建立水果、蔬菜、水产品、土特产品等加工生产基地，大力发展优质的鲜活产品和精美的加工成品，以适应国际市场的需要。特别是国际市场对水产品要求的标准较高，应按加工出口标准设计和建设水产品加工企业，增加打入国际市场的"拳头"产品。

（3）坚持生态效益、社会效益和经济效益的统一。当前，农村有些集体和个人只顾眼前利益和局部利益，盲目兴建一些耗能高、污染大的小工业。忽视收益期长的林果业生产，不重视第三产业的发展。这样势必造成农业生态不平衡，第一、二、三产业发展比例失调，最终导致社会效益和经济效益的下降。这就要求必须从全局着眼，运用系统工程方法来指导产业结构的调整和评价调整的得失，不能只看个别产业的兴衰和个别产品的多少，而应注意到是否有利于农村生态平衡，是否有利于经济效益的提高，是否有利于农村经济的全面发展。

2. 按"贸工农"要求调整乡镇企业和农村工业

辽中南经济区沿海地区农村的乡镇企业起步虽然较早，但由于极"左"

按"贸工农"型调整辽中南沿海地区农村的产业结构

路线干扰发展得十分缓慢。党的十一届三中全会后,特别是贯彻中央(84)一号、四号文件精神以后,发展乡镇企业才从过去的从属地位摆到重要位置,使乡镇企业、农村工业发展取得很大成绩,逐渐成为农村经济的重要支柱。1984年乡镇企业已达到7.8万个,总收入达32.78亿元,比上年增长70%,大连市乡镇工业产值达到9.4亿元,乡、村两级从业人员已发展到18万人。无论企业规模、从业人员和总收入均创历史最高水平。

(1) 乡镇企业面临新的挑战。按照经济对外开放、建立"贸工农"型生产结构的要求,乡镇企业面临着新的挑战。目前,乡镇企业信息不灵通、职工素质差、人才缺乏、设备陈旧、工艺落后,许多项目仍是空白,出口产品多是原料,极少经过加工增值,特别是"左"的思想残余的影响,搞活经营遇到了严重的困难。因此,有必要对乡镇企业进行调整。

(2) 按照"以发展农副产品加工业为主"的原则,调整乡镇企业。沿海开放区农村的乡镇企业必须坚持向"贸工农"型结构发展,以国际市场为目标,从本地实际出发,充分利用资源优势,发展适销对路产品,新办的乡镇企业,要转向以发展农副产品加工业为主的方向,逐步提高农副产品加工业在乡镇工业中的比重。把发展乡镇企业的补贴,重点用于扶助农副产品加工业上,实行"以工补工"达到"以工补农"的目的。要充分利用柞蚕资源,发展丝绸加工业、服装加工业;充分利用水果、水产品等,发展食品加工业。沿海地区农业比较发达,有丰富的农副产品和土特产品资源。只要充分发挥自身优势,引进国外先进技术、设备,就会提高产品质量,增强竞争能力,带动相关产品扩大食品出口。围绕农副产品加工,每县、乡、村办一、两个有特色的、能生产"拳头"产品的企业,以取得良好效益。如,大连地区应积极发展"黄桃"罐头,在国际市场上要赶上和超过美国的"地门牌"黄桃罐头的水平。在搞好加工的同时,要迅速发展储藏、保鲜、包装、运输等行业,尤其要注意提高包装水平。辽南的苹果除少量自食内销外,90%以上要外销和出口。

调整沿海农村产业结构,还应注意量力而行。第一,乡镇企业要同农业生产协调发展,同农村生产的发展水平相适应。乡镇企业发展快的地区,农业都比较发达,农产品商品率高,农业剩余劳动力较多,农民手中有余钱余粮。相反,在一些交通不便,农业生产发展较差的地区,尚未解决温饱问题,乡镇企业发展必然缓慢。可见,乡镇企业只有与农业生产协调发展,才能在牢固的基础上持续稳定地前进。第二,乡镇企业要立足于本地的自然、经济资源，充分利用和挖掘资源潜力，因地制宜地发展效益高的企业，防止盲目性。第三，乡镇企业的发展，要严格遵循建立良性农业生态系统的原则。要从防治环境污染和防止掠夺性使用农业自然资源两个方面着手，来保护生态环境。

按照中央"七五"计划建议的要求，兴办乡镇企业也要立足于农业、服务于农业，重点发展农产品加工业，发展出口商品的储藏、包装、运输、供销等产前、产后服务业，加速形成"贸工农"型生产结构。

3. 加速发展第三产业

目前，沿海地区农村第三产业发展的现状，根本适应不了对外经济开放的要求。大连市金县是经济发达的郊区县，而第三产业在农村经济中的比重却很小。1984年金县第三产业产值只有1.06亿元，仅占农村社会总收入的4.7%，虽然具有丰富的旅游资源，而旅游业才刚刚起步。第三产业落后严重影响到第一、二产业的发展和城乡人民生活水平的提高，特别是制约着经济对外开放的迅速发展。

随着对外往来日益扩大和城乡商品交换的不断发展，沿海地区农村要紧紧围绕经济对外开放、工农业生产发展和人民生活服务，大力发展第三产业。重点抓好商业、餐饮服务业、交通运输业、邮电金融业、信息咨询业、仓储保险业等，不断地开辟新的服务领域，扩大商业经营范围，逐步建立一个多种形式、规模不等、布局合理的服务网。第一，充分利用现有的自然资源和经济条件，发展为工农业生产和出口商品生产的产前、产后服务业；第二，积极开发沿海旅游资源，发展旅游业，在海滨风光优美地带建设游览区，兴建多种旅游观光点、海水浴场和游乐场，利用各处天然温泉修建疗养院和度假村等；第三，要同农村集镇建设和解决剩余劳动力就业问题相结合，发展商饮、服务、金融、信息和仓储、运输等各个行业。总之，第三产业要迅速发展，必须使从业人员比重由目前的15%逐步发展到40%~50%，才能适应经济发展的需要。

四 建立"贸工农"型生产结构需要解决的几个问题

按照对外开放、建立"贸工农"型生产结构的要求，调整沿海地区农村经济结构，应解决以下几个主要问题。

按"贸工农"型调整辽中南沿海地区农村的产业结构

1. 建立城乡经济一体化的总体发展战略

沿海农村经济发展是依托于开放城市，服务于开放城市；而开放城市的经济发展必然以临近农村经济为基础。在外贸出口商品中农副土特产品占有很重要的地位，开放城市不可能脱离农村经济的发展而发展，而且很大程度上受农村经济发展的制约。因此，要首先确立城乡开通、城乡经济一体化的思想，做到城乡统一规划，合理布局，在总体发展战略的指导下，逐步形成以开放城市为主导，以乡村为基础的"外向型"城乡经济网络，实现本区域内城乡经济一体化。逐步缩小城乡差别。

2. 改革不适应"贸工农"发展的农业政策和体制

按"贸工农"型生产结构的要求，目前的经济体制，还需要进一步的改革与完善。有的地方将土地、果树分得过于零散，不利于专业化经营和发展，在工副业门路多的乡村，有的农户把土地、果树当成小副业，甚至出现撂荒的现象。为此应采取对策，积极引导农民向专业化、商品化和现代化农业转变。还应积极扶持各种专业户，特别是发展一批出口产品生产专业户、专业村、专业厂。鼓励从事他业的农民把土地和果树逐步向经营能人和技术能手集中，发展各种专业大户、专业场。延长土地、果树承包期，而且在群众有要求的地方，可实行果树作价归户，把果树使用权和所有权统一起来，果园用地可由果树经营者按规定缴纳土地使用费。随着专业户经营规模的扩大，实行联合，发展农村合作经济，引导农民逐步走向新的合作经济道路。

3. 改革外贸体制，扩大农村对外贸易的经营权

现行的外贸体制，不适应"贸工农"型生产的要求，由于长期实行独家垄断，靠统购方法取得廉价产品，同生产和科研相脱节，忽视生产者的利益。农村实行联产承包责任制后，农民有了生产经营的自主权；改革统派统购制度后，农民又有了按市场价格出卖产品的自由。所以，现在的外贸体制出现许多新矛盾。目前，农村迫切需要建立一套有利于生产和出口的新体制。现在县级对外贸易公司从属于市级对外贸易公司，实行报账制，自身没有自主权，经营效益与利益不挂钩，经济活动全由市外贸公司统收统支。县里不能直接与外商打交道，因而信息不灵通，工作被动，有一定盲目性，经常因国际市场的波动，出现出口产品收购的大起大落，给生产单位造成损失，也影响外贸部门的信誉。这种体制严重限制了县对外扩大出口的积极性，在外汇分成上县里留的部分太少。1984年金县出口产品收购额达 2000 亿元，但分回外汇只有 10 万美元，亟须改革给农村下放和扩大进出口权限。特别是鲜活产品应由县直接组织出口，实行独立核算，自负盈亏，逐步扩大县出口创汇留成比例，对超计划出口部分的外汇，应留给地方，增强自我改造、自我完善的能力。出口产品收购价格，在总的原则下，应允许县自行调节。

4. 培养一批适应对外开放的人才

由于实行长期抑制商品经济发展的闭关自守政策，使我们十分缺乏懂得市场经济和善于从事国际贸易的人才。经济对外开放后，不仅在外贸机构中这种人才显得不够，而且农村就更加缺乏。必须在培养人才方面给予足够的重视，投入必要的资金。还需要解决向农村输送人才的政策问题，金县每年考入大学的平均有 500 人，每年分配到金县工作的只有 30 余人，要改变这种状况。可根据各地输送学生的比例送回一部分，以满足农村建设的需要。同时，要改革教育体制，大力发展职业教育和技术教育，使人才迅速成长。还应注意从现实的社会经济活动中挑选人才。自农村放宽政策后，在活跃的商品经济中，不断涌现出许多有才干的人，要善于发现、使用、选拔、培养这些人才。在有条件的地方，派这些人到国外去考察、学习，进一步提高，以适应农村现代化建设的需要。

发挥营口市经济优势，调整产业结构[*]

一　以产业结构调整为契机，促进工农业现代化成长

营口市从旧社会继承下来的是一个极不协调、畸形发展的产业结构。第一产业（农业）所占比例很大，且生产力水平很低，粮豆平均亩产只有17.5斤。第二产业和第三产业十分落后。新中国成立后，经过五个五年计划的建设，第二产业逐渐取代第一产业占据了优势地位，到1978年，第一产业的比重下降到25.3%，第二产业的比重已上升到57.4%。随着产业结构的重心转移，国民生产总值和国民收入也有了较大幅度的提高，分别提高了13.2倍和10.7倍。但是，由于历史上和政策上的原因，到1978年营口市的产业结构仍然存在着某些制约生产发展的不合理因素。（1）第一产业内部的农林牧副渔各业中，农业比重偏大，林牧副渔业比重偏小，营口市所具备的多种经营优势不能充分合理地利用。在种植业中，粮食作物比重过大，经济作物比重过小，不适应营口市轻纺工业发展的需要。（2）第二产业（工业）内部结构中，基础工业和原材料工业比较薄弱，轻重工业的关联性较差，行业发展不平衡，营口市地方优势还不突出。（3）第三产业相当薄弱，长期处于停滞、徘徊状态，发展十分缓慢。无论是为生活服务、为生产服务的行业，还是公用事业、通信交通运输等，都远远不适应经济社会发展的需要。

---

[*] 此文章为《社会科学辑刊》1990年第5期和第6期连载的《渤海湾迎来了改革开放的浪潮》中笔者所撰写的其中一部分。原为《社会科学辑刊》1990年第5期，第39～41页，标题为"以调整产业结构为契机，突出产业优势，带动多元化发展，促进工农业现代化成长"和1990年第6期，第10～12页，标题为"发挥本地的经济优势，充分利用国家给予的优惠政策，重点依靠自己的力量，走出一条具有自己特色的对外开放的新路子"。

党的十一届三中全会以来，营口市加速了产业结构调整，特别是认真贯彻党的"十二大"精神，以改革、开放为指针，从营口市经济发展实际出发，发挥所具有的资源、产业、经济的优势，进一步突出和完善了具有营口特色的产业结构。

第一，发挥农副土特自然资源优势，按"贸工农"型调整农业结构，形成了农林牧副渔全面发展，农工商综合经营的新型农村经济发展趋势。到1988年，种植业结构中，粮食作物、经济作物和其他作物（以蔬菜为主）三者产值比例大体是62∶26∶12；农林牧副渔五业的产值比例为57.1∶2.2∶18∶13.4∶9.3，各业开始协调发展，初步扭转了多种经营薄弱的状况。农村改革以来，农村产业结构变化巨大，三项产业产值比例已由1986年的54.1∶37.7∶8.2变为1988年的37.3∶52.7∶10；同时从事农业的劳动力比例下降，从事第二、三产业的劳动力比例上升，达到63.1%。农村的第二、三产业迅速发展，已成为农村经济发展的主体。营口市的外向型农业也有了较大的发展，从1985年以来，以发展创汇农业为目标，已初步建成了多层次农副土特产品，如水稻、水果、水产、农牧土特和矿产品五大系列出口商品生产基地。目前全市已有44个乡镇（占乡镇总数67%）、450多个村（占村总数50%）有出口创汇产品，出口收购额占全市总收购额近1/5。出口主要产品达66种，专业厂点72个，"三资"和"三来一补"项目15个。"贸工农"型的农业生产结构已见雏形。

第二，发挥轻纺工业发展历史悠久、基础雄厚的优势，进一步调整和完善工业结构，初步形成了以轻纺工业为主体，以冶金、机械工业为后盾，包括电子、建材、化工、石油加工等门类齐全，轻重工业比例协调，行业布局较为合理的工业体系。营口市的轻纺工业，特别是针织、纺织、印染、造纸和乐器等工业均有相当基础。目前其固定资产和就业人数均占全市总数的55%以上，产值、产品销售收入和提供的利税均为全市的65%，产品出口收购额占全市79%。轻纺工业是营口市的主导产业，是国民经济发展的主动脉，它决定了营口市轻型工业城市的性质。近年来为适应辽东半岛开放，增加出口产品，增强在国际市场上的竞争能力，对老企业逐步进行了改造，建立了一批"外向型"的专业生产厂点；在抓好纺织、针织、印染、造纸、化工、家电、乐器、电子、食品饮料、服装、机械、建材、卷烟等支柱行业的同时，重点发展了原盐、纸及纸板、卷烟、洗衣机、电冰箱、钢琴、收录机、复印机、中板材、棉纱、匹布、服装、饮料和罐头等在全省、全国影响较大的"拳头"产品。总之，10年来，营口市坚持以科学技术为先导，以资源、地理条件为基础，通过调整产业结构、产品结构，已初步建立起以轻纺、机电、化工为主体的、效益高、后劲足、具有外向型特点的工业经济结构。

第三，随着经济体制的改革、开放以及搞活政策的贯彻，营口市的第三产业基本上扭转了新中国成立后前30年的所有制单一化、行业结构不健全、布局不合理、发展缓慢的状态。多种经济类型的商饮服网点发展很快，1988年第三产业机构网点已发展到27573个，从业人员达到106860人，比1979年的2617个网点、44698人分别增长9.5倍和1.4倍。第三产业的国民产值、国民收入、社会总产值的比重，也分别由1979年的17.3%、7.5%、5.9%上升为21.9%、12.2%、8.5%。第三产业所有制结构已恢复了多元化，传统行业中薄弱部门得到迅速恢复和发展，新兴行业已开始起步。形成了多元化、多行业、多形式、多层次的社会化服务的状况。改革10年来，营口市产业结构经过调整，加快了优化的步伐，有效地带动了国民经济全面发展。首先，为适应经济、社会发展和对外开放的需要，重点抓了能源建设和能源节约，开展热电联产集中供热的同时，抓紧建设总装机容量为120万千瓦的营口电厂和鲅鱼圈港口的电厂，并扩建了营口化纤厂的热电站。其次，加快老港改造和新港建设，港口吞吐量1988年达到181万吨，比1978年的33万吨增长4.5倍。发挥一市两港和铁路、公路四通八达交通网的优势，将营口开辟为东北第二大口岸基地。再次，开展了老企业技术改造，提高了工业生产技术和装备水平。从1978年到1987年，在新建一批现代化企业的同时，投资了16590万美元引进14条国外先进的生产线，2543台机械设备，对160个企业进行了改造。改造后新增产值达6.9亿元，基本改变了设备陈旧的落后面貌。据1987年统计，新中国成立初的老设备由原来的65%下降到5.6%；20世纪70年代的设备由原来的0.8%提高到67%。

第四，促进农业生产现代化和农村经济全面发展。农村生产关系的变革和产业结构的调整，使农业生产条件有了显著改善。农田水利建设成就显著，目前有水库40座，蓄水1.8亿立方米，固定机电排灌站322座，有效灌溉面积达78.2万亩，占耕地总面积的47%。农业机械总动力达到71.4万千瓦。先进的农业技术得到全面推广和应用，1988年粮食优良种子推广面积达到87.2万亩，占粮食总播种面积的56.2%；蔬菜地膜覆盖面积11.7

万亩，占蔬菜播种面积的 14.2%。农业生产规模不断扩大，农作物产量以及水果、柞蚕、水产品、畜产品等产量均大幅度提高。农村产业结构调整，促进多种经营迅速发展，农林牧副渔和工商建运服各业齐发展；促进了农业科学技术的推广应用，改善了生产条件，加速了农业现代化发展。

二 发挥本地经济优势，走出具有自己特色的对外开放之路

近几年来，营口经济的迅速发展，是同其积极发展外向型经济息息相关的。营口开放以来，一直本着"引进来，打出去，多出口，多创汇"的原则，充分利用本地的经济，特别是资源优势，运用国家给予的优惠政策，主要依靠自己的力量发扬自力更生、艰苦奋斗的精神，成功地走出了一条具有营口特色的对外开放的新路子。

营口在发展外向型经济方面具有得天独厚的条件。老港在历史上就是东北第二个对外通商口岸，曾有过一度畸形的繁荣。营口解放时，港口码头遭到严重破坏。1952 年起营口港改为内贸港口，从此，对外贸易即处于停滞状态。1972 年以前，每年出口商品收购额仅为 2000 万～3000 万元，1973～1977 年也只徘徊在 5000 万～7000 万元之间。

自 1984 年国务院正式批准营口老港重新对外开放以来，对外贸易十分活跃，外贸出口收购额占全市工农业总产值的比重和递增速度，都高于全国和全省的平均水平。1978 年外贸收购额为 0.9 亿元，1979 年为 1.3 亿元，1980 年为 1.76 亿元，到 1985 年外贸收购额突破了 3 亿元大关，在全省名列第 3，在全国 33 个出口商品综合基地中居第 13 位，列全国 4 个沿海城市的第 8 位。"六五"期间，全市外贸收购额累计完成 11.9 亿元，每年平均递增 11.3%，创汇 3.2 亿美元，外贸出口商品总值占全市工农业总产值的比重，1984 年为 6.9%，1988 年为 17.7%，年平均增长 21.85%。目前营口市已有 16 家较大的出口产品生产厂和 120 多个单项生产厂点，承担着出口商品的生产任务。已初步建立了纺织品、服装、家电、乐器、矿产品、粮油果品、水产品、土特产品和工艺美术的 10 个出口生产基地，是全国 15 个外贸出口商品综合生产基地之一。近几年，营口市出口产品逐年增加，1988 年已发展为纺织、粮油、轻工、工艺、五矿、化工、机械、设备、土产、畜产、医药、丝绸、有色金属、汽车部件、其他等 15 大类，达 210 多个品种。其中轻工、纺织类占全市出口商

发挥营口市经济优势，调整产业结构

品的 2/3 左右。为了多出口、多创汇，营口市十分重视提高出口商品的质量，特别是注意提高传统的出口商品的质量，增加花色品种和档次，注意扶持出口"拳头"产品的生产。出口的"拳头"产品每年都有 40～50 种，出口收购额约占外贸收购总额的 80% 以上。近年来，每年都有 20 多个新品种打入国际市场。

营口市对外贸易取得这样好的成绩，除了加强提高出口产品的质量和档次外，主要是采取以下几种外贸创汇形式。

（1）"两头在外"形式，是从国外进口原料加工产品再出口。营口市造纸厂开辟海外原料基地——营港纸品实业贸易公司，从香港收购废纸，加工生产涂料白板纸，再通过香港销往世界各国。1988 年该厂出口创汇达 600 万美元，比三年前未开展"两头在外"的外贸形式时增长 10 倍。

（2）补偿贸易。利用一些企业劳动密集、劳务费低廉的优势，大力发展补偿贸易，取得了较好的经验。例如，无线电三厂前几年受国内市场竞争的困扰，生产几乎被逼入"低谷"。1987 年该厂与日本三桂制作所建立了合作关系。日方为该厂无偿提供产品技术、生产模具、设备，产品袭用日本商标，由日方销往国际市场达 30 多个国家和地区。1988 年出口了 11.5 万台收录机，创汇达 434.3 万美元，实现出口收购额 2521.4 万元。

（3）劳务合作。1979 年以来，有日本、美国、联邦德国、瑞士等国家和我国香港地区的专家、技术人员来营口进行技术指导。营口市也派遣技术人员去国外指导以及派劳务人员去国外服务。外国专家和技术人员对营口的支援，为营口市外向型经济发展，发挥了一定的作用。

营口市在利用外资上也取得了可喜成果。10 年来，营口从日本，我国香港、澳门、台湾，澳大利亚，美国，联邦德国等国家和地区引进外资达 23940 万美元，利用外资 235 项。发展扩大出口创汇的"两头在外"的"短平快"产品，取得较好的经济效益。如，"中基纺织有限公司"投产仅 9 个月，就赢利 550 万元，全省排第 2 位；营口联合镁质材料有限公司 9 个月赢利 411 万元；等等。利用外资生产国内外有竞争能力的新产品，有力地促进企业改造和出口创汇。

营口市在引进技术方面坚持引进与改造相结合，实现了"引进—改造—创汇—再引进—再改造—再创汇"的良性循环。"六五"期间，营口市有 71 家企业从 14 个国家和地区进口 924 台（套）先进生产设备，20 条生产线，设备落后状况有了明显改变。营口洗衣机厂与日本松下电器产业株式会社进行技术合作，四年间进行两期技改工程、三次设备更新，产品和技术达到20世纪80年代国际水平，先后试制6个新产品，在国内外市场畅销，产品先后获得国、部、省颁发的8项奖，被轻工部推荐参加中国北京亚太地区展览会、波兰华沙世界博览会、苏联莫斯科世界博览会。该厂在引进技术上走出了一条成功之路。

营口市发展外向型经济，特别是引进国外先进技术方面硕果累累，并且总结出一套被喻为"营口方式"的宝贵经验。具体说来有以下五条：一是"营洗"步步登高方式。即把引进国外的先进技术和国产化的进程紧密地结合起来，使工业企业产品技术水平和产品档次步步提高，加快民族工业本身自我发展能力。二是"嫁接组合"式。用有限的外汇买进国际先进的技术和比较先进的实用技术，与国内的先进技术和实用技术有机地嫁接组合起来。如，营口造纸厂用比废钢铁稍贵些的价格，买进澳大利亚的二手设备板纸机，又引进日本的涂布机，将二机嫁接到原有的国产设备上，生产出的高质量涂料白板纸很快打入国际市场。天力电机厂根据国内已消化的国产化技术，有选择地进行引进，即节省了外汇，又提高了产业群体技术功能。三是"租鸡生蛋，卖蛋还钱"。国家批准营口市对外开放，但不拨给外汇，营口在经济实力较差，缺少资金的困难情况下，发挥了自力更生、艰苦奋斗、顽强拼搏、开拓前进的"营口精神"。许多企业都是开展国际融资租赁，用租赁公司的外汇引进外国先进技术和设备，如，营口纺织厂大胆引进100多台日本的片梭织机生产特宽幅布，很快打入国际市场，产品销售创汇后，再偿还租赁公司的本息。然后整套设备就归本厂使用了。四是"借船出海"，"两头在外"。辽宁无线电三厂充分利用国际上发达的资本主义国家和发展中国家进行产业结构调整的有利时机，利用日本的资金、技术和市场，把产品打出去，而且通过"借船出海"的方式，使这个厂有了自己的系列产品，为企业在"整治"经济的环境中，求得更大发展奠定了有力的基础。五是调整产业结构，加快创汇农业的发展。具体做法是由外贸部门出资金、技术、信息，当地政府和农民群众也出一部分资金入股，实行"五统一，一分散"的新劳动组合。如出口鸡鸭专厂，由外贸部门统一负责种畜繁育、防病检疫、饲料供应、屠宰加工、对外销售，饲养阶段分散到个人，这样把先进技术与个体劳动者的积极性结合在一起，迅速发展肉食鸡鸭生产线，实现城乡一体化经济发展战略。

发挥营口市经济优势，调整产业结构

这些具有营口特色的"营口方式"，记录了营口人在对外开放，在外向型经济发展道路上，迈出的艰难而又成功的步伐。我们坚信，他们一定会进一步利用营口的优势条件，不断丰富和发展"营口方式"，加快"营口速度"，使营口成为外向型、多功能、产业结构合理、科学技术先进的现代化城市。

辽宁农村第三产业发展及其战略思考[*]

第三产业加速发展是生产力逐步提高和社会不断进步的必然结果。第三产业在国民经济中的比重逐渐扩大，是现代化经济发展中产业结构变化的必然趋势。改革开放以来，随着辽宁全省社会、经济飞跃发展，第三产业的发展速度也逐渐加快。但是，与第一、二产业发展状况相比，第三产业仍然相对落后，落后的原因很多，其中关键问题在于农村第三产业还相当薄弱，制约着全省第三产业发展水平的迅速提高。

一 辽宁农村第三产业发展状况

新中国成立40多年来，辽宁第三产业经历了一个缓慢发展—萎缩衰落—恢复发展—蓬勃发展的曲折过程。从表1可见，1952~1965年，由于第二产业的飞跃发展，形成了第三产业带有逐渐萎缩性的缓慢发展阶段；1966~1978年，由于政治运动的需要和"左"的产业政策影响，第三产业出现萎缩衰落的局面；1979~1985年党的十二届三中全会召开后，第三产业才很快地恢复和发展起来；1986~1990年，在1985年对第三产业的明确分类和促进其大发展的有关政策的鼓舞下，形成了商业、饮食业、服务业等传统产业迅猛发展和信息、咨询、广告、旅游等新兴行业蓬勃兴起的历史阶段。这一曲折的发展过程，主要反映了以城市第三产业为主线发展的特点。

---

[*] 原载《辽宁经济文化研究论文集》，辽宁大学出版社，1993。本文参加了1992年8月15日辽宁省政协召开的"辽宁第三产业发展理论研讨会"，发表讨论。

辽宁农村第三产业发展及其战略思考

表1　辽宁省国内生产总值及其构成

单位：亿元，%

年份	国内生产总值	绝对数 第一产业	第二产业	第三产业	构成 第一产业	第二产业	第三产业
1952	41.42	12.0	20.0	9.4	29.0	48.3	22.7
1965	103.2	20.2	62.6	20.4	19.6	60.7	19.7
1978	228.2	32.4	161.9	33.9	14.2	70.9	14.9
1980	281.5	46.1	192.9	42.5	16.4	68.5	15.1
1985	505.6	74.9	328.1	102.6	14.8	64.9	20.3
1990	965.7	168.6	540.8	256.3	17.5	56.0	26.5

资料来源：《辽宁经济统计年鉴（1991）》，第418页。

然而，从辽宁农村的第三产业发展来看，仅经历了两大阶段：1949～1978年，第三产业只有单一的以农村供销社为主的合作商业，从1978年党的十一届三中全会以后，农村第三产业才开始崛起并且迅速地发展起来。到1990年农村第三产业生产产值达到了58.55亿元，比1985年23.03亿元增长了1.54倍，平均每年递增20.52%。

但是在农村三大产业结构中，第三产业所占比重还很小。如表2所示。

表2　辽宁农村社会产值及产业构成

单位：万元，%

产业＼年度	1985	1986	1987	1988	1989	1990	1985	1990
农村社会总产值	2504080	3180402	4083445	5625882	6171145	6939392	100.0	100.0
第一产业、农业	1180487	1420280	1692210	2273883	2228231	2737482	47.2	38.9
第二产业	1093320	1475051	2028763	2884255	3415940	3716464	43.6	52.8
1.工业	949895	1305661	1813787	2624403	3120513	3452393	37.9	49.0
2.建筑业	143425	169390	214976	259852	295427	264041	5.7	3.8
第三产业	230273	285071	362472	467684	526974	585476	9.2	8.3
1.运输业	113321	136973	170109	222843	240925	262315	4.5	3.7
2.商业、饮食业	116952	148098	192363	244841	286049	323161	4.7	4.6

资料来源：《辽宁经济统计年鉴（1991）》，第504页。

（1）从农村社会总产值构成来看，由于农村1985～1990年第二产业发展速度快于第三产业，所以第三产业产值占农村社会总产值的比重由1985年的9.2%下降为1990年的8.3%，下降0.9个百分点（见表2）。三次产业之比（以第一产业为1），已由1985年的1：0.92：0.19变为1990年的1：1.36：0.21。同期全省第三产业产值占国内生产总值的比重由1985年的20.3%上升为1990年的26.5%，增加6.2个百分点。三次产业之比由1985年的1：4.38：1.37变为1990年的1：3.20：1.51。表明农村第二产业产值比重上升（上升比为0.44），全省第二产业产值比重下降（下降比为1.18）；农村第三产业产值比重稍有上升（上升比为0.02），全省第三产业产值比重上升较快（上升比为0.14）。

（2）从劳动力在三大产业中转移的趋势来看，农村劳动力转移状况与全省劳动力转移状况相比，存在相当大的距离。

表3　辽宁农村劳动力及其构成

单位：万人，%

年度 产业分类	1978	1980	1985	1989	1990	占比 1978	占比 1985	占比 1990
全省农村劳动力	663.4	712.3	853.4	866.5	869.4	100.0	100.0	100.0
第一产业劳动力	581.1	582.6	614.0	618.9	631.2	87.6	71.5	72.6
第二产业劳动力	61.0	89.5	139.5	141.0	133.7	9.2	16.3	15.4
第三产业劳动力	—	—	104.9	78.2	77.2	—	12.2	8.9
外出劳动力和其他	21.3	40.2	—	28.4	27.3	3.2	—	3.1

资料来源：《辽宁经济统计年鉴（1991）》，第498页。

如表3所示，农村第一产业劳动力比重1990年比1978年下降15个百分点；第二产业劳动力比重上升6.2个百分点；第三产业劳动力比重从1978年至1983年迅速达到12.2%后，又逐渐下降，1990年为8.9%，比1985年下降3.3个百分点。同期全省第一产业劳动力比重由1978年47.5%降低到1990年的34.3%，下降13.2个百分点；第二产业劳动力比重由1978年34.5%上升为1990年的41%，上升6.5个百分点；第三产业劳动力比重由1978年的18%上升为1990年的24.7%，上升6.7个百分点。

上述对比充分说明：①无论从产值构成看，还是从就业人员构成看，全省第三产业的发展速度已超过了第二产业的发展速度;而农村第三产业的发展速度仍然比较缓慢,还远远地落后于第二产业。②从劳动力转移趋势看,全省第一产业剩余劳动力不仅向第二产业转移,也向第三产业转移,而且向第三产业转移的速度超过了向第二产业转移的速度;而农村第一产业剩余劳动力主要还是向第二产业转移,只有很少一部分向第三产业转移。③从三次产业发展阶段看,全省已经开始进入第三产业大发展的新阶段,而农村还处于第二产业正兴旺发展阶段。可见,辽宁农村第三产业不仅明显地落后于城市和全省第三产业发展水平,而且由于受城乡经济的整体性和关联性的影响,如果不尽快发展农村第三产业,还将继续制约着全省第三产业的迅速发展。

二 辽宁农村第三产业落后的原因

造成辽宁农村第三产业长期发展不起来的原因很多,主要有以下几方面。

1. 自然经济的习惯势力和心理观念阻碍第三产业发展

我国经历了漫长的封建社会,受自然经济和心理观念影响很深,有满足于小农经济的生产上自给自足和生活上自我服务的习惯。特别是农村生产力水平低,远远没有达到生产专业化、生活社会化的程度,第三产业发展无经济基础。

2. 指导思想和理论偏差限制第三产业发展

新中国成立以来,我国实行的是产品经济模式、计划经济体制,不承认存在商品经济,认为商品经济不属于社会主义,是资本主义特有的。在这种理论影响下,造成经济指导工作上的偏差。如"重生产、轻流通",在消费中以"供给制"为目标,对解放初期比较发达的工商业部分,实行社会主义改造。在农村批判弃农经商、关闭集市贸易、对农民家庭商品生产甚至于把养殖业都视为资本主义尾巴被割掉。又如"重实物、轻服务",在理论上只承认实物生产创造价值,不承认劳动服务也创造价值。在经济工作中把服务行业的经费视为国民收入的再分配,并把服务行业当做单纯的福利事业,不实行经济核算,使服务业发展缺乏内在动力。

3. 农村高度集中的单一体制束缚第三产业发展

20世纪五六十年代我国农村开展农业合作化运动,在经营体制上越来越向高度集中的人民公社发展。尽管合作化在初期促进了农业生产的发展，但是实行"一大二公"的人民公社以后，以及实行一些"左"的政策，使农民被捆在有限的耕地上，不仅第三产业不能发展，而且农村的多种经营也发展不起来。

4. 二元经济社会模式控制第三产业发展

新中国成立后，国家的宏观策略是利用国家机器的力量，致力于城市工业化，优先发展重工业。然而当时又缺乏必要的工业化条件，于是也采用剥夺农村和农业的措施，为工业化和建设重工业基地积累所需的大量资金，不仅实行农业税和利用工农业产品"剪刀差"的价格政策，而且以户籍制度、劳动就业制度、住宅制度、农副产品统购统销政策，来控制农民长期留在农村从事农业生产，不允许农民进城务工经商，使农民完全失去了其他就业谋职的自由，限制了农业劳动力向非农业部门流动。可见，在二元经济社会模式的控制下，农村第三产业不可能发展起来。

三　发展辽宁农村第三产业的重要意义

随着农村改革的深化和经济的发展，大力发展第三产业的重要性，引起了人们的广泛关注。农村第三产业的发展不仅对农村社会经济发展具有重要意义，而且对于促进城市社会经济发展特别是促进全省第三产业的迅速发展具有更重要的意义。

1. 对农村社会经济发展的重要意义

（1）发展农村第三产业，直接服务于农村第一、二产业的生产发展，为第一、二产业的生产创造良好的条件，在促进农村经济全面振兴上发挥着极其重要的作用。目前，农村通过深化改革，大力兴办农村社会化服务体系。在产前服务方面，建立技术推广、饲料肥料加工、物资供应、机械维修、良种繁育、经营指导和融资等服务体系；在产后服务方面，建立产品收购、加工包装、储运销售等服务体系。建立一个相互配套，直接服务于生产发展的服务网络，从而对于促进农村第一、二产业的发展，对于全面振兴农村经济将发挥更大作用。

（2）发展农村第三产业，能有效地解决大量的农村剩余劳动力就业问题。据省计委国土规划预测，根据农村劳动力增长状况和 20 世纪 80 年代转移速度计算，辽宁省农村在未来每个五年计划期末将剩余 300 余万劳动力，仅少数年份略低于 300 万人。其中"八五"和"九五"计划时期新增剩余劳动力最多。近 10 年将是决定农村劳动力开发、安置的关键时期。如果仍按 20 世纪 80 年代农村剩余劳动力 25% 的转移速度向非农业部门转移，农村劳动力就业问题会更加严峻。由此看来，未来辽宁劳动就业的难点和重点在农村。为此，农村要大力发展第三产业，充分利用和安置劳动力资源。

（3）发展农村第三产业，巩固农村经济体制改革成果，壮大农村集体经济实力。农村发展第三产业除了依靠国家经济力量外，主要应以农村集体经济为后盾。一般来说，集体经济实力比较强大的地区，第三产业就比较发达，集体的社会化服务体系和为人民生活服务的福利设施建设就比较好；而集体经济实力很弱甚至是除土地集体所有以外一无所有的"空壳村"，基本上无第三产业可言。如果改变产品经济观念，树立商品经济观念，充分利用本地资源优势，因地制宜地广开门路，兴办第三产业，为农村的"双层经营"注入新的活力，使第一产业、第二产业大发展，提高农民收入，增加集体积累，更有利于巩固"双层经营"体制，壮大集体经济。

（4）发展农村第三产业，有利于提高农村人民的生活水平。发展房地产、公用福利事业、文化教育事业、生活服务业、金融风险业、环保和绿化业、旅游业等，促使农民在住宅质量、生活环境、文化环境、社会保障、文化教育、健康卫生、收入消费等诸多方面都得到改善，逐步接近和赶上城市人民的生活水平。

（5）发展农村第三产业，对于提高农村人民的文化、科技、道德素质具有重大作用。在人类社会中，劳动是社会生产力的决定性因素。劳动能力的大小取决于劳动者的素质水平，劳动者的素质分为体力素质、智力素质和社会素质三个方面。发展卫生保健事业，广泛开展群众性体育活动，提高人民的健康水平和体力素质；发展文化教育和科研事业，提高人民的文化科技水平和智力素质；发展文学、电影、电视、音乐、舞蹈、戏剧、曲艺、美术、图书等文化艺术事业和大众传播事业，提高劳动者的觉悟程度和道德水平，提高人民的社会素质和文化素质，激励人民献身于社会主义现代化建设事业。目前农村人民的素质水平相对较低，因此大力发展农村的文化、教育、科技事业，是尽快提高农民素质的关键问题。

2. 对全省社会经济发展的特殊意义

（1）尽快发展农村第三产业，使农村剩余劳动力就地转移，减少农村人口向大中城市集聚的压力。辽宁大中城市多，城市人口比重大，而且与发达国家和地区的大中城市的建设规模和现代化水平相比，有很大差距。如果农村剩余劳动力再大量拥入城市，势必造成城市的住宅、交通、流通服务系统、食品供应、能源供应、市政管理、经济运行、社会治安等各方面的更大压力，城市膨胀病将长期得不到治理。因此，必须在农村发展第二、三产业，就地转移农村剩余劳动力，避免农村人口向大中城市集聚，更有效地保证现有城市的合理规模和提高城市现代化水平。

（2）农村第三产业发展起来，为城乡经济协调发展和良性循环创造了条件。大力发展农村第三产业不仅为农村第一、二产业的进一步发展创造良好的条件，而且可以作为城乡之间、工农业之间、生产消费之间的桥梁和纽带，通向和联结城市社会经济，适应城市社会经济的要求为城市第一、二产业和城市人民生活服务。通过城乡第三产业的联结和交融，增强了服务功能，扩大了服务范围。通过经济管理、对外贸易、商品集散、交通运输、金融保险、邮电通信、情报信息、咨询广告、旅游参观、科技教育、文化医疗等多种功能作用，组织和协调城乡间的生产、交换、分配、消费等各方面的良性运转，从而更好地发挥城市的中心作用，促进城乡结合、工农结合，使工农业协调发展，形成良性循环。

（3）发展农村第三产业，对于建立和完善市场经济运行机制，提高全省第三产业的发展水平具有巨大的作用。第三产业与商品经济密切相关，第三产业是伴随着商品经济的发生发展而产生和发育的，商品经济的发展使第三产业不断地发育成熟。目前，辽宁农村的商品经济发展不平衡，大部分地区处于不发达状态，农村第三产业也处于不健全、不完善阶段。在我国，特别是在辽宁省由高度集中的计划经济经过有计划的商品经济阶段转向市场经济，使农村经济也引入并扩大市场机制，无论生产或流通都将在竞争中求生存，那么，辽宁农村第三产业的现状是远远适应不了需要的，因此，大力发展农村第三产业将成为辽宁在20世纪90年代调整农村产业结构的紧迫的重要任务，也是推动农村市场经济发育和完善的有效途径和措施。而且通过补齐农村第三产业这只"短腿"，对于提高全省第三产业发展水平，改变全省产业结构，改善城乡关系都起着重大作用。

总之，大力发展农村第三产业，不仅是农村经济全面发展、提高农村人民生活水平、加速物质文明和精神文明建设的客观需要，而且是加速全省第三产业发展，使辽宁经济进一步改革开放的迫切要求。目前辽宁已具备了发展第三产业的条件，但是要发展农村第三产业，除了破除对第三产业认识上的思想观念问题外，还必须清除"重城轻乡"思想观念上的障碍，在客观政策上给予充分的重视。

四 发展辽宁农村第三产业的战略思考

1. 指导思想

根据辽宁农村第三产业发展的状况和当前所处的战略地位，应尽快制定切合实际的发展战略规划，使辽宁农村第三产业有一个突破性的进展。发展农村第三产业的指导思想应从适应农村第一、第二产业发展的要求和提高农村人民生活质量的需要出发，以"改革搞活、开发开放、立足农村、服务全省、面向全国、走向世界"的方针为指导。发展农村第三产业要做到：为农村第一、二产业生产发展和方便美化农村人民生活服务；为对内搞活和对外开放服务；促进劳动力、资金、技术向第三产业流动；促进城乡市场机制形成和完善；促进城乡经济协调发展；推动全省产业结构、劳动力结构和技术结构向优化合理方向调整，发挥综合经济功能作用，加速全省现代化建设进程。

2. 战略目标

（1）"八五"时期，在农村要扩大发展传统的商饮服务业和交通运输业，同时加强邮电通信、文化教育、科学技术等薄弱环节，并且从实际出发添补空缺行业，扶持和发展新兴行业。放宽政策，充分调动集体和个人的积极性，扩充市场和发展网点，尽快建立和完善农村为生产和生活服务的社会化服务体系，扩大就业门路，增加就业数量，达到基本理顺农村三大产业之间和第三产业内部行业之间的关系。到1995年，全省农村第三产业就业人数要达到155万人，比1990年的77.2万人增长1倍，占农村就业总人数的18%左右，每年平均增长14.95%，增长速度要高于第一、二产业的增长速度。农村第三产业产值要达到175亿元以上，比1990年的58.55亿元增长2倍左右，每年平均增长24.5%，高于"六五"时期增长1.54倍和每年平均增长20.5%的速度，占农村社会总产值的比重应上升到20%以上。

（2）"九五"时期，继续发展传统的商饮服、交通、通信、科技、文化、教育等行业，并且在开发新的领域的同时，向拓展服务深度方面发展。在农村有条件的地方要发展一些技术密集型和知识密集型的行业，也要发展家庭劳务服务和精神生活服务的行业,特别是要大力开发辽宁省农村的旅游资源,发展旅游事业。总之,使农村第三产业的各个行业与城市和全省第三产业的各行各业相对应和相适应地发展起来。到2000年,在全省三大产业结构高度化发展的基础上,初步形成多层次、多元化、高档次的城乡结合、城乡协调发展的较为完整的第三产业体系时,农村第三产业的各行业均要有更大的发展。农村第三产业从业人员比重应达到28%左右,比"八五"时期再上升10个百分点。产值比重应达到30%左右,比"八五"时期再上升10个百分点。尽管如此,比全省第三产业所预测的指标还低(2000年全省第三产业从业人员比重约为35%,产值比重约为40%),但必定比现在要有一个较大的发展。

3. 战略重点及其发展的设想

根据辽宁农村第三产业发展的状况和进一步改革开放的需要,确定以下重点发展行业。

(1) 交通运输和邮电通信业

——发展的战略意义:交通运输业和邮电通信业是国民经济发展的先行部门,交通运输被称为国民经济发展中的"大动脉",通信业被喻为社会经济活动中的"神经系统",它们都是关系国民经济发展全局的重要基础部门,具有极其重要的战略地位。特别是辽宁的交通运输事业,在近代史上具有一定的基础,发挥了很大作用。又经过新中国成立后40多年的建设发展,不仅成为全国交通最发达的省份,而且已经成为整个国民经济体系中的重要组成部分,在全省、全国社会主义现代化建设中作出了重大贡献。特别是党中央在制订"七五"计划的建设中提出"坚决把发展交通、通信业放在优先地位,才能保证经济的协调发展和必需的后续能力"之后,辽宁的铁路、公路、水运、航空和管道五种运输方式,都有较大发展。到1990年,全省境内铁路营运里程已达3702公里,比1949年增长94.1%,平均每百平方公里拥有铁路2.5公里,居全国首位,全省44个县中只有8个县不通火车。公路通车里程达4万公里,比1949年增长4倍。其中高等级路面长为10172公里,占通车里程的25.4%,实现了县县、乡乡通公路和公共汽车。在2178公里的海岸线上,建设有18座港口(其中4座正在建设),千吨级以上泊位达144个,其中万吨级深水泊位39个。货物吞吐量已达5360万吨。全省有民航机场4处,开辟国内航线40条,国际航线3条。输油管道贯穿辽东半岛和辽西走廊,全长1419公里。已形成了以铁路和公路为主，五种运输方式相互结合的交通运输网。但是，辽宁交通运输建设还存在很多问题，运输结构不合理，客货运输大部分集中在铁路上；主要干线的运力和运量的矛盾较为突出；港口建设和海洋船队薄弱，不适应对外开放和外向型经济建设的发展步伐；交通运输基础设施落后，标准低、质量差，特别是农村公路路面至少有一半不够标准。这些问题不适应辽宁物资大进大出格局的特点，不适应全省、全东北经济发展的要求，农村交通落后更不适应综合交通运输网整体优势的发挥，这种状况与辽宁在亚太经济发展中的地位和进入21世纪经济发展的需要极不适应，必须作出长远规划，加紧建设综合交通运输网。而且在加强综合运输交通网建设中，决不能忽视农村县、乡公路的建设。

——公路建设的设想：一是提高公路的等级。2000年前，按全省的规划重点进行沈山、沈哈、沈丹三条高等级公路和一条沿海二级公路的改造。在辽西加速扩建改造锦州至朝阳、锦州至阜新的两条疏港公路。从而使全省主要公路干线通道和沿海、疏港公路都达到二级以上公路标准。从县通向省、市、港口的公路全部实现沥青路面化，路旁绿树成荫、花草美化景点。二是加强乡镇公路的建设发展。以提高公路质量为重点，80%达到三级公路标准，基本消灭等外路，形成乡、镇、村连接的四通八达的公路网。在全省的镇、乡中主要干道沥青路面化，在70%的村中主要干道沥青路面化。镇、乡、村主要干道路旁全部绿化。三是改造客运站场和站舍。到20世纪末，县、镇以上的站场和站舍全部改造建设完毕，乡、村站舍改建完毕，从根本上改变客运站简陋、狭小、脏乱差的状况。

——农村通信业发展的重点设想：当今，通信业的发展水平已成为衡量一个国家或地区技术进步、经济增长和社会发展程度的重要标志。近年来，辽宁重视通信业的发展，1989年末全省通邮的乡镇和行政村已达100%，是全国7个双百通邮省、市之一，居东北之首。市至县（含县级市）平均电路达29路，居全国第2位，仅次于江苏省；开通长途自动电路的县（含县级市）达73%，次于天津、福建，居全国第3位；农村电话交换机总容量达15.5万门，居全国第9位。虽然辽宁省农村电信事业发展迅速，并已取得很大成绩，但是随着改革开放的深入发展，农村外向型经济的发展，乡镇企业的大发展，农村对通信的需求越来越迫切。因此，辽宁农村邮电通信业的发展，必须配合全省以长途电话自动化、干线传输数字化、市内电话程控化、邮件处理主要环节机械化为重点，加强发展程控、数字微波、光缆、卫星通信，提高电话普及率和综合通信能力，加速形成现代化通信网。农村电话交换机总容量和电话普及率，在"八五"末期必须在现有的基础上翻一番；70%的乡镇电话要实现交换自动化，并且进入自动交换网；邮政枢纽局邮件处理实现机械化。2000年在县、镇、乡实现长途电话自动拨号，使用程控电话；农村电话普及率达到3%；完成全市、全省邮电通信网建设需要的一切配套工程。

(2) 文化教育事业

——发展的战略意义：文化和教育是经济社会发展中的基础部门，也是应当超前发展的部门。距21世纪只有8年时间了，我们要达到的各项经济、社会发展战略目标，都要求有高质量的人才去执行和完成，特别是我国在21世纪30年代到50年代要赶上世界发达国家的水平，不提高人民素质、尤其是劳动者的体力、智力和社会方面的素质，不提高觉悟程度和道德水平，将难以实现振兴中华的伟大事业。但是按照未来事业的要求，辽宁人口素质还很低。1990年全省具有大专以上学历的有102万人，占全省总人口的2.6%，虽然高于全国平均水平，但是远远低于世界发达国家水平。1981年加拿大大学以上人口占37%，美国占32%，德国占17.13%；1980年日本占14.3%，菲律宾占15.2%，韩国占8.9%。1990年辽宁省具有高中（含中专）文化程度的有431万人，占全省总人口的11%；具有初中文化程度的有1275万人，占全省总人口的32.5%；小学文化程度的有1352万人，占全省总人口的34.3%。15岁及以上人口中文盲半文盲人口的有347.8万人，占全省总人口的8.8%。高中以上文化程度的人口仅占13.5%，除了14岁以下的儿童占10.9%外，初中以下文化程度的人口占总人口的75.6%。这意味着今后依靠科技进步振兴辽宁经济，将有3/4的人口不能适应发展的需要，而小学文化和文盲人口绝大多数在农村，对于薄弱的辽宁农业和农村经济社会发展，尤其对于科技兴农，将是最大的制约因素。针对目前辽宁的状况，发展文化教育事业，不仅在农村，就全省来说，也是当今最迫切的任务。仅以国内教育发展状况来衡量辽宁的文化教育事业水平和人口质量是不够的，必须放眼世界，放眼21世纪。我们现在从幼儿开始培养的小学、中学、大学和研究生等人才都是21世纪上半叶我国经济社会发展建设的栋梁和劳动者。进入21世纪，世界的经济、科学、技术等发展速度和水平，是难以想象的。我们中华民族要以强者的姿态立于世界之林，赶上发达国家的科技水平，要求我们的后代必须具有更高的素质和才能。培养这样的人才和人民,就是我们从1992年到2010年教育事业发展的艰巨而繁重的任务。

——发展教育事业的战略设想:

第一,教育体制改革。以提高教育质量为中心,1993~1995年重点抓好幼儿、初级、中级教育体制改革。在"八五"的后三年完成教育体制改革。学制:按各级学校比例和入学学生比例,逐步理顺学制;教学内容:按照教学内容比例和各级学校教育的宗旨设置教学课程,小学、初中、高中除按全国统一教材安排文化基础课程外,要增设中华文明史、文明道德及规范社会主义礼仪及行为等课程,文娱体育课不能单纯设置图画、唱歌、跑步、体操,还要增设美育、乐理、音乐知识、体育世界、体育卫生等课程;农中、高中、职高、中专等除了设置文化课、专业课外,还要增设职业道德、世界文明等课程,既要了解祖国文明道德又要了解世界各国的文明道德;教学方法:打破单一的课堂教授、做作业的方法,采取灵活多样,丰富多彩的教学方法,特别是幼教、小学、初中教育阶段,除了教师课堂授课外,安排参观、访问,请社会界、自然界专家学者、工程技术人员讲课,社会公德和道德礼仪规范课,要边学边与社会、家庭结合贯彻执行,并随时监督检查,使学生从小养成文明道德行为;办学方法:调动全社会力量,国家、团体、集体、私营齐发展。总之通过改革,以培养教育德、智、体全面发展的劳动者和中等专业技术人才为目的,形成以下三级文化程度的人口质量群。①幼教—小学—初中—职业培训,用8~10年时间培育成第一、二、三产业的普通劳动者;②幼教—小学—初中—高中或职高、农中、中专,用12~14年培育成各产业、行业的中等专业技术人才;③通过大专、大学本科教育和研究生等教育,用14~17年时间培养成为高级专业人才。

第二,教育事业发展目标。1995年教育体制改革完成,建立健全教育体系;对在职人员和职工、农民、工商业者等加强培训,提高文化、专业技术、社会公德、职业道德和文明礼貌、礼仪教育,继续发展各种夜大、函大、电大、职大教育,开展岗前培训教育,提高现职人员的素质。

2000年全省普及初中教育:城市普及高中、职高教育达到90%。中专扩大招生50%,大专、本科扩大招生10%。职高、大专、本科及以上尽力达到10∶5∶1。

2010年城市普及高中、职高、中专教育达100%,乡村达到50%,初职高、大专、本科及以上要达到10∶7∶2。

第三，教职人员发展目标。各级教师文化程度要求：1995年幼儿教师最低职高、中专毕业；小学教师最低大专毕业；初中、高中、职高、中专教师最低大学本科毕业；大专、大学教师必须研究生以上文化程度。2010年幼儿教师要大专毕业；小学、初中、高中、职高教师要本科及以上毕业。城乡都要建立起高质品优的教职队伍。

（3）旅游业

——发展旅游业的意义：旅游业是以旅游资源为基础，旅游设施为条件，为人们游览和精神享受服务的行业。随着经济、社会的现代化、科学化的发展进步，交通工具日益发达和人们闲暇时间的增多，旅游业将会越来越兴旺发达。旅游业被称为"无烟工业""无形贸易"之行业。发展旅游业可以扩大劳动就业，满足人民精神生活需要，促进国民经济各部门发展，是增加国民收入，赚取外汇的一个重要途径。由于发展旅游业具有投资少、见效快、收益大的特点，因此它是第三产业中发展速度最快的行业。据世界旅游组织统计，1950～1980年的30年间，国际旅游人次由2530万人次增至2.79亿人次，增长了10倍，平均年增长率为8.32%；国际旅游收入由21亿美元增加到953亿美元，增长44.38倍，平均年增长率为13.56%。各国的国内旅游人数增长更快。1981年国际旅游业总收入1061亿美元，国内旅游收入达8439美元，全世界旅游收入达9000亿美元，超过了世界钢铁业和军火业，约占全球生产总值的8%。20世纪80年代旅游业发展更加迅速，1990年世界旅游人数和旅游收入分别达到4.15亿人次和2300亿美元。成为仅次于石油和军火的第三产业。辽宁省旅游业起步很晚，但近几年发展也很快，1985～1990年，除国内旅游外，仅接待国外和侨胞旅游者人数由9.6万人次增加到11.4万人次，外汇收入由1557万美元增加到6870万美元，增长3.4倍，年均增长率为34.6%。预计随着辽宁经济发展和人民收入的增加，进一步的改革开放，国际间交往日益增多，辽宁的国内、国际旅游业将呈现大发展的势态。

——辽宁旅游资源与开发：辽宁旅游资源非常丰富，有以千山、凤凰山、医巫闾山三大名山为主体的辽宁山岳风景群；有江河湖泊水库和溶洞；有丰富多彩的海岛、海岸、海滨等各种避暑、度假、游览区；有文物古迹，如长城、皇宫、行宫、陵墓、庙、塔、寺等；有近代殖民统治、殖民战争的历史遗迹和张作霖、张学良帅府和元帅林；还有解放战争、抗美援朝时期的纪念碑馆；有满、朝鲜、锡伯等民族风情和宜人的气候资源。这些旅游资源绝大部分坐落在农村。因此为辽宁省农村发展旅游业提供了基础条件。但是辽宁省从1984年以后才开始开发旅游资源，旅游业还刚刚起步，存在问题很多，多数旅游资源尚未制定具体保护和开发利用规则，一些地区无计划地开发，开发效益很不理想；有的地方制定的开发规划，开发思路较狭窄，档次较低，缺乏国际旅游业发展境界；开发建设资金短缺，在开发、建设、管理上部门思想突出，缺少相关部门互相配合协同作战的思想；一些地区还不断地出现破坏现有旅游资源的现象。

——辽宁旅游业发展战略设想：辽宁旅游资源开发潜力很大，只要按着国际、国内的旅游需求进行多层次地开发利用，精心规划，提高开发的经济效益，不仅在国际旅游热点地区，形成一批水平较高的旅游景观和游览区，而且要在风景秀丽的山林、海滨、河湖、水库等地开发，形成一批避暑、度假、游乐、购物的旅游区。根据交通条件和旅游资源优势特点，全省重点开发建设以大连为中心的辽东半岛旅游区，以沈阳为中心的中部旅游区，以丹东为中心的辽东旅游区，以锦州为中心的辽西旅游区四大旅游区。①辽东半岛旅游区。以大连、营口为基点，利用本区气候、山海风光宜人的优越条件，继续开发海滨、海岛和历史遗迹景观，兴建国际水准的新人文旅游景观，开发建设大连开发区、营口鲅鱼圈、瓦房店、熊岳、盖县等处的旅游资源，形成辽东半岛风光绮丽、花果飘香的商务、避暑、度假等旅游区，把大连建成全国和东北亚地区最大的商务贸易、会议展览、旅游购物中心。②中部旅游区。充分发挥工业城市密集、经济发达、文物古迹集中、历史悠久、交通方便的优势，以沈阳、抚顺为中心，开发金、辽和清初的历史遗迹，修复张作霖、张学良故居、园林，并利用东陵、辉山、萨尔浒元帅林、大伙房水库等地貌风景优势，建造大型国际水准的新人文景观和旅游设施，形成辽宁中部独具特色的旅游中心区，吸引国内外游客和开发商贸活动。同时开发本溪溶洞、关门山，辽阳古城，鞍山的千山，铁岭的龙首山等综合配套景观，建设一批度假旅游、娱乐场所，丰富人民的精神生活。③东部旅游区。充分利用丹东地区的江、海、山川旅游资源和地理位置，发挥鸭绿江界河的优势，重点建设江岸一体、风光、古迹等情趣性带状旅游区。同时，完善凤凰山、大孤山自然风景区，开发东沟大鹿岛、宽甸的青山沟、桓仁五女山城，充分利用抗美援朝史绩，并挖掘本地山水资源和古代、近代战争历史遗迹等资源，把丹东市建成接待韩国、朝鲜和其他国家旅游者的边陲旅游城。④西部旅游区。以锦州为中心，开发大、小笔架山和义县旅游资源，建设景观群落；以兴城、绥中、锦西、锦县等海滨古城、温泉为基础，建设国际水准的综合旅游区；尽快完善医巫闾山和北镇地区的旅游设施，提高质量和效益；开发建设朝阳红山中华文明曙光游览区。使辽西充分利用距离北京、承德、山海关国际旅游区较近的优势，建设成具有国际旅游水准的辽西旅游区。

辽宁旅游资源和开发建设区，绝大部分都布局在城郊和农村地区。发展农村旅游业是增加农村社会收入、提高农村人民生活水平的重要途径，而且能够带动农村各项事业的发展和建设。因此，各地农村要放眼全省、全国、世界，充分挖掘、利用本地旅游资源，把农村旅游业尽快发展起来。只要国家、地方、部门等有关单位共同努力，国家、集体、个人一齐上；实行全省统一规划，按照谁建谁有、谁投资谁受益的原则，加速辽宁农村旅游业的开发建设。预计到2000年全省接待国外旅游人数可达30万～35万人次，国内旅游人数约达400万人次；外汇收入可达3亿美元，人民币收入60亿元以上。

（4）商饮服务业

——加速发展农村商饮服务业的必要性。商饮服务业直接服务于生产和生活，与人民群众息息相关，是第三产业中传统的最古老的行业。但在党的十一届三中全会以前，辽宁农村商饮服务业发展比较缓慢，只是近10年以来，随着农村经济体制改革、商品经济发展和产业结构调整，农村商饮服务业才得到较快的发展。1990年农村社会商品零售额为137.7亿元，比1978年的31.7亿元增长3.34倍，商饮服务业网点机构为170699个，比1978年14083个增长11.12倍，从业人员为346500人，比1978年79704人增长3.35倍。但是农村这三项指标数量占全省总数的比重均明显低于城镇的这三项指标数量所占的比重，而且农村的社会商品零售额和网点机构所占比重分别由1978年的33.1%和47.3%下降为1990年的29.9%和36.7%。只有从业人员所占比重由19.34%上升为25.25%，即或如此，也只不过是全省商饮服务业人员总数的1/4。农村商饮服务业发展速度随着农村经济的发展而变化。1978～1985年，商饮服务业网点机构随着农村经济兴旺而增加，增加16.05万个；从业人员猛增28.48万人。1985～1990年，商饮服务业网点机构随着农村经济徘徊而减少，减少0.39万个；从业人员减少1.8

万人。而城镇商饮服务业的机构网点和从业人员虽然增加速度减慢,但五年中又增加了 7.89 万个网点机构、22 万从业人员。可见,农村改革使商饮服务业发展很快,但是与城镇商饮服务业的发展速度相比还存在很大距离,所以辽宁农村商饮服务业需要有更大的发展。

——农村商饮服务业发展的战略设想。为了适应和满足农村人民生活和生产不断提高的需要,加速农村商饮服务业的发展至关重要。在 20 世纪 90 年代加速发展农村商饮服务业,不仅是壮大农村第三产业和农村经济发展本身的需要,而且是尽快发展全省第三产业的重要步骤,因此,必须做好农村商饮服务业的战略规划。战略规划的原则,首先应注意调整城乡商饮服务业构成的比例关系,根据需要和可能尽力扩大农村商饮服务业的机构网点和从业人员所占比例;其次要注意提高单位机构网点和平均每人服务的水平,逐步增加网点和从业人员,逐步减少人均服务范围,提高服务质量。

在"八五"时期末的 1995 年,全省商饮服务业的机构网点计划达到 60 万个,比"七五"时期末 1990 年的 46.52 万个增长 28.98%,年均递增率为 5.21%。其中,农村商饮服务业机构网点应达到 25 万个,比 1990 年 17.07 万个增长 46.46%,年均递增率为 7.95%,占全省商饮服务业机构网点的比重,由 1990 年的 36.69% 上升为 1995 年的 41.67%;全省商饮服务业从业人员 1995 年达到 165 万人,比 1990 年增长 20.24%,年均递增率为 3.75%。其中,农村商饮服务业从业人员达到 55 万人左右,比 1990 年增长 58.73%,年均递增率为 9.68%,占全省商饮服务业从业人员的比重,由 1990 年的 25.25% 上升为 1995 年的 33.33%;农村每百人拥有商饮服务业机构网点 2.1 个,拥有商饮服务业人员 4.7 人,比 1990 年每人拥有机构网点 1.6 个和服务人员 3.3 人分别增加 0.5 个和 1.4 人。

在"九五"时期末的 2000 年,全省商饮服务业机构网点计划达到 70 万个,比 1995 年 60 万个增长 16.7%,年均递增率为 3.15%。其中,农村商饮服务业机构网点达到 30 万个,比 1995 年 25 万个增长 20%,年均递增率为 3.75%,占全省商饮服务业机构网点比重,由 1995 年的 41.67% 上升为 2000 年的 42.86%;全省商饮服务业从业人员要达到 190 万人,比 1995 年增长 15.15%,年均递增率为 2.85%。其中,农村商饮服务业从业人员达到 72.5 万人,比 1995 年增长 31.8%,年均递增率为 5.68%,占全省商饮服务业人员比重,由 1995 年的 33.33% 上升为 2000 年的 38.16%;农村每百人拥有商饮服务业机构网点达到2.6个，拥有商饮服务业人员6.3人，分别比1995年增加0.5个和1.6人。到2000年辽宁省随着城乡一体化的发展和提高，农村商饮服务业服务的对象和范围，不仅仅限于乡村人民，而是向全省城乡人民提供服务。

（5）为生产服务的社会化服务体系

——逐步完善农村社会化服务体系的意义。第一，急需建立和完善村级社会化服务体系。目前，辽宁农村已陆续建立农业社会化服务体系，但许多地方基础设施仍然不完善，不配套。种养业绝大部分只有产中服务，产前、产后服务不足或几乎为空白。在集体经济实力比较雄厚的村，社会化服务体系比较健全，为农业生产提供完整的产前、产中、产后服务，这样的村在全省占12%；在有一定的集体经济实力的村，只能为农业生产提供一些简单的产中服务，这样的村较为多数，在全省占64%；而那些集体经济实力薄弱的村，由于村集体无财力，不仅服务搞不起来，而且本身应该经营的一些项目，如统一组织机耕，开发资源，修建农田水利设施，兴办集体企业和公益福利事业等都无力承办，实行家庭联产承包制以来，农业生产条件没有多大改变，这样的村在全省占24%。当前，村级社会化服务体系发展状况，已经明显地影响了家庭联产承包制的稳定和双层经营体制的完善；在很大程度上制约了农业生产的发展；也影响了农村基层组织的稳固，导致干群关系紧张。因此，迫切需要建立和完善村级社会化服务体系。

第二，进一步完善和发展县、乡级社会化服务体系，增强综合服务功能。在"七五"时期，辽宁注意加强了农业服务体系的建设，主要是在继续完善县级农业技术推广中心建设的同时，重点建设乡镇农业技术推广站，注意发展村级服务实体。到1990年全部完成了55个县级农业技术推广中心的建设任务，实现了乡乡建立农业技术推广站，20%的村建立了农业技术推广组织。全省农业技术推广战线共有职工8323人，其中，专业技术干部5064人，工人2913人，农业技术员2448人。全省农业技术推广体系在深入改革中有了很大发展，但如何进一步完善和发展农业技术推广体系，还存在一些问题：①对农业技术推广体系的地位和作用缺乏足够的认识。有的地方还出现在经济上限制，建设上不投资，经营服务不支持，推广技术不扶持等各种问题影响体系的完善和发展，使科学技术不能为提高农业生产力而发挥作用。②技术推广体系不完善。县、乡农业技术推广中心（站）

虽然建立了，但是受经费匮乏的限制，缺少试验、培训设施条件，技术手段普遍落后，服务能力很低，甚至还有1/3的乡站没有独立站址。乡级科技人员数量少，水平低，学科不全。每万农业人口中只有5.2人是农业技术人员，低于全国6.6人的平均水平，乡级农业科技干部占全省农业人口的万分之五，占全省农业劳动力的万分之三，而且都是中专毕业和农民技术员。每个农业技术干部需要负担13个村、3万亩耕地，人少地多，又面对千家万户，服务质量难以提高，限制了农村综合技术开发，村级服务组织又是极其薄弱环节，因此，完善和提高社会化服务体系的组织和功能是当前的迫切任务。

——加强建设和完善农村社会化服务体系的构想。在"八五"时期，首先要完成各级农业生产社会化服务体系的完善和健全工作，集中力量解决乡、村基层服务机构组织不健全、人员不稳定、政策不配套等问题，要完成村村建立技术服务组和配备专职农业技术干部的工作。省政府必须加大投资，完成乡站的基础设施建设。切实建立健全以县（区）为中心，乡（镇）为骨干，村户为基础的多层次社会化服务体系，增强综合服务功能。其次，通过深入改革，加强国家、省、市级社会化服务体系宏观管理机制的转变工作。改革的核心是改变政府职能部门本身的行政管理职能与经济职能交织一起的体制。政府职能部门主要承担宏观经济管理职能，而经营性的服务职能应由兴办的经营服务企业实体承担。这是适应农村发展商品生产的需要，也是国家参与农业社会化服务的有效途径。国家、省、市兴办的经营服务实体代表国家参与服务，成为农业社会化服务体系中的重要组成部分，它将成为联结县、乡、村农业服务组织和生产组织的纽带，担负国家支援农业生产的任务，在资金投入、农用工业建设、农业科技成果推广、农业信息网络建设等方面，都发挥着主要作用。国家、省、市级经济服务系的建立和发展，直接推动农村有计划的商品经济发展。

为了促进社会化服务体系更加巩固和完善，要采取一些相应的对策：①在建立和完善省、市、县、乡、村等多级服务网络后，要集中抓好提高组织的综合服务功能。②在强化服务体系中，要通过加速人才培养措施和教育体制改革，建立一支思想好、技术好、作风好的高质量技术人才队伍。③要尽快制定和落实符合实际的鼓励农业科技人员安心农业科技工作的政策，必须改善农业科技人员的学习、工作和生活条件，并且通过建立岗位责任制，不断地提高科技人员的服务工作水平。④落实建立农村社会化服务体系的有关政策，特别是要落实供销、银行、财政、税务、工商、农机、物资等各经济部门支持及农业服务体系建设方面的政策。⑤对于辽宁省还有24%的贫困村，要采取扶持政策，促使贫困乡、村的社会化服务体系建立发展起来。

正确处理三次产业的关系是
经济协调发展的重大问题*

正确处理三次产业的关系，是"十二大关系"中最重要的关系之一。这对于我们中国，这样一个发展中的农业大国来说尤为重要。本文从各个方面探讨了为什么和怎样处理好这一重大关系问题。

一 三次产业的划分及相互关系

1. 三次产业的划分和科学内涵

三次产业划分最早始于20世纪20年代。当时在澳大利亚和新西兰两国的民间流传着第一产业和第二产业的说法，英国经济学家，新西兰奥塔哥大学教授费希尔在此基础上又进一步提出了第三产业的概念。此后便正式运用了第一产业、第二产业和第三产业的概念和统计分类。到1940年英国经济学家柯林·科拉克又进一步分析论证了三次产业，并在他撰写的《经济进步的条件》专业书的第三版（1957年）中，主张不使用费希尔提出的"第三产业"的术语，而以"服务性产业"取代之，并明确地将产业结构划分为三大类，即第一产业以农业为主，包括畜牧、狩猎、渔业、林业等；第二产业以制造业为主，包括矿业；其余的经济活动均统称为服务性产业。但是迄今为止，在国际间使用第三产业这一概念仍比较广泛，大多数国家采用三次产业分类法划分国民经济部门，不同的是对三次产业划分的范围有宽有窄，还未取得一致性意见。即或如此，各国经济学家和统计学家仍然一致认为阿·格·费希尔和柯林·科拉克是三次产业分类法的创始人。

---

* 原载《"十二大关系"研究论文集》，第97~109页，东北大学印刷厂（辽出临字1997年第12号）。

我国对三次产业的划分，是在1985年5月国务院作了明确规定。规定是从我国现行的国民经济核算体系的实际情况出发和考虑便于同国际上进行对比研究，根据国家计委、经委、统计局和标准局联合颁布的国家标准《国民经济行业分类和代码》，对三次产业作了详细划分。

第一产业：农业、林业、牧业、渔业等。

第二产业：工业（包括采掘业、制造业、自来水、电力、蒸气、热水、煤气）和建筑业。

第三产业：除第一、二产业以外的其他各业。

由于第三产业包括的行业多，范围广，将第三产业分为两大部门、四个层次。两大部门是：流通部门和服务部门。四个层次是：第一层次，流通部门，包括交通运输业、邮电通信业、商业、饮食业、物资供销和仓储业；第二层次，为生产和生活服务的部门，包括金融和保险业、地质勘察业、房地产业、公用事业、居民服务业、旅游业、咨询信息服务业和各类技术服务业；第三层次，为提高科学文化水平和居民素质服务的部门，包括教育、文化、广播电视业、科学研究事业、卫生、体育和社会福利事业；第四层次：为社会公共事业服务的部门，包括国家机关、政党机关、社会团体、军队和警察等。近年来，根据经济运行和实际需要，对一些行业划类又作了一定调整。

2. 三次产业相互关系

第一、二、三产业，虽然是由于人类生活需要和生产发展顺序依次形成的，但是三者发展中密切相关。在现代经济中，它们组成了国民经济的整体，互相依存、互相制约、互相促进、互为条件、共同推动社会生产力向前发展。具体表现在以下方面。

（1）第一产业对第二、三产业发展的关系。从历史上看，由于人类生存生活的需要，首先形成的是以农业为主体的第一产业。随着农业劳动生产率的提高，一方面为工业特别是加工制造业提供了农产品原料，从而形成了以工业为主体的第二产业；另一方面第一产业也为简单的初期的第三产业（主要是商贸上）提供了交换的农产品商品。但是第三产业是在第一、二产业高度发展后才兴旺发达起来的，并进一步形成独立的产业体系。因而第一产业是第二、三产业发展的基础和前提。这也是通常说的"农业是国民经济的基础"，"粮食是基础的基础"的原理。

（2）第二产业对第一、三产业发展的关系。第三产业的发展必然以第一产业为物质基础和前提，但在国民经济发展中，第二产业较长时期发挥着主导作用，随着科学技术的不断提高，第二产业高度发展，现代化的技术、装备为第一产业提供了先进的现代化生产工具、机械和生产资料，例如，工业为农业生产的化肥、农药、农膜、农机具的使用，促进第一产业向现代化发展；同时由于现代化工业的迅速发展，第二产业为第三产业发展提供了更多更高的需求，例如，汽车、火车的使用扩大了运输业；建筑房屋为商业提供了交易场所，有了电脑才有更高水平的咨询服务等。因而第二产业的现代化发展，为第一、三产业提供了有利条件，进一步促进了第一、三产业的兴旺发达。

（3）第三产业对第一、二产业发展的关系。第三产业以第一、二产业所创造的物质为基础和前提，没有第一、二产业的物质生产活动为基础和前提，第三产业不可能形成和发展。现代经济发展趋势表明，第一、二产业越发展，第三产业就越加兴旺发达，已成为现代经济发展的一个重要体现。反之，第一、二产业生产过程中，需要第三产业围绕其产前、产中、产后各环节提供服务。例如，技术咨询、工程项目设计、原材料和各种物质的运输、产品的销售等。在现代经济中，随着第三产业服务领域的扩大和其功能的改善，它对第一、二产业的促进作用也就越来越大，甚至第一、二产业倘若离开第三产业服务活动，生产就会中断。例如，各种原料和物资的运输业中断了，第一、二产业生产就陷于停顿，没有科学技术研究，第一、二产业的生产技术和产品就难以开发和提高等。第三产业对第一、二产业不仅越来越具有保障作用，而且还为其不断地增加、开拓新的领域，比如，信息服务和咨询服务，引导第一、二产业向新的领域拓展和延伸，特别是高智能的信息技术被广泛应用，会使第一、二产业的技术得到新的改造和发展，实现自动化、智能化，从而获取巨大的经济效益。总之，没有发达的第三产业，不可能有优质、高效的第一、二产业。

从第三产业不断发展的趋势，以及对第一、二产业所具有的开拓、引导、调节等作用上看，第三产业越来越具有先导产业的地位，可见，第三产业与第一、二产业又表现为先导产业与基础产业的关系。

二　三次产业结构变动的规律和特点

1. 三次产业结构变动一般规律

三次产业之间相互依赖、相互促进的关系，还表现在它们之间以一定的比例关系共存于经济总体之中。随着经济活动的不断发展，第一、二、三产业的比例关系也不断变动，形成相应的产业结构。一般来说，有以下变动规律。

（1）在工业化初期以前，国民经济是以第一产业为主体，第一产业占据很大的比例，一般在50%以上，甚至高达90%，而第二产业处于起步阶段，所占比例较小，第三产业的发展相当薄弱，所占比例则更小。

（2）工业化由初期向中期发展阶段，国民经济发展的重心逐渐由第一产业向第二产业转移。到工业化中期，国民经济是以第二产业为主体，其占据了很大的比例，同时，第三产业所占比例增加，而第一产业所占比例逐渐缩小。

（3）工业化由中期向后期发展阶段，呈现出第三产业在国民经济中的比例迅速增长的趋势，所占比例逐渐增大，与此同时，第一、二产业所占的比重相对缩小。到工业化发展的后期，第三产业所占比重超过第一、二产业的比例，成为国民经济的主体。许多工业化国家的第三产业所占比例高达60%~70%。

2. 我国和辽宁产业结构变动状况

从我国产业结构变动状况看，新中国成立初期，我国是一个以第一产业为主体的农业大国，第二、三产业落后。从20世纪五六十年代开始工业化建设，第二产业比例上升，第一产业比例下降，第三产业比例徘徊不定，甚至下降。改革开放以来，第三产业开始了长足的发展，其比例不断上升，使第一、二产业所占比例逐步下降。见表1中国改革开放以来产业结构变动状况和表2辽宁产业结构变动趋势。

表1 中国产业结构变动状况

单位：%

年 份	第一产业	第二产业	第三产业
1978	28.10	48.16	23.74
1980	30.09	48.52	21.39
1985	28.35	43.13	28.52
1990	27.07	41.65	31.28
1994	20.97	47.24	31.79

资料来源：《中国统计年鉴》1994、1995年。

正确处理三次产业的关系是经济协调发展的重大问题

改革开放 16 年中,我国第三产业比例上升 8.05 个百分点,第一产业比例下降 7.13 个百分点,第二产业比例也呈下降势态,但下降幅度较小。第一、二、三产业结构比为 21∶47∶32,产业结构趋于合理。辽宁产业结构变动的状况比全国更加明显,同期虽然第一产业比例下降较少(近 2 个百分点),但第二产业比例下降较多,为 17.5 个百分点,第三产业比例上升了 19.4 个百分点。辽宁近年来,虽然第二产业出现了滑坡,大中型企业生产经营陷入困境,所占比例下降较快。但从全局结构上看,第一、二、三产业基本上维持在 12∶54∶34,结构愈加趋于优化。同时表明辽宁工业化明显走在全国前面,而且相差近 30 年的进程。

表 2 辽宁产业结构变动状况

单位:%

年 份	第一产业	第二产业	第三产业
1952	29.0	48.3	22.7
1965	19.6	60.7	19.7
1978	14.2	71.0	14.8
1980	16.4	68.5	15.1
1985	14.8	64.9	20.3
1990	17.5	56.0	26.5
1992	15.0	57.2	27.8
1994	12.3	53.5	34.2

资料来源:《辽宁省统计年鉴(1994)》。

3. 我国"九五"期间产业结构变动的趋势特点

"九五"期间是我国从工业化中期向工业化后期迈进的第一步,产业结构变动呈现工业化从中期向后期开始过渡阶段的特征。

(1)第一产业值比例和劳动力比例继续下降的趋势会保持"八五"期间的下降速度。按照前几年(1978~1994 年)的规律,到 2000 年,第一产业产值比例将由 1994 年的 21% 下降到 15%(按 1995 年价格计算),由于农产品价格上涨,所占比例下降速度略快于第二、三产业。第一产业劳动力比例由 1994 年的 54.3% 下降为 50% 左右,下降幅度相对较大。

（2）第二产业产值比例会继续上升，但提高的速度有所减缓。到 2000 年，预计第二产业比例将从 1994 年的 47% 上升到 50% 左右。工业总产值比例增加的速度有可能呈现递减趋势，矿业产值比重继续下降，制造业仍然是具有潜力和活力的部门，所占比例上升较快。另外，由于城镇建设加快和住房需求增大，使建筑业大发展，所占比例会明显上升。第二产业劳动者就业比例会略有上升，但提高速度会大大放慢，预计可能比 1994 年增加近 2 个百分点。第二产业中建筑业就业会明显增加。

（3）第三产业产值比例呈快速上升势态。在"九五"期间，预计第三产业的发展速度快于国民经济的平均增长速度，到 2000 年在国民生产总值中的比例有可能达到 35% 以上，比 1994 年 31.8% 增加 4 个百分点。其中，由于交通运输基础设施在"九五"后期将发挥作用，使交通运输业产值比例上升较快。第三产业将成为吸纳劳动力就业的主渠道，劳动力就业所占比例会大幅度增加，2000 年可望达 30% 左右。

三 优化调整产业结构的战略方针与措施

当前，我国产业结构仍然存在着"农业基础薄弱，工业素质不高，第三产业发展滞后，一、二、三产业的关系还不协调"的主要问题，江泽民同志提出了优化产业结构的总方针："今后必须大力加强第一产业，调整第二产业，积极发展第三产业。"

1. 加强农业——强化第一产业的基础地位是国民经济发展的首要问题

这就是说，加强农业，全民发展和繁荣农村经济，解决好农业、农村和农民问题，是我国"九五"期间和今后一段较长时期，调整产业结构的首要任务，也是今后经济社会发展和稳定大局的重点、难点任务之一，是我国一项基础性战略，意义重大。

为什么要重点强化第一产业——农业的基础地位？我们制定国民经济发展方针，必须从国情出发。中国的国情是人口众多，资源相对占有量少。十几亿人口要吃饭，要提高生活质量，第二产业发展要原料，第三产业要大发展，结构要调整提高。因此，农业和农村面临的重要任务是，稳定增加粮、棉等主要农产品的综合生产能力，提高产量，减少波动，为十多亿人口提供粮食和其他农副产品，为第二、三产业提供原材料和广阔市场，而且要较快地提高农民的收入，尤其应尽快解决农村 7000 万贫困人口的温

正确处理三次产业的关系是经济协调发展的重大问题

饱问题，减缓城乡居民收入差距扩大的趋势。所以安排好农业至关重要，研究方针政策应优先考虑农业。在"九五"期间，力争粮食生产达到一个新的水平。按"九五"规划目标，2000 年粮食要达到 55 亿吨左右，农民收入增长速度将达到 5%~5.5%，按 1995 年价格计算，2000 年人均可达 2000 元，大部分地区农民可实现小康目标。

实现"九五"目标，强化第一产业需要制定切实可行的战略方针和措施。

（1）在提高农业生产力上，首先是保护耕地，减少非农业占用耕地的速度，建立基本农田保护区。在保护生态基础上，积极开发荒地，复垦耕地，保证有稳定的播种面积；其次在保证耕地面积不减少的基础上，采取全力提高单产的有力措施，主要是改造目前占全国耕地 70% 的中低产田，推广普及良种等先进技术，提高化肥、农药等利用率；再次在保证农产品稳定增长的基础上，进一步优化"优质、高产、高效"的现代化农业。在农业产业结构中，使种植业产值比重继续下降，畜牧业和渔业产值上升，加速发展农工商、贸工农、农科教、种养加、农工牧等一体化生产方式的农业产业化；最后按照可持续发展战略的要求，把农业生态建设放在重要地位，把农林、畜牧、水利发展统筹考虑，增强农业抗灾能力。

（2）在加大农业投入力度上，一方面要增加对农业生产和农村建设的投入，在国家财政支出总额中对支援农村生产支出和各项农业事业费所占比重应由目前的 6%~7% 提高到 9%~10%；另一方面要加大扶贫力度，有效地实施国务院 1994 年制定的《国家"八五"扶贫攻坚计划》，使我国 8000 万贫困人口脱贫，解决温饱问题。1995 年已解决了 1000 万人口温饱问题，"九五"时期要解决 7000 万贫困人口脱贫，数量和难度更大，每年必须在目前 100 亿元左右的扶贫基金的基础上，平均每年增加 20% 的投入，才可能完成扶贫攻坚计划目标。

（3）通过劳动力的转移，在三次产业之间，逐步形成适度规模的农业，高效率的工业制造业，劳动密集型的第三产业和建筑业。"九五"期间农业剩余劳动力依然有两种流向：一是转移到乡镇企业和农村第三产业；二是跨省市区流向东部沿海地区的非农业产业。其中，由乡镇企业和农村小城镇的发展，由数量增加型转向质量提高和规模扩大型发展，会进一步促进农业剩余劳动力和制造业的富余人员，能较大规模地向农村工业和第三产业转移，致使尽可能地提高第一产业和第二产业劳动生产率。从而一方面提高了第一产业支撑第二、三产业的能力，另一方面也加强了第二、三产业对第一产业的力度，有利于形成"以工补农、以工建农、以工带农"的机制。

2. 调整提高第二产业是国民经济持续、快速、健康发展的关键问题

"调整和提高第二产业"是我国实施产业结构调整新战略中最为重要的内容之一。由于"我国主要工业产品的人均占有水平还不高，国民经济各部门还需要工业提供大量先进的技术装备。工业发展的潜力很大，仍然是我国整个国民经济发展的主要带动力"，因此党的十四届五中全会提出"继续加强基础设施和基础工业，大力振兴支柱产业"的产业政策要求，确定了"九五"时期调整产业结构的总方针。一方面是继续加强基础设施和基础产业，给予巨大的投资；另一方面是以机械、电子、石油化工、汽车制造和建筑业为代表的支柱产业迅速发展，使之尽快带动经济全面增长，使产业结构高级化。这将成为"九五"时期产业发展的新特征，并且将对我国产业的总体素质的提高产生根本的影响。

在"八五"时期，能源、交通、水利等基础产业和基础设施虽然取得了前所未有的发展，但总体上还不适应经济社会的快速发展，仍然是制约国民经济持续、快速、健康发展的"瓶颈"产业。"九五"期间要继续把充实基础设施和加强基础工业为调整产业结构的战略重点，统筹规划、合理布局、突出重点、兼顾一般、集中力量，高质量、高效率地发展基础设施和基础工业。

"九五"时期，我国经济发展处于工业化进程中的重化工业阶段，进入了快速增长的历史时期，市场化、国际化、城市化等不以人们意志为转移的客观趋势，形成了新时期产业结构调整和优化的主流背景，并在相当广泛的领域和程度上影响着产业结构变动的方向和速度。面对这种新形势的挑战，要求产业结构优化的高级化。过去我国一直存在着加工工业在量上过度扩张的问题，现在和今后则应强调制造加工业的发展，首先不是在量上的扩张，而是着重在内部产业组织结构的改善和产业素质的提高。产业结构迈向高级化，是实现经济增长方式的一个重要方面。概括地说，产业发展的重点将逐步向高附加价值的方向推进，社会生产能力逐步从资源开发，初加工向深加工方向转移，由目前传统工业化转为现代工业化与信息化并进，特别是强调将现代电子、信息技术融入工业化过程中，使产业实现某种意义上的跳跃式发展，发挥信息化对工业化的巨大推进作用。由此

正确处理三次产业的关系是经济协调发展的重大问题

赋予我国经济增长以新的内容和新的动力，促进了规模化经营及内涵式发展扩大，使我国产业结构从整体上提高素质和效益，同时提高国际竞争能力和应变能力，并从根本上解决我国资源不足、资源开发利用滞后问题。

实现产业结构优化、高级化，必须采取有效措施：①首先确立在由政府指导下，与民间通力合作的研究开发体系。政府应在产业基础技术开发、先导技术开发、培育信息产业等方面发挥主要作用。②有效地利用外资、引进技术，提高相关产业的技术水平。特别应强调对引进技术的消化、吸收，使其具有自主的开发能力。③从成套设备的引进或组装为主逐步转变为以国产化为主，要形成自主设计、零配件生产及市场开发体系。④着力进行产业组织结构合理化调整，逐步形成规模经济，培育大企业和企业集团，并建立起大企业与小企业的协作关系。⑤创造和改善产业竞争条件，通过积极的企业制度改革和市场建设，增强国内企业的竞争力。在产业发展竞争中采取适度的、尤其为国际规则所允许的保护政策和措施。当然应注意处理追求规模经济与保护竞争，防止过度垄断之间的关系，避免国外产品对我国相应产业形成过度冲击，防止采用过度保护而带来的种种弊端。

3. 积极发展第三产业是促进国民经济持续、快速、协调发展的重要问题

第一、二、三产业的比例关系从宏观上反映产业的各个部门之间和各次产业之间的相互适应的关系。合理的产业结构的中心内容是合理组织生产力，使国民经济各个部门和社会再生产各个环节协调地发展，保持国民经济活力正常运行的社会再生产的良性循环。其宗旨是在全社会范围内，以最少的劳动消耗，取得最多最佳效果。但是合理的产业结构是以一定的时间、地域、条件所决定的，不同国家（地区）之间在不同历史时期，有其不同的合理产业结构形态。我国应根据不同历史时期的生产力水平和国民经济发展的状况，建立适合我国基本国情的合理产业结构。

长期以来，由于"左"的思想影响，我国对发展第三产业曾采取了片面的发展方针，出现"重实物生产、轻流通服务""重生产建设、轻生活消费"的倾向，造成了我国长期存在着农业基础不牢、轻工业过轻、重工业过重，第三产业发展严重落后的畸形产业结构。第三产业滞后已经成为我国经济持续、协调发展的制约因素。在国民经济发展中，第三产业是最薄弱、最落后的产业，甚至已拖住了第一、二产业的发展步伐，因此大力发展第三产业是当前调整产业结构的迫切要求。加快第三产业的发展，提高它在国民经济中的比重，是优化调整产业结构的一项极其重要的战略方针。

我国"九五"计划和 2010 年远景规划提出第三产业产出和就业比重，2000 年分别为 35% 和 30%；2010 年分别为 45% 和 40%。为实现这一目标，要尽快促进市场发育，提高社会生产效率，支持第一、二产业发展，扩大劳动就业和提高人民生活质量，必须一方面继续发展传统的第三产业，另一方面将更加重视信息咨询、技术服务、法律服务，大力发展金融保险业、房地产业、旅游业。重点发展为社会生产和人民生活服务的行业。面对 21 世纪各国经济从依靠资源优势转向依靠科学技术优势的现代化发展趋向，我们应当尤其重视发展信息产业，使之发挥先导作用，并使知识密集型行业逐步占据重要地位。为此第三产业采取的重点产业政策是高度重视和大力发展教育、科技等知识型产业，制定有效措施，把相对薄弱的、比发达国家落后 10~20 年的教育、科技事业快速发展起来。培养大量的有用人才，为未来赶超世界先进水平，为我国跨入世界强国行列奠定基础。总之，加快发展第三产业，使三次产业相互配合、相互依托、相互促进，形成协调发展、共同繁荣的新局面，具有极其重要的战略意义。

第四篇

工农业协调发展与经济增长方式转变

工农业协调发展与辽宁经济增长[*]

一 辽宁省工农业发展比例关系的演变过程

1. 计划经济体制下工农业发展比例长期失调

新中国成立以后,为了在较低收入水平下推动经济快速增长,我国制定了优先发展工业特别是重工业产业政策,并为此建立起一整套有效调动和配置资源的计划经济体制。在该体制支配下,政府依靠行政力量从社会筹集大量资源并倾斜投向工业。辽宁正是在国家强有力的支持下,作为重工业基地而快速发展起来的。相对而言,辽宁的工业化进程更快。工业特别是重工业的优先发展,一方面造就了辽宁在全国的重要地位;另一方面也使农业发展滞后,工农业发展长期处于失衡状态。从下面几组数据可略见一斑。

(1) 1952~1977年的25年间有18个年头的工农业比例关系明显偏高或严重失调,占全部年份的比例高达74%,即大约3/4的年份工农业发展失衡。其中工农业增长速度之比最高达到74:1。

(2) 工业增长过快,农业增长不足。1952~1978年,辽宁工业增长了近12倍,就是说,农业以2倍的增长支撑了工业12倍的增长。这是长期追求总产值高速增长从而导致加工工业与基础产业、工业与农业、高产值部门与公益性公共部门发展失调的结果。

2. 改革开放以来辽宁工农业发展比例关系得到调整,但问题犹存

1978年以后,作为全国重工业基地的辽宁省,工业发展在改革开放市场经济的大潮中屡受挫折,发展明显落后于全国平均水平,与此相反,农业在相对宽松的政策环境下迅速发展,两方面的因素,使工农业比例关系得到调

---

[*] 此文与郭晓红合作,原载《农业经济》1996年第10期。

整。表现在以下三个方面。

（1）改革开放以后，辽宁省农村经济迅速发展，1978~1994年的16年间，农业增长了2.5倍，比过去26年的增长还多，工农业发展比例关系有所缓和。

（2）以1978年为基期，到1994年，工业增长6.1倍，农业增长2.5倍，两者增长倍数比为2.4∶1。

（3）在1978~1994年的17年中仅有6年工农业比例失调，占1/3强，而且其中有3年是工业发展相对于农业落后所造成的比例失调。

正是由于农业的发展，粮食实现自给，农业在国民经济中的基础地位得到巩固和加强，辽宁才能在老工业基地问题日益突出并严重影响经济发展的情况下，保持社会和人心的稳定，物价的基本平稳。但是值得重视的是，辽宁省工农业发展失衡的状况至今仍然存在并有加剧的倾向。1994年辽宁工业增长速度为29.1%，农业增长速度为3.4%，二者之比为8.6∶1，这是自1978年以来除1985年、1989年两个农业负增长年度的最高的工农业增长比例，应该引起政府决策部门的高度重视。

二 工农业发展失衡的原因分析

工农业发展比例长期严重失衡，根据大量事实分析，是几方面因素共同促成的。

1. 国民经济发展长期向工业、城市倾斜，农业长期处于资金净流出状态，基础被挖空

根据国际经验，工业化的原始积累阶段需要农业提供资金，同时资源受市场需求拉动和高额利润诱惑也会迅速从农业部门流向工业部门，结果是农业增长速度放慢，工农业发展比例关系上升。但随着工业走向成熟，工业化向中后期过渡，国家经济实力增强后，便转变为工业对农业的反哺阶段，以对农业的保护和补贴为特点。我国的工业化正是以从农业中汲取剩余这种方式进行资本原始积累并发展进化的，问题是我国的这一过程持续时间太长，至今仍在继续，汲取农业剩余的数量过大，以至于农业虚弱不堪，农业基础被越挖越空。1952~1990年，国家通过工农业产品"剪刀差"、税收、储蓄三种方式从农业中汲取剩余总额达11594亿元，扣除国家财政用于农业的支出，有近1万亿元为农业部门的净资金流出，平均每年多达250亿元。农业部门的

净资金流出量占国民收入积累总额的 22.4%。1990 年，我国工业化已经到了中期，辽宁省工业化已经进入中后期阶段，而农业为工业化无偿地提供积累的数额却达到了一个峰值：平均每个农业劳动力收入多达 266 元，相当于当年农民人均纯收入的 38.48%。辽宁省当年农业劳动力 646 万人，总额就是 17.2 亿元。近 5 年来，工农业产品"剪刀差"重新拉大，以价格指数表现的"剪刀差"年平均以 5.2% 的速度增大。

2. 农村经济长期单一化，劳动力基本上束缚在土地上

农村存在大量剩余劳动力，生产率低下，商品率低，农民纯收入低，农业仍停留在传统农业阶段。

突出地表现在就业结构上，农业中就业人口比例过高。辽宁省工农业总产值中农业产值所占的比例已经由 1978 年的 16.2% 下降到 1994 年的 11.5%，工业产值的比重相应地由 83.8% 上升到 88.5%。1994 年工业产值与农业产值的比例从 1978 年的 5∶1 上升为 8∶1（农业为 1），同时，工农两大产业中从业劳动力的比值由 3∶4 上升为 4∶3，农业产值在工农业总产值中的比例已经下降为 11.5%，但农业从业劳动力仍占工农业从业劳动力的 44.8%。就是说，虽然近 16 年来农业产值比重在稳定地下降，第二、第三产业，尤其是服务业日益兴旺，但劳动力却没有相应地大规模向第二、三产业转移，就业人口结构的变化与工农业两大产业产值结构的变化不相称。农业从业人员比例仍明显偏高。

3. **农民收入提高缓慢，城乡消费水平差距拉大**

按经济发展的一般规律，随着经济的增长，城乡居民收入差距逐渐缩小，消费水平逐渐拉近。在我国，1978 年以前城乡居民收入和消费差距不大。改革开放以来，城乡居民收入都有很大提高，但 20 世纪 80 年代后期以来农民收入增长放慢，城乡差距又重新拉大（见表）。

表　1978 年以来城乡居民收入和消费支出情况对比

单位：元

项目＼年份	1978	1985	1990	1993	1994
城镇居民人均收入	343.3*	712.4	1562.6	2314.4	3063.1
城镇居民人均消费支出	476	619.2	1346.3	1976.6	2587.8
农村人均纯收入	185.2	485.7	776.4	1161.0	1423.5

续表

年份 项目	1978	1985	1990	1993	1994
农村人均生活费支出	159.1	401.6	639.6	940.4	1240.6
城乡居民人均收入差异系数	1.9	1.5	2.0	2.0	2.2
城乡居民人均消费支出差异系数	2.1	1.5	2.1	2.1	2.1

注：由于统计口径变化，1978年用人均生活费收入代替人均收入。

从表中可以看出，20世纪80年代后期以来，城乡居民收入差距重新拉大，收入差异系数由1.5逐渐上升为1994年的2.2。而令人意外的是，从统计数字上分析的结论是1990年以后消费差距保持基本平稳，差异系数没有变化，这是不正常的。特别是再结合农村社会商品零售额比重变化情况来看，1993年占辽宁人口总数56.4%的农业人口只占社会消费品零售总额的15.8%，1994年，农业人口比例仅仅下降了不足1个百分点，而农村社会消费品零售额占社会消费品零售总额的比例却下降了2.7个百分点，比重只有13.1%，这其中有几种可能性：城乡居民消费档次拉开，或城镇居民隐性消费加大，或者关于消费支出的统计口径应该调整。总之，辽宁省1978年以后，尤其是20世纪80年代后期以来，城乡收入差距拉大，与此同时，农村社会商品零售额比重下降，城乡消费水平的差异也必然加大。

三 工农业发展失衡的严重后果——农业波动已成为经济波动的自发机制

新中国成立以后，经过三年的恢复时期，经济运行和增长就开始进入正常状态。但是从1952~1994年42年辽宁省的经济运动轨迹来看，辽宁经济的增长同全国一样也远非一条稳定上升的直线，而是一条蜿蜒曲折的曲线，而且上升和下降的幅度都是很大的，经济波动异常剧烈。统计资料表明，在42年的发展过程中，中国经济不但经常发生波动，而且波动的程度也超过了世界上一些经济发达国家如美国、日本等。按照经济增长的自然波动划分，即只要经济增长率低于上年即为经济衰退，经济增长率高于上年即为经济回升，则从1952~1994年辽宁经济已经出现了11次波动（见图）。如此高频率的经济波动，必然影响辽宁经济正常增长。

工农业协调发展与辽宁经济增长

造成经济波动的原因是多方面的,如社会化大生产的一般属性,技术进步的周期性,政策干预的因素,固定资本的周期更新等。另一个十分重要的因素便是农业,在我们这样一个人口多、农产品供应不十分充足的国家尤其表现出农业的波动对工业乃至整个国民经济波动的至关重要的作用。辽宁经济发展的实践表明,上年农业丰收,下年的经济工作就较好安排;农业歉收,下年的经济工作将会产生困难。然而,辽宁的农业迄今基础薄弱,受自然的影响非常大,科技在农业增长中的贡献率很低,在这种情况下,农业自身的波动频繁,一直是辽宁经济波动的自发机制。

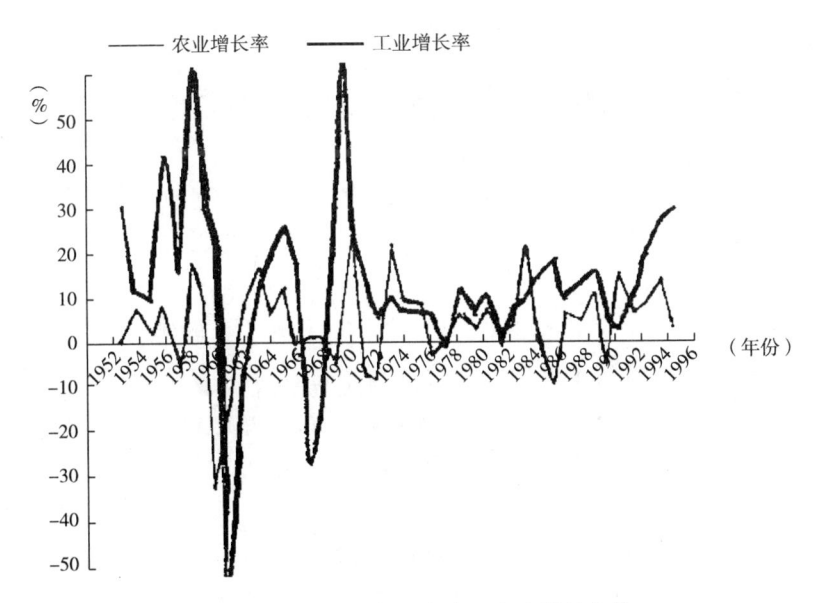

图 1952~1994年辽宁省工农业增长比较

从图中可以看出农业波动与工业波动的内在联系。

第一,农业波动是工业波动的先行者,农业波动在先,工业波动在后。一般农业领先工业衰退一年而衰退,领先工业增长一年而增长。例如,辽宁省,1953年的农业衰退,导致1955年的工业衰退;1960~1961年的农业衰退,导致1961~1962年的工业衰退;1966年的农业衰退,导致1967~1968年的工业衰退;1971~1972年的农业衰退,导致1972年的工业衰退;1976年的农业衰退,导致1977年的工业衰退;1989年的农业衰退,导致1990年的工业衰退。

第二,农业的微许波动都会引起工业乃至整个国民经济的加倍波动。

农业的波动比工业的波动温和得多，农业增长率波动相对较小，最高的年份是1970年，达到24.2%，最低的年份是1960年，达到-31.4%，而工业增长率的波动却相当剧烈，超过两位数是常事，最高达到65.3%（1969年），最低达到-56.8%（1961年）。从这里也可以看出，农业是国民经济内在的稳定器。

第三，农业受自然条件的约束过大，形成农业波动过于频繁。此外，农业除受天气、气候条件影响外，其他经济社会条件对农业的影响也很大，特别是农业中的生产关系调整过频、过急，长期不能稳定，是造成农业波动不容忽视的原因。

四 协调工农业发展，保证经济稳定增长

确保辽宁经济健康稳定的发展，关键是要调整现有的工农业发展比例关系，这是一个严肃的课题，涉及许多方面的复杂的利益关系，需要循序渐进地进行。

第一，要统一认识，把对农业的支持和保护作为经济建设的基本方针。

根据国际经验，辽宁省的工业化过程早已具备了结束农业提供剩余阶段的特征，应该尽快转入反哺农业阶段，对农业的保护力度要随之加大。美国到1890年农业供给剩余结束，当时农业份额占工农业总产值的40.6%，农业劳动力份额占37.5%；日本1910年农业供给剩余结束时，农业份额占工农业总产值的42%，劳动力占53.6%，到1955年，日本的农业保护率达到了18%，1980年就高达85%。我国台湾省1960年结束农业供给剩余时，农业份额占工农业总产值的40.3%，之后农业保护水平便迅速提高。欧共体时农业施行的更是高保护政策，1988年，谷物的名义保护率达到196%（PSE水平）。

由于在工业化进程中显著地超前发展工业，特别是重工业，辽宁省早在1952年农业总产值就仅占工农业总产值的27.2%，此后，自1955年开始的40年中，农业份额从未超过20%。但直到20世纪80年代中期，农业劳动力份额才开始稳定在40%以下，这两个指标标志着资金积累主要靠农业剩余阶段的结束。但是，正如我们前面分析的那样，尽管近年来国家数次大幅度提高农产品价格，农业的保护水平有所提高，到90年代农业提供剩余还未按照世界工业化经验所表明的那样结束，甚至到目前，我国农业扮

演贡献者的角色仍没有改变，1992年的PSE值为-18.5%。PSE（农业名义保护率）通常被用来描述农业保护水平，负值表示农业为工业提供剩余，正值越大表示工业反哺农业的量度越大，它是通过促进或制约农业发展的各项因素计算出来的。各国在农业供给剩余结束期的"保护率"接近零。

第二，对农业的保护政策要有辽宁特色。

（1）辽宁经济正处于低谷之中，工业形势尤其严峻，"工业反哺农业"从目前来说几乎是不可能的，所以近期工作的重点是争取在"九五"期间实现农业提供剩余的转变，即将"农业保护率"（PSE）由负转为零水平，终止农业无偿为工业化提供积累资金，这本身就是对农业产业的极大保护。

辽宁经济目前面临的最突出的问题就是老工业基地的改造问题，即国有工业企业，尤其是大中型国有企业发展停滞甚至衰退，从而引起整个工业经济不景气。至1996年2月，辽宁预算内国有工业企业亏损面为60%，亏损企业亏损额为8.92亿元，比上年增加33.2%，国有工业企业亏损额是国有营利企业盈利额的9.5倍之多。资产评估表明，相当一批国有企业的资产已是负值，有些早就该破产了，部分企业靠银行贷款勉强维持生产，而产品却大量积压，实际上是把贷款变为库存，以维持生存；有的企业甚至就是直接用贷款发工资。更令人不安的是，国有资产正每日每时地大量流失，据估计，全国每天流失1亿元之多。此外，资源枯竭、技术落后、设备陈旧、资金紧张等问题更是普遍存在。在这种情况下，搞好国有企业就是为农业保护创造条件。农业保护的趋势是随着工业化的高速发展而逐步提高保护水平，然而我们却不能走西方发达国家高保护率的路子，而应将农业保护率稳定在30%左右，就可以保证每个农业劳动力收入不低于其他行业劳动力收入的80%，同时又能保证农产品的供给稳定，这是世界各国发展经验证明了的适当值。

（2）支持和保护农业的目的是提高农业的综合生产能力，其核心是加大对农业的投入力度，尤其是资金投入。政府增加农业资金投入的重点应放在社会基础性投入上。根据近几年辽宁农业发展的实践分析，农业投入不足突出地表现在社会基础性投入不足，导致农业抗衡自然灾害的能力相对下降，维持一定产量水平的生产经营性投入不断增加，使投资主体收益下降，投资减少。而生产经营性投入的下降，直接造成农产品产量下降，农业步入困境，形成恶性循环。而社会基础性投入的特点是投入数额大，受益面广，工期长，发挥的是长远的经济效益、生态效益和社会效益，提高的是农业综合生产能力，扩展农业生产可能性边界。而正是由于投资量大，近期直接经济效益不明显，不具有直接回收补偿的特征，农民个人成为其投资主体的概率极小，需要由政府来承担社会基础性投入的主体。

（3）农业保护的领域涉及生产、交换、分配、消费各个方面。不同国家和地区具体情况不同，对农业的保护领域也不同。西方发达国家如美国、欧共体等的农业保护是在农产品过剩的条件下进行的，目的是通过对农产品市场的干预，平衡农产品供求，提高农场主的收入，促进经济协调发展，所以他们将保护的重点放在流通领域。而辽宁的情况既不同于全国的情况，也不同于西方国家。辽宁农产品产量已经基本实现了自给有余，供需基本平衡，但是这种平衡又是低水平的和脆弱的，今后的主要矛盾是保持并持续提高农业生产能力，所以，我们应将保护的重点放在农业基础设施建设、耕地资源的保护及农业科技进步方面。

依靠科技进步是转变农业增长方式最根本的推动力*

党中央关于"九五"计划和2010年远景目标的建议中,提出经济增长方式由粗放型转为集约型,这是我国具有全局性、战略性的大政方针。农业经济增长方式的转变将是未来15年中农业和农村工作的艰巨任务。因为农业经济增长方式的"转型",不仅涉及农业、农村、农民的问题,而且涉及工业、城市、社会方方面面等更广泛、更复杂的问题,而且它是一种建立在层级基础上渐进而成的转变过程。但是,经济、社会发展的历史证明,科技进步则是推动经济增长、社会发展和文明进步的动力源泉,是一切增长方式转变的根本动力。因此,加速农业经济增长方式的转变,必须要依靠科技进步。目前,关键是要重视和切实加强科学技术的发展和应用工作。

一 科技进步是农业发展的推动力

1. 科技革命推动了经济发展

追溯历史,世界上一次又一次的科学技术革命,使人类一次又一次地改变了认识客观世界和改造世界的能力,从而一次又一次地推动了革命性的变革。由于煤成为新能源,炼铁技术的发展,导致了第一次产业革命。铁制的农具、武器、交通工具,以及纺织机、蒸汽机等相继问世,不仅改变了原始农业生产状况,而且产生了商业、手工业。1850年到第二次世界大战,由于电力和石油作为新能源被广泛应用,使电力发动机、燃油内燃

---

* 此文是本人1997年就主持院重点项目"依靠科技进步加速辽宁农业经济增长方式转变研究"撰写的论文,选入1998年出版的《西部经济文化探索》论文集。此课题有闻海燕、郭晓红、孙冀、李坤英参加合作。

机、汽车、火车、飞机、拖拉机、电灯、电话、转炉炼钢、化工材料等，成为经济发展、社会进步的强大驱动力，形成了世界上第二次产业革命高潮。科学技术显示出无比的威力，在近百年中造成的生产力，却远远地超过了有史以来世世代代几千年造成的生产力总和。第二次世界大战后到20世纪80年代，科学技术又发生了划时代飞跃性的第三次产业革命。原子能、核能、太阳能等新兴能源的开发应用，以及计算机、集成电路、光纤通信、生物基因工程、自动化技术等相继问世和发展，又掀起了新科技发展的革命浪潮。特别是进入80年代，微电子技术、信息技术、生物技术、新材料技术、新能源技术、空间技术、海洋技术等高新技术产业群迅速崛起。在一些经济发达国家，科技进步对经济增长的贡献率，已由20世纪初的5%～10%上升到60%以上。而且，高新科技发展作为跨世纪竞争的制高点，将在各个领域和各产业中发挥巨大的推动作用。

2. 科技在发达国家农业发展中的作用

在美国，农业科学技术的发明和推广是农业迅速发展的重要动力。地多人少，这一特点决定了美国农业科技进步的选择是发展节省劳动力的机械工程和生物学工程。从18世纪末期到进入19世纪后，铁铧犁的研制和改进取得成功并普遍使用于耕种，有的地方还使用多铧犁和经过改进的耙，特别是发明和改进播种机械和技术后，大大提高了劳动生产效率。到20世纪40年代，播种机开始商业性生产。50年代后，又提高了农业工艺水平，播种更加规范化，做到了既节省劳动力又节省种子。接着发明和推广了各种中耕机械、收割机械，以及发明了联合收割机、脱粒机、玉米摘穗机、饲草收割机；农产品加工业也迅速发展，干燥、贮存、冷藏等技术逐步推广；选种、耕作、饲养等生物技术也受到重视，开始设立大专院校培养农业科技人才。当时，改良农具和改进农业机械，达到省时、省力目的，是美国农业技术进步的重点，效果相当显著。著名的耕种科学化倡导者杰西·布埃尔，在1839年写道："新式与旧式农具的悬殊是很大的。使用旧式犁头需要4头牛和2个人，而且工作通常只完成工作的一半；使用新犁头一般只需要2头牛和1个人，而且使用得当可以完成全部任务。"① 1860年的《国情调查》记录："使用改良后的工具，就等于三匹马中节省了一匹马

---

① 引自福克纳的《美国经济史》上册，商务印书馆，1989，第282页。

的劳动力,而且每亩产量可以增加6~8蒲式耳。"① 产量获得大幅度提高。据1948年统计,美国农业生产的劳动总量为210亿小时,1988年为52.18亿小时,减少3/4;农场平均规模则由1945年的52公顷扩大到1988年的187公顷。这是农业劳动生产率提高的过程,其实质则是依靠农业机械、化学和生物工程等方面的科技进步和工业现代化的结果。

纵观世界各国,自20世纪40年代末以来,农业生产率的提高主要是依靠农作物和畜牧生产的科技进步。这些技术进步是以一系列生产投入替代土地资源为基础的。其中包括:灌溉、化肥、除草剂、杀虫剂品种改良与更新、石油为燃料的机械设备等大量利用。科技进步对提高农业劳动生产率以及对农村经济发展和社会进步产生了重大影响,不仅是在先进的工业化国家,就是在不发达国家也是一样的。

3. 科技进步在我国和辽宁农业发展中的作用

我国自1957年推行农业机械化、水利化、化肥化、电气化和科学种田以来,农业科技水平逐步提高,农业生产随之不断地发展,1995年与1957年相比,全国农业机械总动力从无到有并迅速发展,达到36118.1亿千瓦,增长2984倍;灌溉面积所占比重已达51.9%,增加48.5个百分点;施用化肥由0.2公斤/亩增加到21.8公斤/亩,增长108倍,每亩用电量由0.1千瓦增加到97.9千瓦,增长978倍。但是,播种面积由1957年的235866万亩减少30%。然而粮食总产量由19505万吨增加到46661.8万吨,增加27156.8万吨,增长1.39倍。也就是说,1957年用23.58亿亩土地面积,只生产1.95亿吨粮食,而1995年用16.5亿亩的土地生产了4.67亿吨粮食。可见,发展农业科学技术,增加科技投入就是增产粮食的主要因素。

从辽宁省的粮食发展过程也明显地显示了这一规律。1952~1957年增加粮食产量几乎完全是依靠扩大种植面积。1957年以后,由于发展和增加农业机械动力、施用化肥、应用电力、增加水浇地和灌溉面积,尤其是进行改良种子,培育、推广良种,实行科学种田,粮食生产的过程,则逐渐成为不断地增加科技投入、提高科技含量的过程。1957~1996年,全省农业机械总动力从无到有,已达到1040.26万千瓦;机耕面积达到249.8万公顷,比1957年增长22.8倍,有效灌溉面积为123.4万公顷,增长2.43倍;施用化肥达到68.5公斤/亩,比1957年增长56.1倍;每亩用电量达到

---

① 引自福克纳的《美国经济史》上册,商务印书馆,1989,第282页。

180.45 千瓦,比 1965 年增长 33.24 倍。辽宁省进入 20 世纪 60 年代以后,耕地面积和播种面积在逐年减少,1996 年比 1957 年减少农作物播种面积达 131.75 公顷。增产粮食靠增加播种面积的因素已经消失。而粮食总产量却由 1957 年的 587 万吨增加到 1996 年的 1786.8 万吨,增长 2.04 倍;单位面积产量也由 1957 年的 86 公斤增加到 388 公斤,增长 3.5 倍。靠科技增产起到了决定性作用。由于一批实用的先进技术在农业生产上得到开发利用,较大幅度地提高了经济效益和社会效益,使科技进步在农业增长中所占份额由"七五"期间的 32% 提高到当前的 40.8%。当然从整体上看,农业科技在农业增长中的份额仍处于较低水平,虽高于 35% 的全国平均水平,但与发达国家的 60% 以上的比例相比,还存在着很大的差距。所以进一步提高科技在农业增长中的份额是加速增长方式转变的关键。

二 加速农业增长方式转变需解决的问题

从粗放经营向集约经营的转变,是一个长期的、复杂的过程。农业集约经营并不是简单的肥料问题、机械问题、水利问题,而是包括更广泛的内容,最终应当做到一定数量的投入获取较高的产出和效益,这其中既有技术问题,又有经济问题,具有很复杂的综合性的特点。因此,要从中国国情出发,从辽宁省省情出发,着重研究解决加速农业增长方式转变存在的问题。

1. 提高农业增长中的科技含量

"七五"时期以来,辽宁省在依靠科技发展农业、农村经济方面,根据本省特点,统筹规划,突出重点,进行了开拓性工作。农业科研攻关取得显著成效,为辽宁农业持续稳定发展提供了技术保障;农业科技成果转化有了新的突破,特别是在"八五"期间大力推广普及农业科学技术,使科技成果转化率达到 50% 以上;进一步加强实施"星火计划",使一大批科技成果得到开发应用,在提高农产品及农村资源附加值、提高农业劳动生产率、提高农民收入水平、加速农村经济发展中,都发挥了巨大的作用,使科技进步在农业增长中的份额达到 40.8%。"九五"末期,中央要求科技含量要达到 50%,虽然要求并不高,但也不是很容易的事情,需要付出很大的努力,做大量的工作。第一,要增加对农业科技和农业教育的投入,使科教兴农的战略落到实处,使农业真正走上科技进步道路和达到提高劳动

依靠科技进步是转变农业增长方式最根本的推动力

者素质的目的。第二，农业科技攻关工作要突出两点：一是突出科技续备工作，特别是对生物技术和农畜品种改良，要给予足够的重视，必须建设优质产品基地；二是突出现有技术推广工作，使科研成果及时并真正转化为现实生产力。第三，进一步深化科研和教育体制改革，实行教育、科研、推广一体化，把科研成果推广与农民技术培训紧密结合起来。第四，健全农业科技推广服务体系，以县级农业技术推广中心为主，联结乡、镇科技综合服务站，通过科技专业协会、科技示范户和农民技术员，辐射广大农民，形成试验、示范、推广、培训"四位一体"的有效的农业科技推广服务网络。第五，加速农业产业化（即农工商一体化）、种养一体化、贸工农一体化，要以市场需求为目标，以科技为先导，进行产业化生产经营，提高经济效益和竞争能力。

2. 提高抵御各种自然灾害的能力

农业是生物性产业，受自然因素影响极大。全球气候转暖，对农业生产的影响难以估量。据联合国报告，1995～1997年是有气象记载的300多年来温度最高的年代，预计到2010年气温将上升2.4℃，海平面升高约46cm，"温室效应"更加明显，南极臭氧空洞达1000平方公里，比1993～1994年增加2倍。在辽宁由于长期重点发展工业，"三废"（废气、废水、废渣）污染严重得不到有效治理，汽车增加，煤、油、燃气使空气中的二氧化硫引起的酸雨面积在扩展，对农作物、牲畜和人的健康危害很大。淡水缺乏日趋严重，沿海海水倒灌浸蚀，水土流失，土壤有机质含量继续下降，农田灌溉面积很少且处于徘徊状态，1996年全省农田有效灌溉面积仅占耕地总面积的36.5%（123.4万公顷），低于全国50%的水平。近几年连连发生严重的大水灾、大旱灾，辽宁显现的抗灾能力还十分脆弱。因此，需要进一步加强农田水利工程建设，尤其要加速实施生态农业工程计划，强调治理生态环境，大力发展生态农业。本溪市曾被称为"卫星看不见的城市"，但本溪市采取"农村包围城市"的"双线"的生态环境建设发展战略以来，已建成了相当于城市面积8倍的环城森林带和在所辖两县两郊区形成了以小流域治理为中心，实行山、水、林、田、路综合治理与开发的第二层绿色围圈，加上城市对工业粉尘的治理，使本溪市拨开烟雾见蓝天，环境状况有很大改观。1995年太子河出现百年不遇的大洪水，本溪市安然无恙，引起了联合国环境开发署和秘书长加利的重视，拍了录像片在联合国放映。辽宁各市也都在不同程度上取得了治理生态环境的成效，但目前仍居于局部改善，就辽宁全省来说，整体生态环境仍处于不佳状态，必须在"九五"时期至2010年的15年中，除了增加对农田水利基础设施和环境保护的投资，加速大江河和小流域治理，加速全方位植树造林，从根本上改善农业生态环境和生产条件，增强农业发展后劲外，还要大力推行有效的生态农业，并与大力发展绿色食品结合起来，实现农业和国民经济的可持续发展的目标。

3. 保护耕地，提高现有耕地产出率

辽宁土地资源有限，耕地每年仍以近40万亩的速度锐减，如果不采取有效措施保护耕地，开发利用耕地，到2030年，全省人均耕地将从目前人均1.24亩下降到0.84亩。因此，在辽宁应十分珍惜耕地，保护耕地，依法管理土地，防止乱建乱用土地，严格禁止低效占用耕地。

同时，既要着眼于提高现有耕地的单位面积产量，又要有计划地开发新的资源，包括非耕地的开发和利用。例如，开发山地农业、草地农业、水体农业、庭院农业等，形成农田、山林、草地、水体、庭院"五位一体"的大农业格局。在提高耕地产出率上，应以提高单位面积产量作为主攻方向。以科学方法适当增加多种指数，尤其要研究和运用综合的增产技术来增加产量，抓住解决生产技术上的难题，从而获得了极大的经济、社会和生态效益。

4. 提高劳动生产率

辽宁人多地少，劳动资源充足。一方面，农村剩余劳动力基数大，而且每年以50万人的速度增长（含流动人口）；另一方面，近年城市工业下岗职工不断增加，使得劳动力供给非常富有弹性，因此采取用土地和农业机械替代劳动力几乎是不可能的。而且在农村已形成了超小型的农户经济，经营规模过小，劳动生产率过低，这是农业比较效益低的主要原因。"七五""八五"以来，乡镇企业和小城镇的发展，虽然吸纳了60余万的农村劳动力，但只占全省剩余劳动力（200余万人）的30%左右。而且大部分属于离土不离乡的本县、本乡（镇）内转移和农闲转移。大量的人口和农村劳动力滞留在有限的耕地上，这就表明农业劳动生产率、土地产出率、农产品商品率、资金利用率还很低，这些仍然是农民贫困的重要原因。因此，必须像辽中南地区的农村和大城市郊区出现的一批发展适度规模经营的村和乡镇那样，建成一批作为工业载体的小城镇并带动第三产业迅速发展，形成发达的工业化、现代化、集约化、商品化的农业经济的新格局。

通过以工补农、建农、加强农田基本建设和社会化服务体系的建设，实现水利化、机械化，提高科学种田水平，使上述"四率"显著提高，使农业效益和农民收入显著提高，真正转变农业的弱势地位。

5. 提高农产品的商品率

在长期的计划经济体制下，农业只能生产初级产品和为工业提供廉价原料，很少参与农产品的加工和流通。改革开放后，农业生产开始走上了农工商一体化道路（即产业化道路），使农民通过加工培植得到一部分效益，这是很可喜的事，但还远远不够，必须以市场需求为目的，大力发展农产品加工业，通过精加工增加农产品附加值，更大限度地提高农产品的商品率。在实现农业产业化过程中，要把农业生产的发展与乡镇企业发展紧密结合起来，使农业产业实现"布局区域化、生产专业化、服务社会化、经营一体化、管理企业化"。更主要的是在产业化过程中，要采用新技术、新品种，生产达到先进水平。农业工业化就是用先进的生产技术和手段从事农业生产，从根本上提高生产效率。农工商一体化，在组织上必然是多元的，可通过实行股份制和股份合作制，把产权问题解决好。农业股份合作制采取"公司＋农户"的形式，以盈利为目的，以市场为导向，一切从提高经济效益出发，生产高附加值产品，达到提高农产品商品率的目的。

6. 提高经营管理水平

农业由粗放经营向集约经营转变，不单是生产技术上的转变，还包括经营管理上的转变。粗放经营效益低也体现在管理粗放这一重要方面，千百年来，农民面朝黄土背朝天，春种夏锄秋收，年复一年，产量收成靠天靠地恩赐，不讲管理经营。随着农业生产现代化的逐渐发展，开始强调产前、产中、产后各大阶段的生产管理，但是产后管理往往忽略。农作物特别是粮食产后管理粗放造成不小的损失。据调查分析，在收割、运输、加工、贮藏、消费等各环节中都有不同程度的损失，占产量的18‰左右。如果加上鼠虫损害就更惊人了。在养殖业方面，由于管理防疫不当，猪的死亡率约占10%，鸡的死亡率约占20%；在生产资料利用方面，化肥使用效率仅达到30%～40%，水利漫灌还很普遍，损失水约为50%，在水资源日益短缺状况下，管理和技术粗放使大量的水被浪费掉。因此，要特别重视加强经营管理工作，除了在组织上、技术上加速"转型"外，还应努力减少消耗和损失，降低成本，提高效益。

7. 加强政府的调控能力

在实现粗放经营向集约经营转变过程中，转变政府职能十分重要。第一，乡镇基层政府应从以直接管理为主转向以间接管理为主，从而政府精兵简政，减轻农民负担，消除腐败现象，加强政府调控能力。第二，政府应从宏观上继续加速改革农畜产品和生产资料的购销体制和价格体制。以市场供需形成价格，形成工农业产品的合理比价，促进实现等价交换，在公开、公平、平等的条件下开展竞争，在全国形成统一的大市场大流通体制。第三，政府应从宏观上加强农业基础地位，为不断地改善农业生产条件和生态环境，增加对农业科技教育和基础设施建设的投入。第四，建立健全农产品储备体系，形成调节市场，平抑物价保护生产者、经营者和消费者的利益机制，增强调控手段。第五，有效地运用信贷、税收、财政等手段，扶持、保护农业这个关系国计民生的弱势产业，缩小工农、城乡、区域差别，增强农业的竞争能力。第六，加强农业法治建设和执法监督，通过法治提高农业集约化水平。

三 完善有利于农业增长方式转变的运行机制

转变农业增长方式，一个很重要的问题，就是要有相适应的环境基础，也就是要有适应农业增长方式转型的运行机制。

1. 建立完善农业资金增长机制

农业的基础地位和在产业发展中的弱势性，决定了国家必须给予政策和财力支持。世界上农业发达国家均采取了保护农业、支持农业、稳定农业的政策。

美国现行的调控农业生产的政策还是在 1935 年建立的，是以休耕补贴和农产品价格支持为核心的农业发展政策。1994 年以前，仅政府直接用在农业上的各种补贴约为 100 亿美元，约占财政支出的 1%，其中价格补贴达 10 亿美元。1995 年取消休耕计划后，把休耕补贴转为政府补贴，联邦政府年预算达 600 亿美元。在 20 世纪 30 年代由政府投资大搞水利工程建设，集中财力建设农区的铁路和高速公路、码头、仓库、批发市场等基础设施使美国农业在以后几十年一直受益匪浅。特别是美国联邦政府和各州政府普遍拨地和投资建立农业大学和科研院、所。逐步形成了农业科研、教育、技术推广三结合的服务体系。对推动农业科技发展和实现集约经营发挥了

依靠科技进步是转变农业增长方式最根本的推动力

巨大作用。

在我国,一直是靠农业积累资金搞建设,"一五"至"五五"期间,全国积累额达 14225 亿元,其中有 7000 多亿元是通过工农产品"剪刀差"积累的,占 50% 以上。对农业采取了索取多、给予少的政策。辽宁是新中国成立以来重点发展的重工业基地,在长期计划经济体制下形成了大工业小农业的经济结构,地方财政对农业的投资比例很小。1985 年以来,长期徘徊在 8% 左右。保护农业、支持农业、加大对农业投资力度,决不能停留在口头上,尤其在辽宁工业处在严峻的调整产业结构时期,更应从加强农业产业发展入手。为此,建立农业资金增长机制是十分重要的。

增加农业投入必须建立和完善长期稳定的投资体制。主要加强三方面的建设:一是建立完善农业科技建设投资体制,要有稳定的投入保证农业研究开发和推广技术工作,不断改善科研设施和条件。二是建立完善农业基础设施和生态环境建设的投资体制,包括大江大河治理和植被建设的投资,农田水利和基础设施建设维护的投资必须有常设机构和运行机制作保证,切实把基础工程搞起来,才能提高抵御自然灾害的能力。三是建立农用工业建设投资体制。辽宁是工业大省,发展农用工业具有雄厚的基础,农用工业发展不仅对提高本省农业发展水平,也会以农用工业使辽宁工业支援全国的声誉东山再起,是一项关系振兴老工业基地的重要方面。但必须加强投资,要建立起发展农用工业的投资体制。这就需要首先建立财政支农资金的增长机制,把支农资金的增长同财政收入的增长挂钩起来。其次要在农业税、乡镇企业税和农业各种资源转让费(水、土地)中,列出一定比例用于农业(返还农业),形成"以农养农""以工补农""以工建农"等多种形式和渠道的投入机制。同时,要进一步调整中央和地方及有关部门之间在支农资金使用和管理权限方面的关系,加大地方政府对支农资金的保障和管理力度。总之,要采取有效措施逐步使对农业的投入走上法制轨道。

2. 进一步完善市场体制和市场竞争机制

以市场为导向,以效益为核心,实现有限的资源优化配置,不仅是市场经济的主要特征,也是转变农业增长方式的前提。只有建立和形成统一、开放、竞争、有序的农村市场体系,才能充分发挥市场的导向作用,发挥调节供求关系的基础作用,从而实现生产要素在地区间、产业间的合理流动和资源的优化配置,摒弃粗放型、掠夺式的生产经营行为。辽宁省是农业资源约束型地区,但资源质量较好,只要开发利用好,就是巨大的潜力。但是,辽宁还存在市场开放不够,竞争不充分,价值规律作用不能充分发挥,生产要素市场还未形成等问题。因此,辽宁必须彻底解放思想,解决当前还存在着的严重的"一统"思想,改变市场开放不够的状况,要坚持从客观实际出发,积极实践、大胆探索,尽快建立起真正完善的农村市场体系,通过市场调节作用、竞争作用,有效地开发利用辽宁有限的资源,发挥其巨大的潜力,使资源和生产要素得到合理优化配置,从而保障农业增长方式转变的顺利进行。

3. 加强并完善对农村经济运行的宏观调控机制

实行农业增长方式的根本转变难免会产生各种矛盾和摩擦。无论经济效益的调整、农业的内涵和外延的发展变化,都要求政府要改变和加强调控力度。长期以来,政府对农业的管理都偏重于微观领域,习惯于行政系统的条条纵向管理,抓生产环节,一级抓一级的力度比较大。而按产业要求,进行横向的综合协调,抓市场建设、抓产业开发等方面的力度还很不够。因此,要实现农业增长方式转轨,政府的领导方式也必须相应地实行转轨,需要建立和完善对农村经济运行的宏观调控机制。除了要把握好"放"与"管"的度,以及要研究运用新的领导方法和手段外,更重要的是要加强宏观协调和管理。随着增长方式的转变,宏观协调和横向管理显得十分重要。要注意搞好城乡间、工农间的协调发展。市场经济是开放的经济,没有行政区划和产业界限。城乡之间、工农之间,既有矛盾的一面,又有相互渗透、互为市场,相互依赖的一面。在农业发展过程中,很多问题往往表现在农业上,而根子却在流通或其他产业上。因而就农业抓农业,解决不了根本问题。所以要转变观念,扩大视野,实现农工商并举,城乡共荣,协调发展。在农村产业开发上,把协调好农村经济各产业之间关系与协调好城乡各产业综合发展关系结合在一起,通过全面协调第一、二、三产业的发展,来优化农村经济结构,提高农村经济的综合素质和整体实力。在协调产、供、销方面,要搞好农产品生产与加工、流通、内外贸之间的衔接,协调好生产资料、资金等方面的供求关系。

4. 完善农村经济政策,创造有利于生产要素向农业流动的外部环境

在计划经济体制下,农业与其他产业一直处于不同的起跑线上,加上农业本身的特殊性,使农业不能实现平等的竞争。今后发展市场经济后,如果完全运用市场调节,诸多生产要素有可能大量地从农业领域"调节"

出去。目前已开始农用耕地农转非，农用资金农转非，有素质的农业劳动力农转非，农业技术力量农转非，等等。为了保护农业，使农业在市场竞争中增强实力，变为与其他产业在同一起跑线上能平等竞争的产业，就必须有强有力的政策保护。一是农业自然资源的保护政策。对耕地、水、山林等最基本的生产要素，而且是具有不可替代性和不可再生性，一定要切实制定保护政策和加大落实力度。二是科技资源的保护政策。包括农业科技人员、有素质的农业劳动力和教育者等，要制定优惠政策，使之留在农村和农业生产上。同时大力鼓励和倡导厂矿企业、城镇科技人才、教育人才和经营管理人才向农业相关领域流动。三是经济保护政策。当前要切实解决好"农副产品价格低、农民负担重、农业生产资料价格高"的问题，千方百计调动农民的积极性。

5. 逐步建立农业科研、教育与技术推广三结合的服务体系

实现农业增长方式的转变，关键是要为农业和农村经济发展建立起推动加速农业科技进步的发展机制。世界农业科学技术发达国家的经验就是建立了农业科研、教育和技术推广三结合的服务体系。例如，美国，除了农业大学和农学院外，联邦政府和州政府还建有从事农业科学的各类研究所。90%的农业新品种多由农业大学和科研院所培育出来并推广到生产中去。由于美国长期重视农民教育，现在农民基本都受过高等教育，不但普遍精通农业科学技术知识和操作技能，在农产品市场营销方面也十分精明。他们获得现代化农业科学技术，已基本不依赖于农业技术推广机构，而且获得和掌握的新技术、新知识、新信息的渠道广阔且快捷，甚至快于专门的农业技术机构。而我国目前的农民几乎很少有受过高等教育的，获得新技术、新品种、新知识、新信息基本要靠科研院所和技术推广机构，技术、经营管理、市场营销水平都很落后且粗放。在这种状况下，必须由政府决定尽快建立和形成科研、教育和技术推广三结合的服务体系，发挥其运行机制作用，尽快提高农业经济发展依靠科技进步的水平。

总之，实现农业增长方式的转变，是今后农业和农村经济发展中的艰巨任务，涉及广泛、复杂、多元的领域和问题，上面仅就辽宁实现农业增长方式转变中要解决的一些问题和"转型"中所需要建立的有利环境政策与运行机制等方面进行粗浅探索，供研究类似课题者参考。

面对知识经济时代的来临应采取的对策[*]

所谓"知识经济",就是"以知识为基础的经济"。它突出强调知识和科学技术在经济增长中的作用和内涵。当今世界,科学技术迅猛发展,知识经济作为一种经济形态,已经成为 21 世纪预测中共识程度最高的趋势与特征。知识经济时代的到来,使我国,特别是辽宁面临着一个经济特征大变革的最深刻、最严峻的挑战。因此,全面认识知识经济,研究发展知识经济的应战对策,具有极其重要的现实意义和战略意义。

一 要正确认识知识经济的内涵及其发展趋势

世纪之交,人类正处于全球经济发生变革的时代,一场新的技术革命和产业革命已经在世界兴起,一场全新的全球经济革命正在形成与发展,爆发性地向全球扩张,这就是知识经济。而知识经济内涵的核心是以智能为代表的人类智慧资本,所以也称为智能经济。它是一种知识密集型的,以新的发现、发明、研究和不断创新的知识为基础,充分体现着人类智慧的经济。可见,知识经济中的主导要素是不断创新的知识和智慧。这种要素与土地、矿藏等一般物质资源要素的有限性、唯一性和排他性不同,具有明显的无限性、再生性、派生性。人类智慧的知识成果,可以与其他知识连接、渗透、组合、集成、交融、演化、派生,从而形成新的有用知识,虽然知识会"老化""磨损",直接效用也可能消失,但是还可以再开发、重组合、嫁接、派生、集成,引发新的智慧和知识。知识经济的内涵、特

---

[*] 原载《社会科学辑刊》1998 年增刊第 2 期。并参加 1999 年 1 月在海口召开的全国"知识经济与可持续发展战略学术研讨会"。此文入选《中国知识经济文选》(中国经济出版社)和《中国当代论文选粹》(人民日报出版社)。

性决定了当今新知识的爆炸性增长,知识经济爆发性扩张,特别是信息技术的应用、普及,极大地加速了新知识的商品化、市场化、产业化进程。在一个历史上从未有过的,人类智慧大开发和知识经济大发展的浪潮即将到来之际,对我们的科学技术发展和传统教育事业提出的挑战,是相当严峻的。应该如何改革、创新、发展的问题,已是摆在我们面前的重要课题之一。

二 把增强教育事业的自身实力放在首位

我国确立了"科教兴国""科教兴省"的战略,在一定程度上适应和表达了知识经济时代的某些特征和要求。其关键问题还在于面对当今信息技术革命、智能经济浪潮和全球智能竞争的大趋势,要采取相适应的有效对策,大力增强教育的自身实力,去迎接挑战。然而,我国教育法公开承诺的国民义务教育,有不少地方至今还难以实现,不得不寄托于"希望工程"。国民基础教育、专业知识教育、社会职业教育、全民终生教育等都不尽如人意,甚至困扰在老化、落后境地之中。特别是学校教育的职能,基本上停留在单纯传授知识的层面上,培养学生的智能教育,还未引起普遍的高度的重视。教学手段单一,讲课"满堂灌",大部分学校在当今社会知识量猛增的气浪冲击下,只能增加学时,增加课程分量,增加学生作业。现行的考试制度也有意无意地提倡死记硬背,至于如何有意识地培养学生的智能、创新、理性还未摆到应有的位置。这种状况与扑面而来的知识经济对教育事业的要求,存在着相当大的差距。为了改变这个不适应的状况,为了在21世纪使中华民族立于世界强手之林,必须先放弃部分其他规划目标,增强教育实力,增加教育投入,下决心把已经耽误了的国民教育搞上去,要全面改革教育,把提高人的文化科学知识素质,启迪人的创新意识,培育人的创新能力放在首位。为此建议大力发展智能教育,采取以下有效措施。

1. 发展智能教育首先提高师资的智能素质,改革教学的方式方法

培养知识经济所需要的是有丰富知识并能驾驭知识的智能型人才,对培养者的水准、素质要求则更高。因此,师范院校的改革、创新应先行。从选拔优秀人才培养教育者入手,开展教材、教学方式方法的改革。知识经济时代,教师不仅仅是塑造人类灵魂的工程师,还应当是人类智慧、智能的缔造者；师范院校则不仅仅是人类师表的摇篮，还应当是人类智能缔造者的熔炉。

2. 实施启蒙教育、基础教育、专业教育、持续教育工程

（1）实施启蒙教育工程。办好城乡托儿所、幼儿园，扩大幼儿教师队伍，提高幼儿教师素质。对在岗幼儿教师进行培训，到2000年，城市幼儿教师幼师毕业者达到100%，农村达到70%。幼儿教育以培养表达能力、表演能力、实验能力、自理能力、适应环境能力等为主要内容，开展培养、教育活动和幼儿知识教育。

（2）实施基础教育工程。结合20世纪末教育事业目标，加速城乡普及义务教育。到2000年，辽宁全省要实现普及6年制义务教育，占全省人口95%的地区实现9年制义务教育的目标。两年内重点加强贫困地区的义务教育，实施"希望工程"见成效，小学、初中入学率应达到99%。凡是小学毕业生的儿童必须达到能读会写，初步掌握电脑知识，初通一门外语，凡是初中毕业的15岁少年，除了掌握教学计划规定的基础知识外，必须具备利用计算机网络获取知识的能力，精通一门外语。

（3）实施专业教育工程。重点加强初中后的中等职业教育和大学专业教育。到2000年，15~18岁的青少年中，接受职业中等专业知识教育的达到50%，接受普通高中教育（为升入大专院校进行专业学习打基础）的占50%（1996年已达到了41.9%），至2005年18岁以上青年接受大学（专）专业教育的应达60%以上。

（4）实施持续教育工程。"持续教育"也包括成人"终身教育"。第一，加强大学专业教育后的教育，即扩大和提高硕士、博士、博士后的培养教育，采取国内培养和国外培养相结合的办法。这是提高教育水平、增强教育自身实力的重要方面。到2005年，"三士"数量应比2000年增长一倍。第二，近两年内突出抓好多种形式的职前、职后和转岗培训教育。知识经济发展中的一个非常实际的问题，就是知识的老化和新的专业领域不断出现，而且其周期缩短，所造成的重新择业与就业将成为今后的普遍规律。所以，转岗培训等持续教育就成为教育中的重要方面，应当成立相适应的教育机构，不仅为世纪之交的经济转型和经济结构调整、劳动力重新配置组合服务，而且为持续教育开展长期服务。第三，抓紧对30岁以下的青少年文盲半文盲的文化教育，结合职业转岗培训进行扫盲工作，到2000年全省基本上消除文盲半文盲。

3. 加快教育体制改革，积极探索与知识经济发展相适应的办学体制、办学机制和办学模式

首先改革传统的办学体制，逐步形成以政府办学为主与社会各界参与办学相结合的新体制。在探索办学机制方面，应当制定激励机制，使教育、教师受到全社会的热爱和尊重。建立适应知识经济发展需要的对教师、学生的考核制度和考试制度。学校、教师的重要职能，除了传授一定的基础知识和专业知识外，就是开展智能教育，培养启发学生的智能。特别应当强调的是，必须改革教学的方式方法。彻底改变"填鸭式"的"满堂灌"的课堂教学方法，精选教材，提倡课外阅读，培养实验操作技能，指导学习方法。根据不同年龄段的各年级学生的不同情况，进行不同内容的教学和科学实验研究工作，尤其加强毕业实习、毕业设计、毕业论文等教学环节，主要是培养学生的自学能力、思维能力、研究能力、表达能力和组织管理能力，使学生毕业后，在信息社会中，具备阅读、写作、计算的实际工作能力和创新能力。

三 实施科技体制改革，加速科技创新体制的建设

面对21世纪知识经济社会的到来，传统的科学技术也面临着新的挑战。主要表现在：社会经济部门对工作人员的需求与大专院校和研究院培养的人才存在着很大的差异；大学和研究部门的知识结构与经济建设和经济社会决策实际脱节；科学技术知识的传播、推广、转让水平低、速度慢；科学技术研究体制、机制不适应社会主义市场经济体制科技自身发展规律，更不适应知识经济社会发展。

这些问题都是我国进入世界科技强国，迎接知识经济来临而必须清除的障碍。为了在21世纪初，使我们的重大科学和一些高技术领域的科技实力接近或达到国际先进水平，主要领域的生产技术达到发达国家的水平，一些新兴产业技术达到国际先进水平，必须进行科技体制的改革与创新。

1. 改革科技体制，把科研机构推向经济建设和知识经济发展的主战场

针对科研机构与经济建设之间存在一定的脱节等问题，要使绝大多数科研机构以经济建设为主战场，就要与政府决策紧密结合，科研立项必须以经济发展中的重点、热点、难点课题为主，要根据知识经济和信息产业

发展的趋势，调整研究方向和任务。目前，首先要改造传统产业，调整产业结构、产品结构，提高产品质量，增强产品市场的竞争力，搞好开发研究，作出贡献，通过与企业联合开办研究机构，一些具备条件的研究机构可直接进入企业，成为企业的技术开发机构；一些为行业服务的科研机构可以实行股份制、会员制等形式，成为企业的组成部分；那些综合服务能力较强的科研机构和技术创新、推广部门，可以实行企业化经营，面向社会和经济建设服务；从事同行业研究的科研机构与高等院校的科研力量，要加强合作，共同为行业、企业的科学技术开发服务。总之，科研必须为社会和经济建设的现实服务。并通过体制上的改革、创新，建立产、学、研相结合的技术开发机构，使科研成果有效地转化和推广。

2. 建立有效机制，由政府或技术力量强的综合性科研机构，组织多学科、跨部门、跨行业的联合攻关，完成有关经济建设的重大科研项目

今后，任何一种高科技产业，都是一支多学科、高技术的综合性产业，例如，人工生命是由计算机科学衍生出来的新科学。一方面以计算机为工具探索生命进化和生态系统；另一方面探索如何把生命研究的成果应用到其他领域，涉及信息处理、机械制造、生物、生态，甚至艺术领域，都开展人体生命的研究。如今机器人技术已成为一个学科跨度大、应用领域广的新兴交叉学科。航天产业则综合了数以百计的各类科学技术，集中了当代许多门类的基础科学和新技术，涉及国民经济的几十个部门。可见，高新技术产业的研究和发展，必须开展多学科、跨部门、跨行业、跨领域的联合攻关。所以，应当建立一批国家、行业、区域等各层次的科技研究开发机构。在省内逐步形成省级、市地区域、行业等多层次的科研体系，承担国家、地方、行业的重大科技研究项目。省级、市地、行业科研机构重点开展应用技术研究和科研成果的开发、转化工作。

3. 放宽政策，继续鼓励民营科技企业的发展

高新技术产业，尤其是信息产业通常被认为具有高投入、高风险、高回报的三大特点。许多高科技产品的市场广阔，开拓广阔的市场单靠计划体制是不完全的，只有靠大批的机制灵活的民营企业去开拓探索，才能全方位地实现。因此，面对知识经济的到来，应当鼓励更多的大学生、研究生、科技人员等有志之士创办民营科技企业，让社会资源和智能资本最大限度地释放出来。为了增强企业实力和市场应变能力，实行企业之间的联合、重组和并购，走联合道路或股份合作制道路。

四　从战略高度采取有力措施，加速发展高新技术产业

当前，无论是世界各国，还是国内各省，都为发展以高新技术为主要支柱的知识经济抢占制高点，采取内引外联的开放政策，不惜投入大量的人力、物力、财力，竞相发展高新技术产业，提高自身的综合实力。科学技术是第一生产力，科学技术的进步和发展，在一定意义上，将决定一个国家一个地区在21世纪中的盛衰。从辽宁实际情况来看，加速高新技术产业的发展，具有更特殊的紧迫性。

以往总结的"辽宁大中城市多、大中企业多、大专院校多，是我国重要的老工业基地"等经济发展优势，已成为历史。尤其面对知识经济浪潮的到来，辽宁的经济实力和科学技术水平，不仅与世界发达国家相比存在着很大的差距，而且与国内发达省区相比也已落后，以粗放经营为主的经济增长方式尚未根本改变；传统产业模式、产业结构、产品结构不合理等深层次矛盾还未彻底解决；国有大中型企业改革步履维艰；农业生产方式还比较落后；人口、资源和生态环境等对经济持续发展的压力在增大；技术老化、设备陈旧等，都迫切需要解决。为赶超先进国家、地区，增强辽宁的经济和科技实力应采取以下有效对策。

1. 辽宁发展高新技术必须采取更为开放的方式

在以高新技术为主导的知识经济社会里，信息技术迅猛发展，社会网络化日益提高，经济全球一体化程度不断增强，区域合作与相互依存度愈加强烈，要求我们要抓住机遇，采取更加开放的策略，充分利用外国的科技资源，通过学习、吸收、合作，将世界各国的优秀科技成果和先进经验，用来发展我们的高新技术及其产业。我们实施"外向牵动战略"虽已初见成效，但迈出的步伐还不够大，除了省委、省政府带头招商引资外，还应当调动全省各种力量积极参与科技引进吸收工作。在知识经济时代，高技术企业参与世界的程度将决定这一产业的成败，所以未来企业发展应尽可能参与世界经济运转。

2. 采取以信息技术为主线，重新调整高新技术的发展战略

当前全球各国和企业都面临信息化和国际化的挑战。随着信息技术的飞速发展，发达国家已进入了信息化时代，这对经济落后的国家和发展中国家构成一种很大的威胁。而且信息技术是高新技术的命脉，高新技术是

知识经济的支柱。在这种形势下,信息产业肩负着高新技术产业和整个国民经济如何发展的重任。因此,我们采取的战略必须以数字化技术、网络技术、计算机技术、通信技术面向工业、农业、金融业、商业服务业等国民经济各部门。要特别注重在国民经济各领域和社会生活各方面大规模地、深入地应用国际信息技术,以最新的信息技术和信息产品向国民经济信息化改造提供服务。应以此为主线,确定产业发展的顺序,集中人力、物力、财力,重点突破,使辽宁的高新技术产业发展,在世界市场上占据应有的份额。

3. 辽宁必须更充分地发挥企业作为高新技术和技术创新的主体作用

以高新技术改造辽宁老工业基地,改造传统产业,已形成广泛的共识。因而企业在发展高新技术方面应进行更大的投资,充分发挥企业的投资主体作用也无可非议,但目前还不能忽视政府的作用。所以在这一经济活动中,政府的调控手段和职能作用,必须加快转换,改变那种包办代替、"保姆式"的做法,应主要通过产业政策,帮助企业推进高新技术的发展。

4. 高新技术发展还应采取强有力的措施,培养、保护人力资本,保护知识产权

知识经济社会的重要特征之一,就是不断创新的知识之间的竞争,产业、企业发展高新技术的竞争,将更体现在人才上,体现在新知识上。因此,在知识经济时代,人力资本更加重要,谁能赢得人才优势,谁就能在高新技术领域占据一席之地。所以辽宁必须采取强有力的政策措施,集聚人力、保护人才。这是知识经济时代立于不败之地的根本,而且还应强化知识产权意识,保护知识产权,以知识产权维护知识创造者的利益,使其更好、更有效地服务于社会利益。

5. 把高新技术开发区的发展作为知识经济发展的先导

高新技术开发区在辽宁已成为新的经济增长点和产业结构高速升级的战略制高点。今后,高新技术产业开发区和高新技术企业,不仅应成为参与激烈市场竞争的先锋,而且要成为知识经济发展的先导,带动全省知识经济的发展。怎样成为先导,必须大胆探索,目前已创造出不少可贵的经验。例如,实行"两头在内,中间在外",以及"借鸡生蛋"的经济发展模式;牢牢把握高新技术的核心,即提高企业、产业的信息汇集、信息处理、信息运用能力,创造性地运用新知识。做到找准由世界技术势差所形成的知识转移方向,把握自身的赶超优势,保持不断创新的势态;高新技术开发区建设发展，发挥科技优势、人力优势，特别是在发展新的知识产业方面，带动了国民经济的知识化和高级化，提高了经济和社会发展的整体质量；高新技术开发区还培养造就了一批了解和掌握知识经济规律的企业家和知识创新人才。这些好的经验，扩散传播开来，带动全省高新技术产业发展，将是不小的贡献。

五　开展群众性科普活动，提高人民的文化、科技水平

21世纪将是一个高度知识化和高度信息化的时代。知识和信息作为未来经济发展和社会进步最具挑战性的战略资源，正在迅速成为财富竞争的热点。未来综合国力和国际经济秩序的决定性因素将不仅是传统意义上的物资和金钱，更重要的是它正在创造和能够创造新知识的总量、密度和价值。谁能抢占知识和信息的制高点，谁能据有高智慧、高技术以及富有创造精神的人才，才是制胜的关键。

知识和信息本身不会自动转化为生产力和综合国力。任何知识和信息的主宰者都是人，由人来发现、发明、创造和使用。所以一个国家、一个地区人的能力、人的智慧、人的知识水平决定着知识经济发展的盛衰。虽然中华民族有五千年的文明史，造就了有智慧的子孙后代，出类拔萃的高智慧、高科技人才辈出，但是全民文化科技整体素质，面对知识经济的来临和发展，仍令人担忧。辽宁虽然在国内属于发达地区，但一些地方还存在愚昧、迷信和贫穷，特别是国有企业下岗、待岗人员，再适应新的产业发展，存在着很大差距，所以有必要再学习、再培训，学习信息技术和各种知识，提高技能和素质，赶上知识经济发展的特快列车，已是当务之急。国家政府还应实施可行政策，开展群众性学习运动。除了上述加强教育事业的发展外，可以充分发动街道、居民委员会、村民委员会的作用，开展普及文化、文明、科学知识的运动，对文盲、科盲的人群开展教育。脚踏实地办好群众教育事业，为跨入21世纪知识经济社会和信息化时代，而提高全省人民群众的文明、文化、科学水平。

建立高新技术集成机制与培养辽宁新的经济增长点[*]

以信息技术迅猛发展为特征的世界性高技术革命和产业革命，正以爆发之势在全球飞速扩张。它对世界和中国以及辽宁的经济发展和产业结构调整，必将带来极其重大的影响和转变。为了适应高新技术产业革命的大趋势，辽宁必须选择和采取有效的发展机制和方法，充分运用信息技术和各类高新技术改造传统产业，培育新的经济增长点。

一 建立高新技术集成机制的障碍

当前国际上高新技术发展竞争激烈。世界各国都把目标瞄准中国，争夺中国市场。从1992年以来，世界前500家大公司已有200多家在中国设立了办事处或中国分公司，目的就是以品牌占据中国市场。由此可见，我们只有加速发展高新技术及其应用，促进对整个传统产业的改造，带动新兴产业的迅速发展，才能摆脱落后。

但辽宁作为老工业基地在高新技术发展的激烈竞争面前，还存在着很多薄弱环节。比如，高新技术开发的组织机构还很薄弱，科研设计部门与生产企业脱节，科研成果转化率低，发展高新技术产业的资金投入不足，技术创新力度弱，水平低。引进高新技术成效虽然显著，但存在重复引进或不配套、不对路、不适用等问题，尤其存在着"重引进、轻消化、轻开发"的惯性倾向，盲目引进与辽宁老工业基地改造相脱节。同时辽宁综合财力相对薄弱，用好人才、留住人才的激励机制还未完全形成。加之全民

---

[*] 原载《社会科学辑刊》1999年第5期。选入"九三学社"论文集（1999年12月出版）和《当代管理艺术文集》等书。

的科技文化素质与加速发展高新技术还很不适应。而且辽宁的高新技术开发区虽已呈健康的发展势态，但产业规模小、项目雷同多、特色不明显；各开发区发展差距大；许多政策不配套，有的还未落到实处；资金严重匮乏，使高新技术产业化发展速度受到限制；同时还很缺乏复合型人才。加速发展高新技术，培育新的经济增长点，还缺乏有效的政策和战略，缺乏全省的统一规划。在国家条块分割的管理体制下，企业还不能成为发展高新技术的主体，科研组织和企业组织的机构结合还难以完全实现。这些都需要制定有效的政策和发展战略，加快改革步伐，逐一解决，尤其要通过建立高新技术发展集成机制，把分散的因素集中统一，发挥集成优势，才能实现加速高新技术产业发展的目的。

二　发展高新技术与建立高新技术集成机制

为了贯彻落实中共辽宁省委、省政府提出的"结构优化、外向牵动、科教兴省"三大战略，依靠科技进步，改造传统产业和老工业基地，实现"两个根本性转变"，必须建立高新技术发展的集成机制，加速高新技术产业化步伐，从而形成国民经济发展中新的经济增长点。

1. 建立政府宏观政策和发展战略上的集成机制

加速高新技术产业化发展，政府宏观政策导向是最关键的因素。高新技术产业的知识和技术密集性很强，具有先导性、时效性、系统性、综合性，能够带来高效益和高风险。因此，发展高新技术产业，必须首先依靠政府正确、准确的宏观战略和政策导向。尤其像辽宁这样的传统产业比较集中的地区，就更需要政府采取正确的政策，切实解决宏观调控中存在的问题，加强宏观政策和配套政策的集成。

2. 实现组织机构的集成机制

近年来，高新技术企业从无到有、从小到大的迅速发展，最重要的一点就是，首先建立了具有集成机制的科研、企业一体化的组织机构。技术开发、研究创新机构与企业的试制、制造机构，以及与应用、销售和售后服务机构都紧密地融为一体。而且这些企业的发展基本上没有依靠国家投入，而是依靠自身的机制，自主经营、自负盈亏、自筹资金、自我发展起来的。建立和实现发展高新技术组织机构的集成机制，可以通过科技体制建立不同层次的科技产业组织体系。第一，以企业为主，在企业和重点行业里建立技术开发机构。使高新技术迅速产业化,增强技术创新能力和高新技术产品的市场竞争力。第二,以科研院所、大专院校为主,组建科研企业一体化的组织机构。建立一批集研究、开发、中试、生产为一体的组织机构,承担基础性研究、应用性研究和开发性研究的前期工作。第三,建立社会化的中介技术服务组织机构体系。这是生产力与科学技术发展的促进机构,负责技术推广、示范、技术咨询、诊断、培训等。建立一批高科技发展的生产力促进中心,尽快使行业与地区结合,形成一个为中小型企业发展高新技术服务的网络体系。

3. 实现人力资本的集成机制

高新技术及其产品的竞争,实际上是人才的竞争。没有高素质的人才,就不可能研制和开发先进的技术及其产品。深圳华为公司1200多名开发人员中,博士后、博士、硕士占了近70%的高比例;辽宁的东大阿尔派集团拥有近千名开发人员,其中博士、硕士、学士几乎各占1/3。他们凭人脑加电脑,创造了一个又一个奇迹。当今世界各国和各大企业、大公司都在大力进行人力资本的投入。从高薪聘请高科技人才,到对企业的员工进行培训;从提供优良的研究设施和丰厚的研究条件,甚至通过"猎头公司"去挖掘人才,都体现了对人力资本开发、利用的重视。开发人力资本愈来愈受到普遍的关注。因此,辽宁要通过采取一系列具体可行的措施,建立人力资本的集成机制,做到人尽其才,创造最佳的智慧才能,发挥最大的效益。通过建立各层次的科研企业组织机构,把各行业、各专业的人才有机地集中起来。按照开发攻关的科技项目所需要的各类专业人才,组织起精干的科技队伍,相互结合,形成合力,开展集体攻关。以此克服目前大多数科研部门课题分散、个体化、科研成果质量不高等问题。

4. 实现资金投入方面的集成机制

长期以来,生产、建设资金严重不足成为辽宁企业最大的难点。而发展高新技术产业是资金投入很高的产业。辽宁在资金有限的情况下,发展高新技术的资金投入重点应放在两个方面。一方面投放到传统产业集中地区,用以发展改造传统产业的高新技术,生产竞争力强的替代产品。另一方面投放到新兴高新技术产业发展地区,培育新的经济增长点,发展建设科技园区和产业群,带动全省经济社会发展,推动产业结构和生产力布局的调整和优化。目前,发展高新技术筹集资金也应靠集成机制,采取国家投入为引导,企业投入为主体,金融贷款、社会融资、引进资金等多渠道结合起来，集中财力支持重点项目，培育新的优势产业。

5. 建立现代化集成管理

计算机化将成为新时代的技术基础，而技术基础的变革必然会影响到企业的管理思想，从而开始形成新的管理体制。这种新的企业管理思路就是强调集成，也就是要利用现代技术和管理手段，将现有的传统工艺和职能部门尽量集成起来，在此基础上建立起分工协作关系。因此，现代化集成管理的特征是"局部分工，整体集成"。企业实现现代化集成管理的目标是追求整体效率和效益的提高，提高产品质量和服务质量，提高产品的市场销售率，减少库存，使企业具有低能耗、低物耗、高效益、高应变能力。因而，实现现代化集成管理是改造"传统企业"，使之成为"现代企业"的途径。而且现代化集成管理机制与现代企业体制相辅相成，又适应于高新技术产业的发展。现在大部分企业，特别是量大面广的中小企业技术基础薄弱，迫切需要强化企业的现代化科学管理体系，转变管理观念，采用计算机等现代化管理手段，推进现代化集成管理机制。成立省级、市级的统一的协调领导组织，建立具有权威性、科学性、公正性的技术管理的组织体系，实现现代化集成管理。

6. 用高新技术改造传统产业需要加强集成

利用高新技术及其产品对传统产业部门进行改造，是振兴老工业基地和发展新兴产业的一种较为经济的选择。国外一些知名的老工业基地，如德国的鲁尔，法国的洛林，美国的匹兹堡、芝加哥、底特律，在实现老工业基地由衰退走向振兴的过程中，都是一方面发展高新技术产业，另一方面应用高新技术改造传统产业，促进传统产业现代化。辽宁根据省情和国家宏观政策安排，也选择了同样的道路。1980~1995年，辽宁国有企业投入的更新改造资金达1293亿元，在产业结构调整和提高产业技术水平上起到了重要作用，但是远未重塑起辽宁新的技术优势，经济衰退仍在继续。据统计在694亿元的技改投资中，真正用于技改投资的仅占36.2%，且质量达不到标准，引进技术与国内技改脱节，浪费资金严重，等等。因此，必须加强宏观调控力度，发挥集成机制作用，有效地运用技改资金。

7. 加强技术发展综合因素集成机制

辽宁城市化程度高，劳动力受教育程度高，科技力量雄厚，具有发展高新技术的优势。但是以往未充分发挥技术、人才以及各城市的优势条件，缺乏有效的集成机制。辽宁必须以集成机制将所有的技术优势因素都组合集成起来，实现有效的技术创新目标。技术集成是一项复杂、多因素、多方面的系统工程，主要有：①科技人才与技术集成。采取有效的激励机制和措施，调动科技人员的积极性，使科技人才的流动与高新技术的研究、开发、试制等各环节有机、有效地结合起来。②资产与技术集成。以高新技术发展为龙头，以资产为纽带，有机地组合起来，实现低成本扩张，使高新技术、新产品取得高效益。③资金与技术集成。高新技术是资金高投入的产业，但资金投入必须恰当适度，盲目乱用资金，造成浪费和损失也是巨大的。所以需要有集成机制合理地调控，进行科学预算，才能取得事半功倍的效果。总之，将科技人才、资产、资金、信息以及其他要素与技术集成起来，通过政府政策引导，加强各部门的协调，把高新技术计划、目标紧密地衔接起来，加强对高新技术项目的可行性研究，对项目投产和发展全过程加强管理监控等。同时要在利益共享、风险共担的基础上，把科研部门、制造企业和生产力促进中心，以及中介服务中心等组织集成起来，以建设发展高新技术园区和产业群为发展模式，利用高新技术发展科技园区和已形成的产业群，达到培育国民经济发展的新增长点的目的和目标。

三　培育国民经济新增长点的几点建议

为实现 21 世纪的战略目标，辽宁应从战略上进一步凝聚、集成科技力量，一方面应用高新技术改造传统产业，另一方面加速发展适合本省优势条件的高新技术产业，培育新的经济增长点。

1. **改造传统产业，培育新的经济增长点**

从应用高新技术改造传统产业方面看，传统产业体现出对高新技术的迫切要求，成为应用高新技术改造传统产业的强大推动力。目前，辽宁传统工业的技术含量较低，传统产业所需要的高新技术及其产品市场被省外、国外占据了相当大的份额。同时，也表明高新技术在传统产业技术改造中的市场需求是很大的。

（1）机械行业。长期以来机械行业是辽宁最大的支柱性传统产业。由于机械设备和工艺水平陈旧落后，缺少优质产品，市场需求不断下滑。一些支柱产业和基础产业对进口设备和产品依赖性程度越来越高。应通过准确地引进适用的外国高新技术，通过嫁接等方式消化、吸收和创新，从而重新形成新的经济增长点,使产品重塑形象,参与市场竞争,以新的实力占领市场。

（2）冶金行业。辽宁的冶金产业及其产品在国家经济建设中立下过汗马功劳。但是随着各行业科技水平的提高,对优质钢材的需求与日俱增,而国产钢材产品越来越不适应需要,最具优势的高精钢材产品的市场份额让进口产品占据了一大半。辽宁每年进口的各类钢材约在80万吨,重点用于造船、汽车、轻工、机械、石油用材。如果鞍钢、本钢、抚钢等企业通过技术更新改造,增加高新技术含量,提高产品质量,尽快增加优质钢材,完全可以具有替代进口产品的能力。

（3）化纤产业。辽阳是辽宁化纤产业基地,具有一定的生产规模。近年来,由于科学技术的进步,国内外同类产品质量不断提高。而辽宁的化纤产品由于化纤差别率太低,只有7%,而国外已高达40%以上,使得市场占有率不断下降,这就迫切需要引进、研制出高新技术,尽快改造市场需要量大的传统产业、产品,使之成为经济发展的主角。

辽宁是一个传统产业规模较大的工业省份,又是科研、教育比较发达的地区,有条件积极推广应用微电子技术、节能降耗技术、生物技术、环境保护技术和先进的加工制造工艺技术,改造传统产业和工艺,加速改善企业技术素质和产品的更新换代,形成一些新的经济增长点。

2. 发展高新技术,培育新的经济增长点

辽宁省科委把加速发展高新技术及其产业,促进新兴支柱产业的形成作为工作的战略重点。从1998年起,结合辽宁的省情,全省的设置与管理由原来的八个部分改为"三个层次、八个内容、三大部分、一本计划",使研究、开发和产业化有机集成起来,既互相衔接,又减少层次,便于管理和协调。三大科研计划包括：基础研究计划、应用研究计划、发展研究计划。这三大方面的研究计划是面向21世纪,为高新技术发展打基础的战略部署。依据科技计划总体部署,必须加强集成,实施组织重点攻关,推动高新技术产业跨越式发展,培育出辽宁国民经济发展中新的经济增长点,成为增强全省社会经济发展实力的新的支柱产业。

（1）加强"两高一优"农业和农业产业化技术研究开发,促进农业商品化、现代化、国际化进程。组织实施辽宁依靠科技振兴农业计划。要以实现可持续发展为主线,以建设农业强省为目标,以解决农业产业化重大关键技术为重点,加强集成农业高科技人才,组织高新技术攻关科研团队网络组织，围绕农作物新基因育种、病虫害防治、区域性大面积开发、节水农业、中低产田改造等进行配套技术研究攻关。重点培育主要粮油作物种子工程，工厂化高效农业科技产业工程，果品深加工综合开发工程，农业生物技术产业化工程，新型浓缩、预混饲料产业工程等农业高新技术产业发展的新经济增长点。

（2）优先发展四大产业，推动高新技术产业跨越式发展，改造和重塑辽宁老工业基地的新形象。加强集成科技人才、资金投入和技术资本，坚持"自主开发，引进移植，消化创新并重，公有制和非公有制并举，国有企业、民营企业、大专院所并进"等相关原则，实行强强联合、优势互补、全方位推进的大格局。抓好四大高新技术产业的开发、攻关、建设工作，使之尽快成为辽宁省较强的支柱产业。

①加快发展辽宁信息产业。信息技术是高新技术中的关键技术，信息产业是辽宁新兴的高新技术行业，据统计，1996年信息业产值约40亿元，约占全国的5%；从事信息业的企业约1000余家，固定资产约6亿元，从业者有近万人，形成了以微型机、工业控制机制造业，计算机外部设备制造业，软件生产业，网络工程、系统集成、金融信息机具制造业及网络信息服务业为主体的信息产业群体。目前，信息产业的发展以沈阳为中心，辐射全省，初步成为辽宁新一代支柱产业。但是，产业规模、市场占有率与先进省市相比还有相当大的差距。因此，辽宁必须加快信息产业的发展速度。

②不失时机地开发新材料产业。辽宁在新材料产业发展上也有一定基础，随着高新技术发展的需要，根据辽宁发展基础，今后，主要围绕贮氢材料及电池、高性能高分子材料、膜材料及精细化工材料等领域，开展研制创新工作，使之成为辽宁的新经济增长点。但是发展新材料产业必须遵循和注意新材料"产业化"的特点和规律性。高技术新材料品种多，各有所用，所以不要因小、少而不为。只要人才、条件合理集成，提高科技含量，保证产品质量，实现一体化发展，新材料产业一定会走向全国，甚至走向世界，为人类文明、社会进步作出新的贡献。

③加速生物技术的研究和应用及其产业化。辽宁主要以基因工程、细胞工程和蛋白质工程为基础，重点围绕基因重组多肽药物、新型霉类产品、柞蚕素丝系列产品、生物合成系列药品等进行开发和产业化，从中加速形成新的经济增长点。

建立高新技术集成机制与培养辽宁新的经济增长点

④提高机电一体化的高新技术档次,发展机器人产业。1989年沈阳机器人示范工程竣工以来,建立了设备完善、技术先进、条件优越的包括机器人控制、机器智能及样机实验厂等十几个实验室。有著名的工程院院士蒋新松研究员为代表的一批机器人研究专家,从20世纪80年代就开展了机器人技术及CIMS的研究。以研究构成机器人的基础理论、方法与技术为目的,紧密结合国家高技术发展和产业化需要,开展研究工作。这个机器人科研基地的许多研究成果都达到了国际先进水平,并受到国内外同行瞩目。有些成果在国内市场占有相当大的份额,创造了相当可观的经济效益。辽宁应当充分与中国科学院智能机器人研究中心、工程研究中心联合合作,投入人才、资本和资金,共同开发各种类型机器人,为工业、农业、海洋业发展服务。例如,农业可以发展施肥机器人、除草机器人、采摘水果机器人等。这是辽宁所具有的优势产业,应积极开拓发展。

为了加速高新技术产业化,培育新的经济增长点,还必须重视科研基础建设,促进科技事业自身发展。

(1) 要充分发挥国家在辽宁省的大专院所和高校力量,根据辽宁实现高新技术产业化的需要,按照"优化结构、系统集成"的原则,开展产、学、研合作,组建四大研究发展中心:北方新技术研究与发展中心;辽宁信息技术与发展中心;辽宁先进制造技术研究与发展中心;辽宁生物工程研究与发展中心。

(2) 培养造就一批政治业务素质强、德才兼备的跨世纪科技后备人才。确定科学研究课题,并采取措施优先吸收他们到国家和省级工程技术中心及重点实验室参加工作,通过省科学技术基金、国际科技合作计划给予资助,并创造机会组织他们参加国际科技交流与合作,使科技后备人才迅速成长起来。

(3) 建立起实现现代化集成机制的基本组织形式。吸取美国网络学会创立的"团队网络"组织形式的经验。团队网络就是打破传统组织界限,成员可通过多种渠道彼此沟通、相互合作,在资源和技术上进行互补,但同时他们又保持一定的独立性和相互竞争性,使科技组织发挥出最大的潜力。这种组织形式特别体现了"局部分工,整体集成"的管理思路,因此,可以认为是最能实现现代化集成机制的一种组织形式。

第五篇

城郊农村经济研究

关于沈阳郊区蔬菜生产供应问题的调查[*]

党的十一届三中全会以来,沈阳市贯彻执行了郊区农业生产以蔬菜为主,积极发展其他副食品生产的方针,取得了一定的成就。近年来,调整了蔬菜田种植面积,确定了蔬菜生产基地,郊区提供的蔬菜商品量已接近全市蔬菜零售量,基本满足了全市人民的需要。但是蔬菜生产和供应还严重地存在着季节性生产与常年消费的矛盾。因此,沈阳郊区除了继续抓紧粮食生产和其他副食品生产的同时,更重要的是,应该加强蔬菜生产基地建设,搞活蔬菜的购销经营,逐步实现蔬菜均衡供应。

蔬菜是人民每天不可缺少的生活必需品。需求量很大,沈阳市每天要有364万斤蔬菜投放市场,每年有13亿～14亿斤菜,才能满足市内280万人口的需求。在北方蔬菜生产季节性强,蔬菜又容易腐烂变质,不便长期保存,不宜长途运输。根据现有生产力水平和交通运输条件,蔬菜必须就地生产,就地供应。近年来,沈阳郊区已确定20万亩耕地作为常年生产蔬菜的基地。蔬菜虽然在数量上基本满足了城市人民的供应,但是粗菜多,细菜少;上市量不均衡,旺季蔬菜有余,淡季蔬菜严重不足;质量差,损失大。为了做到蔬菜供应数量充足,品种多样,质量鲜嫩,上市均衡,需要加强蔬菜生产基地建设。

一 加强菜田基本建设,为蔬菜稳产高产创造条件

提高蔬菜的产量不能只靠无限扩大蔬菜耕地面积,而应在确定恰当的种植面积的基础上,加强菜田基本建设,不断地增加品种、提高单产,这

---

[*] 原载《经济资料与文稿》1981年第8期,又选入红旗杂志社出版的《经济调查》丛书第一集。本课题与庞振华、张乃贤共同完成。

才是解决蔬菜自给的正确途径。"文化大革命"以后，虽然重新确定了菜田基本播种面积，但是由于城乡基建占地，使老菜田逐渐减少，新菜田不断增加，环城的"菜带"由近向远推移。新菜田从品种上和产量上远不及老菜田，老菜田亩产量达15000斤左右，新菜田亩产量只有5000斤左右，老菜田产量是新菜田产量的3倍。又因现有菜田基础较差，经不起自然灾害的考验。再加上当前蔬菜耕作粗放，蔬菜产量不稳定，造成平均单产逐渐下降的趋势（见表1）。

表1 沈阳郊区蔬菜亩产情况一览

单位：斤

年 份	1976	1977	1978	1979	1980
蔬菜平均亩产	4850	4723	4109	4155	3552

为了增加蔬菜产量，必须稳定菜田、加快菜田基本建设、提高骨干菜田的建设标准。鉴于菜田基建任务巨大，应把菜田分类排队，根据实际建设能力，分期分批进行菜田基本建设。沈阳市领导部门提出巩固和提高近郊7万亩老菜田，重点建设中郊10万亩骨干菜田，调整远郊3万亩混合菜田。这样规划是切合实际的，但必须落实到行动上。

建设稳产高产的蔬菜基地，要实现水利化和田园化。沈阳郊区菜田主要采用电井灌溉，全市现有电井1800眼，每眼电井可灌有效面积100亩，应灌18万亩。由于电井分布不均，实际只灌16万亩菜田，占菜田总面积的80%。除了新菜田需要打井外，老菜田的部分电井需要改造更新。今后2年内再建电井500眼，菜田就可全部实现水浇地。建电井需要物质和资金，中郊菜队经济力量薄弱，菜田基础也差，需要国家资助，扶持集体经济的发展。同时，还要修建排涝设施，使排水站和自流沟渠工程配套，达到防洪排涝的标准。并且要在村头路旁、河边栽树种草，以形成蔬菜生长的良好气候条件。这样，蔬菜基地可以做到旱涝保丰收。结合水利工程建设，也要进行平整土地，改良土壤，增施优质农家肥，千方百计利用好城市粪肥。并进行土壤普查，根据需要科学地施用化肥，使菜田逐渐肥沃起来，为蔬菜的稳产高产创造物质条件。

二 扩大蔬菜保护地生产，千方百计增加淡季市场供应

沈阳地区副食品的最大难题，是蔬菜淡季供应问题。每年出现两个

淡季，即 8~9 月的伏淡和 11 月至下年 4 月的冬淡。为了解决淡季蔬菜供应问题，应采取扩大蔬菜保护地生产，并加强蔬菜的贮藏和加工，种好用好菜豆薯类等措施。近年来，沈阳郊区蔬菜保护地生产有了一定的发展（见表 2）。

表 2 沈阳郊区蔬菜保护地产量情况一览

单位：亩

年份	合计	温室面积	立壕子面积	玻璃房面积	塑料棚面积	地膜面积
1977	4023	963	549	140	2371	—
1978	4048	1021	578	184	2256	—
1979	5030	1092	532	205	3202	11
1980	7000	1292	732	205	3771	1000

保护地生产面积逐年有所增加，但是发展速度不快。我们通过调查了解，农村干部对形势发展认识不足，仍按传统习惯粗放经营。应当认识到，保护地生产蔬菜，在品种、质量、产量和复种指数等方面，是露地生产不可比拟的，可逐步做到常年生产，均衡供应。

1. 蔬菜生产过程本身要求实行保护地生产

保护地育苗、倒苗，为露地生产蔬菜提供早熟、壮苗，便于露地倒茬，提高复种指数，对蔬菜增产起到很大作用。目前，对骨干菜田基本建设的要求，每亩菜田要有 5 平方米育苗地，10 平方米倒苗地。按这个标准要求，保护地建设还有差距，以于洪区为例，实种菜田 9 万亩，应有育苗倒苗保护地 135 万平方米，而现有 85.8 万平方米，还差 49.2 万平方米。因此仅就蔬菜生产本身的基本要求，保护地生产设备亟待增加。

2. 保护地生产能缩短或消除蔬菜生产的季节性

利用防寒、加温、吸光热的手段，创造蔬菜在寒冷气候里继续生长的条件，生产冬菜，使早春菜提前，秋菜延晚，达到蔬菜均衡供应的目的。沈阳冬季蔬菜供应主要有大白菜、萝卜等品种，不能满足人民生活需要，尤其在春节，更需要大量的多品种细菜，所以要建设足够的保护地，为人民生产各种蔬菜，改善生活。沈阳地区有以下几种保护地。

玻璃温室、立壕子：可以生产黄瓜、青椒、西红柿、豆角、芹菜……多种蔬菜，满足节日或冬季生活需要。沈阳市 1980 年冬季在这方面作了很大努力，全市生产蒜苗达 300 万斤，芹菜 100 万斤，韭菜 5 万斤。由于温室加温，菜成本高，生产受到限制，品种少，产量也不高。每年蔬菜春淡季较长（3~5月份），严重缺菜，是蔬菜供应最困难的阶段，也是保护地生产蔬菜的重要时期，利用立壕子生产春菜增产增收，效果十分显著。全市有立壕子近千亩，为早春供应起了很大作用。例如，造化公社造化八队，利用半亩地立壕子扣上棚，生产韭菜，收获日期、产量和收入如表3所示，明显地说明了它的效果。

表3 造化公社造化八队保护地生产情况

单位：斤，元

割刀次	日期	产量	单价	收入
一刀	2月16日	342	0.82	280
二刀	3月8日	1178	0.75	983
三刀	3月29日	1108	0.53	587
四刀	4月30日	810	0.35	179
合计	—	3438	0.59	2029

塑料棚和不加温的玻璃房：在早春广泛生产早春菜，不但能使老根菠菜、白露葱、羊角葱早上市，而且能增产增收。例如，于洪公社双喜五队是老菜田队，历年青椒保持种10亩左右，1976年前亩产在2000斤左右，从1977年开始试行塑料大棚生产青椒增产效果明显。1977年扣大棚2.5亩，平均亩产12000斤；1978年扣大棚3亩，平均亩产13800斤；1979年扣大棚和小棚共5亩，平均亩产9982斤。1979年塑料棚平均亩产比露地平均亩产增加7982斤，亩产值增加1100元。一吨薄膜可扣大棚7~8亩，每亩薄膜费用合计550元，加上钢筋水泥柱等长期使用折旧费50元，每亩费用比露地费用多开支600元，则塑料棚每亩纯收入比露地每亩收入多500元。如果薄膜充分利用一下，对原地块青椒实行春秋两次覆盖，还可降低成本。双喜一队春天扣棚日期是4月8日至6月20日；秋天扣棚日期是9月22日至10月20日，两次总产量31395斤，平均亩产10465斤，每亩收入1836元。全年塑料棚生产青椒比露地亩产多收入936元。在中郊有的生产队，利用用过的稻膜再覆盖蔬菜，也达到了降低成本、增加收入的效果，每亩纯收入也比露地亩收入增加400元左右。

地膜覆盖：沈阳地区从1979年开始推广蔬菜生产地膜覆盖技术。地膜比塑料棚设备简单，成本低，促进蔬菜早熟，增产增收，容易大面积推广，发展很快。东郊区1979年地膜覆盖只有9亩，1980年是878.8亩，今年发展到了5000亩。从3个蔬菜品种发展到13个，黄瓜、青椒早熟增产。东塔大队科研队，1980年地膜覆盖黄瓜，亩产8105斤，比露地增产89.2%，亩产值达到1153.5元，比露地亩产增值一倍以上。五三公社长青三队，1979年地膜扣青椒，亩产达6000斤，比露地亩产增长90%以上。5月12日定植，提前15天上市，早期上市价格高，亩产值达700元，比露地亩产收入增加450元，地膜每亩成本费40元，一亩纯收入还增加410元。而且使蔬菜早熟提前半月上市，缩短了春淡季。为了充分利用地膜，可扩大覆盖面积，利用地膜先扣一茬春小菜，再扣夏菜；也可扣完夏菜，再扣种秋菜，都有效果。

3. **保护地生产综合利用的先进经验**

沈阳郊区保护地生产积累了丰富的经验，五三公社长青四队，老菜农魏福贵等八人，采取温室育苗，塑料大棚栽苗，地上铺地膜，苗上盖小拱棚，提高地温，棚外加一层纸面一层苫子来保温防冻，1979年12月下旬，开始黄瓜育苗，次年2月中旬定植，3月14日收获上市，亩产达13310斤，每亩收入5205元，去掉亩产费用700元，亩产纯收入达4505元。今后应多方面总结经验，实行保护地综合利用，千方百计促进早熟、延晚，提高产量，降低成本、增加收入，让保护地生产为蔬菜均衡供应作出更大贡献。

4. **正确处理外调菜与保护地生产发展的关系**

近年来，沈阳从南方调入一些细菜，供应冬、春淡季市场。1980年因秋菜受灾，调入最多，约1.7亿斤，占全年销售量的12%，从目前情况看，冬季调入南方菜比郊区保护地生产菜成本低。从蔬菜经营角度看有利，但是我国现阶段交通运输落后，蔬菜经过长途运输，温差变化大，造成巨大损失，又经过多道环节转到消费者手中，损耗率达10%，而大量的蔬菜靠长途引进，从长远利益出发，既不稳妥，又不利于实现蔬菜生产的逐步自给。因此，要尽力组织当地生产蔬菜，保护地生产开始时成本高是不可避免的，通过几年大发展以后，从提高产量中可降低成本，逐步建立起保护地蔬菜生产基地。必须依靠加速郊区农业现代化建设，最终解决蔬菜淡季供应问题。

5. **政府要解决保护地生产建设所需要的资金、物质和技术援助问题**

保护地生产是近几年发展起来的，生产技术性较强，正处于摸索阶段，还有许多实际困难，有关部门应协助解决。当前保护地生产所需要的物资，供应紧张，有些生产队只好买议价水泥、玻璃、钢筋等物资，造价高，影响保护地生产的发展。为了促进保护地生产的迅速发展，国家应该解决物资供应问题。

6. 加强蔬菜贮藏、加工和种好豆薯类

为了保证蔬菜的均衡供应，解决淡旺季矛盾，将旺季供应多余部分菜进行贮藏、加工、腌酱菜等，留到淡季供应。沈阳市冬淡季的蔬菜供应量的 90% 以上，靠窖贮菜和加工腌制菜。每年秋菜收获 6 亿斤，一半销售，一半贮藏。但是沈阳市贮菜窖面积有 30.2 万平方米，贮菜量 2.5 亿斤（其中农贮面积较多有 21.4 万平方米，贮菜量 1.9 亿斤），至少还缺 6 万多平方米菜窖。因此，沈阳市不但需要维修现有的贮菜窖，还要陆续修建新菜窖，才能满足需要。每年贮菜损失量很大，为减少损失，一方面要提高贮菜的科学技术，采用空调技术等，提高出菜率；另一方面在菜窖不足的情况下，暂时号召各单位、团体、居民多贮冬菜。北京市就采用这种做法，1979 年全市贮菜 6.4 亿斤，其中居民贮菜达 4 亿斤，为国家节省了大量开支，又减少了蔬菜损耗。

为了调剂日常供应，补充淡季供应，要发展蔬菜加工业，如鲜菜脱水，制成各种酱菜和容易保存的菜罐头。上海和北京的蔬菜加工业发展较好，应当学习。此外要利用预备菜田种菜豆、薯类。加工成豆制品和粉条、淀粉等，近年豆制品不多，淡季凭票供应。淀粉类价格较高。所以要提高菜豆、薯类的产量，作为淡季市场的补充。

三 逐步改革蔬菜的购销方式，调动蔬菜生产者和经营者的积极性

当前沈阳市全部实行蔬菜统购包销的政策，蔬菜的产量计划和收购价格等由国家定，销售由国家包，生产资料由国家调，亏损由国家赔。这种办法是在农业社会主义改造过程中逐步形成的，由于蔬菜供应一直没有根本好转，延续至今。这种统购包销办法历史上起到了积极作用：第一，国营商业掌握货源，保证市民吃到一定数量蔬菜；第二，蔬菜零售价格稳定，不受供求关系影响，适应低工资制、安定生活的要求；第三，生产队的菜不积压，国家还实行一定补贴，保证菜农的基本收入。但是随着蔬菜生产发展，它的弊病已越来越明显地暴露出来了：①蔬菜实行包销，生产单位

关于沈阳郊区蔬菜生产供应问题的调查

不关心市场的需要,重量不重质,品种减少,旺季上市过分集中,易腐烂损失;②国营商店独家经营,机构庞大,中间环节增多;③依靠行政手段的供销体制,束缚了商品经济的发展。

蔬菜产供销体制的改革,应适应经济规律的要求。

第一,蔬菜应坚持计划种植。播种面积和主要品种,应根据国家计划进行安排。通过农商签订购销合同,具体落实品种的商品量和上市时间,其中主要品种的商品量要占上市总量的80%左右。同时可实行奖罚责任制度。以保证蔬菜的基本货源,稳定市场。

第二,改变蔬菜购销形式,由国营商业独家经营变为多种经济成分,多条流通渠道,灵活多样的购销形式,减少中间环节,实行产销结合:①以国营商业为主导,调节市场起重要作用。蔬菜公司负责组织市外货源和调剂各菜站的上市量,以便做到全市平衡供应。各区设立批发菜站,组织当地货源,同生产队签订合同,并组织蔬菜上市。蔬菜零售店可到任一菜站选购生产队送来的鲜菜,生产队被选上的好菜,加价1%~5%,未选上的菜按原合同规定交给合同菜站直接拨到店。②蔬菜生产单位(农场或社队)对超过合同任务的主要品种或小品种,可以自销,在市区设门市部、流动车,也可到菜站议价销售或到农贸市场自售。③集体的合作商店和合作小组,以及个体摊贩经营蔬菜,可以到蔬菜公司、菜站选购进货。实行以上各流通渠道,购销灵活,形式多样,促进蔬菜商品生产发展,繁荣市场,方便群众。

第三,运用价值规律,经常调整蔬菜价格,使其有利于生产发展。目前我国物价的总方针基本稳定。国家规定蔬菜收购价格总水平要稳定在比1978年提高15%的水平上,零售价格不变,保持1978年的水平。由于国家财政出现赤字,从全局考虑,没有余力再调整菜价。但是由于蔬菜生产形势的变化,稳定菜价不利于生产发展,会挫伤菜农的生产积极性。菜价的主要问题是:①蔬菜生产成本提高,粮菜比价不合理,菜价偏低。近年来因城乡建筑占去一些高产老菜田,发展一批新菜田,基建任务加重了,需要许多物资和资金。但因国拨原材料不足,蔬菜社队只好以高价购买物资。钢材、水泥、玻璃、红砖等议价比国拨价格高40%~78%;由于生产资料价格上涨,增加了蔬菜生产成本,1980年下半年蔬菜生产用的国拨木材、钢材、水泥等价格上调了1/3,使1979年提高的菜价给农民增加的收入,被抵消了一部分。如五三公社南塔大队蔬菜成本变化如表4所示。

表4　五三公社南塔大队蔬菜成本变化情况

单位：斤，元

年　度	平均单产	亩产值	亩费用	亩净收入	亩净收入与1965年比较（+、-）
1965	15720	487	108	379	—
1978	16580	487	171	316	-63
1979	14850	566	178	388	+9

南塔大队是蔬菜稳产高产的老菜队，亩产一直保持在15000斤左右，经济核算严格，注意节约开支，但由于生产资料涨价，亩产费用增加，使亩产纯收入减少。1979年比1965年才增加9元。粮菜比价不合理，种菜不如种粮收入多。如桃仙公社莫子山大队第六生产队，1979年粮菜收入对比如表5所示。

表5　1979年桃仙公社莫子山大队第六生产队粮菜收入情况

作物	面积（亩）	劳动力使用（个）	每劳动力种地（亩）	单产（斤）	亩产值（元）	亩费用（元）	亩净收入（元）	劳动力实际收入（元）
水田	300	40	7.5	800	176.5	37.75	138.75	1040.63
旱田	410	28	14.5	800	107.6	20.4	87.56	1269.62
菜田	50	10	5	3500	122.5	20.0	102.5	512.50

从表5中可看出社员实际收入，种菜不如种水田，种水田不如种旱田。有人说："这个队是远郊新菜队，缺乏种菜经验，所以种菜收入低。"那么，再看看近郊老菜田社队：北陵公社就是有名的老菜社，我们同公社领导和技术人员一起逐项算账比较，粮菜收入如表6所示。

表6　北陵公社粮菜收入情况

单位：亩，元

作物	每劳动力种地	亩产值	亩费用	亩净收入	劳动力实际收入
水稻	10	152.8	18.71	134.09	1340.9
蔬菜	5	220	73	147	735

事实说明，虽然菜田亩产值大，但亩产费用支出多，每个劳动力种菜比种水稻少收入605.90元。

为增加农业收入，国家在1979年将粮食提价20%，蔬菜提价15%。由于粮、菜提价比例不同，农民获得的经济收入不同。粮食再加上超产部分加价50%，粮食比蔬菜提价的幅度就更大了。必然出现种粮比种菜收入高的情况。在蔬菜扩大保护地生产增大成本的情况下，更加剧了粮菜比价不合理的矛盾，有关部门应予以重视和解决。过去是"一亩园，十亩田"，种菜收入比种粮收入高，现在正相反。实际上，菜田基建设备多，倒茬复种比粮农付出劳动多，菜农收入应高于粮农收入，才符合价值规律的要求。

②实行固定全年菜价总水平的办法，不利于蔬菜生产增加品种和提高质量。沈阳实行年初确定的年度价格总水平，不管当年实际生产的蔬菜质量优劣，品种新旧，都不能突破。这一规定影响菜队生产优质菜和新品种的积极性，造成菜队重量不重质，片面追求产量。北京市实行的按月按品种定蔬菜价格水平，比全年确定总价格水平符合实际，使品种比价和质量差价都趋于合理。应吸取北京经验，做到菜价管理既稳妥又灵活，用合理的菜价调动菜农生产的积极性。

第四，加强对蔬菜工作的统一管理。现行蔬菜产供销的管理体制是按行政部门分管：农业部门管生产，商业部门管市场，物价部门管菜价，财政部门管补贴，形成多头管理。造成生产计划、价格、流通等各环节人为地分割，产销脱节。应当改革管理体制，实行统一管理。在市政府里设立蔬菜管理局，负责全市蔬菜产销活动，制定有关蔬菜政策、计划和价格等，并统一管理掌握国家用于蔬菜的补贴，基地建设需要的物资和生产资料供应，以及科技管理等。下设蔬菜公司、菜站、菜店等蔬菜供应网，实行经营业务系统一条龙，把蔬菜的产与销紧密结合起来。

城郊农业经济结构与发展趋势[*]

古今中外，所有城市不论起落兴衰，在每一个城市的周围，都并存着郊区农村。而且，即使农业生产非常发达，运输条件非常优越，也离不开其郊区农村提供的副食品，特别是那些鲜活副食品。可以说，城郊农业经济不是孤立存在的，它是伴随城市的形成而产生，又是伴随城市的扩大而发展，并与城市经济发展相辅相成，互相依托，这是经济和社会历史发展的必然趋势。

一 城郊农业经济形成的客观必然性

城市型农业经济是在经济、社会发展的条件下逐步形成的。

1. 城市市场对农副产品的需求，特别是对鲜活副食品的需求，是城郊型农业经济形成的最基本的客观条件

城乡人民日常生活所必需的农产品中，除了粮食之外，蔬菜、肉、鱼、蛋、禽、奶、水果等鲜活农副产品，因其营养价值较高，不但是人们生活必需的物资资料，也会影响到城市的存在和发展。城市是人口的集中地，对农副产品的需求量很大，尤其是对鲜活农副产品，都需每天随时食用，随时购买。由于蔬菜、鲜奶、肉、禽、鱼、水果等副食品容易腐烂，不易长途运输，在一定的生产力发展水平条件下，必然要求它们的生产地距离城市消费地越近越好。因此，城市郊区必然要承担鲜活农副产品的生产任务。

2. 交通运输便利，是城郊型农业经济形成的另一个重要因素

一些鲜活副食品如果交通便利，运输距离越近，其保鲜程度就越高，

---

[*] 原载《中国城郊经济学》，农业出版社，1989，第 166~199 页。

食用价值和商品价格也越高。相反，如果交通不便，运输距离较远，鲜活副食品往往易于失去应有的价值，造成经济上的损失和浪费。受交通运输条件影响，一般来说，在城市的近郊生产蔬菜、牛奶、活鱼等较多，在中郊生产禽蛋、肉类、粮食等，在远郊生产油料、牛羊、蜂蜜、兔等产品。例如，北京市的海淀、朝阳、丰台、石景山、大兴等区、县，以生产细菜、高档菜、牛奶、鲜花和活禽为主；昌平、顺义、通县等地，以生产粮食、干果、猪、禽、牛肉等为主；延庆、密云、怀柔、平谷、房山等县，以发展油料、树林和养殖牛、羊、兔、蜂等为主。

3. 城市市场强大的购买力，对城郊型农业经济的发展起着巨大的推动作用

城市是农副产品最大的消费市场，因为人口集中，对农产品的消费量大，而且消费水平和购买力也要比农村高得多。这有力地促进了城市郊区、县农副产品的生产，对城郊型农业经济的形成和发展也起着重要的作用。党的十一届三中全会以来，城市职工家庭收入水平的提高，更增加了生活费用的支出，也相应提高了城市的购买力。例如，西安市职工家庭每月人均生活费用支出，1983年达到42.44元，比1978年每月人均支出的25.35元，提高了67.4%；其中用于购买鲜活副食品的费用也相应增加。随着"对外开放、对内搞活"的经济政策的实行，各大城市也增加了郊区农民对副食品的需求。

近年来，由于城乡人民收入水平和生活消费水平的提高，对各类消费品的需求，都在由"数量型"向"质量型"转化，尽管鲜活商品价格高一些，群众也愿意购买。因此，大城市郊区、县的农业生产中，鲜、活、精、美的副食品，将会占有绝对的优势。

4. 城市市场的持续性，促进了城郊农业的不断发展

生活在城市的居民，每天都要求吃到新鲜、活嫩的农副食品，这样，必然要求鲜活副食品能够均衡上市。这也是城郊农业形成的客观因素之一。在我国北方城市，由于季节气候温差大，蔬菜生产的季节性和市场需求的持续性发生了矛盾，形成了蔬菜供应的淡、旺季。因此，我国北方的城市郊区农村，冬季都采用保护地生产蔬菜，以解决城市人民淡季对副食品的需求。随着工农业生产的进一步发展，要不断地采用先进的农业科学技术，控制大自然对农业生产的季节的影响；同时，积极发展鲜活畜产品、水产品和水果生产，加强贮藏、加工和运输的基础设施建设，加强地区之间的协作，就能保证城市市场供应的持续性。

二 "城郊型"特色的农业结构

城郊农业经济是城郊经济的主要组成部分，农业生产部门是城郊农村经济中最基础的部门。发展城郊经济，必须建立合理的城郊农业经济结构。农业是由劳动力、生物、物质、资金、产品、科学、技术、管理、信息、流通、市场等各种要素，在相互交错、相互关联、相互作用下，有机地组成了一个多层次复合式的生态——经济系统。这一复杂的系统在不同要素的不同组合状况下，会形成不同的农业经济结构，并且为人类和社会提供不同的经济效益。确定合理的城郊农业经济结构，实质上指的是确定具有城郊特色的农业经济结构。它所依据的原则有如下几方面。

1. 城市对农副产品的需求

大城市人口多，城市居民生活需求不仅是大量的，而且又是多种多样的。而郊区的自然资源和耕地都是有限的。因此，利用这有限的资源和耕地生产的产品，只能满足城市居民生活需要的一部分，也只能是不适宜远距离运输的农副产品，而且要以生产鲜活农副产品的生产部门为主。

2. 适应城郊农村经济自身发展的需要

过去实行的城郊农业生产方针，只片面强调郊区如何为城市服务，这当然是正确的。但往往忽视了加强郊区自身经济的发展问题，致使郊区经济不能迅速发展。由于城郊经济落后，也导致了为城市服务的方针不能很好地贯彻和实现。因此，要想使城郊更好地为城市服务，必须让郊区自身经济得以发展。

3. 充分利用城郊农村自然、经济资源条件

这是建立合理的农业经济结构所具备的客观基础。无论满足城市需要的程度，还是城郊农村自身经济发展的可能，都取决于本地区客观存在的自然、经济资源条件。但是各地区自然、经济资源差异性很大，生产力水平也不一致，而且城市和城郊是人口密集的区域，城郊自然资源虽然丰富，但按人口平均计算的资源占有量却相对不足。所以农副产品在质量上、数量上、品种上都不可能完全满足城市和城郊自身的多种多样的需要，常常造成供需矛盾很突出。因此，合理的城郊农业结构需要合理地利用自然、经济资源，不能满足于一次性产品开发，而要向产品的深加工发展，大力开发第二、三产业部门。

城郊特色的农业经济结构，作为一个多层次复合式的生态经济系统，可以根据不同的经济需要，不同的区域和交通状况，不同的生产发展过程，来划分结构形式和结构层次。城市和郊区具有相互依托、相互渗透、相互服务的密切关系，而且随着城市对郊区各领域的辐射扩散，按近郊—中郊—远郊顺序，形成了环形或扇形的不同经济发展层次。如果按城市对农副产品需要的数量和迫切程度划分，把蔬菜、牛奶、蛋类、鲜鱼、肉类五类鲜活农副产品放在首位，就突出地体现了城郊农业结构的特点。如果按区域划分生产部门和生产产品的结构，可分为以下几个层次。

第一层次，近郊是"开放型""城市型""科学化""商品化"比较高度发展的层次。近郊区离城市最近，交通运输更便利，能及时运送鲜活副食品，最先满足城市需要。因此近郊以生产多汁、易烂的鲜活农副产品为主，例如，种植业以蔬菜、花卉为主；养殖业以奶牛、养鱼为主；林果业以鲜果和绿化环境、营造防护林为主。

第二层次，中郊是比较开放的商品化农业层次。中郊区离城市稍远些，交通运输比较方便，农业以生产比较耐贮藏的根茎类蔬菜和果品类为主，粮食、经济作物和猪牛羊的饲养，也占有一定的比重。

第三层次，远郊是接近"封闭型"、自给自足的农区农业层次。远郊区离城市较远，交通运输路程较远，受城市影响小。一般以生产粮食和经济作物及猪牛羊饲养为主。其中在远郊的山区地带，以生产耐贮的水果、干果、其他林产品和饲养食草牲畜，或者进行草田轮作，生产饲料、饲草。

三　城郊种植业

1. 在近郊发展以蔬菜生产为主的种植业

蔬菜生产，对于城市经济发展，影响很大。它直接关系到城市人民的生活，关系到城市的生产和建设，关系到城郊更好地为城市服务的大问题。因而城市型种植业，特别是近郊区以蔬菜为主，发展副食品生产尤为重要。

现阶段，在我国人民的食物构成中，蔬菜地位仅次于粮食，是主要的副食品。对于人口高度集中的城市和工矿区来说，解决好蔬菜产销问题，保证居民的蔬菜供应，确是一件关系国计民生的大事。新中国成立以来，党和政府就十分重视蔬菜的产销工作，实行近郊以蔬菜生产为主，发展副食品生产。虽然在我国广大农村地区，无论农区、牧区、林区，以至于深山和渔岛，都有蔬菜生产，但是唯独在城市的近郊地区，才形成了大规模的蔬菜商品生产基地。使商品菜生产不断得到发展，成为城郊农业生产结构中的特殊门类。这是因为一方面由于农民利用城郊区域位置的优势，生产鲜嫩蔬菜，这种鲜嫩商品作为取得级差收益的手段；另一方面在生产和流通方面人为地实行封闭式行政控制模式，加速了蔬菜生产基地在近郊形成的进程。

蔬菜生产和其他种植业一样，随着不同地区、不同季节而变化，受自然规律的制约，具有明显的季节性、地域性和连续性。但是蔬菜生产也具有自身特点。

（1）商品性。蔬菜是水分多、体积大、易腐烂、不耐贮运，品种繁多的商品。目前，城市居民仍然是每天买菜每天吃，有严格的选择性，要求周年均衡供应，商品性很强。因而要求蔬菜的生产和供应必须适应商品经济的特点。

（2）鲜嫩性。蔬菜生产和供应具有强烈的时间性和地域性。要求就地生产就地消费，有些叶菜类早晨不消费，到晚上就枯黄腐烂，失去食用价值。随着人们生活水平的提高，讲求营养价值，要求蔬菜必须保持鲜嫩特色。

（3）集约化。蔬菜品种繁多，生长期不同，茬口复杂，复种指数高，栽培方法多样，技术性很强，要求精耕细作。在种植业中，蔬菜生产尤其在劳力、技术、资金和产量等都是比较密集的农业生产。俗称"十亩田一亩园"就是针对蔬菜生产说的。但是与发达的农业国家相比，集约化程度仍然很低。

我国地域辽阔，南方和北方，蔬菜的生产有很大差异。南方气温高，降水充足，一年四季生长蔬菜，可以常年均衡上市。北方一年四季明显，气温差别大，蔬菜生长季节性强，蔬菜供应淡、旺季明显。为了保证蔬菜均衡上市，采取一些补足供应的措施：在生产上错开播期，品种间提早、延晚，排开上市；通过中远郊的季节性菜田，生产便于贮运的瓜、豆等果菜、块根、块茎类蔬菜，组织均衡上市；管好越冬生长的蔬菜，充分利用旺季多余蔬菜进行加工贮藏；积极发展保护地蔬菜生产是满足淡季蔬菜供应的主要措施，从外地调入一些本地少有的花色品种，以调剂蔬菜的余缺。

近年来，蔬菜生产有较大的发展，在发展中也存在一些问题。

（1）由于消费量增大，商品菜必然增加，所以城郊蔬菜生产不仅由传统有机型农业向着石化型农业转变，而且机械化和保护地生产的逐步发展，商品性生产资料大量投入，使蔬菜成本大幅度提高，收益递减明显。

（2）城郊地区相对比农区环境污染严重，加上掠夺经营和品种退化等，蔬菜的生态环境恶化，使菜农收益也呈现递减的趋势。

（3）城郊乡镇企业，农村工业蓬勃发展，种菜不如务工经商收益高，菜农向工商业转移趋向明显。

（4）在生产成本提高，收益递减的条件下，一度采取微观经济内部实行"以工补菜"措施，使城郊蔬菜业又维持一般指令性计划，统购包销和价格倒挂，结果经营亏损严重，国家补贴大幅度增加。

（5）蔬菜生产还不够稳定，单产不高，技术进步缓慢，基本上还是靠天吃菜，所以蔬菜供应也时常出现时多时少，质量差。菜少时消费不足；菜多时，鲜菜返销和大量腐烂的现象，仍年年发生。

以上种种情况，造成了消费者不满意，生产者无生产积极性，国家倒挂补贴又日益增加。这三者都得不到利益，而且这三方面的矛盾影响了蔬菜生产的进一步发展。但是自党的十一届三中全会以来，随着家庭联产承包责任制的落实和农村政策进一步放宽，随着城郊经济的全面发展，特别是经过城乡经济体制改革，取消了统购制度，实行经营放开，使菜农的生产和经营积极性又高涨起来，蔬菜生产逐步由生产型向经营型转变。蔬菜生产出现了新的发展趋势。

（1）蔬菜生产开始出现由家庭承包的小型化经营向着种菜能手集中的大型化经营转变。落实和完善联产承包责任制过程中，菜田分包到户，出现了菜田经营分散化、小型化的过渡阶段之后，随着开放经营和蔬菜产销体制改革及理顺价格体系，蔬菜生产和经营又逐步向着集中化、大型化经营转变，蔬菜专业大户、蔬菜生产经营联合体已经大批涌现，成为蔬菜业的主力军。

（2）蔬菜生产基地已经冲破了"就近安排"的模式，已经走向了开放的道路。第一，近郊工商业迅速发展，原蔬菜生产基地由于劳动力的实际成本与机会成本增长而缺乏投资的积极性；相反，中远郊的一些地区，在调整生产结构中，主动地改种蔬菜，利用目前日益发展的交通条件，运输到城市市场销售，获得了比生产粮食和其他作物还高的收益。这样，使得近郊的蔬菜生产基地圈，逐渐向中远郊推移，这是当前各大城市普遍存在的状况。第二，在适宜蔬菜生产并有传统生产经验的地方，而且由于交通方便，又有贮藏设施，扩大了消费距离。这样的地方已经形成了一些大中城市远方的蔬菜生产、供应基地。辽南地区沿海城市的一些乡、镇、村和辽西地区北镇县的一些乡、村，都有这样的生产基地，它们的蔬菜远运销售到鞍山、沈阳、长春、哈尔滨等东北各大城市。这是商品经济高度发展和生产社会化的必然趋势。

（3）通过蔬菜产销体制改革和蔬菜价格体制改革，蔬菜生产和经营正朝着"服务城市，富裕农民，活跃市场，方便群众"的方向迈进。各大城市以蔬菜的统购包销体制改革为重点，进行了蔬菜流通体制和价格体制改革，实行开放经营，收到了很好的效果。改革后菜农生产积极性显著提高，上市蔬菜品种增多，质量提高，细菜增多，可食率明显提高。整个产供销工作出现了生机活力，蔬菜生产已经呈现出一个大发展的势头，正朝着专业化、商品化、现代化方向发展。

2. 在中远郊发展以饲料生产为主的城郊粮食生产

长期以来，粮食生产在城郊种植业中占有很大的比重。据统计，1978年到1981年的四年中，11个大城市[①]平均每年粮食生产用的耕地为4063万亩，占全部耕地面积的96.5%，平均每年产粮250亿斤。不仅满足了城郊自身的粮食需求，而且通过征购向国家提供了一部分商品粮。1980年到1982年三年间，国家在这11个大城市郊县共收购商品粮150.8亿斤，占这些城市总销售量的26%。因此说，尽管城郊的农业生产方针有别于一般农区，重点放在发展蔬菜和副食品生产上，但粮食生产仍占有重要的地位。

目前我国城郊种植业中，粮食生产占有相当大的比重，这是在一定历史条件下形成的，主要有以下几个方面原因。

（1）传统农业的继承性。城郊农业是随着城乡间商品经济的发展而从农区型农业逐步演变而来的。在未完成其演变前，城郊地区仍处于农区农业状态，粮食生产本来就占有绝对大的比重。长期以来，我国城乡间的商品经济并不发达，同时又缺乏一些更高收益的生产门类取而代之，使得城郊地区的农业向城郊型农业转变得十分缓慢。

（2）城市市场的需求性。城郊种植业由于具有历史性的良好生态环境，

---

① 十一个大城市包括北京、天津、上海、沈阳、武汉、广州、成都、重庆、西安、南京、哈尔滨，下同。

长期以来生产一些有传统特色的粮食供应城市市场，例如，广州郊区县生产的丝苗米、血糯米，江南的上白粳米（上海俗称"大米"），天津的小站稻等，销售价格也较高。这些优质粮食生产，由于生态环境的关系，其他地区一时又难以代替，一般都在城郊地区保持下来。

（3）城郊自身对粮食的需求性。我国粮食生产水平较低，粮食总产量和人均占有水平不高。城郊地区和其他地区一样对粮食有多方面的需求，首先是满足自身口粮的需要；其次发展养殖业需要饲料；最后为保持继续生产，需要种子。在难以从外市外地区调入的情况下，只有保持一定面积的粮食生产。

（4）国家粮食政策的制约性。长期以来，我国实行了"一刀切"的粮食统购包销政策，不顾及城郊地区特点，规定凡是能种粮食的都得种粮的政策。这样，极大地限制了一些本来按照机会成本和比较利益的原则，放弃改种城市市场迫切需要的作物。影响了作为城郊型农业主要特点的副食品生产。

由此可见，城郊种植业保持粮食生产，是必然的。但是过去保持这样大的比例，主要是政策上的原因，并不是城郊农业按照自身发展规律的要求。一些城市由于粮食生产长时期占地面积过大，已经制约了城郊型农业的发展和宏观、微观方面的经济效益。例如，深圳市毗邻港澳，利用土地发展高档鲜活副食品，以提高经济效益有极大潜力，然而深圳郊县——宝安县人均负担的征购粮任务高于全省，使得鲜活副食品生产所需的饲料，不得不用大量外汇从香港进口粮食，而这粮食恰恰是我国内地出口的。其他一些大城市几乎都存在由于粮食短缺影响副食品生产发展的问题。从武汉市现有粮食分配状况看，口粮占粮食总产的62%，国家征购量占20.6%，种子占7.4%，饲料粮也只占7.4%。由于饲料粮很有限，家庭养猪所需饲料只能供应实际需要的1/3，所以郊县上调城市的商品猪头数只占区域供应量的13%。随着城乡人民生活水平的提高，对肉类、牛奶、禽蛋、鲜鱼的消费量必将有较大幅度的增加，饲料粮现有数量显然低的太多，需要大大提高。上海市到20世纪末，由于城乡人民生活水平的提高和城乡建设需要增加的粮食和副食品消费量，要相当于现有耕地的30%以上，除去农业可能增产饲料报酬率的提高因素外，仍有10亿公斤左右的粮食缺口。沈阳市1984年粮食达到了历史最高产量23.25亿公斤，但全市征购粮和农村包括饲料粮在内的各种消费用粮大约需要25亿公斤，仍存在粮食缺口问题，而且是远远不能满足需要的低水平缺口。

粮食是副食品生产的基础，副食品生产是城郊农业经济发展的主导行业。从城郊农业经济发展的趋势看，城郊副食品生产要大发展。但是粮食决定了副食品生产的发展速度和发展规模。粮食充足了，副食品生产就能迅速发展。如沈阳市 1980~1984 年粮食连续丰收，由 15.75 亿公斤增加到 23.25 亿公斤，随之猪、牛、羊肉也由 3600 万公斤增加到 5000 万公斤。然而粮食匮乏时，只能维持人类生存需要，无余力发展副食品生产。同时粮食直接影响农副产品的初加工和深加工的范围和深度，直接影响社会需求和经济效益。可以看到，副食品加工业及不少工业生产也必须以粮食做原料，例如，大麦酿造啤酒，大豆制作各种豆制品，绿豆制作各种解暑饮料。这些大豆、大麦、绿豆、芝麻等目前均是产不应销，供不应求。

今后城郊地区的粮食生产，除了保证城乡人民一部分口粮（细粮）或特殊粮食外，首先，必须发展用于养殖业所需要的饲料粮生产。生产饲料粮为生产城市市场需要的肉、蛋、奶、鱼等副食品服务，这是城郊由农区农业向城市农业过渡所不可缺少的先决条件。因此，各大城市郊区应根据本身生态条件，逐步把一部分粮田改为种植比粮食产量高、营养价值丰富的饲料作物。其次，必须发展乡镇企业，利用农副产品进行深加工，使农副产品再增值，获得更高经济效益。要使方兴未艾的乡镇企业更具有生命力，仍然要以粮食生产为先导，尤其大力发展以粮食及副食品加工生产为主的乡镇企业。

鉴于目前城郊种植业生产还比较落后，为了加快副食品的生产，整个城郊在全国粮食不富裕的情况下，一定要牢固树立"决不放松粮食生产"的指导思想；粮食的生产布局一定适应副食品发展需要的有效途径；建立多层次农业生产结构，实现粮食生产良性循环；妥善处理好粮食生产和发展副食品生产的关系。总之，为了加快粮食和副食品两个基地建设，应当采取双重战略：城郊种植业，在近郊发展以蔬菜生产为主，发展副食品生产；在远郊发展以饲料粮生产为主，发展粮食生产，促进养殖业、种植业、乡镇企业的同步发展，更有效地为城市服务。

四 城郊养殖业

城郊养殖业主要包括畜牧业和渔业，是为城市市场生产除蔬菜以外的肉、蛋、禽、奶、鱼、虾等副食品的产业。党和国家在 1959 年就指出："必须大力加强郊区副食品生产基地建设"，并明确规定"凡是城市郊区，都应当为城市生产副食品"①；1973 年又重申了城郊的生产"应当以生产蔬菜为主，同时生产其他副食品"②；1975 年中央又发出了城市郊区建设副食品生产基地的指示。中央的方针政策对于城郊经济的发展起了积极的推动作用。

但是副食品生产在城市近郊地区，并没有大量发展起来，而在中、远郊地区都有较大发展。这是因为近郊地区人多地少，除菜农由国家供应返销粮外，一般都没有多少余粮可用于养殖业；中、远郊地区一般人均耕地比近郊多，除口粮、种子粮外，尚有一定的余粮用来发展养殖业。此外，近郊由于工业发达，劳动力的机会成本较高，经济收入高，副食品生产不易发展，而在经济收入水平较低的中、远郊地区则易于发展。例如，沈阳市郊区县生产的猪肉，近郊占 23%，中、远郊占 77%。天津市近郊四个郊区生产的副食品，只是五个郊县生产的 10%～25%。尽管中、远郊生产的副食品较多，也仍然不能满足城市市场的需求。据统计，11 个大城市 1980～1982 年郊区县每年向城市市场提供各种副食品价值（按 1980 年不变价格计算）共 38.2 亿元，平均每个市民占有 111.55 元，占总消费量的 47%。另外一半以上不能就近生产鲜活副食品，因而，每年还需要从外地调入大量的副食品。以同期为例，调入副食品价值达 53.8 亿元。调入数量占 11 市总销售量的比例为：蔬菜 12%、蛋 73.5%、鱼 54.3%、水果 84.9%、肉类 59.9%。由于鲜活副食品的购销调运，造成了很大损失。11 市平均每百公斤副食品亏损额为：蛋类 38.84 元、水鱼 27.70 元、果 1.44 元、猪肉 47.52 元、牛肉 97.24 元、羊肉 79.20 元、禽肉 67.26 元、粮食 6.04 元，各类亏损每个市民每年平均靠国家补贴 64 元。总之，长期以来城郊副食品的生产和供应存在着供应能力小，社会经济效益差，亏损严重，国家财政补贴随着市民消费水平提高和农业国民收入增加而大幅度增加。

造成上述状况的原因主要是忽视城郊农业经济的特点，尤其忽视了发展城郊养殖业的重要性。城市郊区有优越的地理位置，丰富的经济资源，巨大的副食品市场，灵活的经济信息，应该成为发达的商品经济区。这种

---

① 《中共中央关于大、中城市郊区发展副食品生产的指示》。
② 《全国蔬菜工作会议纪要》。

商品经济表现为，农副产品生产的就近性、运输的迅速性、销售经营的经济性、副食品的鲜活性、消费时间的持续性、副食品数量的巨大性。再从农业经济类型上看，我国城郊型农业，是由一般农区型农业的"自然经济型"过渡发展而来的，要逐步形成"城市型""商业型""科学型"的农业经济。

为了从根本上改变上述状况，发展城郊养殖业，必须注意以下几方面。

1. 在指导思想上

（1）满足城乡社会需要和城市市场需求。城郊养殖业应突出地发展，为城市生产建设和城市人民生活提供"鲜、活、嫩"的副食品和优质的食品加工业原料。发展其他乡村地区较为困难的生产门类，包括易磨易损、不宜长途运输的并具有独特资源和具有技术优势的，有较强竞争能力的鲜活副食品。在沿海城市和具有外贸条件的城郊地区，要同时依托国内、国外两个市场，发展鲜、活、精、美的副食品，逐步形成贸工农型生产结构。

（2）充分利用资源，保护资源，保持生态平衡。长期以来，只单一的利用耕地，面对其他资源如荒山、水面、滩涂、草甸等利用得不够，或根本不利用，甚至毁林、毁果、填塘、围湖造田，进行掠夺式的生产。近年来调整了城郊农业结构，一方面注意开发了那些尚未利用的资源，用荒山、草甸发展林果业，大量饲养食草的牛、羊、兔等，利用塘、库、湖、滩饲养鱼、虾、贝、蟹等；另一方面调整过去利用不合理或改造被毁坏的资源，退耕还林、还牧、还渔、还草，开发新的生产门路，变恶性循环为良性循环。

（3）调整城郊的传统粮食生产结构，实行就地转化粮食为饲料。过去城郊几乎和农区一样，处于自给、半自给的农业经济状态，粮食生产占很大比重。例如，沈阳市郊区在1976年前，粮豆播种面积占总播种面积都在84%以上，种植业产值占农业总产值75%以上。城郊有这么大的种植业比重，而且变化又缓慢，亟待调整。调整的目标，就是为发展城郊养殖业，将郊区生产的粗粮、杂粮等，就地转化为饲料。城郊的粮食生产，今后在城郊农业经济发展中，仍然会占重要的地位，主要在于为发展养殖业提供饲料。

（4）发展城郊养殖业，必须讲究经济效益。养殖业的生产发展，要有利于提高经济效果、技术效果和社会效果。新发展起来的养殖专业户、重点户、联合体，在生产和经营上，之所以具有很强的生命力，最明显的就是以经济效益为其出发点。

2. 在战略目标上城郊养殖业的发展战略，应当与整个城郊农业经济的发展战略相一致。那就是要以服务城市，富裕农村为前提和目标

服务城市就是要以城市需要为出发点，满足城市建设和人民生活需求为目的。城市人口集中，对畜产品、水产品的需求量大。目前，各大城市都存在着由于需求量大，而对城郊养殖业生产产生依赖性，供需矛盾突出。它不仅表现在供应数量不足，而且表现在城市居民要求副食品供应要保持"稳定性、可靠性、经济性"上。为防止在产、购、调之间，淡、旺季之间，运输、贮藏和加工各环节之间，产生更大的矛盾和带来各种问题，城市肉、蛋、奶、鱼的供应力求最大限度地就近生产、就近供应，特别是要改变国家经营肉、禽、蛋、鱼等长期亏损的局面。只有贯彻发展城郊养殖业服务于城市的方针，才能得到根本性的改变。而且只有满足不断增长的城市人口生活中巨大需求量，为城市服务，城郊养殖业才有广阔的发展前途。

富裕农村是要依托城市，利用城市的技术、市场、经济上的优势。首先，大力发展养殖业。为城市增加鲜、活、嫩的副食品，增加城郊农民的经济收入，提高农民的生活水平，增加农村的社会财富。其次，改变城郊地区的产业结构，促进多产业、多部门的城郊经济发展；为城郊农村剩余劳动力就业开辟新的门路，为有效地利用城郊较多的剩余劳动力展现广阔的前景，做到人尽其才，为社会、经济发展创造出更多财富，使农民通过劳动很快地富裕起来。

3. 在战略决策上城郊养殖业的发展，要因地制宜，发挥不同的优势，不能一个模式，也不能一刀切，要进行合理的结构调整和生产布局

（1）在整个城郊农业经济的总体结构中，应当提高养殖业的比重。养殖业产品的商品量和商品率要适应城市人民增长的需要。

（2）在养殖业产品结构中，在近郊要大力抓奶、蛋、鱼生产，同时在中、远郊加强猪、牛、羊肉的生产，实现养殖业产品多样化，多层次地利用现有资源，满足城乡人民生活需要。

（3）在生产经营上，重点解决产、供、销脱节的矛盾，改革生产经营体制，搞好计划落实、统计监督，做好综合平衡，实行产、供、销一条龙，牧工商、渔工商综合经营，生产向专业化、社会化、现代化发展。

（4）发展养殖业生产，要实行多种所有制，实行多层次的生产形式。

要以家庭饲养为起点,专业户、重点户为重点,国营、集体养殖业在良种繁育、饲料配合、技术普及、疫病防治等方面起骨干、示范作用。实现国营、集体、联合体、个体一齐上,不断完善养殖业的经营体制。

(5) 在生产技术上,坚持向知识密集型方向发展,走"科学型"养殖业发展道路。将现有科技成果迅速应用到生产上去,使潜在的生产力变为直接生产力。一方面抓好良种、饲料、防病三大基础工作;一方面利用城市技术力量,抓好科技知识的普及工作,逐步形成科学管理、科学饲养的先进模式。在较短时间,用较少投资,提高养殖业的生产水平。

(6) 在产品销售上,疏理流通渠道,实行多条渠道,开放经营。要解决"买生产资料难""生产经营难""卖猪难""卖蛋难"等的局面,必须活跃市场,实行以国营渠道为主,充分利用各种经济杠杆手段,例如,价格、税收、工商管理等起调节作用。同时发挥集体、联合体、个体等各种渠道的作用,多条渠道一齐上,尤其充分发挥城乡农贸集市的巨大作用,实现开放经营。

(7) 在城郊应调减粮食征购任务。实行以粮换肉、换蛋、换奶,可用增加鲜活副食品的商品量代替征购粮任务。调整作物布局要采取实事求是态度,应改变鲜活副食品远途运输费用高于粮食的价值观念,同时从实际出发调整作物布局,增加饲料粮的生产,适应城郊养殖业发展。

五 城郊林果业

城郊农业经济中,林业与水果生产占有极其重要的地位,长期以来,却没有得到应有的发展,是城郊农业经济结构中的薄弱环节。表现为:①林地占有面积少。1981年11个大城市有林地1073万亩,只占总土地面积约9%,就森林覆盖率而言,大多数城郊均低于全国平均水平。②提供水果少。1980~1982年,年均供水果11.85亿斤,满足市场需要的45.26%。广州市有"岭南果乡"之称,1954年水果总产已达11350万公斤,但到1979年总产反而减为6000万公斤。

林果业之所以在城郊地区成为"短板",一方面是级差地租的作用,使得城郊土地有较高的影子价格,利用城郊土地经营其他各业,在同等条件下可望得到比林果业更多的经济收入;另一方面是发展林果生产,投资周期较长,经济效益慢,再加上有一些城市郊区过去由于"左"的思想影响,所有制变动频繁，而每次所有制的变动都首先冲击林业，砍树成风。所以，在大多数城市郊区，林果业的发展长期以来出现相对停滞的局面，只是近年来随着农村政策的放宽，才逐步恢复生机。

1. 城郊林业的特殊地位和作用

城郊林业，是城乡建设总体规划中不可缺少的组成部分。它的发展，对于从根本上改善城市和城郊自然环境，促进现代化建设具有极其重要的作用。但是过去一直不重视城郊林业发展，而且一些地方把原有林带也由于扩大建设而砍光。现在，城郊林业在城乡建设中的特殊地位和作用已经越来越被人们所认识。如果不注意发展林业，就会给人类带来十几年、几十年，甚至几百年的生态灾难。城郊林业的特殊作用主要表现在：城郊林业在净化城市、保护环境、促进良性生态循环具有极大作用。

在城郊发展林业，是改善城乡生态环境，发挥城郊作为城市生态屏障作用的一项重要战略措施。随着城市人口的激增，特别是工业的迅猛发展，市区生活环境，包括空气和水等日益受到严重污染。大气中的病菌和工业排出的有害气体，工厂排出的污水，已经给人民的生命和健康带来了极大的危害。另外，城市内各种交杂喧闹的噪声也是现代化城市严重的物理污染，同样损害人民的健康。要解决这些严重的污染问题，重要的途径就在于植树造林，绿化城市和郊区，发挥森林净化空气、美化环境、减弱或消除噪声方面的特殊功能。

森林是吸碳放氧的"绿色工厂"，每棵树既是氧气发生器，又是二氧化碳的吸收器。据测定，一亩阔叶林，每天可吸收二氧化碳67公斤，排放氧气49公斤，而一个成年人每日需氧气0.75公斤，排放二氧化碳0.9公斤。人的呼吸加上工业、交通和生活燃料产生的大量的二氧化碳和其他有害气体使空气中氧气已经不能满足人民呼吸的正常需要。为保持大气含氧量的稳定，平均每人必须拥有140平方米的树林，但是目前我国的绝大部分城市都远远没有达到上述标准。

树林是天然的过滤器。据测定，每亩林地每年可吸尘2～4.66吨。我国一些大城市如武汉、沈阳、鞍山是工业基地，每时每刻都产生大量烟尘和毒气，仅武钢一年放出的烟尘大约12万吨，二氧化碳15万吨。这些气体除了直接毒害着人民的健康外，也污染了牲畜和蔬菜的生产，又间接地危害了人类。

不少树木可分泌"植物杀菌素"，具有很好的杀菌作用。有关部门测定，闹市区每立方米空气含病菌竟达 500 万个，而绿化的街道只有 6 万个，公园只剩 1000 个左右，而大森林中的空气很少含有病菌。

森林还是良好的"消声器"，可把对人有害的噪声降低到对人无害的程度。

可见，作为"绿色工厂""过滤器""杀菌素""消声器"的城郊林业，在净化城市，保护环境，促进城乡生态平衡等诸方面的价值，远远超出林产品、林副产品本身的价值。因此说，为保护城市建设事业，保卫人类健康，城郊林业具有特殊的重要意义。

不仅如此，城郊林业的发展，也是种植业、畜牧业稳产高产的保证。在整个农业生产中，农、林、牧互相依赖、互相制约，关联密切，三者是农业经济发展的基础。

林业促进种植业和畜牧业的发展，这是因为：

（1）森林能涵养水源、保持水土。凡是在一定范围内有一定规模的森林，或有均匀分布的林带、林网，就能形成一个优越的气候区。森林是一个"绿色水库"。据统计，有林区域，树冠可截留 10%～23% 的降雨。在森林中，50%～80% 的降雨可以慢慢地渗入土层，大约 5 万亩森林所蓄的水量，就差不多顶一个 100 万方的小水库。因此，植树造林就是蓄水于土，对农业用水和牧场的发展将起极大作用，是城郊农业、牧业增加产量的保证。

（2）森林可以调节小气候。在森林或林带的作用下，农田湿度一般可提高 3%～28%，绝对湿度一般可提高 1～8 毫巴，从而使水分蒸发量减少，相对地增加了降水量。同时林带、林网使风速降低 22%。由于改善了小气候，既减免了风沙对农作物和牧场的危害，又防御了春寒和霜冻的侵扰，同样为种植业、畜牧业稳产高产创造了良好的生态条件。

（3）森林有提高植物体光合作用的能力。树冠对阳光的反射作用很强，增加了对周围植物体的辐射和散射。据测定，有林地可比无林地增加 33% 的辐射能量，有利于增强作物的光合作用。因此发展林业，可使农业增产、牧场水草繁茂，对促进种植业、畜牧业的大发展，效果十分明显。

我国城市和城郊的森林覆盖率一般都低于全国平均水平，所以在城市绿化环境、种草栽花，增加绿地覆盖面积；在城郊大力发展林业，建设农田林网，防风沙，蓄气水，改善生态环境和气候条件，为人们提供一个舒适优美的生活环境，又给农牧业生产大丰收创造了条件。

2. 城郊林业发展战略

根据服务城市和城郊经济发展的需要和可能，提出城市型的林业发展战略目标，这就是要建立以森林包围城市的综合防护体系。具体地说，在城镇村发展四旁植树种草，营造卫生林、风景林，营造绿地公园；田野大地营造防护林；城郊山区丘陵营造用材林、果树林、经济林等，进行全面绿化。到20世纪末，森林覆盖率达到30%～35%，建成城郊山绿水清、农田林网、四旁林荫、林果成片，城市林荫草地、花香鸟语、烟消尘落、空气清新的良好生态环境，实现净化城市、美化环境，为城乡人民生活、生产建设服务的方针，促进工农业生产和城乡经济全面协调发展。

为实现城郊林业的战略目标和战略方针，必须提高森林覆盖率，增加绿化面积。首先进行城市和郊区统筹规划，合理布局。坚持因地制宜的原则，每个城市和所属郊区建立具有本市特色的城市型林业生产结构。其次是扩大造林面积。这项措施是各个城市的郊区增加森林覆盖率的关键问题。有山地、丘陵的地方，抓好荒山绿化和草场建设；有水库、河流、湖泊的地方，抓好护岸林、护堤林的建设；在平原地区抓好农田防护林的建设。最后是增加造林面积，要以农田林网化和"四旁"绿化为重点注意发展一定数量的薪炭林。抓好绿化改善郊区自然环境，在保障农牧业稳产高产的同时，又可提供一定数量的民用木材。特别应当注意到现阶段人民群众对薪炭林和林副产品的需要。郊区农民燃料供应困难，解决烧柴困难的主要途径，就是大力发展薪炭林。另外，在有条件的地方，适当发展果树和其他经济林及其副产物的生产，以满足人民生活、生产需要。

3. 城郊果树生产的特点和作用

我国从南方到北方，在大城市郊区都有果树生产。果树生产要同林业结合起来发展，不但提高经济收入，而且又增加了绿化面积。果树和其他林木一样，一般为多年生木本植物，根系分布深，寿命长，吸收水分、养分和耐旱能力都很强，不需经常翻耕，可不占或少占耕地面积，可以利用城郊的荒坡、低丘台地种植果树林、风景林，作用很好。城市对鲜果的需求量较大，食品加工能力也较强，所以在城郊发展果树生产，并且在条件适应的城郊或城区，就近发展水果加工业，在同等条件下，其经济收入往往高于其他作物的生产收入；从而对城郊果树生产十分有利。北京市郊区，利用丘陵、荒山种植果树，经过几年的努力，对补足北京水果市场起了很大的作用。南方城市郊区水果资源十分丰富，水果生产不仅满足本市供应，而且可以大量调出支援其他地方。一些好的品种出口中国港澳、南亚、欧洲、美国等地区，为国家增加大量的外汇收入。广州市郊不仅水果资源丰富，而且果树生产历史悠久。荔枝已有两千多年的文字记载，常见的水果就有 60 种以上。其中荔枝、柑橘、菠萝、香蕉被誉为"四大名果"。北方城市郊区也有适宜当地特点的水果生产，但品种较少。沈阳市郊水果生产主要是一些耐寒和易腐烂，不便远运的品种，如葡萄、草莓、苹果、梨、苹果梨、山楂等。这些水果不能满足城市众多人口的需求，每年必须从水果产地运入大量水果，填充市场。

在生产技术和自然环境限制的情况下，以及水果本身是多汁易烂的食品，作为城郊的果树生产，具有特殊的作用。随着城市人民生活水平日益提高，食品构成发生了变化，对水果需求量也逐渐扩大。城郊发展果树生产，对于增加城市水果供应有巨大作用。一些干果和耐贮的鲜果可以从产地调入，但一些易烂水果，不能长途运输，最好在城郊就近生产，就近供应。第一，城市郊区生产的水果可以补充市场淡季供应，增加供应的数量和提高质量。第二，能及时地满足城市人民生活的多种需要。第三，城郊农村发展果树生产，能充分有效地利用各种地理资源。第四，农民增加了更多的经济收入，生活富裕起来。

4. 城郊果树生产发展的方向

（1）发展易腐烂、不耐贮藏的水果品种。水果营养丰富，含有人体需要的多种维生素，是人民生活重要的副食品。但是成熟以后，水分多，贮藏时间短，稍不注意就腐烂变质，不能食用。如果经过长途运输，损失较大。尤其目前我国交通运输紧张，运输不及时，造成经济上的浪费。因此，在城郊农村发展那些容易腐烂的，甚至早上采收后不消费，到晚上就会变味变质的水果。如草莓、葡萄、猕猴桃等，还要发展一些适合加工水果食品的原料品种。

（2）在城郊因地制宜地建立水果生产基地。城郊农村自然条件好，大部分是有山有水，地形多样、气候适宜、资源丰富，适合栽种各种果树。可以根据本地区的自然资源，发展传统的高产水果品种，建立生产基地。例如，广州水果种类繁多，可以根据地形生态特点分为两大区：一个是平原区，河网交错，形成一个特殊的果菜生态系统，重点发展香蕉、龙眼、木瓜、黄皮、杨桃、甘蔗、番石榴等，是杂果生产基地；另一个是丘陵台地果区，果树与河谷丘陵交错，是以荔枝、甜橙为骨干品种的水果基地。

（3）逐步实现水果的生产、加工、贮藏、销售综合发展。由于南方和北方、东部和西部各大城市郊区的自然条件和生物资源各有差异，生产的水果品种也不一样。在适宜某一地方所生产的水果，往往生产量很大，本地过剩必须外销和贮藏。但有的水果易烂，为了不导致损失，在可能的情况下发展水果加工业，生产罐头、饮料、果酱等，这样就可以延长销售时间，形成水果生产、加工、贮藏、销售的综合发展。

（4）城郊水果生产力争外贸出口。水果也是我国外贸出口的重要商品，而且是副食品出口体系中重要的组成部分。我国一些大城市郊区已经从依托国内城市和国外两个市场出发，发展出口水果生产。广州的岭南荔枝、漳州市的柑橘、天津的杨梅、大连的黄桃等在国际市场上具有较大的竞争力，每年为国家换回大量的外汇。各市郊区都有发展创汇水果品种的潜力，积极建立"贸工农"型生产结构形式，大力发展出口的水果及其加工食品，提高出口水果在国际市场上的竞争力，应该做到：①急需品种要优选和发掘乡土良种同引进国外优异品种相结合。②大力生产水果加工品，并实现两个转变，一是从主要出口初级产品向主要出口最终加工成品转变；二是从粗加工向精度、深度加工转变，增加外汇收入。③急需改变水果包装装潢问题。包装不精美，影响了产品出口，这也是产品在国际市场上不景气的一个重要原因。要采取措施，迎头赶上去。

六　城郊观赏农业

城郊观赏农业的兴起和发展，是"城市型"农业发展的重要特征之一。发展观赏农业是建立"城市型"农业的重要内容之一。什么叫观赏农业呢？所谓观赏农业，是指为市场提供美化环境、供人们观赏、满足人们精神享受所生产的鲜活动植物产品的农业。例如，花卉、树木、盆景、金鱼、鸟类、虫类、训化动物等，用以美化市容，点缀装备公园、街景，美化装饰庭院、房间，为人们创造一个美观舒适、秀丽典雅的工作生活环境。观赏农业给人们以"美"的享受，陶冶情操，唤起生活情趣，使人们时刻保持精力旺盛，勇于向上的进取精神，使人民精神饱满地参加"四化"建设，在现代化事业中，发挥积极性和创造性。

近年来，观赏农业在国际上发展较为迅速，一些发达国家在进入高消费时期，对观赏农业产品的需求大幅度增加。以花卉为例：全世界年消费总额达 100 多亿美元，在国际市场上花卉交易额达 30 多亿美元。在美国、英国、法国、日本、苏联等许多国家，鲜花市场很兴盛，花卉商店处处可见，人们把馈赠鲜花当做平时最珍贵的礼物。香港花卉、盆景市场很大，来自日本和我国台湾的花卉盆景占领了我国香港的主要市场，广州郊区的花卉在我国香港市场只占 8% 左右。

在我国，观赏农业是城郊型农业中一个新兴的生产门类。大城市郊区、县，由于邻近城市市场，历史上就有观赏农业的生产，只是由于长期以来商品经济不发达，才没有发展成为具有一定规模的生产门类。但近年来，随着人民生活水平的提高，城郊经济的活跃和商品经济的发展，观赏农业的发展越来越受到重视，从南方到北方都在逐步进入了一个新的发展时期，呈现出方兴未艾的大好形势。广州郊区历史上就有生产"花鸟鱼虫"的传说，素有"花城"之称。花卉品种繁多，生产的盆景具有独特的"岭南风格"。观赏鱼的传统品种就有 20 多个，热带观赏鱼也有 30 多个品种。广州市的花卉在国内十多个省都有较好的销路。更主要的是，广州的"花鸟鱼虫"在香港和其他国家的市场上有一定的竞争力，1984 年广州郊区出口"花鸟鱼虫"等观赏农业产品创汇 646 万美元，居全国之首。目前广州市提出在郊区、县建立"七鲜"：鲜菜、鲜鱼、鲜奶、鲜肉、鲜蛋、鲜果、鲜花的产品生产基地，其中已建立起四万多亩鲜花生产基地，并与外商联营，引进国外的奇花异草，发展观赏农业。广州郊区的鹤洞乡是有名的花卉之乡，一年就可以生产和出口 100 多万美元的花卉。乡里一名养花专业户叶兆伟，利用住宅阳台发展珍贵名花"金茶花"的生产，年收入 3 万余元。北京市丰台区黄土岗乡也建立了几千亩花卉苗木生产基地。

城郊地区的观赏农业之所以有前途，是由供给和需求两方面因素决定的。一方面，由于级差地租的作用，尤其在近郊地区，继续维持原有的（蔬菜、畜牧业）生产结构，也难以与城郊的高收入相适应，从而迫切要求开发能获得更高收益的新兴生产门类；另一方面，随着城乡居民购买力的提高，人的消费构成起了很大变化，不仅要求高档物质的消费，而且对精神消费的需求也逐步增长起来，因而对观赏农业产品的需要越来越大。

城郊观赏农业是价值较高的生产门类，具有广阔的国内外市场。从发展的趋势看，国际市场先不论，仅就国内市场看，不仅具有现阶段的城市市场，而且将会有广大农区的乡村市场。随着我国农业现代化经济的大发展，农民生活消费水平的日益提高，不仅仅限于吃得好、穿得好，而且要求住得好。农民盖楼房，建庭院，屡见不鲜，讲究舒适、美观的生活方式，也是我国农民的普遍心愿。我国坚持实行农村改革和实行有利于农民劳动致富的政策，农民的生活消费和生活方式一定会与城市人民一起提高，同步发展，对"美"的生活环境、"美"的生活消费品的需求量，会极大地增加。因此，城郊的观赏农业将会打破城郊的区域性，变成整个农村地区农业经济中一项普遍的生产门类——观赏农业，其发展具有广阔前景。

为使观赏农业得到进一步发展，当前需要解决以下几个问题。

（1）因地制宜地建立观赏农业生产基地。发挥本地优势，发展"拳头"产品，尽快形成专业化生产，扩大生产规模，实行国家、集体和个人一齐上。

（2）积极开拓利用国内外两个市场。除了开拓、扩大国内市场外，在有条件的地方，建立对外出口观赏农业产品的生产基地，生产多种观赏农业产品。特别注意发展传统品种，占领国际市场，多创外汇。

（3）发展观赏农业，在现有的基础上，逐步建立现代化生产基地，采用先进技术，不断更新技艺、品种，做到引进和开发相结合，培育出更多的优良品种，满足国内外市场需要。

（4）建立观赏农业开发、研究机构，研究观赏农业的发展规律，提供有关生产、销售、出口、科研、培育、引进及交流新品种、新技术等方面的有效服务。研究观赏农业的生产方针、政策、法规等有关问题。目前，全国已建立了花卉盆景协会，北京市成立了花卉生产联合公司。

七　城郊农业发展的总体趋势

我国城郊地区的农业，就大多数城市的郊区、县来说，尚处在由农区型农业向城市型农业转变的过程中。在全国范围内还没有形成一种完善的、发达的城市型农业。但是随着城乡经济的逐步发展，城市型农业经济会逐步发达、完善起来。之后，再经过若干长的时期，同样随着城乡经济的进一步发展，尤其是工农结合、城乡融合的实现，城市型农业将会伴随城市和乡村一体化而消失。当然，这个演变过程是长期的，不可能一下子完成，而是有先有后、有快有慢。根据我国地区经济发达程度推断，城郊农业大体上要形成由南方到北方，由沿海到内地的这样一种梯度发展趋势。这个发展趋势，完全是由我国商品经济和社会生产力的发展水平所决定的。目前，从城郊农业发展的趋势上看有以下几个特点。

1. 城郊农业将向着商品化、专业化、社会化的农业综合发展

农业发展，一般都要经历由自给性、半自给性农业向商品性农业发展，由传统农业技术向现代化农业技术发展，由"小而全""大而全"向专业化、社会化生产发展的过程。城市郊区、县是农业商品生产最发达的地区，农业生产技术水平较高，所以农业发展的过程比一般地区要快得多。近年来，经过进行深入的农村体制改革，进行了农村产业结构和农业生产结构的调整，又进行了计划体制、流通体制和价格体制的改革，较大地促进了农民生产和经营积极性、提高了劳动生产率、土地生产率和农产品的商品率。城郊自然生产力的提高以及商品经济得到迅速发展，农业生产的社会分工越来越细，协作范围也越来越广。许多农业生产的基层单位逐步摆脱了"小而全"的结构，不再承担某种产品生产的全过程，其承担生产中间成品，或只承担一部分产品，或某项作业。一种产品是通过若干企业分工协作而共同生产的，如肉用鸡是由种蛋厂、屠宰厂、饲料加工厂、孵化厂等共同生产的产品。生产过程专业化的生产水平有了进一步提高，农业生产社会化发展也越来越快，有的已越出地区和国家的界限，形成了强大的社会生产力。一些郊区的乡村，采用现代化设备、现代化技术和现代化管理方法，实行农业工厂化生产。例如，上海郊区马陆乡马陆大队水稻生产育秧工厂化，从育秧到收割脱粒基本上全部实行机械化操作，提高了劳动生产率，减轻了务农劳动力的劳动强度。

城郊农业生产商品化、专业化、社会化、现代化的发展，促进了城郊的自然资源、经济资源的合理利用，不仅农、林、牧、副、渔生产获得全面发展。工、农、商、服、运、科技和教育等各行业也比农区发展得快，出现了很多新型农（林、牧、渔）工商、商工农、贸工农各种结构综合经营。城郊的多种经营和多种生产项目的发展，在满足社会对农产品的多种需要方面，起到了很大作用。同时，城郊地区随着城市工业的进一步扩散，城乡市场的不断开拓，城郊乡镇企业的发展日新月异。第二、三产业发展速度也很快，不仅吸收了大批的剩余劳动力就业，而且为城市工业扩散找到了出路。

城郊乡镇企业，第二、三产业迅速发展，农工商、工农商、贸工农综合农业化，为城郊农村带来了务工、务商与务农的收入差别问题，影响了农民继续从事传统农业生产的积极性。加上商品经济进一步发展，推动了城郊农业开始由传统农业生产部门转向经济价值高的生产部门。如养殖业及其加工业、观赏农业、旅游业、外贸出口农业等，以便在等量的土地上，或在同一自然、经济资源里，投入少量或等量的劳动，而获得更大的经济价值。这是城郊农业经济发展的必然趋势。

2. 城郊农业已开始向着立体式生态农业方向发展

农业生产的发展趋势，决不能只认为自然界能为人类提供无穷无尽的资源，能容纳所有废弃物，就一味单纯片面地向自然界索取，而不顾自然界遭到破坏后，给人类和世界带来的灾害。应当全面认识到，农业生产发展必须要顺应自然、利用自然，同时要改造自然，建设自然，以便持久地发挥自然的潜在生产力。否则，就会造成取之过多，再生能力衰退，又不能迅速恢复生态平衡的状态。因而，我们不能以不破坏自然的自我调控机制为满足，还应加强人工调控系统的建设。按照自然界物质循环、能量转化规律和食物链原理，仿照自然生态系统、物质能量流程，人工组织一个复合式的生态—经济系统。在系统中，彼此间存在着紧密的内在联系和转化关系，彼此有机结合。在生产一种产品的同时，又为另一种或几种产品的生产提供了条件，做到多层次循环、多层次利用，每一次循环和利用，又是一次新的价值增值。

这种科学的农业生态系统，在城郊地区发展已是迫切需要的任务。目前城市郊区、县乡镇企业发展迅速，由于不注意生态环境建设，带来的环境污染，破坏生态平衡日趋严重。沈阳市郊乡镇企业中，能产生各种污染的有1400多个，占全市乡镇企业总数的9.5%左右。为此城郊必须把环境保护当一项战略任务、当一项重大国策，采取"一防二治"的有效措施，解决好城郊环境污染问题。现在我国广大农村已经出现了一批自然形成的农业生态系统，出现了保持良性循环的"生态户""生态村""生态乡"，有的正向"生态县"发展。如沈阳市于洪区于洪乡丁香村养殖专业户会成，用科学方法养猪、禽、鱼。他用粮喂鸡、鸡粪喂猪、猪粪喂鱼；这种"粮—鸡—猪—鱼"的生态农业模式，形成了生物链的良性循环。沈阳市新民县梁山乡，根据本乡自然资源的特点，总结历史经验，创造出这样一个模式：眼前富种经济作物、中间富养畜牧、长远富种草种树，使短、中、长结合，互相促进，形成经济效益、生态效益和社会效益有机结合的生态农业模式。各地都应根据不同的自然条件和不同的组合模式，形成多种形态的综合农业。

城郊地区农业发展综合化不仅限于平面农业,而且为解决人多耕地少的矛盾,充分利用土地资源,提倡发展立体农业。所谓立体农业,是相对于传统的地面上发展的农业而言。严格说来,立体农业的概念就是在一定范围的土地上,充分利用平地和空间的土壤、物料、水分、空气、光能等要素或条件,进行生物体的生长繁殖,为人类带来投入少、产出多的高效益。这里的核心就是设法更好地发挥土地作为立体空间的作用,在立体农业中,要使土地上高层空间与低层空间并用,而且使利用的土地及其空间从低层到高层的距离更大些。那么相对的平面农业具有的含义,就是在土地上只利用低层空间,进行生物体的生长繁殖,为人类创造生产、生活资料。所以平面农业比立体农业在同等投入量下,效益低。

于光远同志分析土地在农业生产中所起的作用:第一,作为生物生长和人们从事农业劳动的空间;第二,作为生物生长所需物料的天然仓库和人工投入容器;第三,作为阳光的接收器;第四,是生物得以竖立、存在的支撑物[①]。生物生长繁殖离不开土地所发挥的作用,虽然这几方面不同时起作用。动物饲养和微生物培养,虽然没有利用土地、土壤,但它利用了空间中的水、气、光、人工物料,进行了生物再生产,这是立体农业的一种模式。还有我们前面说的"庭院经济",也是立体农业的一种模式。庭院面积小,但利用其空间,发展空间各层次进行农业生产,给人们带来了比平面农业高几倍、十几倍,甚至几十倍的价值。有的庭院没有提供生物生长繁殖的场所和物料,但利用庭院中的水泥地面、阳台、屋顶,用盆栽方法,通过阳光照射作用,使院落和房屋在一定意义上成为农业土地,发挥其空间效益。这对于城郊地区人多耕地少,强调发展立体农业很重要。这不仅是城郊农业发展的重要趋势,而且在城市、村镇的庭院和房宅中发展立体农业,也将是一个改善生态环境、美化生活环境的一个重要途径。

3. 城郊农业要经历由梯度发展到最后消失的长期过程

随着城市征地和城市规模的不断扩大,城郊交通设施的逐步完善和城郊经济收入的稳步增长,整个城郊农业呈梯度发展。一部分近郊进入市内,中郊变近郊,远郊成为中郊甚至于变成近郊农业。这种城郊农业如此扩散、辐射,逐步影响广大农区农业经济的发展。可以说城郊农业的今天,就是广大农区农业的明天。随着城郊农业经济的梯度发展,城郊农业现代化也

---

① 摘自于光远《从庭院经济想到"立体农业"》一文。

逐步扩展，从城郊到农区，从发达地区到贫困地区，最后实现全国农村普遍农业现代化。马克思、恩格斯在《共产党宣言》中提出的"把农业和工业结合起来，促进城乡之间的差别逐步消灭"的伟大历史任务，也会逐步实现。消灭工农差别、城乡差别，并不意味着大城市的消灭和工业削弱，也不是把乡村都变为城市，使农业毁掉。也就是说，并不在于城、乡的规模、范围、形式的等同，或是互相吞并和抹杀，而是使城市和乡村有同等的生活条件和生产条件，双方都成为相互结合、相互依赖的高技术、高效益的统一体。

城郊农村具有乡村和城市的双重优势，便于改造和建设，能优先实现农业工业化、工业农业化，城乡渗透，互相接近，互相转化，城乡融合于一体，形成"乡村城市"和"城市乡村"的经济社会，这种经济社会向四面八方逐渐扩展、漫延，影响城乡经济变化，在大片土地上，乃至全国建设出许多现代化村庄、乡镇、小城市、大城市，星罗棋布，它们将有机地交织在一起，形成城市里有乡村，乡村里有城市，而且都是现代化生产和现代化生活，并有科学规划的良田、果园、牧场、林场、林网、居民点、商业网点、工厂、游乐区、飞机场、火车站、汽车站等。在绿色土地上各级公路、铁路纵横高低交错，河流、湖泊、海湾等水清如镜。花园式的乡村城市和城市乡村景象，就是城郊乡村现代化模式的扩展。此时城市和乡村差别就消灭了，城市型农业也随着完成使命而消失了，整个城郊农业的梯度发展也一去不复返了。

城郊旅游业应尽快大发展[*]

旅游业是以旅游资源为凭借，旅游设施为条件，为人们进行游览服务的经济部门。旅游业是由经济部门和非经济部门组成的。它的经济活动基础是旅游区或旅游场所、旅行社、饭店、交通运输等几大部门组成。旅游业有"无烟工业""无形贸易"之称，是增加收入赚取外汇的一个重要途径。因此，凡是具备旅游条件的地方都应积极发展旅游业。

一　城郊旅游业发展的客观条件

我国是世界上旅游资源最丰富的国家之一，具有得天独厚的自然条件。我国国土辽阔，山河壮丽，江川秀美，自然风景千姿百态；我国历史悠久，文化灿烂，名胜古迹驰名中外；近代革命圣地也举不胜举；我国还有闻名世界的传统工艺美术品和具有中国特色的烹饪技术。这一切，对外国旅游者有着极大的吸引力。我国旅游业的发展离不开大城市的发展，城市和城郊发展旅游业有自身的客观条件。

第一，城市有丰富的旅游资源。大城市的形成多数是在依山傍水、风景秀丽、物产丰富、交通方便的地方。因而一些旅游胜地绝大多数都与城市和城郊邻近，而且著名的古迹、古都、皇宫、寺庙以及美丽的园林和庭宅，都基本上与城市、城郊融为一体。如，古都北京、西安、开封、洛阳、沈阳等，是我国各历史阶段，改朝换代建立的皇宫所在地，有历代皇族生活过的遗迹，城郊有他们的墓葬陵寝、庙宇塔寺等。并且这些大中城市都是许多古今名人生活过、劳动过、工作过的地方，也有他们留下的遗迹。如，成都的杜甫草堂、武侯祠；重庆的红岩村；广州的中山纪念堂；沈阳

---

[*] 原载《沈阳农村经济》1986年第3期。

的东关模范学校等。不少大城市本身就是风景秀丽的旅游胜地，如，杭州、苏州、无锡、桂林、承德……正是由于城市风光秀丽、交通便利、文化发达、商业兴隆，才使得人口集聚，皇族贵戚、达官名人等在此荟萃。进而使得我国的传统膳食佳肴经久不衰，并有创新发展，也让美术工艺的名师名匠有用武之地。

第二，城乡建设和人民生活需要发展旅游业。我们长期受"左"的思想束缚，缺乏高瞻远瞩，搞经济封锁，限制商品经济的发展，致使我国城乡经济发展远远落在世界许多国家后面。自从实行对内搞活经济，对外开放后，我国城乡经济才突飞猛进。但是经济建设需要大量的资金或外汇，特别是要开发、利用各大城市和城郊的自然经济资源，首先遇到的困难就是资金不足，因此，城市和城郊应充分利用现有的旅游资源，发展旅游业，为经济建设累财集资。同时，随着城乡经济发展和人民生活消费水平的日益提高，人民也要求高消费，闲余时间娱乐、旅游，这样，必须在有条件的城乡和城郊发展旅游业，既满足了人民的消费需要，又为经济建设积累了资金。

第三，交通运输发达，为旅游业发展提供方便条件。大城市和郊区一般都是交通的枢纽，海、陆、空运输发达，公路、铁路纵横交错，连接着城市和郊区的各个旅游点，也连接着城市与国内、外的其他地区。加上城市交通工具比较先进，都为旅游者提供了方便条件。随着旅游设施建设的发展和完善，以及旅游商业、公用事业、建筑业、文化艺术和体育等其他部门，也直接或间接地参加了旅游服务，特别是交通运输工具日益现代化，都为旅游业的迅速发展创造了条件。目前我国的旅游业，除了名山大川离城市较远外，大部分旅游业都是在城市或城郊发展起来的。主要原因之一就是交通方便，而且大部分旅游点是在城郊，离城市很近。如，北京郊区、县的八达岭长城、十三陵水库、香山、定陵等；西安郊区、县有从西周一直到唐代的皇宫遗址和陵墓群；沈阳郊区有后金清朝初期的陵墓；鞍山郊区有千山风景区；本溪市郊区有我国著名的熔岩水洞等。

二　发展旅游业的重要作用

我国大城市区、县发展旅游业有着极为有利的客观条件。但是，我国旅游业是一个新兴行业，城郊旅游业也正处于起步阶段，在基础设施、经营管理和服务质量上，还远远不能适应世界需要。因此，接待的外国旅游者还不多，国内人民的旅游还没有开展起来，与旅游相关的各个行业也没有很好地发展起来，旅游业从业人员数量很少，而且素质较低。这种情况，同我国拥有的旅游资源和所处的国际地位，以及旅游业在我国现代化建设中的重要作用，都是极不相称的。因此，我们必须提高对旅游业重要性的认识。旅游业具有投资少、收效快、成本低、利润大等特点。旅游分为国际旅游和国内旅游。发展国际旅游能够增加外汇收入，发展国内旅游可以扩大资金积累，我们应充分注意到旅游业在社会经济发展中的重要作用。

1. 增加外汇收入，平衡国际收支

发展国际旅游吸收外汇，是国民经济发展中的一个极其重要的问题。一个国家、一个地区吸收外汇的多少，标志着这个国家支付能力的大小，是经济实力的表现。目前，世界上许多国家，除了大力发展对外贸易外，都把发展旅游业作为吸收外汇的一个重要途径。有些国家旅游收入在国民收入中占很大比重。据统计，西班牙1978年旅游业外汇收入达67亿美元，超过了全国外汇收入的1/3。西班牙全国人口不到世界人口的1%，但旅游外汇收入却占世界上用于旅游方面游资的11%。瑞士在正常情况下，每年贸易逆差约为60亿瑞士法郎，1976年旅游收入达到50亿瑞士法郎，基本上做到了国际收支平衡，瑞士的旅游业发展，已经成为国民经济的三大支柱之一。

2. 满足人民生活需要，增加资金积累

发展国内旅游，能够扩大货币回笼。既可以满足国内旅游者的消费需要，充实人民的生活内容，又可以吸收国内人民手中的游资，赚取利润，实现货币回笼和积累建设资金。如美国1982年从外国旅游者那里得到的收入为67万美元，而从国内旅游者手中获取收入达到980亿美元。国内收入是国外收入的14.2倍，并且国内的旅游收入额接近国民生产总值的6%。所以，要大力宣传开展国际旅游，这是为国家积累建设资金的一项重要途径。

3. 吸收大批劳动力，扩大劳动就业

旅游经济的发展，促进了航空、铁路、公路、邮电、建筑、商业、饮食业、服务业、轻工业、服装业、工艺美术、文化体育等各行业的发展。能够安排大量的劳动力，对于解决我国劳动力多，特别是解决城郊剩余劳动力，有极大的作用。世界上旅游业发达的国家，从事旅游业工作的，都在一亿人以上。目前英国从事旅游业的人数有200万人，占全国总人口数的

3.5%。瑞士从事旅游业的人数达250万人，占全国总人口的40%，是世界上从事旅游业工作人数比重最大的国家。

旅游业是在社会生产力发展到一定阶段上产生的，它随着社会生产力的发展日益普遍。旅游将会日益成为人们生活的必需，这是旅游业发展的必然趋势。虽然旅游业在我国起步晚，但是我国是世界上旅游资源最丰富的国家之一，对国外旅游者有极大的吸引力。随着我国城乡经济的发展，旅游收入增长速度必然会高于国民收入的增长速度。

三 城郊旅游业要有一个大发展

旅游业是一个综合性的产业，大力发展旅游业，必然要求与旅游业相关的国民经济各部门要相应地发展。

第一，要尽快改善旅游交通。旅游交通是旅游和旅游业发展的基础。但是我国旅游交通事业很落后，同国内外旅游业的增长和整个旅游业的发展很不适应。旅游交通成了我国旅游业发展的制约因素。只有尽快建设发达的航空、铁路、高速公路、水路码头等交通运输，才能满足旅游业大发展的需要。

第二，大力开发旅游资源。我国目前还有许多文物、风景区、名胜古迹尚未整理和利用，有的虽然开发利用了，但也缺乏吸引力。所以大量的旅游者只集中在少数几个旅游"热点"。沈阳的故宫、东陵、北陵的旅游者甚多，特别是节假日更是拥挤不堪。如果在郊区再开发一些风景区和名胜古迹，增加和完善旅游点，吸引更多游客，就会改变目前状况。为此要积极发动各方面能动性开发旅游资源，并且兴建各种旅游设施，改善旅游条件，特别要注意改善城市和城郊的市政建设和环境卫生，增强旅游吸引力。

第三，要迅速改善和加强旅游服务。加强旅游业的现代化服务是当务之急。我国要兴建大批一级、二级饭店、旅行社，采用现代化科学技术，如应用信息技术，为旅游者提供优质服务，尽快提高服务工作效率，减少多种成本开资，增强竞争能力。

第四，加强培养旅游人才。目前我国从事旅游业的服务人员文化水平低，外语水平不高，大部分未受过专门技术训练。旅行社翻译、导游力量薄弱，专业知识差。经营管理人员缺乏现代化管理知识，又缺少经济观点。因此加速旅游业人才培养刻不容缓。

关于沈阳市郊县淡水渔业生产的调查[*]

沈阳郊县的淡水渔业生产，在全市农业经济结构中是最薄弱的部门。长期以来，沈阳市对人民供应以海鱼为主，海鱼供应量约占鱼类总供应量的96%，郊县生产的淡水鱼只占4%左右。近年来海鱼资源逐步减少，今后市民想多吃鱼，主要靠发展郊县淡水养鱼。

一 渔业资源和发展状况

沈阳郊县地处九河下梢，水面较多，分布很广，水源充足，具有淡水养殖的天然条件。全市可养殖水面约17万亩，已利用的淡水水面，1982年达到12.6万亩。其中，中小型水库有5.2万亩，占已利用水面的45%，湖泊利用600亩，河湾、河沟等利用近6000亩，其余都是零星小块水面，约6万多亩。

沈阳郊县的淡水渔业属于新开发地区，淡水养殖历史较短，产量很低，发展缓慢。1980年以前，是以捕捞为主体的生产结构，生产方式原始、粗放。1950年到1959年的十年中，平均每年淡水鱼总产量只有几十万斤。1960年开始发展淡水养殖。最初是从南方长途运进鱼苗，进行繁殖放养，困难多，损失大，鱼苗又供不应求。1964年沈阳本地鱼种培育成功，鱼苗的生产发展很快，全市已建立六个国营鱼种场，面积为1100亩；所需种苗全都自给，淡水渔业生产开始转向以养殖为主体的生产结构。1977～1980年，淡水养殖总产量占全市淡水鱼总产量的71%，捕捞鱼总产量只占29%。

党的十一届三中全会以后，由于放宽了农村经济政策，调整了农业生

---

[*] 原载《中国城郊经济结构与发展战略》一书，武汉大学出版社，1984，第350～356页。此文与张乃贤合撰完成。

产结构，积极发展多种经营和农村商品经济，沈阳郊县淡水渔业才有了较快的发展。

1982年渔业总产量为497万斤，比1952年总产量76.2万斤，增长5.5倍；比1978年的128.2万斤，增长2.9倍。已利用水面的每亩产量，1982年达到39斤，比1978年的11斤增加28斤，增长2.5倍。全市渔业总产值，1982年为298万元，比1952年的渔业总产值12万元，增长23.8倍；比1978年的渔业总产值33万元，增长8倍。

虽然沈阳淡水渔业有了较大发展，但渔业产值在全市农业总产值的比重只有0.9%，市区居民平均每人供应海鱼17斤，而平均每人的商品淡水鱼才0.85斤，根本不能满足人民的生活需要。沈阳郊县的渔业生产落后，其主要原因是市内水产品供应主要靠调进海鱼，不重视市郊淡水渔业的发展。发展郊县的渔业生产的投资极少，每年平均只拨5万元的经费。特别是在"四人帮"横行时期，集体不放养的水面，宁肯荒芜也不准社员个人放养，把个人捕捞当做资本主义自发倾向进行批判。现在虽然改变了这些做法，但是郊县的渔业生产还没有真正摆在应有的地位上。

二 淡水鱼流通和消费中的主要问题

发展商品鱼的生产是发展渔业经济的核心问题，渔业生产的商品率较高，一般可达70%以上。因此围绕发展商品鱼经济这个核心，进行调整生产结构和所有制结构是必要的。沈阳市淡水渔业的商品生产，商品流通中最重要的一个问题就是养殖权和商品流通渠道问题。过去只有国营渔场、集体渔场养鱼，不许个人养鱼，淡水鱼产量不高，商品鱼销售量自然很低，平均每年商品鱼100多万斤，全市每年要从外市、外省调入海鱼约5000万斤。沈阳淡水鱼的自给率为2%~4%，而且只有一条国营流通渠道，为促使淡水渔业发展，对所有制结构作了调整，实行公养和户养并举。在继续办好国营渔场和集体渔场外，把已利用水面的1/3零星水面放给养鱼专业户，并取消淡水鱼的派购任务，全部实行议购议销。由于理顺了议购议销的流通渠道，促进了淡水鱼的增产，农贸市场异常活跃。1982年市郊淡水鱼供给市内242.2万斤，其中农贸市场交易达218万斤，直接交饮食行业2万斤。商品淡水鱼占全市水产销售总量5300万斤的4.5%。议购议销使集体和个人都得到了经济实惠。但是在搞活了渔业经济的新形势下，也出现了另一种倾向，只发挥市场的调节作用，国家却失去组织淡水鱼货源的主动权，削弱了国营流通渠道，城市居民得不到国营牌价供应的淡水鱼。虽然淡水鱼的产量增加了，流通的主渠道却因无鱼而萎缩。1982年国营收购淡水鱼22万斤，仅占全市购销总量的9%。

目前在水产品供应上，市水产部门只保城镇居民两大节日的鱼类供应，每人一节一斤鱼，采取议价收购，按国家价格平价供应。全市每年亏损额不准超过200万元，如果亏损未达到200万元，节余部分视为赢利，还要与财政部门"五五"分成。由于规定议购议销淡水鱼没有价格补贴，不许亏损，所以事实上200万元的亏损额，都用在调入海鱼的亏损上。按城镇310万人口计算，每人2斤鱼，共计620万斤，每斤海鱼需要亏损0.32元。淡水鱼实行议购议销，不允许亏损，但是由于淡水鱼购销等级价格规定得不合理，实际上存在着亏损问题。规定一等鱼1.5~5斤重，二等鱼为1~1.5斤重，三等鱼为5斤以上，等外鱼为1斤以下。一等鱼收购价格规定0.56元，而目前国营渔场里，长成1.5斤重的鱼，需要三年时间，成本为0.6元，所以淡水鱼只要养殖三年以上，就必然有亏损，每斤亏损0.04元。三等鱼价格更低，生长时间更长，所以更要亏损。为了不导致亏损，渔场也要提高价格。由于等级价格混乱，无论渔场和专业户都不愿把鱼交给水产部门，除了到农贸市场上议销外，商品鱼大量外流。1981年春节期间，于洪区的几个精养鱼池的商品鱼外销锦州、本溪等市达10多万斤，远销黑龙江3万余斤。本市花了投资、贷款和供应平价饲料，市场却无淡水鱼供应。这是当前出现的新问题。为了解决这个问题，我们认为：

第一，既要采取灵活的购销形式，又要发挥流通主渠道的主导作用。鱼是非基本生活消费品，购销形式不应该同蔬菜一样统一包销，而应采取多条流通渠道，有利于调动养鱼的积极性。但是，我国是社会主义国家，应以公有制经济为主体，党的十一届六中全会通过的《决议》中明确指出："必须在公有制基础上实行计划经济，同时发挥市场调节的辅助作用。"清楚说明计划调节的国家市场是主渠道，计划外的自由市场是支渠道。我们要按照《决议》的精神，把淡水鱼流通的主渠道与支渠道的关系摆正。要疏通主渠道，发挥主导作用。要对国营和集体养鱼实行留有余地的计划派购。1976~1980年，国家向于洪区投资和无息贷款177.5万元，建立一批精养鱼池。全区1980年总产量为56万斤，自由上市31万斤；1981年总产量为65万斤，自由上市45万斤。两年基本上没有向市水产部门交售商品鱼。这样做是不妥的，应该兼顾国家、集体和个人三者之间的利益。

第二，淡水鱼实行派购和议购相结合的办法。对国营和集体渔场以及养鱼专业户，要区别不同的情况确定购留比例，如，国营渔场实行购八留二，以国家投资或贷款为主建立的渔场实行购七留三，余者议购议销。如果渔场、养鱼点和养鱼户卖超购部分，可按比例加价，使生产者多收益，鼓励生产者多向国家交售淡水鱼。为了做到计划收购，以国营商业和集体商业为主安排市场供应，需要农商签订产销合同，价格要公平合理。双方履行合同规定。国家还可以采取以料换鱼的办法收购淡水鱼。这样做既能管而不死，又能活而不乱，既能调动生产者的积极性，又能稳定市场。水产部门的收购价格略高些，国家财政可以补贴一点，从每年海鱼价格补20万元中拿出一小部分，用于淡水鱼价格补贴，支持郊区渔业生产。

三 以养殖为主，大力发展商品鱼生产

沈阳市郊县渔业生产的发展方向，是建立以淡水养殖为主、养捕结合的生产结构，实行公养、户养并存，多条流通渠道并存，积极发展商品鱼的生产，为城乡人民提供较充足的鲜活淡水鱼，以提高人民消费水平、增加农民收入。为此要采取以下措施：

第一，发展淡水养殖的重点应放在加快商品鱼生产基地的建设上。首先是改造低产池塘水面，建设精养鱼池。创造养鱼夺高产的物质条件。发展精养鱼池是建设商品鱼基地的重要途径。1981年全市精养鱼池，成鱼商品量45万斤，占年总商品量的15％左右。

同时加速中、远郊的大型水面改造，努力提高大型水面的放养能力是城郊商品鱼基地建设的另一条重要途径。全市大型水面达6万亩，占已利用水面的46％。其中较大的泡沼、河沟的基本建设差，尚处于天然放养阶段，单产仅有10斤多。这样的水面如能逐步改造，不断提高基建标准，做到各类鱼池配套，能灌能排，再加强渔场的经营管理，产量会成倍或几倍的增加。辽中和新民两县交界处，以团结水库为中心的水库群，在方圆20多华里共有大型水面4.4万亩，该区属平原中的水库，坝很低，日照长、水温高、氧气充足、水质肥沃、浮游生物生长旺盛，具有发展淡水鱼的优越条件。市、县应将这里的水面改造成为重点。利用大型水面养鱼，可以取得投资少、成本低、见效快、收益高的经济效果。

第二，坚持淡水鱼以公养为主，公养与户养并存的原则。时任总理指出："靠国营经济和集体经济是我国基本的经济形式，一定范围的劳动者个体经济是公有经济的必要补充。"遵循我国经济建设十条方针的精神，沈阳市郊县淡水渔业要以6个国营渔场和2个水库为骨干，继续办好40个公社渔场和1800个队办鱼点。大中型水面养鱼要以公养为主，这样易于发挥集体经济的力量建设鱼池，保护淡水鱼资源。在国家计划指导下更快地走向专业化和社会化。有些小型水面适于集体经营的要坚持队养，但要加强管理。应当通过完善承包责任制调动承包户的经营积极性，实现转亏为盈。辽中县潘家卜公社渔场，从1975年开始建场，经营了五年共捕鱼约万斤，每年亩产合10斤左右，共赔钱6万多元，搭工2万多个。1981年承包给三户社员，当年200亩水面捕鱼17000斤，亩产75斤，将1亩沼泽地开成水田产稻1万斤，共收入20200元，去掉上交公社包干费、鱼苗、稻种、化肥、买两台小拖拉机和柴油机等各项费用支出，纯收入1万元，每个劳动力收入3300元。渔场实行承包制，不仅富了社员，也使公社集体经济扭亏为盈。确实不宜于队养的零星水面，放给社员户养鱼，既可为社会增加物质财富，农民又增加收入。淡水养鱼坚持以公养为主，公养与私养相结合，采取两条腿走路是发展城郊养鱼的多快好省的办法。

　　第三，必须改变天然放养的习惯，推广普及人工养殖技术。精养鱼池所以单产高，除了鱼池基建标准化水平高以外，主要是推广了科学技术，采取综合技术措施的结果。鱼种优劣与否是淡水鱼增重的内在因素，鱼种数量多寡是养鱼丰产的前提条件。推广优良鱼种以及合乎需要的品种和数量，则是实行科学养鱼的重要环节。沈阳地区冬季气温寒冷，结冰期有4个月之久。冰期对鱼生长不利，特别是淡水泡沼出现枯竭，养鱼损失极大，近年来，有的单位养鱼摸索新经验，水浅面广的养鱼池，放2年生大鱼种（即3寸以上），春放秋捕，避过冬寒冰害，当年收益取得较好的效果。为了满足这种养鱼的需要，各级鱼种场应该养殖足够需求的二令鱼种。浅水鱼池除推广放养二令大鱼种外，还需要搭配好品种，实行合理的分层饲养，充分利用水体。不但要防止鱼种的单一化，还要使鱼种品种的比例合乎不同的养鱼条件。

　　第四，贯彻以养为主、养捕结合的方针，积极治理污染，保护水产资源。增加商品鱼产量，重点抓养殖，但也不可忽视捕捞。目前，淡水鱼的资源也面临着枯竭的危险境地，淡水鱼捕捞产量大为减少。不仅因水利建设破坏了鱼类的生存条件，尤其水面污染成为城郊淡水渔业生产的一大祸害。沈阳市排放工业污水很多，由于管理太差和监测不严，污水同脏水通过沈抚、张士和新开河灌渠流入良田水库和河流，污染面积达4万亩，而且在继续扩大，每年仅春季漂浮的死鱼约20万斤，团结水库的鱼已不能食用。因此，要坚决地贯彻国务院水产资源保护条例和省、市有关规定，对"三废"实行严格管理，采取污水净化等技术措施，为了防止污染面继续扩大，要采取根治办法，省、市应分级投资加强基本建设，变城市脏水道和污水道统排为分排，并可利用脏水（即肥水）灌田和养鱼，从长远观点看，还是产出超过收入，具有很好的经济效益。另外，要防止酷渔滥捕，逐渐恢复渔业生态平衡，才有增加捕捞产量的可能。还要采取承包责任制的有效办法，积极恢复和保护水产资源。在养殖业中，也要纠正只顾当年分配，把当年放养的当年捕净的做法，要有扩大再生产的观念，保持连年高产。

第五，建立健全渔业生产的领导体制，加强对渔业生产的领导。全市只有23个渔业干部，40个公社有渔业助理，不能适应渔业生产发展，必须尽快改变这种状况。

辽中南经济区城郊经济的
特点和发展道路[*]

研究辽中南经济区城郊经济的发展问题，具有城乡结合共同发展的普遍意义，不仅对于辽宁在实行市领导县体制的基础上，建立合理的城乡经济网络，划分中心城市经济区的体制改革有重要意义，而且对在辽中南经济区的城郊乡村经济发展中，探索逐步缩小城乡差别、工农差别，实现城乡融合一体的中国式经济社会发展的道路，也将起到引路的作用。

一 城郊经济的特征

城郊经济是与城市经济互相依托、联系密切、商品生产比较发达、综合发展的区域性农村经济。城郊经济是在经济、社会发展不平衡规律的作用下形成和发展的。一个国家、一个地区的国民经济，是由人、环境、资源、经济、社会等多种要素组成的一个复合系统。由于不同地域的各种要素存在着差异性，特别是自然资源和技术条件的不同，社会需求的变异，以及各要素彼此间不同的组合方式，形成了不同的社会经济结构，使整个国民经济可以在区域上划分为若干个性质不同、类型不同、发达程度不同的区域性经济。如农村经济分为农区经济、牧区经济、山区经济和城郊经济等。各个经济区域之间，由于某些要素相同，又呈现某些共同性。

城郊经济是区域经济的一种类型，一面连着中心城市，一面与广大农村腹地相接。它既不同于城市经济，也不同于一般的农村经济，而是兼有城市经济和农村经济两个方面的某些特征和发展优势。城郊经济具有农村经济的基本特征，以农业生产部门为主体。但是它距城市近，与城市经济

---

[*] 原载《农业经济》1987年第5期。

互相影响、互相渗透、互相作用,又形成一个与城市不可分割的统一体。它不仅依托城市,服务城市,而且受城市影响的特点十分明显。主要表现为以下方面。

1. 集聚性

城郊农村经济由于紧密地依托于城市,在经济结构、经济组织、经济效益和经济发达程度方面,都直接受整个城市经济发展的制约,所以与一般农村相比,在人口、劳动力、资金以及生产、流通、消费等经济活动方面都比较集中。这种集聚大体上是近郊高于远郊,城镇高于农村。反映着依托城市而呈现出的生产力多层次发展势态。

2. 多样性

城郊经济为适应发展国内外城乡市场和社会需要,形成了复杂多样、门类齐全的农业、工业和商业。由于行业多,工农业产品多种多样,因而行销于国内外广阔市场。特别是近年来,农民到小城镇、集镇从事建宾馆、开饭店、办商场等第三产业活动,又形成了更多样化的产业。

3. 中心性

城市的中心作用对周围农村地区有较强的辐射力,这种辐射力是根据城市的实力大小向外渐次扩散,城郊地区处于这种辐射力的强辐射地区,因而使城郊的文化科学水平、劳动力素质、产业技术构成、经营管理、经济效益、消费水平和生活方式等均优于一般农村。城郊对广大农村也发挥着渐次扩散和辐射的作用。

4. 商品性

在城市发达的商品经济影响下,城郊农村商品生产和商品交换也比较发达。城郊乡村靠近城市,交通运输方便,必然比一般乡村优先向城市出卖农副产品和优先发展乡镇企业,因此城郊商品率也比较高。

5. 高效性

城郊乡村由于地理位置优越,利用城市的巨大市场需求,发达的交通运输条件,强大的工业支援,雄厚的科技管理力量和丰富的经济资源,通过发展多种产业,取得了比一般乡村较高的级差收益。

二 城郊经济的优势

辽中南经济区由于自然条件和经济、社会发展的历史及现实条件的特殊，城郊经济的发展具有很多优势。

1. 大中城市密集，城郊农村连片，乡村城市化进程快

辽中南经济区大中城市数量多，密度大。全省的 13 座大中城市，本经济区就有 10 座，是全国城市密度最大的地区之一。特别是中部城市群，市与市之间相距很近，平均大约 60 公里，最近的鞍山市和辽阳市只有 20 多公里。一个城市的郊区与另一个城市或两个以上城市的郊区，互相交叉、重叠，既受这一城市的辐射作用，又受到另一个城市或两个以上城市的辐射作用。同一个郊区不仅与所属的中心城市发生经济联系，互相渗透，互相服务，又同时与另一个或两个以上的中心城市发生经济联系。整个辽中南经济区内，除了个别的一两个偏远县外，几乎都具有城市郊区的特点和功能。这是辽中南经济区城郊农村经济的最大特点。

2. 城市工业发达，科技文教先进，对郊区农村经济辐射能力强大

辽中南经济区集聚的 10 座大中城市，都是经济基础雄厚的工业城市。工业企业共有 1.8 万个，门类齐全，行业多样，生产布局较为合理，已经形成了包括机械、钢铁、石油、化工、化纤、轻纺等主要工业生产基地在内的大工业生产体系。这些城市都有雄厚的科技和管理力量，还集中了全省绝大部分的大专院校和科研单位，有利于城郊的智力开发。在大城市密集连片的地带，城郊地区的文化、教育、科学、技术等受若干中心城市的辐射和影响，它的文化教育、科技水平和管理水平都远比一般农村高。

3. 城镇多，非农业人口多，有巨大的市场需求

辽中南经济区不仅集聚有 10 座大中城市，而且县镇很多。各市、县、镇工业发达，需要大量的各种工业生产原料。同时城镇人口众多，需要大量的生活消费品。这样庞大的市场需求，不仅包括人民生活用品的需求，工业生产原料的需求，而且还有对外出口贸易的需求，劳务服务的需求，工业扩散和人口疏导的需求等。这一切都成为城郊经济发展的原动力。

4. 地处沿海，有历史悠久的外贸窗口，便于经济开放，使城郊"贸工农"型经济走在前面

辽中南经济区地处沿海，有大连、营口、丹东三个出口综合基地，与港澳、东南亚、日本、美国、西欧等世界上近 140 个国家和地区有进、出口贸易关系。近两年又采取了多方集资，加速了港口建设，扩大了吞吐量，为进出口贸易创造了更有利条件。辽中南经济区建立了各种出口商品生产基地，沿海各县和大城市郊区按"贸工农"型经济进行了产业结构调整，

在逐步向外向型经济转变。

5. **发达的交通运输网，有利于城乡协作，资源开发，加速城郊农村商品经济发展**

辽中南经济区交通运输事业发达，基础设施齐全，形成了铁路、公路、水路、空路和管路相互配合、相互衔接的交通运输网络。这对距中心城市较近的郊区商品经济发展提供了更便利的条件，在促进城乡经济进一步开放搞活，促进对外贸易的发展，以及对旅游事业的发展和资源开发等都发挥着重要作用。

三　城郊经济的作用

辽中南经济区城郊经济比较发达，在促进城乡经济协调发展的过程中，发挥了重要作用。

1. **基地作用**

城郊农村是城市副食品、出口农副产品和工业原料的生产基地。1985年辽中南经济区10个市的农业商品产值占全省的74.3%。外贸商品收购总额占全省的88.1%。农业商品率平均为59%，高于全省57.3%的平均水平。特别是城郊农业生产的产品，对活跃市场、发展对外贸易、促进工业生产、改善城市人民生活供应方面，都具有极其重要的作用。随着城市人民生活消费水平提高，食品结构改变，对鲜活副食品的需求更多、质量要求更高。据抽样调查显示，1985年城市居民平均每百元生活费支出构成中，购买副食品要用55元之多。为城市提供高质量的鲜活副食品，主要靠城市的郊区农村来生产和加工，按照城市对鲜活农副产品、出口产品和工业原料的需求，城郊农村调整了产业结构，大力发展鲜活副食品生产，发展食品工业、饲料工业和外贸产品加工业等，提高了商品率，更好地发挥了城郊农村的基地作用。

2. **腹地作用**

城郊是大城市工业扩散和人口疏导以实现人口和工业生产力均衡分布的腹地。据1986年统计显示，全省74%的工业产值，都集中在辽中南的10座大中城市。这些大中城市大部分是老工业基地，急需改造，需要把一些老产品、传统产品以及劳动密集型、资源密集型的产业，逐步向城郊农村转移，以便在市内集中力量发展知识、技术密集型的重点行业和高、精、尖的新产品。城郊为解决市内工业过分集中，人口膨胀，水电交通公用设施紧张和企业作业面积严重不足等问题，提供了最好场所。

3. 屏障作用

城郊是城市的社会屏障和生态屏障。社会屏障主要指控制城市人口过分膨胀和城市用地规模，由于城郊能够容纳城市工业扩散和转移的行业及产品等，并具有发展工、商、运、服等行业各种有利条件，能就地消化大批从农业上转移出来的剩余劳动力，避免了大批农业人口盲目向城市集聚。城郊以屏障作用阻截了农村人口的进城。生态屏障指城郊可以利用大自然的植物净化能力，改善城市的生态环境。在城郊利用一切可以利用的地方营造大面积的护城林、卫生林、经济林、草场等，林地繁茂能发挥其吸碳放氧的"绿色工厂"的功能，起到天然"过滤器""植物杀菌素"的作用。森林是涵养水源、保持水土的"绿色水库"，调节小气候，增加地下水源。把一些不宜在城内发展的工业，经过妥善排污净化治理，迁往或新建在城郊的适宜地方，都起到生态屏障作用。

4. 先导作用

由于社会、经济发展的不平衡规律，整个社会经济出现了三大经济领域，即城市经济、城郊经济、乡村经济。在城市与乡村之间，存在着一个以城市经济为中心，以城郊经济为中介，以广大乡村经济为基础的城乡经济发展网络。大城市与广大乡村地区之间的商品流通和各种经济往来，一般需经过城郊的流通网络进行中转传递。城郊是城乡经济的纽带和桥梁。大城市作为政治、经济、文化、科技、信息的中心，首先要向城郊的镇、乡、村扩散和传播。城郊最先获得新技术、新产品、新信息、新知识和一切新的先进东西之后，再向广大农村地区传播和辐射。因此，城郊经济是农村经济不断发展的先导。

四 城郊经济的发展道路

辽中南经济区城郊经济具有得天独厚的发展优势，根据它的特点和在城乡经济网络中所起的作用，有必要制定加速城郊经济发展的方针和任务。城郊农村经济的发展，应以城乡一体化为出发点，正确处理好城乡关系，使城郊更有力地为城市服务，又使城市经济促进城郊更快发展，达到带动整个农村发展的目的。城乡一体化，是在社会主义条件下，城乡共同发展的客观需要。当前的城乡经济改革应当把处理好城乡关系作为关键和重点。这是由于农村商品生产的发展需要,也是发展城市生产力的需要,更是建立以城市为依托的经济区和经济网络,实现由城市统一组织城乡生产和流通的需要。必须从城乡一体化出发,确定城郊农村经济发展方针——"全面规划、工农结合、综合经营、协调发展",以达到城乡结合、互为条件、互相服务、协调发展的目的。

1. 城郊农村经济发展的方针

应当正确地贯彻好城郊农业生产方针,它不仅有利于今后对城郊农业生产布局进行合理调整,而且可以促进农业现代化迅速发展,促进城乡结合。

(1) 城郊农业生产要为城市服务。早在20世纪50年代,党中央就提出城郊的农业生产为城市服务的方针,要为城市人民生产蔬菜和其他副食品。以后中央又明确规定要建立城郊副食品生产基地,以扩大蔬菜和其他副食品的生产量。这是因为,一方面,由于城市里居住着高密度的人口,购买力强,消费水平高,每天都要消费大量的粮食和副食品,根据统计机关提供的资料推算,在辽中南经济区,城镇人口有1800万人,全年大约需要消费83.4亿元的食品,其中,以鲜活为主的副食品占55%。城市的需要就产生了对郊区农业生产的巨大需求,而郊区农民生产的副食品供应城市,由于具备优越的地理位置、交通运输等条件,可以得到高于一般农村的级差收入。另一方面,辽中南经济区人多耕地少,人均耕地只有1.12亩。尤其城郊的耕地资源缺乏,依靠城郊农村为城市生产和提供的农副食品的品种和数量有很大限制,因此,城郊农业生产什么,要有重点。

(2) 城郊农业生产应执行"以生产副食品尤其是鲜活副食品为主,农林牧副渔全面发展"的方针。要从城郊地区农业生产资源出发,遵循自然规律和经济规律,重视宏观经济效益和微观经济效益相结合,根据有利于农副产品的鲜活特点和运输方便的条件,在郊区建设为城市提供较充足鲜活副食品的生产基地。一般来说,郊区的农牧业生产,首先应该生产蔬菜、鲜奶、水产品和不易远运的水果;其次生产鲜蛋、活禽、肉猪等;在有高产条件的地方安排生产粮食、油料、饲料等。在这样的安排顺序中,如果发现菜、奶、鱼、蛋、禽、果等副食品与粮、油等发生矛盾时,应当服从副食品的生产。这就是城郊农业生产方针的主要内容。党的十一届三中全会以来,城郊农业生产方针得到了逐步完善和进一步贯彻落实,城郊农村为城市提供的副食品大幅度增加。随着城市人民生活水平的提高，除了需要一定的细粮外，对副食品的品种数量和质量，要求越来越高，都要买到鲜、活、嫩的菜、奶、鱼、肉、蛋、禽、果等，因此要求生产者出卖的副食品要保鲜、保活，就必须使副食品生产地距离消费者越近越好。郊区多生产鲜活副食品，不仅减少运输里程，避免了损失浪费，而且减少了国家财政补贴，这也是符合社会宏观经济效益的。

（3）安排好副食品和粮食生产。粮食和食油也是城市人民生活的必需品。"民以食为天"，吃饭第一，粮食是基础的基础。我国人民传统的食物构成习惯不易改变，副食品再多也不能完全替代粮食。而且，副食品多为粮食转化而来，畜牧业也需要大量的饲料。目前我国粮食还不富裕，这是发展副食品生产的主要制约因素。因此，必须考虑城郊农村经济和农业生产的特点，有计划地安排好副食品生产和粮食生产。

（4）处理好乡镇工业与农业生产的关系。贯彻城郊农业生产为城市服务的方针，把郊区建成较为全面的副食品生产基地，除了受粮食这个主要制约因素影响外，还受到其他各种因素的影响和制约。其中最大一个问题，就是继续发展乡镇工业，会引起农民重工轻农，影响农业生产。在许多大城市郊区，由于有城市工业支援的优势条件，乡镇工业发展比一般农村快，这是正常现象。而且乡镇工业是城郊农业生产的后盾，是农村经济的支柱，进一步发展工业和其他行业，为农村剩余劳动力广开生产门路，为农业技术改造筹集大量资金，使郊区的副食品生产建立在科学技术的基础上，更好地为城市服务。发展乡镇工业也是建立新型的城乡关系不可缺少的条件，是引导农民沿着中国特色的社会主义前进的重要组成部分。可是，有的城郊农村由于片面地追求工业发展，忽视了农业生产，已经出现日趋严重的重工轻农，对耕地不投入，没有具体的得力措施，使农民从事农业生产的积极性受挫，甚至造成耕地撂荒，影响了城市副食品供应。虽然由于农副产品价格放开，实行多渠道、多形式经营以后，城市可以在郊区以外更大范围内，获得较充足的生活必需品。但是，也决不能忽视郊区生产鲜活副食品的重要作用。城郊生产的鲜活副食品能及时供应城市市场和及时调节市场余缺等重要作用，是其他地区所无法代替的。特别是辽南对外港口城市多，城郊具有生产出口鲜活副食品的优势条件，可获得外汇收入。目前，由于城建扩大和城郊乡镇企业的迅速发展，城郊耕地以惊人的速度在减少。在加强控制占地的同时，为了更大限度地满足城市人民需要，就必须种好郊区的"寸金地",实行集约化生产经营,不断地提高劳动生产率和土地生产率。无论耕地面积如何减少,农副业比重在农村经济中如何下降,都应有"一分地种足、种好一分地"的精神,以获得最大经济效益。

2. 城郊农村经济发展的主要任务

(1) 以鲜活副食品生产为中心,以发展蔬菜、水产、牛奶生产为重点,把城郊建成最可靠的副食品供应基地。发展鲜活副食品生产,尽量满足城市人民对副食品的需要,是大城市郊区的重要任务之一。辽中南经济区大中城市人口众多,必须有足够的副食业,要把本身的自然优势转变为商品优势,重点发展蔬菜、淡水养殖、牛奶业。此外,要积极发展商品禽蛋、生猪、水果等多种副食品,尽量满足城市人民对副食品的需求。

(2) 大力发展乡镇企业,实现城郊工业化。发展乡镇企业,使劳动力向工业和其他行业转移,就地消化农村剩余劳动力,对加快农村工业化和建设小城镇的速度,加速农民致富步伐都起着重要作用。辽中南经济区城郊发展乡镇企业有利条件更多。各城郊技术水平较高,临近城市巨大消费市场,发展农副产品加工业十分有利,只要采取正确的政策和方法,坚持国家、集体、个人一齐上的方针,城郊一定会先于广大农村实现农村工业化。

(3) 发展第三产业,加快城郊小城镇建设,促进城乡一体化在城郊农村尽快实现。大力发展城郊乡镇企业的同时,也应积极发展第三产业,加快城郊小城镇建设。应分层次地加快城郊小城镇建设,为发挥自然、经济优势,建成一批特色的工业村;可以发展集市贸易,以商、饮、服、修行业为主,建设一批小集镇;可以发展以乡镇企业为骨干,带动第三产业发展,抓好有一定规模的综合性建制镇;为在有条件的特大城市如沈阳、大连的郊区,建设卫星城等。使城郊的村、乡、镇、卫星城,星罗棋布,发挥各层次的经济功能。

(4) 沿海城市郊区要建立外向型的"贸工农"经济结构,发挥辽南地处沿海和对外贸易的优势条件,城郊农村应积极建立外向型经济体系。沿海城郊农村不仅依托于近邻、比邻的中心城市,而且还通过对外开放的各种渠道,与世界市场发生密切的经济联系。在国际市场上,利用国内外市场差价发展出口鲜活农副产品,获得外汇收入,同时通过国际市场引进先进技术、设备、资金,加速城郊经济发展。这是今后辽中南城郊经济发展的重要方面。

总之，根据城郊的经济、社会所处地位优越的特点，要让辽中南经济区城郊经济的功能由近而远向外扩散。在城市经济辐射能力和城乡经济网络的制约下，城乡关系不断加强，城郊首先实现一体化，首先建成完美协调的城乡经济形态，使城乡间生活和生产条件差异渐趋消失。从长远来看，在消灭城乡差别，实现城乡融合的历史进程中，城郊地区定会走在前面，成为我国乡村城市化的第一梯队。

城市经济改革与城郊经济发展*

城市经济改革与农村经济改革是互相影响、互相促进的。城市经济体制改革是在农村经济体制改革推动下开始的;同样城市经济体制改革的全面展开,必然要从多方面对农村,特别是对城郊农村产生巨大影响。本文就城市经济体制改革对城郊经济发展的影响,以及出现的新问题,谈谈看法。

一 城市经济改革推动了城郊农村经济的发展

1. 经济网络形成,活跃了城郊农村经济

大城市有史以来就是商业都市,商品流通量大,集散面广。以城市经济改革为重点的整个经济体制改革以来,实行放开搞活的方针,开始增强社会主义全民所有制大中企业活力和形成有计划的商品市场体系。目前,已基本上形成了"多渠道、少环节、开放型"的流通体制和城乡商业网络。出现了"城乡结合、城乡流通、搞活流通"的新局面,农村的集体商业及个体商业,已不再受进货、销货的渠道和地域限制,城镇兴起摆摊设点、开铺设店,进行广泛的经商活动,带来了城乡经济互相竞争、互相促进的繁荣景象。不仅城市商业繁荣,而且农村商业也随之大发展,特别是城郊农村商业极为活跃。

第一,城乡贸易市场大发展。沈阳市工商部门采取"大中小、早行与晚市、批发与零售、常年与季节"一起办的有力措施,发展了各种城乡市场。1985年上半年城乡各类市场达到 273 处,市内有大型的农贸市场 11 个,早市 15 个。据不完全统计,仅在农贸市场上有固定场地从事经商的农

---

* 原载《经济资料与文稿》1985 年第 4 期。

民有 3000 多家，经营的商品品种达 3500 多种。其中早市最为活跃，不仅经营新鲜的菜、奶、蛋、肉和活禽活鱼，而且还有小百货、土杂、熟食、糕点、早点、花鸟鱼、服装、鞋帽等 2000 多个品种。沈阳市的早市已成为城乡人民生活中不可缺少的一部分，它在活跃市场，方便人民生活方面越来越重要。目前，全市基本形成一个门类齐全，布局较合理的城乡商品贸易网络。有以经营农副产品为主的综合性市场，有专门经营工业小商品、服装、家具、旧货、花鸟鱼、牲畜、自行车等的专业市场。这些市场同郊区县普遍建立了很稳固的经销关系，开展联营、代销、经销业务。同时，这些市场还同吉林、黑龙江、内蒙古、新疆、云南、湖北，以及省内大连、鞍山等 20 多个省（区、市）建立了贸易往来。

第二，出现了各种批发市场。城乡贸易市场的大发展，创造了商品交换、贸易频繁的城乡商业繁荣的景象。在集市贸易市场大发展的基础上，形成了各种批发市场，有综合批发市场，也有专业性的批发市场，有常年的批发市场，也有季节性的批发市场，灵活多样。成都市 1984 年集市贸易市场达到 414 个，批发量很大。在此基础上，形成了以农产品为主的批发市场多达 24 个，其中，服务性市场有 15 个。利用批发市场实现商品流通，具有流量大、流速快、流程远的优点，对发挥农村优势，调整农业生产结构、促进分工分业，发展专业化、社会化生产，开拓新兴产业以及调剂物资、改善供应等都很有益处。

第三，多层次的贸易中心大量出现。我国许多大城市，已经建立起各种规模不等的贸易中心。一般都是根据经济合理流向，建立多层次的商品、物资贸易中心。不仅在市区内建立贸易中心，而且在郊区、县城也相应地建立了各类贸易中心，甚至在乡、镇也建立贸易货栈。商品交易搞得非常活跃的重庆市基本上形成以城市为依托、重点集镇为骨干、大中小配套的多层次的流通网络。成都市先后建立了"农副土特产品贸易中心""工业品贸易中心""生产资料交易中心"，所属的 15 个县、区在这些"中心"都设有专柜，经营各类农副土特产品和工业品。目前，各大城市的各个部门如交通运输、工商行政、城建、公安等，都为农副产品进城大开绿灯。沈阳市建成一座 68 米高，21 层的贸易中心大楼，一开业就展销了东北地区 200 多家企业生产的 700 多种优质名牌产品和新产品。这个贸易中心，有利于发挥沈阳中心城市的多功能作用，扩大物资流通，加强了同城郊农村，以及兄弟省、市和农村的横向联系，促进了商品生产的发展。总之，创办贸易中心，对于改变封闭式流通体制，建立开放式、多渠道、少环节的流通体制，具有重要的意义。

第四，个体商贩和农村运输户增加很快。党的十一届三中全会以后，随着生产的发展和经济政策的放宽，城乡个体商贩和农村运销户开始出现并有所发展。城市经济体制改革后，充分利用城市的市场功能，在流通中允许多种经济成分并存，国营、集体、个体一齐上，个体商贩和农村运销户迅速增加。成都市1984年末农村运销专业户已有1.5万户，商业个体户有4万户，从事运销的人多达3万以上。沈阳市仅经营蔬菜的个体商贩达9000多人。沈阳市的新民县从事运销的达1万人，运输车辆有7700多台。沈阳城郊的运销户，把农民生产的农副产品，除了运到沈阳市以外，还运到抚顺、辽阳、鞍山等市，甚至远运到吉林、黑龙江、内蒙古等地。由于农村运销人员的增加和贩运活跃，不仅促进了农村商品经济的发展，而且使贸易市场的商品交换关系发生了重大变化，过去只是生产者与消费者的交换，或者是生产者之间的余缺调剂。现在变成了生产者与经营者、经营者与消费者，以及经营者和经营者之间的交换。

2. 城市经济改革促进了城郊农村产业结构调整

第一，促进了乡镇企业的大发展，加速了城郊农村工业化。

城市经济改革，搞活了企业，搞活了流通，发展各个方位的协作联系，充分发挥城市的经济技术优势，增大了城市对农村的吸引力，加快了农村工业的发展。成都市1984年末乡镇企业发展到1.5万个，总收入为15.3亿元。沈阳市的乡镇企业已达到2.6万个，工业总产值为12.5亿元。1985年以来城郊乡镇企业又有了更大发展，沈阳市苏家屯区在重灾之年，粮食又获大丰收，乡镇工业1月至9月末的产值已达2.3亿元，比上年同期增长近1倍。在城市改革的推动下，乡镇企业充满了活力，1985年发展的特点是多种方向、多种形式、多种行业、多种部门全面发展，乡、村、个体、联户同步迈进，城乡联合体的发展更为迅速。

农村，特别是城郊农村，利用城市的力量发展村镇经济；城市更有效地利用农村的多种资源，进一步繁荣起来，走城乡结合、共同开发的道路势在必行。目前，在生产和经营上出现了许多城乡联合体。沈阳市新民县在两年中出现了大大小小的联合企业500多家，苏家屯区采取集资和同城市企业搞联合的办法发展乡镇企业，1985年1~5月全区建立了90多个城乡联合体。据不完全统计，目前，沈阳市已发展了2000多个城乡联合企业。

大城市与郊区县的联合开发、联合经营、联合办厂还在继续发展。在全国各大城市周围的城乡联办、跨省市联办、乡村联办、农民联户兴办的各种联合体犹如雨后春笋、方兴未艾。前几年只限于工业部门的联营、联办，近两年已发展到跨行业的工商联营、农商联营、商商联营，形成了多层次、多行业的横向联合，使产销更紧密地衔接起来，做到产、销者直接见面，减少了不必要的中间环节。沈阳市和平区副食品公司将全区31个蔬菜门市部，全部同郊区蔬菜产地直接挂钩，有的成立蔬菜生产销售联合体，议购议销，随行就市，产销者直接见面，减少了周转环节，供应旺季烂菜现象减少，基本实现均衡上市，满足了城市居民需要。大家认为农商联营经济效果很好。

由于扩大了企业自主权，城市打开大门，城乡之间的多层次多种形式的联合经营，已经有目的、有组织地展开，城市生产力逐步向农村扩散。沈阳市先后召开了三次产品扩散招标会，市内有160多个工矿企业同农村1500多家乡镇企业建立了生产协作关系，扩散产值达4亿元，约占全市乡镇工业产值的1/3。沈阳市味精厂向新民县梁山乡淀粉厂转让价值12万元的专用设备，使这个乡办小厂一次就增加3000吨的生产能力，为味精厂提供充足原料，当年增产味精1000吨，增加1000万元的产值。城市生产力扩散还表现在技术扩散上，沈阳市还组织了上千人次的专家学者到郊区、县通过咨询、技术攻关和指导生产，为农村工业解决了300多项难题，为乡镇企业增加110多万元的利润。城市生产力向农村扩散，加强了城市的中心作用。

总之，随着城市改革与开放，开始出现平等互惠、互相促进、同生共济的新型城乡关系，加快了农村工业化、农村城市化的进程。

第二，促进了种植业、养殖业的发展，进一步调整了农业生产结构。

在城市经济改革的影响下，城郊农村的农业生产结构随着城市经济的发展与城乡市场需求的变化也发生了很大变化。（1）大城市郊区农副产品的生产，正在迅速向专业化、社会化的规模经济方向发展。全国各大城市的郊区、县的蔬菜专业村、专业乡、水果专业乡、养鸡专业村、养猪专业村、奶牛专业村等纷纷出现。哈尔滨市近郊已形成了10多个畜牧业专业乡。农副产品专业化与社会化生产的效率高，更能适应大城市对农副产品的需求。（2）城乡市场的需求变化，已经引起城郊种植业、养殖业生产结构的变化。农业专业化生产必然促进农业劳动生产率较快提高，有大量的劳动力从种养业转移到工业和第三产业。由于城郊乡镇企业和第三产业的迅速发展，又引起城乡市场需求的变化，大批农民由农产品的生产者变为需求者，扩大了农副产品的商品市场。人们对细粮和鲜、活、精的副食品需求日益明显增加。城郊农村的种植业、养殖业生产结构也有新的发展变化。南京市畜产品发展速度快，猪禽蛋奶全面增长，生猪比1984年增长11%，蛋增长24.6%，牛奶增长18.2%。沈阳市进一步调整种植业结构，减少51万亩粗粮面积，增加30万亩经济作物面积，将水稻面积由148万亩增加到176万亩。（3）价格体制改革促使农副产品生产的发展。价格放开以后，调动了农民种菜、养猪、养牛和发展瓜果生产的积极性。今年北京市的蔬菜和瓜果的播种面积、总产量都大大增加，淡季菜上市量和蔬菜品种都有增加。成都市专业菜田不减少，兼业菜田又增加。沈阳市蔬菜生产向着鲜嫩化、多样化、高质量化方向发展，增加细菜生产，扩大了1万亩地膜覆盖面积。据南京、成都、沈阳等各市调查，生猪生产继续保持上升的趋势。总之，价格改革刺激了农副产品的生产发展。

第三，促进了第三产业的迅速发展，繁荣了城乡社会经济。

随着农业生产的发展和各行各业在农村的发展，种植业向种田能手集中的趋势日渐明显，剩余劳动力迅速增加，他们除了转向农村工业以外，更迫切地要求发展第三产业。城市对内搞活开放，农民可以在城镇办企业、商业，又取消了农产品统派统购政策，农民不再受限制，流向城镇劳动力日益增多，这一点在大城市的郊区、县表现最为突出。上海市郊从事第二、三产业的劳动力已达60%以上。南京市郊农村劳动力转移也很活跃，全家转移到城镇的已有500多户。近年来，我国集镇、小城镇经济繁荣起来，集镇自身的建设发展和服务设施的增加，为剩余劳动力提供了就业机会。城市改革，允许农民进城镇办商业、服务业，对城郊农民吸引力更大，利用城乡经济交流便利的地理位置，首先进城镇兴办饭店、旅店、浴池、理发店、食品店、日杂百货店、文化馆、影剧院等。并在有条件的地方开发旅游业。目前这些商业、服务业、运输业、旅游业在大城市郊区、县的乡镇中已是星罗棋布。同时还有许多农民联合集资到大城市开宾馆、搞建筑并经营联合贸易公司。沈阳市郊农民集资修建的贸易大厦，已在市内繁华的商业区动工。郊区农民还同外国联合经营某些项目。东陵区五三乡同法国四大财团联合合资开发沈阳、鞍山的旅游业已达成意向。

大城市郊区、县发展第三产业有两个特点：（1）双向服务。一方面为城市生产建设和人民生活服务，另一方面又为城郊农村的农产品、工副业生产与销售，同时也为农民就业，找到了出路。（2）成为沟通城乡经济的纽带。农民在城镇和城乡之间从事的农贸集市、运销业、建筑业、修理业和各种服务业，都成为沟通城乡关系、工农关系的桥梁，他们把农村的农副产品、工业建筑材料等送进城镇，又将原料、物质、技术、文化等带回农村，从而密切了城乡关系，为城乡融合、城乡一体化作出了贡献。

二 城市改革后城郊经济显现的新问题

第一，大城市近郊出现了农业萎缩现象。

由于工业、商业、服务业与农业之间，以及城市与乡村之间的经济效益原来就存在差距，从事工、商、服、运等各行各业收入远远超过务农收入。当前，这种差距还在加大，因而城郊农民种田积极性不高。很多农民都想把农田转包出去，把主要精力用去搞工业、商业、运输业等，而愿意多承包农田的农民并不多。1985年初营口市郊区就有5000亩耕地勉强地转包出去。土地转包不出去的农户，把种田当包袱，作为副业经营。过去一个劳动力负担2亩田，现在一个劳动力负担5～10亩田，耕作粗放，又不肯向土地投资，不买化肥，不施农家肥，有农业机械不种田而用去搞运输。更严重的是，很多地方撂荒耕地。上海郊区有的菜田荒芜两个多月。沈阳市由于菜农向乡镇企业和第三产业转移，老菜田又陆续被城建占用，近郊蔬菜生产逐渐减少，蔬菜生产不得不向中远郊发展。青壮年劳动力大部分离农经商、做工，出现农田劳动力素质下降的情况。

第二，价格改革对城郊农业发展影响很大。

价格体系的改革，带来了一系列需要解决的问题。农副产品价格虽然有了提高，但农用物资、原材料和饲料等也相应提高了价格，使农副产品成本升高，经济效益降低。上海郊区农用物资提价71%，刚好同菜价的上涨相抵消，菜农收入不能增加，又取消了菜农的平价口油口粮的供应，挫伤了农民的积极性。还有许多奶牛场因为饲料提价，经济效益低，不得不关、停、转产。尤其新建奶牛场无基础饲料，投资大，见效慢，在饲料提价后更难维持下去。上海市川沙县已有三个新建奶牛场转了产，还有的停产，奶牛外卖达300多头。对城郊畜牧业生产发展产生不利影响。

第三，流通渠道活了以后，农业第一线农民还没有得到较多的实惠。

城市经济改革，允许个体经商，城乡市场上出现了许多中间经营者，他们利用城乡两个市场和两种价格的价差从中谋利，在经营和倒卖农副产品时，以低价收购农民的产品转手又向城市居民卖高价，结果应该得益的农民没有真正得到实惠，很有意见。城市居民购买较贵的副食品也有意见。

第四，农村经济体制改革需要进一步完善。

我国农村经济体制改革的成功是世界公认的，目前正进行农村的第二步改革，调整结构发展商品生产。但是农村的经济管理体制，还有许多问题不能适应以城市经济体制改革为重点的全面改革的形势发展。以家庭为主的经营如何纳入国家计划经济轨道，解决某些农产品买难卖难问题。还有农业的产前、产中、产后服务体系至今仍不健全。当前机耕队、植保专业队等都不能较好地发挥作用。一些经济实体的财务管理等也很混乱。乡镇企业第三产业管理也不统一。对个体、联户这种管理难度大的经济组织的管理工作没有跟上。乱收管理费用的情况还不少。如对运输机械管理，交通部门管、农机部门也管，经营户两面交费，现在迫切需要建立新型的农村综合管理机构，统一政策、加强协调。

第五，城郊农村智力投资较少。

大城市的高等院校、中等院校、科研单位较多，是文化科学技术中心，对郊区、县有直接影响和扩散作用。目前郊区、县农村经济都想高速发展，但对城市的文化及科学利用很差。这早晚是要吃大亏的。据统计，郊区的半文盲不断增加，中学生中途退学和辍学的越来越多。越富裕的乡、村，有的户为了多捞钱不让孩子上学。北京市四季青乡收入高，孩子不愿上学，愿意早工作，所以上大学的很少。

当前大城市郊区、县农村存在的问题很多，有些问题还较严重，急需解决。

三　城郊经济继续发展应采取的对策

解决众多问题的关键，在于对"农业是国民经济的基础"的重新认识。也就是说，农业作为四化建设的重点部门要给予重视。在改革中，为保证城郊农村经济的较快发展，需要解决如下一些问题。

第一，重新认识农业是国民经济基础的伟大意义。

几年来，我国农业发展速度快，粮食连年大丰收，出现了一部分余粮。

特别是在大城市郊区，工商业等迅速发展，农业比重大幅度下降，又产生了忽视农业的思想。在调整农业生产结构中，存在调得不够适当的问题。有些地方粮田减少较多。因此，需要重新重视农业（粮食）在国民经济发展中的地位和作用。今后，特别是在"七五"计划中必须对农业增加投资。调整产业结构必须保证粮食产量的稳步增长，粮食播种面积要逐步减少才为适当。进一步提高单产，实现总产稳步增加。提高单产就必须重视农业技术的应用，努力提高科学种田水平。同时发展粮食应继续坚持多种经营，防止走单打一的老路。加强完善产前、产中、产后的服务生产体系。接受1985年粮食受严重洪涝灾害而减产的教训，今后不可放松农田基本建设，一定要加强水利设施建设，增强抵御自然灾害的能力。进一步加强农业（粮食）的基础作用。

第二，要解决好国家宏观控制和微观搞活的相互关系。

在微观搞活以后，如何加强国家的计划管理也不能停留在口头上。宏观控制要为微观搞活创造条件。发展国民经济不但要求各产业间保持合理的结构状态，而且要保证基础产业与其他各业的协调发展。特别是应当要求农业作为基础产业必须有计划地发展。现在农业要大力发展商品生产，以家庭为主的经营必须同市场相联系，以市场价格指导农业生产方向。同时，还要使家庭经营纳入国家经济轨道，有计划地发展，做到家庭经营与国家宏观计划挂钩，必须完善农产品及其加工品的定购制度，并且通过经济杠杆加以调节和协调。促进农业的有计划的商品经济的计划调节与自动调节的结合。在保证国民经济发展的同时，充分保障农民的经济利益。

第三，进一步完善农村经济管理体制。

由于城郊农村经济发达管理体制问题较多。解决好体制问题对广大农村经济发展有重大意义。乡村两级的经济管理组织及管理法规需要尽快建立健全，使农村基层干部在管理工作中有所遵循，以利于统一组织或调整产前、产后等服务部门的生产和服务。以利于恢复和建立农业科学技术的实验和推广体系，并利于加强智力投资，促进农村教育事业的发展，提高农民的文化、科学水平，提高农民的素质。

通过采取一些切合实际的经济和行政措施，才能保证城郊农村经济健康发展，并同城市经济改革步伐相一致。充分发挥城乡的各自优势，保证二者之间生产力和经济发展水平的一致性，逐步缩小城乡差别。融洽社会主义城乡关系。

城郊农村经济概论^{*}

一 城郊农村经济的形成及发展

在古代社会，由于物资劳动和精神劳动的最大一次分工，一些人从农业中分离出来。首先是部落首领、头人及其随从人员，他们为了保护自己的领地和权力，修筑城堡、营垒，住在里面。他们要生活下去，就需要吃的、穿的、用的和为他们服务的奴隶、工人、商人、军队等，这就是城市出现的最初阶段。当时"随着城市的出现，也就需要有行政、警察、赋税等等，一句话，就是需要有公共的政治机构"（《马克思恩格斯全集》第三卷，第57页）。这样一来，在初具规模的城市里，就形成了比广大农村在人口、生产、工具、资本、物质和享乐需求更为集中的状态。在交通工具极其落后的情况下，物资不易远运，容易腐烂的鱼、肉、菜、果，必须要在城市、营垒的附近农村生产和猎取，尤其是蔬菜要在最近的地方生产，从而形成了距离城市近郊农村的生产特殊性。在唐朝前期，就实行给良民的宅地中，划出一部分地，用来种菜。唐朝后期，又改行庄田制，设立皇庄、官庄，各州县都设有隶属庄田，从事园艺业，直接为皇宫、官府和城里居住的官、民生产农副产品。到了明末清初阶段，在靠近商品经济发达的城市郊区农村，已经有了比较发达的商业性园艺业，例如菜园、果园、花园等。在《红楼梦》中写道："赖大的园子除自家女孩子戴的花、吃的笋、菜、鱼、虾，一年还有人包了去，年终足可剩二百两银子。"说明城郊农村的商品性农业更加明显地发展了。随着城市和城市经济的发展，城郊

---

* 原载《经济资料与文稿》1985年第2期，《沈阳农村经济》1985年第1期，被省农经学会评为优秀论文。选入《跨入二十一世纪的辉煌篇章》一书，第135~138页。

农村经济也不断地发展。古今中外,许多大城市不论如何起落兴衰,在每一个城市的周围,都并存着郊区农村,城市都离不开其郊区农村提供的农副产品,特别是那些新鲜的蔬菜、瓜果、活禽和鱼肉等。城郊农村经济已经成为城市人民生活和城市经济发展不可缺少的重要支柱。可以说,城郊农村经济不是孤立存在的,而是伴随古代城市的形成而产生,又是伴随城市的扩大而发展,并与城市经济发展相辅相成、互相依托。这是经济、社会历史发展的必然趋势。

新中国成立30多年来,我国城郊农村经济有了更大发展,基本上形成了为城市服务的蔬菜和副食品生产基地,及时地保证了城市人民生活和城市经济建设的需要。

二 城郊农村经济的概念及特点

中国城郊农村经济不是单纯的农业经济,它不同于一般的乡村农业经济,而是介于城市经济和乡村经济之间,形成的一种临近城市,与城市经济互相依托、联系密切、商品生产比较发达、综合发展的区域性农村经济。

城郊农村经济这一概念首先离不开地理位置临近城市的区域。一般来说,城郊在区域结构上,可以根据离城市中心距离远近,分为近郊、中郊、远郊、市辖县等。城郊一面连着中心城市,一面与广大农村腹地接壤。其次又离不开社会、经济历史发展的客观条件。自从城市形成的第一天起,城郊农村就开始存在,城郊农村经济是城市产生和发展的必然结果,它与城市经济互相作用、互相渗透,形成一个不可分割的统一体。而且它不仅依托城市、服务城市,又受城市影响极大的特点十分明显。它的特点主要表现如下。

(1) 集聚性。城郊农村的经济集聚程度虽然不如市区,但是与一般农区农村相比,在人口、劳动力、资金,以及生产、流通和消费等经济活动方面,都比较集中。

(2) 中心性。城市是经济、文化、科学、交通运输、商业和工业生产及信息的中心,对周围的农村经济发展影响很大,呈辐射状态逐渐向外扩散。其次序是近郊、中郊、远郊,然后是广大农村,其作用逐渐减弱。

(3) 商品性。城郊农村商品生产和商品交换比较发达,是由城市必须有交换才能生存这个本质特征所决定的。一般地说,城市是商品经济发展的产物,城郊农村靠近城市,交通运输条件优越,必然比一般农村优先向城市出卖农副产品和发展乡镇企业,必然会使城郊经济比较发达,商品率也比较高。

(4)高效性。城郊农村由于地理位置的优越,能取得比一般农村较高的级差地租,即差额收益。因为城郊农村接受城市的经济、文化、交通、信息、科学技术等因素的影响较快,而且经济活动比较频繁,所以比一般农村获得较高的经济效益。

三 城郊农村经济的地位及作用

城郊农村经济在国民经济发展中,占有重要的地位。虽然城郊农村的区域面积不大,但对整个国民经济发展影响很大,以全国最大的北京、天津、上海、沈阳、武汉、广州、重庆、成都、西安、南京、哈尔滨11个城市为例,虽然它们的面积只占全国总面积的0.85%,人口却占总人口的6.25%,而在1981年提供的工业总产值占全国的31%,净产值占31.8%,税金占31.5%,利润占40.2%。可以说,在全国的经济、社会发展中有举足轻重的作用。然而这些城市经济的顺利发展和作用的发挥,都离不开周围郊区、郊县以及广大农村经济的有力配合。城市需要的粮食、副食品、一部分工业生产原料,还有劳动力等,是由郊区、郊县以及广大农村提供的,这是城市工业、商业等一切经济发展和城市人民生活的基础。因此要重视并积极发展城郊农村经济,因为它对城市经济、乡村经济,以及对国民经济的发展,具有更深远的战略意义。这是因为:

1.城郊农村经济是城市经济和乡村经济连接的纽带。社会、经济发展客观上存在着一条不平衡的规律。按照社会、经济发展的区域可划分为三大经济区,即城市经济、城郊经济、乡村经济。在城市与乡村之间,存在着一个以城市经济为中心,以城郊经济为传导,以广大乡村经济为基础的城乡经济发展网络。城郊经济在城乡经济网络的运动中,不仅取决于农村内部固有的规律的制约,同时也取决于城市发展规律的制约,因为它兼受乡村和城市发展的双重客观规律的支配,在城乡经济网络中,是最活跃的传递者,发挥着传承作用。城郊农村经济是随着城市的兴旺而发展起来的,利用连接广大乡村的条件,又向广大乡村腹地传播、扩散、辐射先进的科学技术、生产方式、经营方法等,从而带动了一般乡村经济的发展。

2. 城郊农村经济的发展可促进城市中心作用的发挥。城市经济的发展，很多方面都要靠周围乡村的服务和物资支援，才得以保证。城市的发展以乡村经济为基础，每一座城市从兴起到发展，都离不开农业，没有乡村的农业生产提供粮食、生产原料和人民生活需要的鲜活副食品，城市就不能生存。而鲜活副食品大多由城郊农村生产和供应。另外，城市因为工业场地越来越紧张，需要向乡村扩散工业、转让技术，城郊乡村首先承担城市大工业扩散任务，利用城郊较多的剩余劳动力和宽阔的场地，进行工业扩大再生产，使城市向城郊乡村传播先进工艺和科学技术，进而加快了乡村工业化的步伐，不仅发挥了城市工业中心作用，而且促进了乡镇企业的大发展，促进了城郊乡村农业生产专业化、社会化和农产品的商品化。又解决了乡村剩余劳动力向其他部门转移的问题，减轻城市对农村人口的吸引力，起到了缓冲人口向城市集中的作用，避免了城市人口过分膨胀所带来的种种问题。这一点也体现了中心城市对乡村的主导作用。

3. 城郊农村经济的发展成为广大乡村经济发展的先导。城郊是城市和广大乡村的中间地区，城郊经济由于距城市近，首先受到城市经济的影响，因而科学技术、文化教育比较进步，邮电信息、交通运输、商品经济等都比较发达，在城郊能较早地、更多地建立农工商综合经营企业，可尽快地组织各种形式的城乡经济联合体，又可先于广大乡村建设一批文明、富庶的社会主义新乡村，农民生活首先跨进小康水平的行列。城郊农村经济优先发展之后，必然会向广大乡村辐射、扩展，并逐步影响广大乡村经济的发展。可以说城郊乡村今天的现实，正是广大乡村明天经济发展状况的预兆。种种事实已经表明，城郊经济成为广大乡村经济发展的先导，具有不可估量的作用。

4. 城郊农村经济的发展是消灭城乡差别和乡村城市化的第一梯队。马克思、恩格斯在《共产党宣言》中就提出了"把农业和工业结合起来，促进城乡之间的差别逐步消灭"的伟大历史任务。消灭城乡差别并不意味着大城市的消灭，也不是把乡村都变为城市。也就是说并不在于规模、范围、形式的等同，而是使城市和乡村有同等的生活条件和生产条件。我国是一个发展中的国家，经济并不发达，缺少物资和资金。在一个相当长的时期内，我国的国情与国力还制约着城乡经济的发展，城市和乡村的差别仍然存在。城市与乡村生活条件和生产条件的差异，也要通过发挥城市组织经济的中心作用，先是带动城郊，然后再向四面八方的乡村辐射，逐步创造出趋于同等的条件来。在这个时期中，城郊乡村由于临近城市而获得优先发展，在实现工农结合、城乡融合、逐步消除城乡差别的历史任务中，定会走在全国乡村的前面，它必然会成为我国乡村城市化的第一梯队。

四 城郊农村经济的发展前景及战略

随着城郊农村经济的发展，农村居民生活现代化，农村的自然环境和经济结构也都要发生空前的变化。会形成工农结合、城乡融合的农村经济综合发展的状态。在生产中，工业、农业的专业化和社会化程度较高。在乡村居民中有从事农业、工业、商业、交通运输、文教卫生、饮食服务等行业的职工，不但会有各种各类的专业户，也会有亦工亦农亦商等兼业户。在产业结构上，农工商综合发展，除了有农业经济本体系外，还要有非农业经济体系的工业，还会有商业、服务业、旅游业等，而且也会占有很大的比重。同时在自然环境上和人的生活条件上也会有很大改变，使居民生活水平与城市人生活水平趋于一致。城郊乡村能够优先实现农业工业化，工业农业化，工农结合，城乡融合，城市和乡村接近，互相渗透，互相转化，于是会形成乡村城市化和城市乡村化。

由于城郊具有乡村和城市的双重优势，便于改造和建设，容易形成工农结合，城乡融为一体的"乡村城市"和"城市乡村"的经济社会，这种经济社会向四面八方逐步扩展、漫延，影响城市经济变化，也影响乡村经济变化，在大片土地上，乃至全国建设出许许多多现代化的村庄、小镇、小城市、大城市，星罗棋布，它们将有机地交织在一起，形成城市里有乡村、乡村里有城市，而且都是现代化的生产和现代化的生活。并有科学规划的良田、果园、牧场、工厂、居民点、商业网、旅游区、游乐场、飞机场、火车站、汽车站等。在绿色植被中，各级公路、铁路纵横、高低交错，河流、湖泊、海湾水质清澈如镜，这时在大地上就会出现花园式的乡村城市和城市乡村景象。这些建设好的乡村城市和改造建设后的城市乡村，都将是城郊乡村现代化模式的扩展。

为发挥城郊经济在城乡经济社会中的桥梁作用：第一，要进行城乡的科学规划、统筹布局，广泛开发利用自然资源和社会经济资源，因地制宜、合理筹划，调整城乡布局，以绿化为先行，以基础设施建设为重点，搞好长远战略规划。第二，充分开发和发挥地区自然资源和经济基础的作用，因地制宜地发展地区特色的经济类型，建立不同层次的经济区，可建设成各种专业村，专业乡镇、专业区、专业县，使专业化产品，不断地更新换代，或提高质量，不仅在国内市场占重要地位，而且要在国际市场上有竞争能力。第三，必须加速城郊经济发展的步伐。要不断提高生产的科学技术水平，通过外引内联，积极发展商品生产，建立"贸工农"型生产体系，提高全民的劳动生产率，创造更多的社会财富。第四，要极端重视生态建设、按照生态平衡和美化人类生活的原则，加强生态环境建设和治理污染工作，无论城市改造或乡村新建工厂、企业、矿山，都要首先有科学严密的治污环保设施作保证，同时还要有其他有利于城郊经济发展的方针、政策作保证。

总之，城郊乡村经济的发展前景，指明了广大乡村今后发展的方向。当前，应抓住城郊经济的优势特点，积极发展城郊经济，克服城市经济的短处，以带动广大乡村经济的发展，建立具有中国特色的新型城乡关系，走出一条中国式的城乡结合，城乡融合为一体的"乡村城市"和"城市乡村"的经济社会发展的道路来。

辽宁城郊经济发展战略研究[*]

城郊经济是指在城市与农村结合部形成的依托城市、联系城乡、商品生产比较发达的区域性经济。它既不同于城市经济，也不同于一般农村经济，而是兼有着城市经济和农村经济双方的某些特征和发展优势。辽宁大中城市多，城郊面积大。研究辽宁城郊经济的发展战略，不仅具有城乡结合的普遍意义，而且对于辽宁建立合理的城乡经济网络，探索逐步缩小城乡差别、工农差别，实现城乡一体化的中国式经济、社会发展道路，更有着深远的重要意义。

一 辽宁城郊经济的特点和重要地位

辽宁由于自然条件和经济、社会发展的历史及现实条件的特殊性，城郊经济的发展优势和特点更为突出。

1. 大中城市密集，城郊幅员连片，乡村城市化进程快

辽宁是我国大中城市数量多、密度大的地区之一。在全省14.09万平方公里的面积上，坐落着13座大中城市，其中城市人口超过百万的有4个市。市与市相距很近，特别是中部城市之间的距离平均大约只有60公里，最近的鞍山市与辽阳市仅有20多公里。因此，一个城市的郊区与另一个城市或两个以上城市的郊区，互相交叉、重叠，既受这一城市的辐射作用，又受到另一个城市或两个以上城市的相互渗透、服务，发生经济联系。这是辽宁城郊经济的最大特点。

2. 城市工业发达，科技、教育先进，对郊区经济辐射能力强

辽宁的13座大中城市，有3座是轻工业城市，10座是重工业城市，其

---

[*] 原载《辽宁农村发展战略》论文集，辽宁科学技术出版社，1989，第216~224页。此文在1991年首届辽宁省经济学会获得优秀成果二等奖。

经济基础都比较雄厚。不仅工业企业多，门类齐全，行业多样，而且生产布局较为合理，已形成包括机械、钢铁、能源、石油、化工、化纤、轻纺等主要生产基地在内的大工业生产体系。同时有着较强的科技和管理力量，集中了许多大专院校、科研单位，对城郊经济和智力的开发，提高农民文化、科技和管理水平，都远比一般农村高得多。

3. 城镇和非农业人口多，具有较高的需求市场，为城郊经济的发展提供了巨大的动力

据1987年末统计，全省市镇人口达2162.7万人，占总人口的57.2%，且工业比较发达，需要大量的生活消费品和各种生产原料。除此之外，还有对外出口贸易、劳务服务、工业扩散和人口疏导等需求。这一切都必将成为城郊经济发展的原动力，使城郊经济、社会得到迅速的发展。

4. 有地处沿海、历史悠久的外贸窗口，便于经济开放，使城郊"贸工农"型经济走在前面

在丹东、大连、营口、盘锦、锦州五个沿海城市中，大连、营口、丹东是国家出口的综合基地，与港澳、东南亚、日本、美国、西欧等世界上近140个国家和地区，有着进、出口贸易关系。近两年，由于采取了多方集资，加速港口建设，建立各种出口商品生产基地，按"贸工农"型经济调整产业结构，为向外向型经济转变，扩大进出口贸易，更进一步提供了良好的条件。

5. 有发达的交通运输，有利于城乡协作和资源开发，加速城郊商品经济的发展

全省铁路密度居全国之首，铁路营业里程达3000多公里。公路四通八达，通车里程达33000多公里。另外，还有内河通航里程508公里，空航里程26000公里，地下输油管道里程1432公里。基本上形成了市、县与城郊贯通，铁路、公路、水路、空路和管路相互配合、衔接的交通运输网络。对城郊经济的进一步开放搞活，发展对外贸易和旅游事业，以及资源开发等，都将发挥着重要的作用。

这种城郊经济，不仅在其自身发展中有着明显的优势，而且在保证城市人口生活需要促进城乡经济协调发展、推动城乡一体化的过程中，具有重要的地位。

第一，城郊是城市副食品生产的重要基地。1986年全省农业商品产值达82.5亿元，农产品商品率为58.1%。其中城郊供给13座大中城市的肉、

蛋、奶和蔬菜等，占总供应量分别为24%、47%、100%和92%，对改善城市人民生活的物资供应起了极其重要的作用。特别是随着城市人民生活消费水平的提高，对鲜活副食品的供应要求越来越高。而这些鲜活副食品，主要靠城市的郊区来生产和加工。这样城郊对城市的副食品供应必将发挥越来越大的作用。

第二，城郊是城市工业扩散和人口疏导的重要腹地。辽宁的大中城市大部分是老工业基地，急需改造，需要把一些老产品和劳动密集、资源密集型的产业，逐步向城郊乡镇企业转移，以便在市内集中力量发展知识、技术密集型的重点工业、重点行业和高、精、尖的新产品。城郊与城市毗连，为解决市内工业过分集中、人口膨胀、水电交通公用设施紧张和企业场地严重不足等问题，提供了最好场所。这不仅有利于进一步发展城市经济，而且有利于城乡经济共同发展。

第三，城郊是城市的社会屏障和生态屏障。社会屏障主要控制城市人口过分膨胀和城市用地规模。由于城郊能够容纳城市工业扩散，就地消化大批从农业转移出来的剩余劳动力，这就避免了农业人口盲目地向城市集聚，起到了屏障的功能作用。生态屏障是指城郊可以利用一切可以利用的地方，大面积营造护城林、卫生林、经济林、草地等，以大自然植物净化功能，改善城市的生态环境，调节小气候。另外把一些不宜在城市发展的工业企业，经过妥善排污净化治理，迁往或新建在城郊的适宜地方，也会起到生态屏障作用。

第四，城郊经济是广大农村经济的发展先导。由于经济、社会发展的不平衡规律，整个社会经济曾出现三大经济领域，即城市经济、城郊经济、乡村经济。在城市与乡村之间，存在着一个以城市经济为中心，城郊经济为中介、广大乡村经济为基础的城乡经济发展网络。大城市作为政治、经济、文化、科技、信息中心，不断地向四面八方辐射、扩散而首先是向城郊扩散、传播，使城郊地区成为中心城市的第一经济圈，然后城郊再把最先获得的新技术、新信息、新知识和一切新的先进东西，传播给离城市远的广大农村，从而起到了发展农村经济的先导作用。

二 辽宁城郊经济发展的战略思想和战略目标

城郊经济的发展状况如何，直接关系到国民经济的全局，关系到缩小

"三大差别"，实现城乡一体化的中国式经济、社会发展道路和现代化建设的重大问题。因此，研究城郊经济和发展战略，必须从城郊经济的特点出发，寻找有利于自身和全省经济发展的恰当方位。

第一，要树立城乡一体的战略思想。这是城郊经济发展战略中最根本性的问题。长期以来，我国城乡经济以二元结构为指导思想，造成农村经济落后和城市工业大发展的对立局面。这种城乡分割的经济状态，不仅减缓了农村经济的发展速度，而且制约了城市经济的发展，扩大了"三大差别"。为了破除这种状况，必须建立新的社会主义城乡关系，发挥确立城乡一体化的思想，制定有利于"城乡统筹规划，发挥各自优势、共同协调发展"的方针，从而使农村更紧密地依托于城市，服务于城市，使城市更好地服务于农村，带动整个农村经济、社会的发展。

第二，要确定正确的城郊农业生产方针。由于城郊农业具有一般农村农业生产不同的功能和效益，城郊农业生产首先应满足城市人口的消费需要，提供大量的主、副食产品。但同时，由于城郊人多地少，又不可能全部满足城市人口消费的需要。为解决这一矛盾，根据城郊生产的特点，城郊农业生产的方针应该是：首先生产蔬菜、牛奶、水产品和水果等不易远途运输的鲜活副食品，其次是生产鲜蛋、家禽、肉类，最后是生产粮食、油类和其他经济作物。这一"城郊型"农业生产方针，是根本区别于一般农村农业生产的重要标志。

第三，要建立"贸工农"型生产结构。城郊经济的发展，不仅为国内市场服务，而且要为国际市场服务。特别是沿海城市的郊区，既依托于工业发达的大中城市，又有良好的出口创汇条件，应根据国际市场需求，积极发展外向型工业、农业，创造良好的投资环境，吸引外资，发展"三来一补"企业。使城郊经济在开放辽东半岛、振兴辽宁经济中，发挥更大的作用。

第四，要建设成为农业现代化的示范区。辽宁省城郊经济远比一般农村发达得多，不仅有较雄厚的经济实力，而且农业基础和科技力量比较强，应率先发展现代化农业，为其他地区闯出一条路子，起到示范作用。

同时，城郊经济发展战略，是全省经济、社会发展战略的重要组成部分，与城市经济发展战略和农村经济发展战略有着密切的关系。制定城郊经济发展的战略目标，除应考虑以上四条战略指导思想外，在总体上还要以全省经济、社会和农村经济发展战略为依据，选择适于自己发展的战略目标。

到20世纪末,辽宁要建设成为经济、科技、社会全面发展和城乡一体化、人民生活富裕的发达省份,为"振兴辽宁、服务全国、走向世界"作出贡献。城郊经济的发展战略目标,必须为这个总目标服务,把城郊建设成为城市发展腹地和副食品供应基地的多功能、开放型的经济区,为城市和国内外市场提供更多方面的服务。因此,到20世纪末,城郊经济发展的战略目标,应达到:

1. 从事农林牧副渔业的劳动力,要由现在的65.6万人减少到35.0万人,其人口比重由现在的6.1%下降到3.3%。

2. 社会总产值,要由1986年的69亿元增加到180亿元,纯收入由26.4亿元增加到70亿元,其中,工业总产值由19.7亿元增加到150亿元,人均纯收入由700元增加到1500元,与城市人均收入基本持平。

3. 供给城市的主要副食品要有较大幅度增长。按城市人口计算,猪肉要由现在人均15公斤增加到25公斤,牛羊肉由2.5公斤增加到7.5公斤,鸡蛋由11公斤增加到20公斤,家禽由1.5公斤增加到7.5公斤,鱼虾由7公斤增加到14公斤,牛奶及奶制品由2.9公斤增加到6公斤,蔬菜仍保持人均一天0.5公斤。

4. 乡镇企业外贸出口收购额要由1986年占全省总收购额的6.7%提高到30%左右;出口产品企业由400家增加到1000家,创汇超百万美元的大户由30家增加到100家以上。

5. 要建设以郊区镇为中心的多层次的小城镇体系,建制镇由现有的392个增加到500个,非农业人口比重由现在的78.8%上升到90%左右,农业人口下降到10%以下,以逐步发挥城郊经济的乡村和城市的双重优势,形成广泛的工农结合、城乡一体的"乡村城市"或"城市乡村"的经济社会。

三 辽宁城郊经济实现战略目标的措施

根据辽宁经济、社会发展战略目标和目前改革、开放深入发展的要求,尽快实现辽宁城郊经济的发展,必须采取以下几方面的主要措施。

1. 加强生产基地建设,大力发展副食品生产

遵照国务院提出的"城郊农业生产,要以蔬菜和副食品为主"的方针,对城郊必须统筹规划,逐步建设成具有相当规模、不同形式的各种蔬菜农场、畜牧场、渔场,以及副食品加工厂和为这些配套服务的生产基地。同时要大力发展国家、集体、联合体、个体等多种所有制形式,广泛集资,建设较大规模的副食品生产基地,以防止副食品供应上的大起大落,为城市提供充足的副食品。

2. **不断调整产业结构,加速农业劳动力进一步向非农产业转移**

要通过发挥城郊的自然、经济优势,按"贸工农"方针调整产业结构,促进剩余劳动力从狭小的农业圈转向农村第二、三产业,使城郊农村的产业结构,进一步向"多功能、开放型"转变。当前,尤其应积极发展饲料工业、食品工业,发展为城市工业配套服务的乡镇企业,大力促进各业的集约化经营,加强小城市建设。从而使更多的剩余劳动力转向非农产业,使从事非农产业的农民既可"离土不离乡"又可"离土又离乡"进入小城镇。

3. **勇于更新观念,加快乡镇企业向外向型经济转化**

省委决定,加速辽东半岛外向型经济建设,勇敢地参与国外市场竞争,跻身于国际经济大循环。这对广大城郊,特别是沿海地区的郊区,是个很好的历史发展机遇。应尽快更新观念进入国际舞台。第一,要更新信息观念。过去乡镇企业对国际市场信息掌握很少,所以对出口产品很难作出及时准确决断。为发展外向型经济,必须建立一套信息传递和反馈网络,经常为乡镇企业提供国内外的经济情报信息,为生产国际市场适销对路产品服务。第二,要更新质量观念争取多出口,必须踏踏实实地抓好出口的质量管理,建立健全产品质量保证体系和生产岗位责任制,对企业实行全面的目标管理。以优质产品赢得信誉,占领市场,增强竞争能力。第三,要增强联合观念。国际市场上的竞争是无情的,要在日益激烈的国际市场上立于不败之地,乡镇企业不走联合的道路是不行的。因此,在条件具备的情况下,必须尽早建立企业集团或联合,形成整体竞争实力。同时,应创造条件,引进国内外先进技术和资金,发展"三来一补"企业,努力实现与国际经济的大循环。

4. **加强科技进步和人才培养,迅速提高人的素质**

目前,农民文化素质低,科技水平落后,与大规模的经济发展,特别是与发展外向型经济极不适应。当务之急是,必须大力发展职业高中、农民中专和农民文化技术夜校,通过各种渠道、各种方式,开展全方位、多层次培养人才的教育。从而使城郊经济靠投入更多的科学技术,从劳动密集型向知识技术密集型转变。

5. 加强小城镇建设，促进城乡一体化全面发展

根据发达资本主义国家的经验教训可以看到，大城市决不能是人类生活的最终归宿。消灭城乡差别，最终要靠在广大农村建设星罗棋布的小城镇，走中国自己的"乡村城市化"道路，以相对集中发展农村经济。其发展模式，可通过小城镇建设，创造比城市更优越的就业条件和居住条件、生活条件、交通条件、生态环境，以吸引和容纳更多的农村剩余劳动力和城市居民，就地就近从事工业、商业、运输、建筑、金融以及各种服务行业，为当地居民、周围农村和城市服务。让小城镇改变大城市的面貌，也改造落后农村的面貌。这个重大作用，只有由城郊地区的小城镇首先承担并起到示范，才能逐步向广大农村扩散，在全省形成星罗棋布的小城镇、小城市群，实现城乡经济的协调发展，走出一条具有中国特色的社会主义发展道路。

第六篇

小城镇建设发展与乡村城镇化

一座新型小城镇的崛起[*]

——辽中县茨榆坨镇经济调查

党的十一届三中全会以来,以发展家庭服装产销业而一举闻名的辽中县茨榆坨乡商品经济蓬勃发展,达到了历史上从来没有过的兴盛和繁荣,从 1984 年 5 月 30 日起,省政府批准茨榆坨由乡变镇。它以独特的姿态加入了我国小城镇的行列。这座新型小城镇的崛起,开创了具有中国特色的社会主义小城镇的发展道路。

一 茨榆坨镇的形成和特点

茨榆坨位于沈阳市西南 60 公里处,距辽中县 12 公里,距辽阳市 35 公里,在沈阳至山海关公路与本溪至朝阳公路的交会处。茨榆坨管辖的土地近 16 万亩,其中耕地 8.3 万亩。共有 15 个村,82 个村民小组,8700 户,3.4 万人,1.2 万名劳动力;镇内 2259 户,包括辽河油田职工家属在内,共 10933 人,耕地 12615 亩,人均耕地 1.41 亩。其特点是地少人多,交通方便。

茨榆坨是半农半商的集镇,已有几百年的历史,明清时期就已是粮食和其他农副产品交易中心。19 世纪 20 年代比较发达,该镇已有几千人以上的定期集市,镇上有杂货店、粮店、布店、饭馆、旅馆等,商饮服行业齐全。伪满时期,该镇还设有警察署,新中国成立后一直又是区、公社或乡政府所在地。新中国成立初期,茨榆坨的工商业经济又得到进一步发展,全镇个体商贩和工商业者达 80 多户,三天一集,集市规模在万人以上,但是 1958 年以后,在"左"倾路线的束缚下,一直把茨榆坨当成是落后地

---

[*] 原载《经济资料与文稿》1984 年第 6 期,《沈阳农村经济》1984 年第 3 期。

区，各种"左"的政策落实，都到这里搞试点。1960年后是省市县的"落改"试点，1963～1964年是搞"四清"的试点，"文化大革命"时又是推行"哈尔套"政治大集的地方，也是大搞限制和批判小生产的试点。批判家庭副业，抓党内走资派，结果资产阶级没抓着，反而打击了群众的生产积极性。尽管省、市、县在这里下了很大功夫，公社书记也年年带头铲地，8万多亩耕地也一样撂荒不产粮。造成了经济萧条，群众生活困难，人均收入一直徘徊在50～80元。

党的十一届三中全会以后，实行了搞活经济的一系列政策，党的政策与群众直接见面，极大地调动了农民劳动致富的积极性。被"左"倾路线砍掉的集市贸易，很快就恢复起来了。从十天一集逐步改为两天一集，现在天天有集。市场也从镇内的街上转移到新建的占地120亩固定贸易场里。在搞活经济政策的鼓舞下，茨榆坨镇在赵静娟等几户社员的带动下，1979年开始兴起了服装加工和贸易的行业，发展到现在，全乡镇8700户中，有2500户常年从事服装加工，1983年共加工21000件，产值达7000万元，是全乡农业产值的7倍，上缴利润700万元。近两年，这个以服装交易为主体的大集体欣欣向荣，已闻名全国。茨榆坨加工的服装有90%通过运销专业户、个体商贩销往全省和全国，除台湾省和西藏自治区以外的二十几个省、市的县镇和偏远农村，现在已有十几个省市派人来采购服装和推销布料，已达数百人次。茨榆坨的服装市场，已成为地域性的批发中心。每个集日有一二百辆售货汽车和几千辆自行车，往来络绎不绝，参加交易的有四五万人，上市服装多达20万件，日成交额达百万元以上，日收工商管理税1000多元，其中服装占50%。

一业崛起，百业俱兴。茨榆坨的集市贸易日益繁荣，进一步促进了农村经济的发展和社会进步。

1. 大批劳动力从种植业分离出来，离土不离乡，促进了多种经营和其他行业的迅速发展

全乡有60%的劳动力，镇里有80%的劳动力，从种植业中分离出来，从事服装加工业、运输业、建筑业、商业、服务业等，安排了大量的农村剩余劳动力。集市日益扩大，首先是商业和饮食服务业的迅速发展，商店、饭店、旅店由1978年的3家猛增到82家，照相馆、理发店、牙社、美术社、钟表修理部共28家，小百货和小吃摊有51个，还有6处自行车存放处。其次集市贸易促进了乡镇工业的迅速发展，1983年全乡镇有工业企业

95家，职工1136人，总产值564万元，比1978年增长3.5倍。其中个体企业62家，职工180人，产值8万元，镇内工业企业16家，职工达500多人。再次集市贸易促进了交通运输业的发展。集市贸易的扩大，接送旅客和货物运输工作量日益增多，一些人购买三轮卡车专门从事运输业。有404个运输专业户，800多人，全乡运输收入达160万元。茨榆坨大集镇的兴盛，汽车公司长途客运站，把沈阳开往辽中的长途汽车次数，由原来12次增加到18次，方便了群众，又增加了1倍的收入，并为国家增加了积累。最后随着工艺、油田开发和乡镇人口的不断增加，特别是集镇上饮食服务业的发展，来往人员倍增，需要供应大量的多种多样的新鲜蔬菜和副食品，促使镇里和附近村庄的蔬菜和养殖业发展。茨南和茨北两村的家庭小菜园就有1000多个，每户平均收入都达两三千元。全乡养殖专业户重点户已有667户，850人。从事养鸡、养猪、养鱼、养牛羊、养蜂等。另外还有300多人从事编织业，700多人从事木瓦工。

2. 大批劳动力从种植业中分离出来，并没有影响农业生产，反而促进了农业生产的大发展，对国家作出了有史以来的最大贡献

全乡镇的种植业已集中在716户、1020个劳动力手中。1983年又遇上特大的风雹虫害，粮食总产量却获得历史最高水平，达4500万斤，比1981年3500万斤增长28.6%。商品粮达到2100万斤，商品率为46.7%，比1981年增长89%。交售生猪为5000头，比1981年4000头增长25%。收购鲜蛋3万斤，比1981年增长1倍。农业总产值达到1200万元，除农业税以外，还向国家上交107万元，并交纳工商管理费10万元，分别比1981年增加37万元和4万元。

3. 茨榆坨经济的大发展给全乡镇人民生活带来了巨大的变化

全乡人民普遍增加收入，生活水平迅速提高，1983年全乡农林牧渔和工副业总收入为2273万元，人均收入563元（实际收入达800多元），比1980年的100元，增加4.6倍，户均收入达2100元。全乡新建砖瓦房共3000多座，有10户农民盖起了样式新颖的小楼房，现有2600台电视机、760台收录机、1.2万辆自行车、150辆摩托车、8000多台缝纫机、640台洗衣机、1.6万块手表，室内家具齐全；有不少户还有电风扇、电冰箱，家家有余粮存款。有不少服装专业户收入上万元，有的存款十几万元。"住的舒适、穿的漂亮、吃的细米、用的高档"已成为这里农民生活的新要求。同时为集体增加了积累，壮大了集体经济。文教卫生和公共福利事业，也有了新发展，镇上建了一座拥有500个坐席的影剧院，新建立一个文化站藏书1000多册，扩建了镇中心医院，设置50张病床，设立客运站，并备有出租小汽车。驻镇油田职工家属区的住宅楼已拔地而起，为小镇增添了气魄。茨榆坨的大发展，促进了社会进步，有5个村，还有1所中学，民政、司法部门都被评为沈阳市的优秀文明建设单位。现在茨榆坨真正地成了连接城乡的纽带和桥梁，成为本地区政治、经济和文化活动的中心。

二 从茨榆坨镇的兴起获得的启示

1. 发展商品生产和提高生产力，是小城镇兴起和继续繁荣的基础

小城镇建设的发展速度和繁荣的程度，直接依赖于社会生产力的发展和商品生产的活跃。当前，农村正处于由自给、半自给经济向大规模商品生产转化的历史性转折时期，商品生产的全面发展带动了农村集镇的兴旺发达。尤其是乡镇工业的发展，对小城镇建设和发展，有着重要的影响和作用。茨榆坨镇服装加工业的兴起和服装商品交易市场的形成，都是商品经济和乡镇工业迅速发展的结果。它以服装加工和交易的独特色彩，展示了乡村商品生产的广阔前景，为发展乡镇商品经济和扩大生产力，提供了可资借鉴的经验。

小城镇的发展又告诉我们，它同周围的联系和产生的作用。在商品生产和生产力大发展的前提下，一定会冲开原来狭小范围，走向更宽广的天地。以往的小城镇和集市贸易仅仅是将城市工业品供应给乡村，又把乡村的农副产品运往城市。不难想象，那种受落后交通工具和生产力低下所限制的自然经济状态，只能是农村种地生产粮食，城市大工业生产工业品进行简单的交换，平平稳稳、冷冷清清。可今天，发展商品经济的洪流以不可挡之势冲破了那种悠然萧条的田园景象，使农村发生了很大变化。为适应乡镇工业的蓬勃发展，从城市通过小城镇运往乡村的，不仅仅是工业日用品，还有大量的乡镇工业所需要的原料和燃料；从乡村通过小城镇运往城市的，也不仅仅是农副产品，还有更多的轻纺产品为主的各类工业品。随着乡镇工业自身发展的需要，商品交换的种类、数量和范围日益扩大，城镇同城市和农村的联系，必然会超出原来的行政区划和经济区域范围，由近处向远方辐射、扩散，发展为城乡之间、工农之间、区域之间或更大范围的商品交流。茨榆坨的服装产销业的发展和影响以星火燎原之势向外

扩散，现在全县 21 个乡镇中，有 10 个乡卷入了服装加工业，出现了几十个服装加工专业村，1.2 万个服装加工专业户。服装销售现在已不仅是辽中县、沈阳地区、辽宁省，而是扩散到全国 20 多个省市地区。可见，商品经济的发展，就是小城镇继续走向繁荣的根本前提。

2. **小城镇的发展，要善于总结群众创造的经验，立足于发挥自身的优势，才有生命力**

农村发展多种经营和实行以家庭承包为主的联产承包责任制以后，农村经济结构和劳动力结构进行了重新组合。每个家庭劳动力，都根据自己的技术专长和工作能力，选择从事的行业。在茨榆坨镇，已经很自然地形成了"三三制"的生产结构，即 1/3 户从事农业生产；1/3 户从事商饮服行业；1/3 户从事服装产销行业。由于加工服装具有设备简单，技术单一，资金可多可少，劳动力可强可弱，见效快、收入高等特点；同时生产服装适应了当前农村生产发展和农民生活需要，适应农民购买力的增长速度。而且进行服装加工，可以充分利用家庭生产的优势，使劳动力强弱搭配合理，发挥各自潜力，增加生产，为社会创造财富。因此，茨榆坨的人民群众选择了服装产销行业的勤劳致富道路。镇领导及时抓住了这个振兴经济的突破口，积极扶持，使其带动其他行业的发展，使全镇及所属各村，都出现了经济振兴的欣欣向荣的景象。任何一个小城镇、集镇的建设和发展，都要强调发挥当地的优势，总结群众创造的好经验，挖掘生产潜力，从自身的特点出发，积累自身发展的条件。这是一条成功的经验。只有这样，小城镇的发展，才会有生命力。

3. **小城镇为农民离土不离乡创造了有利条件，在实现中国式的乡村城镇化道路、缩小"三大差别"中，具有不可代替的特殊作用**

我国城市化水平比较低，但是随着经济发展，现代化社会化大生产的发展，人口城镇化速度，势必加快步伐，这是不以人们的意志为转移的历史趋势。由于商品经济的发展，在农村正在从农业中游离出一半以上的农业劳动力。如何安置这支庞大的劳动大军，是一个很重要的问题。我们一定吸取其他国家的教训，决不走农村剩余劳动力盲目流入大城市的道路，同时也不能将劳动力滞留在农村，阻碍了社会和经济发展。只有从我国国情出发，引导农民离土不离乡，就地安排加以消化，走出一条繁荣经济、推动社会进步的康庄大道。像茨榆坨这样，发展集镇贸易利用 70% 以上劳动力，以一业为主开发各种行业，建设小城镇，则是实现农村人口逐步转移的最好形式。人们称小城镇是容纳剩余劳动力的"蓄水池",也就是这个道理,这也是符合我国国情的一种城镇化的合理模式。小城镇是城乡经济和文化结合的纽带,是连接城乡关系的桥梁,是城乡结合的最好形式。由于小城镇兼有乡村和大中城市各自不同的特点,可以充分利用当地资源,合理布局生产力,利用既有农业人口,又有非农业人口的特点,开发农、副、工、商等多样化的经济结构,为"离土"劳动力提供广泛的就业机会。并且通过小城镇居于农村中心的地理位置,有便利的交通,有方便的生产协作条件,有较丰富的文化生活,有较农村更完善的社会服务设施,尤其有繁荣的贸易市场,使农民可以得到一定的精神上的、物质上的享受,从而不断地吸引人口和财富向小城镇集中。正因为小城镇介于城乡之间,它既是城市带动农村的前沿阵地,又是吸引农村、服务农村的中心。这是农村起不到的作用,也是大中城市代替不了的事情。茨榆坨镇完全具备了这些条件,也完全发挥了小城镇应有的作用。

  茨榆坨是在党的三中全会以后,迅速成长起来的小城镇,它的崛起,是党的政策深入人心,激发了茨榆坨人民建设社会主义新农村的积极热情,发挥了劳动致富的创造性,使这里的人民生活发生了奇迹般的变化。1983年镇内茨南、茨北两村人均收入达671元(实际收入为千元以上),比1978年增长5.7倍,五年翻三番。对周围农村具有强大的吸引力和带动作用,成为本地区政治、经济和文化活动的中心,但是还存在着发展中的不足。服装产销业要在国内市场站住脚,并要打入国际市场,必须提高服装质量还应积极发展科学教育事业,也要把茨榆坨办成科研教育中心。这座新兴的小城镇虽然还不十分完善,但它是实现中国式乡村城镇化的光辉典范,为缩小"三大差别"迈出了可喜的一步。

对虎石台卫星城建设问题的探讨[*]

大城市郊区建设卫星城的问题，目前仍是处在争论和探讨中，现在就虎石台卫星城建设的实践，谈谈我们的看法。

一 虎石台的经济发展状况

虎石台位于沈阳市北郊，距市区 10 公里，长大铁路和沈（沈阳）新（新城子）市郊公路在此通过，并设有客货运站点，交通十分方便，虎石台镇发展历史并不悠久，在 1931 年前后，周围居民开始向虎石台聚集，相继开设了粮栈、油坊、布庄、烧锅和杂货店铺等，为周围村民和过往客商服务。1937 年日本帝国主义侵入中国，还在这里设置过兵营。新中国成立后，在此还设有区、乡、公社等党政机关。又在铁路西侧建起了物质储备仓库。1958 年开发沈北煤田，虎石台开始兴旺起来，人口激增，由新中国成立初期的 300 多人逐步发展到现在的 2.48 万人，其中，煤矿工人占一半以上。农业人口还不到 2000 人。

虎石台镇建成区内，有镇政府和镇委会，还设有虎石台乡政府，一个街道办事处和部分商业服务网点、文教卫生等设施。较大单位有辽宁煤炭建设局，沈阳矿务局，辽煤机修厂，中央的储运一库、三库和沈阳市储运公司四库，还有新建的市高压气化厂，省属水利学校，交通学校，银行学校等。镇内工业企业 28 个，占地面积 10.2 公顷，职工 2783 人，工业产值达 985 万元，主要有机械、建材、轻工、纺织、食品等行业。三个储运仓库占地面积 97.9 公顷。生活用地 126.3 公顷。其中居住面积 76.1 公顷，公共建设面积 33.2 公顷。人均居住面积 4.4 平方米。商业、饮食业、服务业网

---

[*] 原载《经济资料与文稿》1984 年第 6 期，《沈阳农村经济》1984 年第 3 期。

点 55 个，平均每千人有 2.6 个。从业人数为 618 人，社会商品零售额达 937.2 万元，农贸市场成交额达 104 万元。镇内有两座医院、四个诊疗所。有两座影剧院，2116 个座位。还有邮局、银行等。共有三所中学，两所小学，在市政建设方面也有了一定规模。已建成日供水 3 万吨的水源一处，自来水管道长为 2740 米，建成的排水管道达 5000 米，目前还正在施工的有 3000 米。全城有 7 条道路，总长 7.7 公里，其中 3 条柏油路、4 条土路。总之，已初具小城镇规模。

二　虎石台镇的地位和作用

虎石台镇的建设和经济发展，越来越显示出它对沈阳市所具有的特殊作用。

1. 虎石台是沈阳市极重要的能源基地

虎石台能够迅速建设和发展起来，主要是因为它拥有丰富的煤矿资源。建成区北部一公里处，是沈北煤田南侧的开采边缘，整个矿体面积有 270 平方公里，已探明储量为 17 亿吨，可采量为 10 亿吨。属褐煤，煤质较差，但仍可作为工业燃料，用来发电、气化和民用。现已开采的前屯、清水、蒲河 3 个矿井，年产量为 117 万吨，预计 1989 年将有 7 个矿井建成，年产量可达 450 万吨。由于褐煤经日晒后燃烧效能降低，不宜远运，因此在虎石台建立了一个日产煤气 54 万立方米的加压气化厂，总建筑面积为 4 万平方米，预计 1984 年内可正式投产，用高压管路输入沈阳市内，除增加工业用气外，还可供应 25 万户居民用气，使沈阳市基本上实现全市煤气化。这不仅是解决能源问题，而且逐步地从根本上解决空气污染的问题。今后随着沈阳市经济发展，对能源的需求还会继续增加，虎石台根据能源条件，还要建立火力发电厂，并且扩建或新建加压气化厂，预计日产煤气达 200 万立方米，这样可以把沈阳市的工业和民用供热系统全部改用电气和煤气。由此可见，虎石台是沈阳市的能源供应的基地。它的建设和发展，直接影响着沈阳市工业基地的建设、人民生活和国民经济的发展。由于它本身的煤矿资源和比较发达的经济，以及虎石台与沈阳市的唇齿相依、血肉相连的经济关系，不仅是虎石台卫星城发展的强大经济基础，而且是沈阳市建设和发展的基础。

2. 虎石台是沈阳市工业发展的后备基地

沈阳市是我国最早建成的重工业基地之一。目前在城市建设方面还存在着许多问题，布局不合理，工业区规模过大，工厂过分连片集中，生产用地严重不足，环境污染严重。有的工厂又分散多处，有的还挤占学校、道路、公园和其他公共场所，特别是一些易燃易爆行业所处的位置不当，在居民区威胁城市设施和居民安全等。多年来缺乏科学的总体规划，需要逐步改善这种状况。现在沈阳市经初步确定，市区工业用地控制在36.5平方公里以内，不再扩大原有的工厂和新建工厂，需要外迁外建，减轻市区工业集中的压力。初步统计需要外迁的企业约有170个，职工5万多人。从长远观点看，沈阳老工业基地的经济发展和改造，必须走以内涵扩大再生产与外延扩大再生产相结合的路子。鉴于沈阳市中心区工业已饱和，有必要建设卫星城，承担疏散工业的任务。

虎石台距市区10公里，交通方便，又有丰富的能源，具备发展工业的良好条件。随着加压气化厂的投产，会吸引耗能工业的发展，如平板玻璃厂、煤炭化工以及综合利用的工业都可以在此发展。如果加快社会服务设施和其他各方面的建设，虎石台将是沈阳市最理想的后备基地之一。

3. 为沈阳市截流人口

省里批准从外地迁回沈阳4所专科学校，除1所安排在南郊卫星城苏家屯外，其余3所均指定在虎石台建造校舍，这3所学校，截流了教职员工和家属共5000多人。这虽然是属于落实政策的人口回流，今后不会太多，但类似的人口流向也可能还会出现。在卫星城安排，有助于控制沈阳市区人口的机械增长。另外，虎石台距离市区很近，交通方便，所以对农村人口和外地居民也很有吸引力。由于煤矿和工厂的逐渐发展，可吸引市区职工、吸收回城知识青年就业和农村剩余劳动力进城，从1982年以来的两年中，就增加人口0.7万人。另外，对截流外地人口进入沈阳市起着很重要的作用。从客观上也起到了疏散市区人口的作用。

三 虎石台卫星城的主要问题和建议

建设卫星城是一项长期的复杂而艰巨的工作，沈阳市在卫星城镇建设中，有经验也有教训。要吸取经验教训，解决卫星城建设中的主要问题。

建成一座卫星城不是一朝一夕的事情，尤其在我国现阶段的国情国力的条件下，必须经过较长时期的努力，才能成功。沈阳南郊的苏家屯卫星城，是在20世纪30年代开始兴旺起来的，在新中国成立初期就已初具规模，人口有2.5万人，占地面积3平方公里。"一五"时期国家把砂轮厂和有色金属加工厂，这两个大厂放在那里，并在苏家屯火车站设立了东北铁路编组站，从此迅速发展起来。又经过20多年建设，现在形成了一个占地8.8平方公里13万人口，年工业产值近5亿元的小城镇。交通发达，市政公共设施比较齐全，社会服务设施比较完善，是一座与沈阳市区联系极为密切的卫星城。这是一个成功的经验。可是另一些在1958年以后开始建设的小村镇，由于在"左"的思想指导下，不认真考虑客观可能性，把一些市属企业三三两两地搬迁到郊区的十来个村镇上。由于原来就是没有一定经济基础的小村镇，虽然也把一些工厂搬迁去，但不能形成卫星城最低的规模条件，市政建设和社会服务设施都跟不上，一些子女教育问题、副食品供应问题没有解决，交通不便，生活环境较差等，都使职工思想不安定，迫使一些工厂又陆续迁回沈阳市内。这是失败的教训。

一些卫星城之所以发展不起来，主要原因是卫星城的社会发展与中心城市的社会发展存在着一个相当大的距离。当前干部、职工、教师、医生、科技人员仍然都不愿到小城镇去工作和生活，无非是小城镇与大城市相比，经济收入低，子女学习和升学困难，商品供应少，看病不方便，文化享受差一些，生活条件苦一点。因此说，这些社会发展问题，是决定小城镇生存和继续发展的根本核心问题。要建设一个具有强大吸引力的卫星城，不仅需要卫星城本身的经济发展和社会发展协调一致，而且必须使它的经济和社会发展同中心城市协调一致，甚至高于中心城市。

可见，卫星城在经济建设的同时，必须要满足和解决与人民切身利益和生活需要的问题。

首先，要建设好的居住条件。这是人们在卫星城能生活和工作的最基本条件。因此卫星城在房屋建设标准上，必须与市区相同，甚至要高于市区条件。建设要保证质量，有长远打算，宽敞明亮，设备配套齐全，如洗澡设备、电话、煤气管道等，给居民生活带来方便。虎石台是生产煤气的，就更应首先建设好煤气管道，住房分配标准也应高于市区。

其次，要解决好子女教育和就业问题。卫星城建设决不能忽视发展教育事业，办好学校是关系千家万户的大事，子女能否在条件好、教学质量高的学校学习，是职工和居民安心工作和生活的保证。因此建设好中小学校，配备好教师队伍是关键问题。目前，虎石台学校教学质量差，5年来没有一个人考上大学。师资水平低，在108个中学教师中，只有3个大学毕业生。因为缺教师不能开办外语课。大学毕业生分配来也不安心工作，又陆续调走了。校舍少，学生多，教学质量差，一些中学学生只得舍近求远，每天往返26公里到新城子重点中学——八十三中去上学。现在号召多方面集资办学，除了矿务局外，其他部门都无力办学。不下大力气改变这种状况，就不可能吸引人们去安家落户。当前采取多种措施办好幼儿园、托儿所和中小学就是当务之急。提高教学水平，必须加强教师队伍建设，要有大胆的改革精神，采取必要的优惠政策，招聘和定向培养教师的办法。为鼓励教师到卫星城安心工作，在社会上要提高教师地位，在住房、工资、子女就业等方面采取优惠政策。同时对现有教师要分期分批地进行必要的培训。

再次，采取有效措施搞好商品供应。虎石台商业网点少，商店、饮食业、服务业等数量也不多，配套也不齐全。特别是副食品供应不如市区好，食品品种少，价格高，蔬菜淡、旺季矛盾突出，而且连豆制品和酱菜都供应不上。卫星城需要人去建设，人需要生活，蔬菜和副食品解决不好，直接影响了人民生活，是关系到安定团结的大事。小城镇除了抓好福利设施和商业网点建设外，也要有计划地发展一定数量的菜田，保证蔬菜的足量供应。蔬菜和副食品供应，应当同大城市一样，除了规定的主要蔬菜品种实行计划供应外，积极发展农贸市场，农副产品产销直接见面，既搞活经济又补充供应。商业部门要积极地千方百计组织货源，增加商品的花色品种，建立豆制品加工厂和酱菜商店，可以向农村招标投资，到镇内开工厂办商店。在卫星城增加一些高档商品供应，吸引周围人民，也可以起到减少市区拥挤的作用。

又次，搞好城市绿化和环境建设。小城镇的建设要努力创造一个优美、清洁的居住环境，吸引人们在那里安居乐业。虎石台的城市绿化只作了规划，现在还没有付之于行动，全城缺林少草，顾此失彼。在做好科学地统筹规划布局以后，实行边建设边绿化。在矿区、工业区与住宅区和文化娱乐区之间，要有一定区间范围的绿化带，用绿色屏障隔离工矿生产造成的各种污染。大量地植树造林，养花种草，使每一条街、每一大小广场都要有不同风格的绿化特点。绿化环境和给水、排水、铺路和建筑要同步发展起来。尽快改变雨天满道泥水，晴天尘土飞扬的脏、乱、差的旧面貌。

最后，提高医疗水平，活跃文化体育生活。虎石台现在有一定的医疗机构和设施，而且由于距离中心城市近，所以还不是最突出的矛盾，但医疗卫生技术水平低，机构不健全，还没有建立卫生保健和疾病防疫站，随着卫星城镇的增加，卫生保健和疾病防治工作必须有相应地发展尤其保证工矿区人民的身体健康，提高医疗技术水平，加强保健和防病工作更为重要，随着人民生活水平的提高和科学技术的发展，迫切需要提高文化生活水平。所以也要相应地建设一定数量的体育场、影剧院、文化馆、文化站、图书馆、书店以及剧团、文艺队等。满足人民文化体育活动的需求，使人民感到生活在卫星城与大城市一样，可以得到精神享受。

只有从人民生活需要为出发点，抓好人们生活中最关心的住房条件、副食品供应、子女教育和就业、医疗卫生、文化娱乐生活、交通方便等问题，搞好卫星城镇的建设才能吸引市区居民和周围农村剩余劳动力到卫星城来工作和生活。如果像现在这样，只抓工矿建设，不顾及人民生活，也不会加快卫星城的建设和发展。

近年来，沈阳市集中了绝大部分的郊区城镇维护建设费用资金建设虎石台卫星城，到现在为止，国家投资只有390万元，如果按这个标准投资要完成虎石台的总体建设规划，大约需要半个世纪，因此，虎石台卫星城建设所需要的资金，要采取多渠道的解决办法，除了国家拨款和银行贷款外，要镇中所在各单位集资，修建给水、排水、道路、煤气管道安装等。还可以号召周围乡村农民个人或联合进行投资，进行办企业开商店，这样使卫星城同周围农村建立起广泛经济联系，走城乡经济结合的道路，既带动农村经济发展，又可把卫星城的经济搞活，丰富工矿职工的生活。为了提高科学、教育、医疗等水平，采取一些必要的优惠政策应当坚持。对以前制定的实行效果不大的政策，要进行调整。

总之，从沈阳地区经济发展状况看，虎石台卫星城建设是十分必要的。而且由于虎石台自身煤矿资源特点，有条件也有可能建设虎石台卫星城。只要采取有效的发展措施，虎石台卫星城具有广阔的发展前景，虎石台将成为沈阳的能源化工基地，为沈阳市这个老工业基地焕发青春作出贡献。

论沈阳市小城镇的建设和发展*

研究小城镇建设和发展的战略问题,对促进城乡经济结合和协调发展,逐步缩小城乡差别,以及探索具有中国特色的乡村城镇化道路,具有重要的现实意义。沈阳地区小城镇如何建设和发展,怎样发挥郊区小城镇的作用,怎样促进城乡经济协调发展,都是亟须研究和解决的战略问题。

一 小城镇发展的客观必然性和必要性

马克思指出:"现代的历史是乡村城市化,而不是像古代那样,是城市乡村化。"① 大城市、小城镇和集镇都是社会、经济和文化发展的产物,它们是人类文明和社会进步的标志,也是文明社会继续发展的主要动力,因而代表人类文明进步的城市,必然领导相对落后的农村,农村必然要走城市化道路。这是经济、社会发展的客观规律。"乡村城市化"已经成为当今世界潮流。西方发达国家开始走的是人口向大城市盲目集中的道路,在患了"城市膨胀症"之后,才回过头来走"乡村城镇化"道路。1975 年国际城市规划会议上,提出"特大城市不能无限制地膨胀了"之后,世界一些特大城市如伦敦、巴黎、莫斯科、东京等,都在其周围建立了一些卫星城和小城镇。我国在很长时期也不能有效地控制大城市膨胀,同样走了一段盲目发展大城市的道路。以致一方面形成上海、北京、天津、沈阳、武汉、广州等百万人口以上的特大城市达 20 个,另一方面造成小城镇建设落后、发展缓慢的局面。

沈阳市周围小城镇的发展与全国一样,经历了一条兴衰曲折的道路。

---

* 原载《经济资料文稿》1984 年第 6 期,《沈阳农村经济》1984 年第 3 期。该论文上报全国城郊经济研究协作组,1985 年被沈阳市农经学会评为优秀论文。

① 《马克思恩格斯全集》第 46 卷(上),第 480 页。

远在明清时代，沈阳周围就形成了几个经济繁荣的集镇。当时苏家屯、大民屯、兴隆店、茨榆坨、新民镇、辽中镇等都是有一定规模的小城镇。但是，新中国成立前由于帝国主义的侵略和反动统治阶级的横征暴敛及战争的摧残，国民经济凋敝，小城镇也处于严重衰退破败之中，不能发展。新中国成立初期，小城镇虽然有所复苏，但在"左"的思想指导下，尤其十年动乱的破坏，又一度萧条下来。直到党的十一届三中全会以后，落实了党在农村的各项方针政策，提出"控制大城市规模，合理发展中等城市，积极发展小城市"的方针，尤其落实了农村生产责任制，实行"两户"和"双包"，农村商品经济大发展的情况下，小城镇像雨后春笋般地发展起来。现在全市共有7个建制镇，107个乡镇，1468个自然村。其中有3000人以上的镇70个，2000~3000人的乡镇有38个。目前，沈阳市现有建制镇和计划发展并有一定基础的小城镇约20个，其规模不等，类型特点各不相同。分为：工业型小城镇7个，有虎石台、新城子、三台子、新民镇、辽中镇、陈相屯、姚千户，姚千户是1980年经国务院批准发展的；农贸型小城镇5个：有茨榆坨、满都户、大红旗、人民屯、兴隆店；矿区型3个：清水台、林盛堡、红菱堡；仓库型两个：文官屯、孤家子；旅游型1个：辉山；综合型三个：苏家屯、白塔、祝家。初步形成了小城镇群体。

　　沈阳市郊小城镇之所以发展这么快，根本的核心问题在于农村的生产力大发展和商品经济的活跃。1983年中央一号文件发表以后，沈阳农村根据党中央的决策，在坚持社会主义所有制的同时，改革了原来阻碍生产力发展的经济模式，改革了集体经济的经营方式，革除了吃大锅饭的弊病。家庭承包经济为主体的社会主义农村经济的新体制开始形成，出现了多种形式、多种经营层次的农村经济结构，使农业劳动者既承担生产又从事经营，农业生产力迅速提高。专业户、专业村、专业镇、专业批发市场的出现和各种联合体的形成，标志着社会分工和商品生产的进一步展开。与此同时，劳动力、资金、技术等生产要素的多种形式进行着结合和流动。流动的趋势是由粮食流向经济作物，由种植业流向养殖业，由单一的农业流向多种经营的非农业，由农业发达地区流向农业不发达地区。劳动力从种植业中分离出来转向多种经营，从农业中分离出来，转向非农业领域。这一切都汇成了巨大洪流，冲开了自然经济的封闭状态，使农村经济活跃起来，为向大规模商品性生产转化，提供了新的动力。随着农业生产的纵深发展，农村的"科学热"也进一步高涨，广大农民采用先进技术创高产，

论沈阳市小城镇的建设和发展

又为商品生产创造了新的条件。目前,农村根据人多地少的情况,充分利用自然资源和劳动力资源,努力提高土地生产率,把传统农业的劳动密集型的经验逐步科学化,并逐步利用现代科学技术的新成果,使农业产生更高的经济效益。农民这种学科学、用科学的势头,正在把传统农业引向现代化农业。

总之,农村生产力的提高和商品生产的普遍发展,表明农村正在面临着从自给半自给经济向着较大规模的商品生产转化,从传统农业向现代化农业转化的大好形势。由于城乡经济迅速发展,特别是乡镇工业的蓬勃兴起,以及集镇商业的渐趋繁荣,集市贸易的兴旺,交通条件的改善,必然会促进小城镇的发展和繁荣。

商品生产是小城镇发展的根本前提,二者相辅相成,互相促进。商品生产首先依赖于市场的形成,市场的形成和发展促使小城镇的形成,而小城镇的发展又不断使市场扩大。因而,小城镇是伴随着农村商品经济的发展而自然形成的,它是商品的集散地。小城镇一头连着城市,一头连着农村,是城乡物质交流、城乡经济联结的桥梁和纽带。它既是农村政治、经济、科技、文化、卫生事业的中心,是农村经济发展的基地,又是城市经济发展的有力助手,对繁荣城乡经济起着很大作用。所以说,市镇的形成和发展既是经济发展的必然结果,又是促进经济发展的强大因素。因此有必要加强小城镇的建设和发展。

第一,沈阳市自身发展状况需要积极发展建设小城镇。

沈阳市历史悠久,始建于战国时期。新中国成立后有很大发展,土地面积有8515平方公里,1983年全市人口达521.1万人,比1949年241万人增加280.1万人,增长1倍多,其中城镇人口317.9万,占总人口的61%,比1949年的109.1万人增长1.9倍;市区人口为272.8万人,占总人口的52.4%。人口密度每平方公里16736人,城市人口十分拥挤。沈阳是我国最早建成的以机械工业为主,门类齐全的重工业基地,在全国国民经济中占有重要地位。沈阳有四通八达的铁路、公路网,是沟通东北三省与关内的咽喉要地,历史上就是东北地区的经济中心。由于工业的迅速发展,工业区规模扩大,生产用地严重不足,不断地向郊区扩展,占用大量耕地。新中国成立以来,共减少了198万亩耕地,平均每年占去6万亩。与此同时,市区人口过分集中,市内人口比1949年106万人增长1.6倍,造成了住房紧张、交通紧张、用水紧张、煤气紧张,市内"膨胀症"日趋严重,并且

"三废"污染严重。因而必须控制市区的发展，积极开发周围小城镇，向小城镇扩散工业和人口，减轻市区负担。

第二，小城镇对振兴沈阳经济具有重要的作用。

（1）控制市区规模。主要指控制人口过分膨胀和城市用地规模。新中国成立以来，市郊的小城镇人口增长速度较快，1983年市郊城镇人口为45.1万，占城镇人口的14.2%，比1949年的25.9万人增长1.7倍，快于市区人口增长1.6倍的速度。由于小城镇能吸蓄农村较多的剩余劳动力，使小城镇人口迅速增加，截流乡村人口进城，在控制沈阳市规模上起了很大作用。一些工厂和学校建立或迁入小城镇，在客观上也起到了疏散市区人口的作用。如从外地迁回沈阳的3所中专学校，在虎石台镇建校舍，截流职工家属共5000多人，并可容纳学生4000多人。免除了近万人进入市区而带来的各方面压力。

（2）安排城乡剩余劳动力。小城镇经济不断发展，形成许多劳动密集型的产业、商业和服务业，不仅可以安排城镇待业青年，疏散城市人口，而且吸收农村大量剩余劳动力就业。允许农民投资在镇里办企业、开工厂，成为定居的不吃商品粮的非农业人口。茨榆坨镇仅在农贸市场就安排800余名劳动力，全乡有70%的劳动力从事除种植业外的各行业生产。新民县长岗子村投资在大红旗镇办工厂、建商店，安排村里劳动力务工经商。因此说，小城镇为农民"离土不离乡"创造了条件，为农业人口向非农业人口转化创出新路子。

（3）改善沈阳市工业的布局和构成。发展建设小城镇是振兴沈阳城乡经济的重要途径，要使沈阳这个老工业基地焕发青春，必须进一步发挥城乡优势，通过城乡工业结合、协调发展，统筹城乡规划，调整工业布局，是一项必要且紧迫的任务。过去"撑破肚皮"的大工厂，如今把部分产品转让给"饿肚子"的乡镇企业。城市的一些市场经常需要的老产品、传统产品，以及劳动密集型、资源密集型的产业，要逐步向小城镇和农村转移。如以黄土为原料的缸砖，以砂石为原料的预制件，现在已有85%和40%转移到乡镇生产了。以农副产品为原料的食品工业，自1976年以来正以每年递增45%的速度在农村发展。轻工业品如绢花、地毯、绣品等，在乡镇的加工量已占全市60%以上。沈阳市这种城乡一体、联合协作的做法，使乡镇企业出现了前所未有的新局面，并为市内集中力量发展重工业、重点行业和高精尖的新产品，提供了条件。由于小城镇有发展工业的广阔天地，为解决市内工业过分集中、人口膨胀、水电交通公用设施紧张和企业作业面积严重不足等问题提供了可能性。发展小城镇可逐步形成城乡工业的合理布局和结构。

（4）为农村经济发展提供信息、传播技术。沈阳农村交通方便市场条件好，有各类小城镇群，商品生产发展更快更多。原因在于通过小城镇和农村集镇的商品流通，可以劳动技术转移，文化交流，互相传递信息，传播科学技术。如东陵区农业技术推广中心，组织科学技术宣传车，到高坎集镇去宣传，并带去农药、种子和科普资料等，把新技术及时送到农民手中，农村各集镇普遍设立了科学技术咨询站，许多科技人员和科技户利用集市讲课，传授先进技术。正因为发挥了科学技术在生产中的作用，促进了商品生产迅速发展，农副产品商品量增长快，全市收购商品粮23.9亿斤，商品率为57.6%，第一次实现了全市粮食自给有余，生猪、牛奶、鲜蛋的商品量也比往年增加许多。其因农业成为全国8个翻番地区（市）之一。农村正朝着立体农业、综合农业的方向发展。

第三，从城乡结合，实现乡村城镇化的战略高度，发展建设小城镇。

当前在农村经济发展中，仅仅看到建设小城镇的一般作用是不够的，应当站在城乡经济融合，以小城镇为先导，普遍实现乡村城镇化的战略高度，进行发展和建设小城镇。虽然目前小城镇发展状况，距离社会主义现代化的客观要求相差很远，但是在城乡经济网络中，小城镇是重要环节。以它兼有城市和乡村特点和优势，积极克服几千年来形成的城乡对立、城乡分割，城市先进、乡村落后，城乡人民生活差距很大的弊端。但绝不能像"四人帮"那样，用城镇人口农民化，城市乡村化等"左"的倒退做法，去缩小城乡差别，事实上也是不可能的。而是发挥小城镇兼有城乡双重优势，用城市的经济优势和先进的东西，通过小城镇去影响和带动农村经济发展，城市要通过小城镇从政治、经济、科学、技术、文化、信息等各方面给农村以支援，改变农村面貌，用先进带落后的办法，促进全社会进步，缩小三大差别。特别是通过乡镇工业和商业的发展，吸收大批"离土不离乡"的农村剩余劳动力，进入小城镇务工经商，从而加速了狭义农业向广义农业转化，农业人口向非农业人口转化，农村人口向城镇人口转化的历史进程。可以说，这已远远超出了小城镇建设这个范畴，使我们找到了一条符合我们国情的，以小城镇为先导的乡村城镇化道路，找到了一条以乡村现代化经济的发展和提高来缩小三大差别的具体途径。

二 汲取经验教训，加强小城镇建设

沈阳市小城镇的发展已经有了一定的基础，需要在现有的基础上，认真总结过去的经验教训，将小城镇建设推向新的高度。

1. 小城镇的总体规划，要建立在因地制宜的基础上。不可违背经济发展的客观规律，去盲目发展。城镇的出现是有客观规律的，不能人为地主观规定，要根据小城镇本身特点和经济基础，进行规划和布局。各种小城镇的建设标准、规模、类型等都要依据自然资源、交通条件、经济历史、对外联系、生活习惯来确定。同时把几个因素综合考虑，择优确定，做到因地制宜地合理布局。过去在指导思想上就不重视小城镇的建设，任其自然发展，而且在"左"的思想指导下，不考虑国情国力，没有长远规划，布局混乱，城镇设施难以配套，既不利于生产，又不利于生活。1960年国家决定发展的一批工业小城镇之所以发展不起来，就是工业盲目外迁造成的，有的占用耕地建工厂，浪费了资金，未取得经济效益。尤其"文化大革命"时期，不顾建设条件的优劣，大搞"小三线"，许多工厂进山、入洞，迁入农村，浪费人力、物力，有的造成不良后果，这是缺乏科学论证和可行性研究的结果。过去只从城市需要考虑，没有从农村发展来考虑，现在农村经济发展快，要求发展小城镇，基础条件发生了根本性的变化。而且小城镇的发展主要靠本身的力量，有经济基础才能发展。

2. 小城镇必须保证文化、教育、生活福利设施配套齐全，对人们有较强的吸引力，小城镇才能有生命力和健康地发展。以往，为了解决市区用地紧张、人口过分膨胀的矛盾，将一些工厂迁到郊区小城镇。由于对小城镇建设投资少，而且资金使用过于分散，镇内文化、生活福利设施建设很差，学校教学质量低，子女上学困难，居民医疗卫生、生活物质待遇、副食品供应都不如市区，所以职工宁肯每天往返百十里路跑通勤，也不愿去镇里居住。虎石台镇液化气厂的职工大部分住在沈阳。通勤职工多，给交通造成很大压力。因此，一些工厂如轻工一厂、二钢厂、布线厂等又陆续迁回沈阳。为鼓励市区工厂郊迁和发展小城镇，应采取优惠性措施，不仅提供长期使用的厂址厂房和设备，更重要的是为职工建设一个较好的居住环境，公共事业和服务设施。要办好中小学教育，这几年随着职工和农民生活的改善，对如何培养教育好下一代，已成为家庭的首要问题，现在有些职工不愿意到小城镇定居，子女就读困难也是重要原因之一，如果把那里的中小学教育办好，选配优秀教师，提高学校的教学质量，有条件的城镇还可设立重点中学，解除职工对子女求学问题的顾虑。为使小城镇更具有吸引力，必须保证人们有丰富多彩的文化、体育、娱乐生活，改建和新建必要的影剧场、公园、运动场、文化宫和图书馆等。

3. 广开资金来源渠道，提高投资效果选择重点，分批建设小城镇。我们的小城镇发展缓慢，就是因为缺少建设资金。1980年以来国家对卫星城虎石台的投资，到现在为止只有390万元。如果按这样的速度，需要60年才可达到规划目标。但是在目前国力仍较薄弱的状况下，国家不可能投资更多，所以要把较少的国家资金用在刀刃上，有效地分期分批地建设一批重点发展的城镇。同时要广开财路，充分发挥中央、地方、国营、集体和个人的积极性，尤其更多地吸收农村集体和个人的资金用于小城镇建设。积极鼓励集体和个人，特别是那些能工巧匠和有经营才能的人，到小城镇兴办各种工厂和事业。例如，大红旗镇由长岗子村投资15万元联办一个年产值55万元的建材厂，又靠多方集资建设了一条商业街。茨榆坨镇也是没有国家财政投资，靠集体、个人和厂矿单位等多方集资，进行小城镇建设的。目前，只有认真贯彻人民城镇人民建的方针，广开资金渠道，才能加快小城镇建设步伐。

4. 小城镇要边建设边绿化，为人民工作、生活创造一个舒适优美的环境。沈阳市郊小城镇建设还普遍处于初级阶段，几乎每个小城镇都是只重视技术工程建设，不抓生物工程建设，镇内花草树木极少，还没有把绿化城镇工作提到日程上来。不能等待小城镇建成后再绿化，要边建设边绿化。城镇的环境建设能体现出我们民族和国家的精神文明和物质文明，优美的环境不单单是给人以美的享受，而且可以教育人们遵守纪律和培养高尚的道德情操，也反映出我们物质生产水平和科学技术水平。因此决不可把美化城镇、绿化环境置之度外，要从长远的战略角度考虑，把绿化环境和防治污染、保持生态平衡统一安排和布局。汲取大城市的教训，如果建设能造成污染的工厂企业，必有相应的防治措施。另外，大城市郊区耕地少，小城镇建设还要注意严格控制占用耕地，珍惜土地资源。

5. 小城镇建设要加强领导，健全管理体制，同时注意解决有关的政策问题。目前对小城镇建设的认识还不一致，小城镇建设的管理体制很不适应当前的工作形势。由于多年不重视小城镇的发展，城镇规划设计队伍很小，专业人员极少。沈阳市规划设计院郊区室只有12人，其中一半是工人编制，县区、乡抓小城镇建设的机构不健全，无活动经费，乡里根本无专职人员，要工作得临时抽调。当前亟须培养专业技术干部，健全小城镇建设工作的管理体制。加强小城镇建设的领导，还要研究解决和完善有关的政策性问题：（1）一些已达到建制镇标准的小城镇，应及时批准建镇，否则影响跨地区跨行业的联合企业发展，限制全镇经济发展。（2）1984年一号文件规定农村劳动力可离土不离乡，到镇上开工厂办企业，进镇建房用地应有政策规定，土地应由乡政府统一规划，不能个人支配使用。（3）农民在小城镇建设所需建材供应缺口很大，只能满足1%，必然会影响小城镇发展速度。

今后小城镇在发展建设中，还会遇到一些需要解决的问题，各级政府应克服官僚主义，以积极态度及时解决处理。

三 小城镇建设发展的战略设想

随着城乡经济的迅速发展，沈阳地区出现了一大批具有各种类型、规模不等的小城镇，初步形成了一个以沈阳市为中心，包括卫星城、小城镇、集镇、乡镇的城镇体系。但是由于缺乏长远建设的观点，小城镇建设没有一个长期稳定的方针，造成小城镇规划布局不合理。现在要根据具体情况和经济力量，对全市的小城镇进行统一规划，遵照规划原则，沈阳地区小城镇体系的布局结构，应采取辐射状分布，并且分为两大部分：（1）近中郊，以沈阳为中心沿着主要的铁路、公路交通干线向四面八方辐射分布，这一部分绝大多数为工矿型和综合型小城镇。（2）远郊两县分别以县镇为中心，同样沿着交通干线向外辐射分布，属农贸型的。

根据小城镇自身分布的自然、经济特点，可分为以下四种类型。

（1）工矿型：虎石台、清水台、深井子、高坎、陈相屯、林盛堡、姚千户、马三家等8个。其特点是工厂多、工业产值和工业人口比重大，本地或附近均有矿藏资源。

（2）农贸型：茨榆坨、满都户、大民屯、大红旗、兴隆店、梁山、沙岭、祝家等8个，其特点是以农村集市贸易市场规模大而著名，参加贸易人数、交易额、上市商品量都很大。

（3）综合型：苏家屯、新民镇、辽中镇、新城子、孤家子、白塔堡等6

个，其特点大多数是县区政府所在地，都是农工商饮服全面发展，已具备成为政治、文化、经济中心的条件。

（4）旅游型：辉山1个。主要是风景优美，可以建成旅游和休假的避暑胜地。

这些小城镇中，现有规模0.2万~0.6万人的有7个，0.6万~1万人的有10个，1万~5万人的有5个，只有苏家屯的人口达到12.7万人，鉴于沈阳市小城镇发展众多，应从国家经济实力和小城镇自身发展的可能性出发，分层次分批分期地进行发展。根据现有人口按年递增10‰计算，预计2000年达到610万人左右。如果市区保持在280万人，农村保持180万人，需要小城镇负担150万人口。因此，从人口规模规划，共需要建设5个卫星城镇，容纳60多万人，并要建设17个从现有规模发展到1万~5万人的小城镇和集镇。

小城镇建设如果根据规划的原则进行合理的布局，就可发挥小城镇最大限度的优越性，产生最佳的经济效益。由于城乡人口、土地、时间、空间、规模等的合理使用和安排，达到有利于生产、方便生活的目的，获得了城乡经济协调发展和高效率地创造社会财富。为了达到这个目的，有了规划就必须实行，而且要有重点的发展方向。第一，要大力发展乡镇工业。因为乡镇工业的发展是奠定小城镇经济的基础，不仅有利于农副业的发展和巩固，并且可以成为城市工业的组成部分。通过乡镇工业的发展，同大城市保持紧密的经济联系。第二，小城镇建设在体制改革的基础上，兴办多种形式的服务公司。这是带动广大农村经济的发展，为乡村现代化农业生产服务的最好形式。第三，发展乡镇各行各业，尽可能扩大兼营劳动队伍。目前兼业劳动的出现，引起了农村经济结构的变化，农村商品性、社会化生产方式逐渐形成和发展，从农业中游离出来的劳动力也不断地被小城镇的各行各业吸收进来，使农村人口向小城镇集聚，进而改变城乡人口的分布。第四，在建设物质文明的同时，搞好精神文明建设。随着生产力的发展，必须加强科学、教育、文化、艺术等上层建筑的发展。把小城镇建设成为既有生产条件，又具有繁荣的商业中心，有发达的科技、文化、教育、艺术和各种社会服务设施，有充足的能源、便利的交通、完善的通信设施，有较好的副食品供应和优美的环境，真正成为有吸引力的发展中心和服务中心。

这样不但可吸引大量的农村剩余劳动力，而且吸引中心城市的工厂和职工去居住和生活。从而达到了减轻市区的居住、就业、生活等各方面的负担,改善了市区人口拥挤、环境污染、交通紧张的局面,达到有效地控制大城市规模的目的。同时通过小城镇引导广大农村,加快乡村城镇化的发展速度。积极发展和建设小城镇,是我国城乡经济建设的战略决策,是中国式的控制大城市规模、走具有中国特色的乡村城市化道路的必由之路。

海城市小城镇建设与发展[*]

一 小城镇兴起与发展概况

（一）小城镇发展的历史

早在后梁贞明二年（916），海城地区始设海州。明洪武九年和十一年（1376、1378），分别设立海州卫和牛庄驿。清顺治十年（1653），改海州为海城县，设治并始招直、鲁、豫、晋之民至海城开垦，海城人口增多。据乾隆六年（1741）新编民户（移民）记载，共有7857户，16333人。乾隆四十六年（1781）新编民户为7145户，37436人。当地旗人户籍另册，有5万~6万人。道光二十年（1840）鸦片战争后，海城商业开始发展，关内各省商人和迁移者接踵而至，人口大量增加。海城、牛庄、田庄台、腾鳌堡等地居民尤多。咸丰八年（1858），牛庄辟为通商口岸，成为商旅重镇。光绪二十七年（1901）长大铁路建成后，海城商业更日趋繁盛，人口激增。到宣统元年（1909），海城境内已有100395户，698823人，形成了多处较大的村镇。1937年全县共有110870户，751682人。其人口分布为海城10954户，72734人；牛庄14021户，88298人；腾鳌堡11871户，78925人；感王寨11766户，76388人；八岔沟10761户，79467人；马凤屯10288户，73218人。1948年2月，设立牛庄县，管辖新建立的牛庄镇和原来的篮旗区、温香区。1949年又设立腾鳌镇，从此海城有3个建制镇，即海城镇、牛庄镇、腾鳌镇。

中华人民共和国成立初期，海城是辽宁省小城镇分布较多的县区。1958

---

[*] 原载《中国国情丛书——海城卷》，中国大百科全书出版社，第127~156页。

年改为人民公社体制。1964 年恢复小城镇建制,成立了镇人民委员会。1967 年,牛庄和腾鳌两地实行镇社合一体制,将公社管委会、镇人民委员会一律改为"革命委员会",一直延续到 1980 年。

(二)小城镇网络群体的形成

中共十一届三中全会以后,海城的小城镇开始兴旺发达起来。1980 年 5 月,牛庄、腾鳌两镇恢复镇人民政府建制。1984 年新建高坨镇,并将析木、马风、牌楼、八里、感王、西柳、南台、大屯、耿庄 9 个乡改为建制镇。1987 年,辽宁省政府批准孤山乡建立孤山满族镇,1988 年又批准岔沟、接文、王石、英落、毛祁、什司县、中小、验军、甘泉 9 个乡为建制镇。1989 年,其余的东四方台、新台子、望台、东四、西四和温香 6 个乡也改建制镇。至此,海城市全部撤乡建镇,总计 28 个小城镇,形成了以海城市区为中心的星罗棋布的小城镇群体基本框架。

(三)小城镇发展的规模

1. 人口密度

海城是辽宁省人口较稠密的地区。1992 年全市平均每平方公里 380.69 人,其中市区平均每平方公里 4149 人,村镇平均每平方公里 299.16 人。由表 1 中可见 28 个镇的人口密度:历史悠久的牛庄镇为 701.88 人/平方公里,腾鳌镇、西柳镇和南台镇均超过 500 人/平方公里,有 3 个镇超过 400 人/平方公里,有 13 个镇超过 300 人/平方公里。海城有 20 个镇的人口密度都超过了辽宁省 1992 年的人口平均密度(271.27 人/平方公里)。

表 1 海城市小城镇(1992 年)发展状况

小城镇名称	土地面积(平方公里)	总人口(人)	人口密度(人/平方公里)	非农人口数量(人)	非农人口占总人口比重(%)	乡镇企业产值(万元)	农村经济总收入(万元)	农村经济纯收入(万元)	农业人口人均纯收入(元)
牌 楼 镇	95.7	24215	253.03	2365	9.77	35115	45295	7192	1300
感 王 镇	94.0	37380	397.66	1727	4.62	39973	25438	5565	1300
西 柳 镇	64.1	33991	530.28	2047	6.02	33618	54077	9036	1758
南 台 镇	95.0	47756	502.69	6666	13.96	43015	51749	7030	1370

续表

小城镇名称	土地面积（平方公里）	总人口（人）	人口密度（人/平方公里）	非农人口 数量（人）	非农人口 占总人口比重（%）	乡镇企业产值（万元）	农村经济总收入（万元）	农村经济纯收入（万元）	农业人口人均纯收入（元）
大屯镇	90.6	27419	302.64	3447	12.57	44853	51084	7096	1505
腾鳌镇	70.3	43984	624.38	9103	20.74	107210	109229	13805	1633
牛庄镇	51.0	35796	701.88	9578	26.76	31952	50900	4616	1316
八里镇	93.4	31953	342.11	1965	6.15	39112	45225	8017	1520
孤山镇	203.7	24886	122.17	902	3.62	4770	4418	1685	520
岔沟镇	141.5	25532	180.44	870	3.41	3911	5730	2409	800
接文镇	171.2	23598	137.84	935	3.96	4401	5600	1475	490
析木镇	139.5	29508	211.53	1856	6.29	14126	9762	3573	1090
马凤镇	165.4	32577	196.96	1632	5.01	19752	10221	4397	1120
什司县镇	88.2	13147	149.06	544	4.14	4375	2957	1482	910
毛祁镇	64.0	20186	315.41	1049	5.20	20686	25292	4206	1352
英落镇	161.3	36866	228.56	1494	4.05	35707	35008	8678	1150
中小镇	51.9	21799	420.02	919	4.22	8778	9285	3593	1321
验军镇	42.9	17495	407.81	860	4.92	15270	24050	4335	1501
王石镇	70.7	23897	338.01	1011	4.23	13770	7153	3726	1204
甘泉镇	76.7	24235	315.97	1487	6.14	17801	22025	4423	1238
新台子镇	55.4	18876	340.72	940	4.98	16642	20121	2909	1260
东四方台镇	52.9	16900	319.47	1039	6.15	12362	14021	3139	1200
耿庄镇	112.6	41657	369.96	2418	5.80	17800	17208	5643	1250
东四镇	56.0	23953	427.73	993	4.15	15330	15321	5007	1251
西四镇	94.5	31034	328.40	1095	3.53	6497	8770	3558	1015
望台镇	74.9	25973	346.77	973	3.75	6402	11525	3578	1197
温香镇	140.7	44469	316.06	1733	3.90	6164	13996	4529	820
高坨镇	58.0	21590	371.24	1048	4.85	8263	7772	2446	935
总计	2676.1	800582	299.16	60696	7.58	627655	708227	137142	1213

资料来源：海城市统计局。表中不包括市直辖的响堂、兴海、海州3区的统计数据。

2. 非农人口数量和比例

1992年，海城市非农人口为213879人，占全市总人口1040809人的

20.55%，比辽宁省非农人口的比例（42.79%）低22.24个百分点。在28个小城镇中，有24个镇的非农人口所占比例在5%~10%，有15个镇的非农人口所占比例不到5%，只有牛庄、腾鳌、大屯、南台4个镇的非农人口比例较高，分别为26.76%、20.74%、12.57%、13.96%。

3. 乡镇企业总收入和总产值

乡镇企业是海城经济发展的重要支柱，28个小城镇的乡镇企业又是全市乡镇企业的主体。1992年，各乡镇企业总收入682376万元，占全市乡镇企业总收入782812万元的87.17%。乡镇企业总收入较高的镇有腾鳌镇103077万元、大屯镇51008万元、牛庄镇50900万元、西柳镇47211万元、牌楼镇42702万元、南台镇41238万元、八里镇38951万元、感王镇38270万元、英落镇29705万元。以上9个镇的乡镇企业总收入443062万元，占28个镇总收入的64.93%。各乡镇企业总产值627655万元，占全市乡镇企业总产值720263万元的87.14%。其中，总产值较高的镇有腾鳌镇、大屯镇、南台镇、感王镇、八里镇、牌楼镇、英落镇、西柳镇、牛庄镇（见表1）。以上9个镇的乡镇企业总产值为410555万元，占28个镇总产值的65.41%。

4. 农村经济总收入

海城市各镇农村经济总收入708227万元，占全市农村经济收入780041万元的90.79%。其中，腾鳌镇、西柳镇、南台镇、大屯镇、牛庄镇、牌楼镇、八里镇、英落镇、感王镇9个镇总收入为468005万元（见表1），占28个镇农村经济总收入的66.08%。

5. 农业人口人均纯收入

1992年，海城市各镇平均农业人口纯收入1213元，比1978年的140元增加7.66倍，比1949年的23元增加51.74倍；其中，人均收入超过1500元的镇有西柳镇、腾鳌镇、八里镇、大屯镇、验军镇（见表1）。

对上述5个指标考察，28个小城镇都具备了一定的规模；其中，经济较发达，工商业较密集，基础设施相对完善，小城镇功能齐备、规模较大的有腾鳌、西柳、南台、大屯、牛庄、牌楼、八里、英落、感王、验军10个镇，占28个镇的35.71%。

（四）小城镇的类型与特点

海城市根据不同地区的特点，因地制宜，发挥优势，发展不同类型的小城镇。到 1992 年，其小城镇类型大致有以下 5 种。

1. **工业型**

利用靠近大城市和大企业的优势条件，利用靠近铁路、公路、港口等交通方便的地理位置，海城市引进设备、技术、资金、人才，大力发展村镇工业企业，以工兴镇、建设工业型小城镇。例如，1992 年腾鳌镇有企业 431 家，工业总产值 10.4 亿元，占乡镇企业总产值 10.7 亿元的 97.2%。牛庄镇兴办 50 多家企业，工业总产值 2.3 亿元，占乡镇企业总产值 3.195 亿元的 71.98%，国民总收入 5.09 亿元，1990~1992 年，用于镇基本建设投资 2928 万元，使这座具有 500 年历史的古镇旧貌换新颜。大屯镇、甘泉镇、什司县镇等都属于工业型小城镇。

2. **矿业型**

利用本地蕴藏的矿产资源优势，兴办采矿、矿产品加工企业，以矿兴镇、建设矿业型小城镇。例如，牌楼镇镇办矿业每年收入 600 多万元，全镇已有 20 多个企业从事矿产品加工业，每年工业产值 2 亿多元，矿业的发展为小城镇的改造与建设奠定了坚实的基础。八里镇、毛祁镇、英落镇等也属于矿业型小城镇。

3. **商埠型**

按照发展商品经济的要求，积极兴办集贸市场，建房经商办服务业，以商兴镇，形成一批以商业市场贸易为主的商埠型小城镇。例如，西柳镇随着服装市场的兴旺繁荣，先后建起了较高标准的楼式商贸大厅、宾馆、饭店、运输站，围绕服装贸易办起了印染厂、纺织厂、水洗布厂和各种服装加工厂等 10 多个企业。经过 1982~1992 年的发展，西柳服装市场已发展成东北地区最大的交易市场，1992 年交易额 14.3 亿元，成为全国 10 大专业市场之一，并由此形成了新型小城镇。南台镇、感王镇等也由于箱包市场、禽蛋市场和黄金市场的兴办与繁荣而形成了商埠型小城镇。

4. **旅游型**。

利用本地的自然资源，发展旅游服务业。比如，耿庄镇、孤山镇利用热资源建设疗养院，利用自然景观发展旅游服务业形成了旅游型小城镇。

5. **综合型**

利用本地优势，一边发展农副产品加工业，一边办集市贸易，办乡镇企业，虽无明显的专业特征和主体产业，却使镇经济繁荣起来，形成综合型小城镇。

二 小城镇建设的措施与经验

中共十一届三中全会以来,海城市的小城镇建设取得了可喜的成果。1985 年海城市被辽宁省委、省政府列为综合体制改革试点之后,坚持经济建设与村镇建设并重的方针,制定规划、加快建设、强化管理,使小城镇和农村面貌发生了巨大变化。

(一)更新观念,确立小城镇建设的先导地位

改革开放之前,海城人对村镇建设的重要性和必要性缺乏认识,存在重经济轻建设、重城市轻农村等倾向,人为地割裂了经济发展和小城镇建设的关系,使小城镇建设处于缓慢发展状态。改革开放初期,海城的资源优势吸引大批外商纷至沓来,但均因交通、通信等基础设施落后,生产和生活环境差而纷纷告退。这使海城人受到了很大打击,并从经济发展的战略高度上领悟到小城镇建设的现实意义和历史意义。为此,从市政府到各镇政府都增强加快小城镇建设的自觉性。市长亲自抓村镇建设工作,市委、市政府每年召开两次会议,专门研究和制定城镇建设中的方针和政策;平时发现难点和热点问题,随时召开市长办公会议,政府常务会议予以解决。针对过去城镇建设管理分散问题,市政府成立统一管理村镇建设的工作委员会;各镇成立村镇建设办公室,由 1 名副镇长负责,并抽专人、定编、定岗负责规划设计、建设管理和土地审批等各项工作。1990 年以来,全市形成了市镇村级严密的村镇建设管理体系,为村镇建设的健康发展提供了保证。

(二)科学规划,推动和强化小城镇的建设与发展

从 1988 年起,海城市制定全市城镇建设的总体规划。1989 年和 1992 年,进行两次较大的修订、调整和完善。调整修订后的市区规划,根据"全开放、大开发、高科技、大市场"的指导思想和跳跃式发展经济的要求,在 20 世纪末把海城市建设成为中等的新兴现代化工业城市。为此,该市按照"五点一片"和"九区一带"的经济格局和"梯次推进、全面开放、跳跃发展"的战略思想进行规划和建设。"五点"指培育和建设好海城、西柳、牛庄、南台、感王 5 个大市场,"五点"连成"一片",形成区域经济

优势。规划5大市场，主要按照"改造经营区、建设加工区、配套服务区、开辟游乐区"的总体设想，逐步使5大市场上档次、上水平、上规模。同时，发挥流通对生产的牵引作用，带动周边地区经济全面繁荣。"九区"指海城铁西经济技术开发区和大屯、南台、牌楼、八里、西柳、感王、腾鳌、牛庄8个经济特区，赋予其优惠政策，大力吸引外资，促进村镇工业跳跃式发展，迅速形成一批区域产业集中、企业规模集聚、科工贸结合的新型城镇群体。"九区"连成经济带，从而带动整个地区经济全面发展。

根据"五点一片"和"九区一带"的总体规划，海城市对小城镇建设的总体布局是：第一，以腾鳌镇、牛庄镇、西柳镇、南台镇、八里镇、牌楼镇和海城铁西经济技术开发区建设为先导，加速开发建设，使其率先成为具有相当规模和较高水平的卫星城镇，发挥其对周边镇村的辐射作用。第二，重点开发建设沈大高速公路沿线的毛祁、东四、甘泉、东四方台、耿庄、验军6镇，形成沿沈大高速公路和哈大公路的开放带。第三，以先导区和开放带为中心，向东、西两侧辐射延伸，扩散功能，最后全面形成以海城市区为中心的"众星捧月"式城镇群体，全面形成城乡一体化的崭新格局。

对每个小城镇或经济特区，要求搞好开发区、工业小区、招商区、服务区、生活区等分区规划，按照市场经济发展的要求和卫星城镇的标准，借鉴先进经验，并充分利用该市小城镇建设的试点经验，注重各类基础设施的配套建设。在产业布局上，充分考虑到第一、二、三产业的协调发展，注重稳定发展商品化农业，大力发展现代化工业，加速发展第三产业。

（三）制定政策，加快小城镇的建设与发展

为了尽快发展和建设适应改革开放和市场经济发展的小城镇，海城市制定了一系列优惠政策。

1. 特殊户籍政策和免税政策

海城市政府决定允许农民自理口粮到小城镇落户，兴办第二、三产业等。对于进住小城镇的农户，实行一种不同于原城镇户口的特殊户口制。取得特殊户口的农户要自理口粮，要缴纳一定城镇建设基金。1992年全市已有8个镇，4723户，12576人实行这种特殊户口制（见表2）。为鼓励农民建设小城镇，还规定对于进入小城镇兴办企业的农户，实行2年免征营业税、所得税的优惠政策。

表2　1992年海城小城镇实行特殊户口制状况

单位：户，人

镇 名	户 数	人 数	镇 名	户 数	人 数
牛 庄	706	2132	西 柳	84	188
腾 鳌	2874	6921	南 台	348	997
析 木	55	369	耿 庄	156	542
牌 楼	480	1361	高 坨	20	66

资料来源：海城市公安局户籍科。

2. 权力下放

向小城镇下放财政、工商管理、税收调节等项权力。在各镇建立工商所、财政所、税务所、金库。规定各镇可以从财政包干超收部分提取一定比例的小城镇建设费；驻镇的市以上企业要按企业利润的5％向镇缴纳小城镇建设维护费；小城镇内的水电附加费，原上缴市财政的部分留给本镇作为基础设施建设资金。

（四）内筹外引，多渠道集资，扩大小城镇建设资金

海城市除了市镇两级财政不断增加对村镇建设的投入外，还采取社会集资、联合共建、收取基础设施配套费、借钱还房、争取驻地企业投资出力等措施，多形式、多渠道地筹集建设资金。1985年以前，全市每年用于城建的资金为200万元左右。1985年以后，每年除市财政正常拨付300多万元城市维护费外，还从机动财力中拿出500多万元用于城镇建设，占全市机动财力的50％左右，每年向社会筹集的城镇建设资金达5000万元以上。1985～1989年，全市每年用于村镇建设的投资均超过1亿元；1990～1992年，用于村镇建设的总投资达6.4亿元，每年以50％的速度增长。海城市采取制定优惠政策和兴办经济特区等措施，"筑巢引凤"，广泛吸引外来村镇建设资金。1992年，仅8个特区就吸引1348户进区落户，外来户预交基础设施配套费140万元，使特区的住宅、公共设施及其他各类建设步伐大大加快，镇容镇貌日渐改变。

海城市在小城镇建设的实践过程中，善于调动社会各方面的积极性，挖掘社会资源和各种潜能，采取有效措施和政策，真正体现了"人民城市人民建"的方针。1990～1992年，海城市发动社会各方面力量，修建道路841.2公里，实现镇镇通柏油路，75％的村通柏油路。完成公共建筑18.6

万平方米，生产建筑 17.1 万平方米，住宅建筑 65.3 万平方米，修排水沟渠 5.7 万米。有 12 个镇 97 个村 20 万人用上自来水，占农村人口的 1/4，大部分镇貌焕然一新，道路宽阔，楼房林立，厂房、店铺、贸易市场大厅处处生机勃勃。市内安装了 8000 门程控电话，南台、牛庄、腾鳌、西柳、八里、牌楼、大屯、感王 8 个镇新建了邮电大楼，安装的程控电话已开通运转，实现了长途电话直拨。1992 年，全市程控电话装机容量 17000 门，初步形成现代化通信网络。先后拓宽海城大桥、兴建水鸭屯立交桥，改建市区东环路、西环路，拓宽沈大高速公路出口、哈大公路出口、海岫公路出口等贯穿海城的瓶颈路段。与外商合资兴建三星级大酒店、"百事达"商业大厦、海城正骨急救中心等一批 10 层以上高层建筑。

（五）多元开发，小城镇建设发展多姿多彩

1. 发展镇村企业，促进镇村建设

改革开放以来，海城市始终坚持市、镇、村、户 4 个层次一起上，工、商、建、运、服 5 个轮子一起转的乡镇企业发展方针，依靠深化改革驱动、内引外联牵动、科技进步推动、骨干企业带动、优惠政策调动，不断推进全市乡镇企业持续高速发展。1992 年年底统计，全市已有 19 个乡镇企业产值超亿元，其中超 3 亿元的镇有 8 个，超 10 亿元的镇有 1 个（见表 1）。在海城市，发展乡镇企业和加快小城镇建设相互交织，相互带动，相辅相成。

2. 培育各类市场，带动新型集镇形成

中共十一届三中全会以后，海城市政府按照发展商品经济的要求，积极引导各乡镇兴办集贸市场。到 1992 年，全市 28 个镇都有集贸市场，其中西柳服装市场、南台箱包市场、牌楼矿产品市场、感王冬淡季蔬菜市场和黄金市场，都已蜚声省内外。这些集贸市场，加速了农村商品经济的全面发展，促进新型小城镇功能完善。随着商品贸易规模的扩大，交易场所、运输工具、交通道路、邮政电信、生活服务等设施也随之兴起，继而与之相适应的金融、工商、税务、公安等部门也相继设立起来，并由此形成了承载这些市场的新型小城镇，使海城市形成以城区为中心，众多卫星城镇为依托的城乡流通体系。

3. 深化住房改革，镇容镇貌焕然一新

1984 年以来，城镇改革了以前实行的低租金、高补贴的住房分配制度，采取提高公有住房租金，低价出售公有旧住房，补贴出售新住房，全价出

售商品房和多渠道集资建房等措施，大大减轻了市镇财政负担，加快了住房建设速度。根据"老区改造和新区开发并重"的原则，在新区配套开发商品住宅楼，兴建特困楼、普通楼、高档楼和别墅楼区，满足了不同收入水平居民的需要。1985年以来，全市城乡新建住宅100万平方米，大大改善了居民的居住条件，发挥了住宅建设改变城镇面貌的作用。

（六）典型引路，以点带面，推动村镇建设全面展开

海城市根据全市小城镇的不同区域和特点，确定小城镇建设的试点。在区域上，分为城市近郊、中部平原、西部沿河、东部山区，设立各区的试点镇。在特点上，分为中心型、工业型、矿业型、集贸型、旅游型，"八五"时期在全市28个镇中确定了12个试点镇。各试点镇都根据本地的优势特点和经济、社会发展目标，编制了高起点和切实可行的建设规划。

海城市政府在加强指导、精心培育各类小城镇建设试点的同时，及时总结推广试点经验。1990年以来，先后召开两次小城镇建设经验交流大会，对试点过程中总结出来的规划设计、组织领导、筹集资金、健全管理办法以及小城镇建设与经济社会发展相互促进等方面的成功经验进行广泛交流。同时，对第一批试点镇分类型进行全面的检查验收。对验收合格镇发给合格证书，又在此基础上确定了第二批试点镇。到1992年年末，全市28个镇都形成了工商业比较密集、基础设施相对完善、功能比较齐备的新型小城镇雏形。

（七）加强管理，优化环境，保证小城镇建设的健康稳步发展

海城市把城镇管理工作划分为建设前管理和建设后管理两个区段，对城乡建设实施了全过程的综合整治，收到了较好的效果。

在规划管理上，强化了规划部门的职能作用，将原规划处升格为规划局，在各镇成立村镇建设管理办公室，严格按城市和村镇规划，对所有建筑实行建筑许可制度，凡是不符合发展规划的一律不予批准。在村镇建筑设计管理上，凡是建筑面积500平方米以上的公共建筑、生产建筑以及农民住宅，必须有设计图纸，否则一律不准开工建设。在建筑工程质量管理上，专门组建了建筑工程管理局，对全市建筑工程企业和个体建筑专业队伍实行统一管理，跟踪检查监督，杜绝无照、无证施工。在全市施工企业开展了争创优质工程竞赛活动，严格落实优质优价政策，有效地调动了各施工

企业的创优积极性。1990年以来，海城市共有2项工程创国优，12项工程创省优，54项工程获市优。城镇建设管理工作，基本上做到了规划一张图，审批一支笔，管理一个法，建设一盘棋。

在整治工作中，采取自加压力的措施，重点解决"脏乱差"问题。以竞赛促整治，以整治保竞赛，着重打了"三大战役"：第一，在市区，结合热电厂铺设管线，全面清除违章建筑，治理道路市场和交通混乱问题。给主干路临街工商企业及商亭"穿衣戴帽"，全部粉刷一新。按商业城、开放城、旅游城的要求，装饰主要街道，增强了古城的文化气氛、商业气氛和开放气氛。卫生清扫由主要街道延伸到居民小区，垃圾日产日清无积存，晨扫和夜运率分别达到100%和80%。市政府把每年3月份定为爱国卫生月，开展环境建设大会战。第二，海城市在各镇开展治理"脏乱差"的工作。清理镇区主要街道，拆除违章建筑和乱占乱摆摊位，整顿中心街道两侧商业门点的橱窗和牌匾，修建厕所，新设卫生箱。对主要街道两旁的单位和门点实行"四包"：包绿化——栽树保活、花草茂盛、经常管理、美化环境；包卫生——经常打扫、放物整齐、冬季除雪、保持清洁；包秩序——文明经商、礼貌待客、不阻碍交通、秩序井然；包设施——给水卫生、排水畅通、公共设施保持无损。汽车站、集贸市场等公共场所，设在固定地点，不影响交通，保持清洁有序。第三，大搞园林绿化，开展"四旁植树"和修建花坛、小园林、小景点，评选花园式单位，推动绿化、美化环境的工作。要求植树保栽保活、草坪花坛繁茂似锦。经过几年的努力，绿化、美化环境已见成效。1992年，全市城镇绿化覆盖率33.49%，人均公共绿地3.8平方米。海城市已连续4年获得辽宁省"绿叶杯"竞赛优胜单位的荣誉称号。

三 小城镇建设发展的成效

（一）小城镇建设发展的作用和成效

海城市小城镇经过近7年的建设和发展，已经取得了显著成绩。在促进海城市城乡经济繁荣兴旺，推进社会各项事业的发展，加速农村工业化、城市化、现代化方面，都显示出特有的巨大作用。

1. 带动了全市城乡经济的兴旺发达

1985年以来，海城市小城镇建设取得了有史以来的突破性进展，带动了全市城乡经济的高速发展。1992年,全市有3个镇、70余个村、3万多户已提前迈进小康。

①城乡市场兴旺发达。1992年,社会商品零售总额12.14亿元,比1990年的9.65亿元增长25.80%;全市有各类市场87处,比1978年的17处增加4.12倍;城乡集市贸易成交额17.40亿元,比1990年的9.02亿元增长92.90%。西柳服装市场实现成交额14.30亿元,再次名列全国10大专业市场榜首。

②农村经济全面发展。1992年,农村社会总产值73.50亿元,比1990年的48.40亿元增长51.86%,年均增长14.94%;粮豆总产量63.86万吨,比1990年的56.33万吨增长13.37%。农村多种经营形成新的局面,林、果、蚕业和畜牧业生产取得很大进展,依靠科学技术发展高产、优质、高效农业成效显著,使农业现代化发展进入了新的阶段。

③乡镇企业跳跃式发展。1992年,乡镇企业总收入78.28亿元,比1990年的42.71亿元增长83.28%;乡镇工业总产值55.88亿元,比1990年的29.52亿元增长89.30%;乡镇企业实现利润8.89亿元,比1990年的5.75亿元增长54.61%。

④外经贸工作成绩显著。1992年,利用外资项目30个,比前8年的总和增加2倍,其中"三资"企业25家,合同金额5.26亿元。先后在中俄、中朝、中蒙、中越等边境口岸开展边境贸易,交易额5050万元,实现利税1010万元。1992年,外贸出口供货额5.60亿元,比上年同期增长46.21%。

2. 推进了海城市社会事业的蓬勃发展

海城建设发展了28个各具特色的小城镇,其中大部分已经发展成为农村区域性经济中心、交通枢纽、文体中心,是农村经济发展的龙头、先锋,带动海城经济、社会进一步全面发展。海城较早地开展了市镇村三级办学,提高教育质量,改善教育条件。办学经验被全国推广,并获"国家基础教育先进县"的荣誉称号。

在科学技术发展工作中,以镇为中心,实施农业集团技术承包,大力推广农业新技术、新成果;加强社会化服务体系建设,拓展科技服务领域,各镇普遍建立"六站一司"(农科、农经、农村、水利、林果、蚕业站和物资供销公司);各镇还因地制宜地培训人才,提高人民的科技、文化素质,增强经济建设中的科技意识;各镇实施的"星火计划""科研计划"和"一二三工程"都取得了重大成果，在科技情报信息传递与专利管理方面也成效显著。

在医疗卫生事业方面，各镇先后建立初级卫生保健工作领导小组和办公室，开展农村初级卫生保健工作，取得显著成效，受到了世界卫生组织代表的肯定和表扬，经国家卫生部和联合国卫生组织验收达标。卫生防疫工作也取得较好的成绩，特别是在加强公共场所卫生和加强计划免疫传染病、地方病防治方面，做了大量的工作，为海城人民身体健康作出了贡献。各村镇积极开展文化体育运动，并成功地举办两届"中国海城国际民间艺术节"，促进了海城改革开放和"两个文明建设"的发展。

3. 加速了海城农村城市化进程

小城镇建设为海城农村城市化探索出一条适宜的路子。海城市在开发建设小城镇的试验中，改革现行的由国家提供福利保障的城市户籍制度，打破城乡隔绝的二元社会体制，为吸引农民进入小城镇就业创出了新路。海城市规定，凡是进入小城镇落户的农民，必须缴一定的城镇配套建设基金费和生活福利保障基金，然后取得一种特殊户籍证。这种农户在镇里单独建档，单独立户，单独管理，只限在当地政府管理范围内有效。取得这种特殊户口的居民，就可以由镇政府统筹安排社会福利保障，在生活资料供应、子女入学、就业、招工、招干、参军等方面，享有与原城镇居民同等的待遇。

小城镇建设中，实现土地资本转化为产业资本，促进农业劳动力向第二、三产业转移。小城镇在建设工厂、企业、工业小区、商场、商贸小区等征用集体耕地时，经土地管理部门批准，按规定价格将价款一次性支付给集体经济组织（村委会）。集体经济组织用这笔资金统一兴办企业、事业，安置被征用土地的劳动力就业。据海城市劳动局统计，1990~1992年，各镇、管理区、经济技术开发区共征占土地12.5公顷，安置农村剩余劳动力5.6万人。

4. 推动了海城农村工业化进程

海城市小城镇的建设与发展，为农村工业化创造了极其有利的条件，村镇工业在全市工业发展中占据举足轻重的地位。1992年，海城市村镇工业企业12871家，比1978年的573家增加21.46倍，占全市工业企业13061家的98.55%，比1978年提高12.9个百分点；村镇工业产值558822万元，比1978年的16535万元增加32.80倍，占全市工业产值673117万元的

83.02%，比 1978 年高出 53.18 个百分点。在全市乡镇企业中，村镇工业企业占一半左右。村镇工业从业人数 1992 年为 114450 人，占乡镇企业从业总人数 170316 人的 67.20%，比 1978 年高出 9.68 个百分点。

5. 推进了农村现代化和城乡一体化

海城市小城镇群体的形成和发展，促进了农村劳动力的转移和资金的集聚，为农村现代化建设奠定了基础。海城市被辽宁省列为建立城乡经济一体化的试验区以来，根据城乡工业总体布局，在产业政策指导下，首先，开展了城乡工业的经济、技术协作和联合；实行"三抓三带"之后，企业重新优化组合，在很多镇已形成了若干城乡企业群体、企业集团；加强和完善对农业服务的体系，实现城市同农村产业间的产供销一体化；建立和发展科研、技术和生产联合体。其次，以小城镇为基础，紧紧抓住城乡经济一体化的中心环节，坚持向农业倾斜的方针和政策，采取多种试验手段和措施，把农村建设成与城市先进产业相适应的现代化农业基地。已经在增加投入、以工补农、以工建农、工业武装农业、加速农业现代化等方面收到了实效，并通过城乡一体化的组织发展，初步形成了以镇为中心，上联市内各部门，下伸至村经济组织，为农业和农村经济发展提供系列化服务的网络体系。各镇都建立了适应本地特点的各类市场，使生产、服务、产品销售同步发展，城乡经济融通、互补、共同繁荣。

海城市通过小城镇联结城市带动乡村的桥梁作用，发挥其城乡经济的网络功能，使城乡结合，以城带乡，以乡促城，优势互补，建立了分工协作的多形式、多层次、开放式社会经济统一体，打破了城乡分割、条块分割的旧格局，由封闭型转向开放型，由二元经济转向一元制，向城乡一体化方向发展。

（二）小城镇建设中存在的主要问题

①从海城全局看，东部山区和西部沿辽河低洼地区，交通不方便，商品经济不发达，乡镇企业起步晚，村镇建设相对落后于"九区一带"。主要问题是缺乏建设资金或资金来源不足。

②旧的城镇管理体制和管理方式还不同程度地束缚着小城镇的发展。一些镇的社会化服务体系还不健全，使小城镇的功能和作用尚不能全面发挥。

③小城镇建设中乱占耕地现象仍时有发生。有的村镇只顾眼前经济效益，或只顾局部利益，盲目上项目、办企业，对土地利用缺乏合理的规划和论证，挤占耕地，影响农业生产并由此产生了连带矛盾。

四 主要小城镇的建设发展

（一）腾鳌镇

1. 自然概况

腾鳌镇地处辽东半岛腹地，位于海城市北30公里、鞍山市西15公里处，临近沈阳至大连经济开发带的要冲，是一个有千年历史的古村。全境面积72平方公里，有4.2万人，辖22个行政村和1个街道办事处。先后被确定为辽宁省"一二三工程"科技示范镇、鞍山市卫星镇和经济技术开发区。1992年被确定为鞍山市腾鳌经济特区，之后又被辽宁省政府升格为省级经济特区，按经济特区模式行使县级和部分市级的管理权。

①交通通信方便。镇北2公里处有中国联航的鞍山机场，航班直达北京等地；东距鞍山火车站15公里，客运全国各地；沈大高速公路贯穿镇中，互通式立交桥与沈营公路、鞍羊公路交汇，各地来往的长途汽车均设有乘降站。通信设施一期装机960门，程控电话系统于1992年开通运转，镇内办理国内、国际邮政电信业务。

②经济基础雄厚。1992年，全镇共有镇村企业400余家，个体、联合体1000多家。全镇社会总产值11.06亿元，比1991年增加1.29倍；乡镇企业总产值10.72亿元，比1991年增加1.25倍；农业总产值6000万元，比1991年增长20%；镇村企业利税1.2亿元，比1991年增长90.30%；财政收入1282万元，比1991年增长13%；人均收入1633元，比1991年增长15.81%。全镇有3个村社会总产值超亿元，有8家企业上缴利税超百万元，有5家企业工业产值超5000万元。

2. 腾鳌经济特区建设成就令人瞩目

腾鳌镇是辽宁省五个乡镇企业发展明星镇之一。根据特区总体规划，以沈大高速公路进出口为中心，沿两侧进行梯次开发。在区内建立"两城""五区""一条街"，即以贸易中心为主体的商贸城；以高级酒吧、歌舞厅及各类游艺场所为主体的娱乐城，以高新技术产业为主体的新工业区，以科研院所为主体的科研区，以新建特区宾馆为主体的生活服务区，以外商别墅为主体的外商生活区，以改造和新开发的住宅楼为主体的居民小区；建立鞍羊公路两侧的商饮服务一条街。在特区建设中，采取长远规划与近期发展相结合、软环境配套与基础设施相结合、新区建设与老区改造相结合、引进外资项目与引进一般项目相结合、运用本地资金与引进外地资金相结合、机构改革与建立新的运行机制相结合、开发区建设与村办工业小区建设相结合、坚持启用本地人才与吸引外地人才相结合的"八结合"措施。

到1992年年末，全区新上项目270个，总投资10亿元。其中，正式签约和签订意向协议的外资企业8家，投资3亿元左右。新上项目中投资超百万元的有100多家，投资超千万元的有8家。当年开工的有80多家，已投入资金9000万元以上。村镇两级开发区初具规模。镇级开发区已立项30家企业，引进外资4760万美元。年底开工项目占80％。

3. 镇区建设日新月异

改革以前，腾鳌镇的镇容镇貌、基础设施建设都十分落后。随着改革开放、经济发展，腾鳌镇的建设有了新的变化。1991年总投资169.1万元，全镇共修建柏油路13条，总长14.89公里，8.8万平方米。其中，投资83.3万元，修村镇连接路4条，8.05公里，4.4万平方米；投资61.4万元，修县级公路1条，4.8公里，3.4万平方米；投资24.1万元，修村级路6条，2.04公里，0.8万平方米。城镇公用设施建设投资5.9万元，路边新植树350株，栽花草350平方米，迁移供电线路210米，新修排水沟250米。在公共建设方面，投资450万元，新建农业科技服务中心、农机服务站、工商分局、程控邮电大楼、税务等6座办公楼，建筑面积5480平方米；新建住宅58栋，面积4811平方米；翻建住宅61栋，面积4880平方米，其中二层小楼房13栋，面积2590平方米。清运垃圾1.1万立方米，清理排水沟1.2公里，增加清扫路面9100平方米，城镇供水3.6万立方米。1992年，城镇建设总投资8500万元，开发了1.47平方公里的高科技区、0.53平方公里的工业区、0.11平方公里的重工业区、0.62平方公里的商业区、0.73平方公里的居民区。在镇中建设一条商业街，并规划出商业开发区。全镇规划总面积7.3平方公里。

在加速新区建设中，强化基础设施和服务设施建设。投资240万元，在开发区内新开3条主要公路；投资130万元，修建开发区和老区的上下水工程，实现了"五通一平"；投资700万元兴建特区宾馆；投资1000万元改造老区（水泡区），建15栋居民住宅；投资130万元，拓宽老城区公路；投资3000万元，开发改造保安村西旧区住宅4.5万平方米；投资30万元，新安装公路照明灯130盏；投资130万元，修排水工程3.1公里。

（二）牛庄镇

1. 自然概况

牛庄是一个具有500多年历史的古镇。全镇土地面积53平方公里，镇区4.6平方公里。1992年，全镇人口36796人，其中镇内2.6万人。牛庄镇地处太子河南岸，交通发达，海沟铁路、大盘公路东西纵横，鞍营、牛高公路南北贯通。南襟渤海，北临辽河太子河，东枕鞍山海城，西达盘锦，土肥水美，文茂经繁，古往今来，一直是周围地区的经济、文化、交通中心，被喻为沈（阳）大（连）开发带上的一颗明珠。

2. 昔日牛庄，商誉传天下

唐代时期，牛庄是东北地区旱路进关的必经之地。明代设驿站，并筑有小城，1623年又重修新城，是辽河、太子河水上交通运输的重要通道，商贾云集的商埠要地。到清乾隆五十二年（1787），牛庄城商号已有280多家。1858年中英缔结天津条约，将牛庄开辟为贸易港，牛庄经济空前活跃，工商业极为兴盛，成为辽南的商贸中心。城内有布庄、菜庄、果庄、钱庄、当铺、杂货铺近300户，仅河南人开设的诊所和药铺就有30多家；制酒业兴旺，隆泉白酒远销天津、上海以及印度、德国，1911年参加巴拿马评酒会，闻名世界（日本前首相田中角荣访华时就曾寻找此酒）；28座庙宇遍及城内，有古迹遗址18处，许多圣贤留迹，青史载名。后因营口、大连开港，河道淤塞，加上近代战乱和日本侵略，使古镇商埠日渐萧条。

3. 今日牛庄，古镇焕异彩

中华人民共和国成立后，古镇牛庄获得了新生，百业俱兴，街市井然。经过多年的建设发展，成为鞍山、海城西部地区的经济、文化、交通中心。

中共十一届三中全会以后，牛庄镇工商业空前兴盛。全镇工商企业中，国营24家，大集体43家，镇办、村办67家，个体1500多家。1992年，全镇社会总产值超5亿元，国民收入15亿元，城乡人均收入1500元。1990年牛庄村镇建设列为国家试点，1992年被海城市列为经济特区。

1983年，牛庄镇编制了城镇建设总体规划。1983～1992年累计投资4000万元，完成公共建筑4万平方米，其中教学、医疗建筑1万多平方米，电力电信 3000 多平方米；修建了 1 座万千伏安的变电所和 1000 门程控电话楼；住宅工程（包括自建住宅）150 万平方米；开通 4 条主要道路 6 公里，铺装路面达到 85%；镇内全部用上自来水；主要道路修明沟排水道 5000 米，暗水道 4000 米；建成 2 处莲花景点，培育 2 处树苗苗圃和 1 处花苗圃，绿树成荫，盆花沿道；镇内还修建了公共厕所和垃圾箱，环卫设施有了明显的改善。

牛庄的城镇建设促进了商品经济的发展。每日，街市上保持万人流量，至集日、节日可达 5 万～6 万人。牛庄集贸市场每日成交额 10 万元以上，参加交易者来自 5 省、31 县区。牛庄大酒店开业一年中，共接待省市级会议 45 次，各类经贸洽谈 30 多次，友好往来 60 多次，促进了牛庄的经济发展。

1992 年牛庄列为海城市经济特区后，正按照经济特区的高标准进行规划建设。建设"一条商业街"；建成文化娱乐和地方风味小吃饮食服务"两个中心"；发展鲜细菜、肉牛、大米生产"三个基地"；形成市营、镇营、村营、个体联合体产业"四路大军"；建立粮食、农贸、小商品批发、牲畜、建材"五个市场"；建设老工业区、高新技术工业区、外商生活区、居民生活区、园林绿化区、大型商业区"六个经济规划区"。特区第一期工程开发面积 5.8 平方公里，远期工程开发面积 10 平方公里，计划特区人口 9 万人。1992 年特区建设已拉开序幕，基础设施建设正紧张地进行着。

（三）南台镇

1. 自然概况

南台镇地处鞍山、海城两市之间，距海城市 9 公里。沈大高速公路、哈大公路、中长铁路均贯穿境内，交通方便。全境土地面积 95 平方公里，有耕地 9.6 万亩。1992 年有人口 47756 人，全镇社会总收入 5.2 亿元，乡镇企业总产值 4.3 亿元，集市贸易成交额 2.4 亿元，居民储蓄存款 7000 万元，人均年收入 1370 元。被评为海城市发展镇村经济"十强镇"之一、鞍山市农村经济先进单位、辽宁省文明镇。

南台镇是一个具有悠久历史的商埠集镇。中共十一届三中全会以后，工商业和乡镇企业飞快地发展起来。1992 年，全镇工商户 8000 多户，生产产品门类 40 余种，年产值 3 亿元以上。除了全国闻名的箱包市场和东北闻名的鲜蛋市场外，还有牲畜、水果、农贸、轻工、建材、珠宝首饰等专业市场，带动了工商业、村镇企业、农业、畜牧业等各方面的生产发展。

2. 小城镇建设

南台镇1984年被批准列为建制镇，1985年被鞍山市政府确定为鞍山市的工业小区和卫星城，后又被列为小城镇建设的试点镇。1992年南台镇被海城市辟为"经济特区"。在综合体制改革的9年里，全镇投资3000多万元用于小城镇建设。其中，集资420万元，新建居民住宅楼40栋，居民住房128套，可容纳居民168户；政府又投资10万元，在住宅区内铺设了柏油路，安上自来水，修建垃圾箱，形成一个整洁划一、环境优雅的居民新区。集资350万元，修建了23公里的柏油路，解决了10个村的交通道路问题。全镇投资100万元，打深井8眼，铺设地下自来水管道5万米，有1万多农民用上了自来水，占全镇农业人口的21%。镇政府投资1500万元，拆迁87所旧危房，按新规划建设楼房2.6万平方米，改造老区居住条件。投资450万元，新建5200平方米的全封闭箱包市场大厅。投资62万元新建1.5万平方米柏油场地，作为鸡蛋市场、轻工市场，促进了集贸市场的大发展。投资200万元，安装1000门的光缆程控电话，1992年开通500门，成为辽宁省第二个使用程控电话机的小城镇。投资20万元，在镇内两条主街道安装路灯60盏。在新区广场上建成雕塑1座，美化了镇区面貌。

3. 特区规划和建设

1992年7月，南台镇批准成立经济特区。特区总体规划面积为5.1平方公里，确定6个功能区：重工业区、高新技术产业开发区、轻工业区、商贸区、居民小区和生活服务区。拟投资25亿元，近期的基础设施建设已投资2.5亿元。达到规划生产规模时，特区年产值可达30亿元，商品交易额可达8亿元，人口将增加到8万人。1992年共集资5000多万元。其中，投资450万元已建全封闭式箱包营业大厅，建成柏油地面、鸡蛋市场、半封闭式轻工市场；投资1500万元建起与市场配套的商业网点；投资60万元安装市场配电线路和老城区的路灯。动员100多户农民投资2000多万元，半年时间就在商贸城周围建起87座造型新颖、别具一格的住宅楼，开办商店、饭店、宾馆、货物寄存处等服务点。鞍山市农委房屋开发公司也在南台镇投资2000万元，建筑4万平方米的商品住宅楼；海城市工商行、农行共投资500万元，在商贸城内开发商品楼，兴办商饮服务业。

兴办南台经济特区，开发建设商贸城，一是为了吸引国内外客商投资，促进村镇企业的快速发展。经济特区采取优惠政策，已有香港、台湾、西安、长春等地客商前来洽谈项目,共接待132人,洽谈项目82项,已达成协议23项。其中,外商投资4项,7860万元;国内联办8项,8128万元;国内独资企业7项,6250万元;金融部门开办信托公司或分理处4个,可融通资金2.33亿元;总计投资4.5亿元,已开工建设的有6项。二是带动了村办企业的大发展。村办企业新上项目42项,投资1285万元,其中投资规模超百万元的3项,有些项目已正式投产。三是带动了第三产业的蓬勃发展。全镇1.2万名劳动力,已有60%从事第二、三产业。围绕市场的发展,运输、商饮、服务等各业蓬勃兴起,又新办起37家饭店和小吃部、23家旅店、72家商店、44个寄存处。据统计,全镇从事箱包生产者5000余人,其他业生产者2000余人。箱包贸易大厅日成交额30万元,每年销售人造革1000万米,布匹300万米;每集上市鸡蛋10万公斤,每年销售鸡用饲料、药品3000吨,既满足了生活需要,又开辟了新的财源。

(四) 西柳镇

1. 自然概况和经济社会发展

西柳镇位于海城镇西南10公里,居沈大高速公路经济开发带要冲。西柳镇全境面积64.12平方公里,辖3个居民委员会,17个行政村,总人口3.5万人。西柳镇是以市场兴镇的突出典型。西柳服装市场从1982年由几户农民妇女开始加工出售服装兴起,到1992年,已形成了具有8500个固定摊位,分为布匹、服装、针织品等12个经营区,经营品种2万余种,日成交额300多万元的大市场。市场交易辐射国内外,每天客流量3万人以上。西柳镇被国内外客商誉为"神奇的大集""布衣的海洋"。服装市场的繁荣,带动第三产业的迅速崛起,促进第一、二、三产业大发展。全镇经济建设和各项事业取得了十分可喜的成果。

①国民经济快速发展。1992年,西柳镇社会总产值5.4亿元比1989年的2.4亿元增加1.25倍,年均递增31.05%;工农业总产值3亿多元,比1989年增加1.23倍,年均递增30.72%;财政收入1492万元,比1989年增长54.20%,年均递增15.55%。

②农业生产连年丰收。1990年以来,西柳镇粮食生产连续3年获得大丰收。1992年,粮豆产量3.52万吨,比1989年的2.20万吨增长60%,为海城市进入全国100个产粮大县行列作出了贡献。林牧副渔业全面发展,连续3年获得丰收杯、铁牛杯和兴牧镇等光荣称号。

③镇村工业跳跃发展。1992年，镇村工业总产值3.1亿元，比1989年的0.81亿元增加2.83倍，年均递增57.10%；总收入4.6亿元，比1989年的2.5亿元增长84%；实现利润5517万元，比1989年的3412万元增长61.69%。

④市场贸易突飞猛进。1992年，服装市场交易额14.3亿元，比1989年增加1.30倍，年均递增31.95%；工商三费收入852万元，比1989年增长91%，年均递增24.03%；1992年3月被国家工商局正式确认为全国10大专业批发市场之一。

⑤人民生活不断改善。1992年，全镇人均收入1758元，比1989年的1402元增长25.39%。人均住房面积16平方米，比1989年13平方米增长23.08%。居民储蓄存款余额1.5亿元，比1989年的0.7亿元增长114.29%。

⑥各项社会事业繁荣兴旺，精神文明硕果累累。西柳镇先后获得全国华罗庚杯竞赛、数学杯竞赛、鞍山市青教杯赛的一等奖，辽宁省体育先进镇、海城市医疗战线排头兵称号，连续3年被评为鞍山市"文明镇"和"双优"工作单位。1992年被列为海城市的经济特区之一。

2. 小城镇建设取得的成绩

西柳镇为适应服装市场发展需要，不断地扩大交通道路、市场设施、服务设施、卫生设施等基本建设。

1990年，西柳镇建设总投资776万元。其中，村级投资422万元，镇投资154万元，群众集资200万元。全年完成建筑面积23800平方米。其中，工业建筑3200平方米，商业建筑1200平方米，卫生文教建筑3100平方米，居民住宅13300平方米，公共事业建筑3000平方米，新修沙石路面18000平方米，上水管线1000延长米，下水管线1300延长米，镇内人行道路铺板600平方米，修建垃圾点4处，沿街设垃圾箱20个。

1991年，主要建设项目有5楼5水1厅1场1路，即服装市场综合楼8200平方米，投资620万元；宏达印染厂楼400平方米，投资140万元；公怀教学楼870平方米，投资38万元；西柳公安分局楼940平方米，投资50万元；镇政府办公楼基础工程3700平方米，投资128万元。修建水场厂和龙台、大道、前石、北石4项自来水工程，投资3万元。服装市场交易大厅2500平方米，投资50万元。改建农贸市场、修建商业街南北柏油路和下水工程1300米，投资100万元。全年总投资1129万元。

1992年,"修好3条路,镇内栽柳树,建成办公楼,电话进程控。"3条路,11.8公里,投资110万元;栽柳树500棵,投资0.8万元;建成镇政府办公楼和车库配套工程4200平方米,投资350万元;开通程控电话500门,投资100万元。服装商业大厅配套工程700平方米,投资200万元,新华书店6000平方米,投资100万元;东西古联办教学大楼1100平方米,投资50万元,西柳液化站工程400平方米,投资120万元;建设了一码村水洗厂、盖家服装集团公司、西柳印染厂、水利印染厂4个企业,共4000平方米,投资370万元。全年投资总额1401万元,总建筑面积16400平方米。

1990~1992年,全镇用于小城镇建设总投资3000多万元,总建筑面积5万平方米,修柏油路12.3公里,有6个村、2900户居民用上自来水,完成全镇程控电话的并网工程。先后被辽宁省、鞍山市评为村镇建设、土地管理、爱国卫生的先进单位。

辽宁农村小城镇建设与经济发展研究报告[*]

一 发展建设农村小城镇的意义

1. 发展建设农村小城镇是辽宁加速农村工业化、现代化、城镇化的必由之路

小城镇是介于城市和乡村之间的一种社区类型。一方面小城镇具有城市的政治、经济、文化等网络中心作用和一定人口聚居的先进社会生活方式的属性;另一方面小城镇是农村经济发展的社会主体,是发展乡镇工业和农村市场交易的重要区位,是在商品经济基础上形成的多种形式的合作经济中心。随着城乡经济的发展,城乡交往的增多,小城镇必然会进一步发展和完善,形成农工商紧密结合,交通、信息、服务等多种设施相适应,经济与社会协调发展的城市型的社区空间结构。小城镇的发展前景,将成为农村的工业中心,现代化大农业的产前、产中、产后服务中心,农村市场经济和多种形式合作经济中心,同时也是接受大中城市各种能量扩散的重要阵地。城乡信息相当一部分在小城镇相互反馈。城乡之间的相互运动和融合,在城乡经济社会协调发展中发挥着重要的枢纽作用。在辽宁,省委省政府对农业现代化、农村工业化、乡村城市化的基础地位愈来愈重视,把发展建设农村小城镇摆上了重要的位置。1985年以来,农村小城镇建设

---

[*] 此课题是由辽宁经济发展研究所和辽宁计委农业处共同完成的省计委重点课题,由笔者与课题组成员仲跻权、徐继舜、闻海燕、刘焕新、郭晓红、杨冬梅合作研究完成。此成果荣获辽宁省计划委员会科学进步二等奖,并刊入《1996年度获奖成果汇编》一书,第132~141页。此成果已被省计委、省建委和东北大学经济所采用。

与经济发展迅速,"八五"期间,小城镇的建设与发展及有关方针政策的出台使辽宁省农村形成了新镇崛起、古镇复兴、经济繁荣、市场活跃的发展态势。在经济发达的地区,还涌现出一批如海城的西柳、南台、腾鳌,辽阳的佟二堡、刘二堡,沈阳的陈相屯、茨榆坨,大连的大连湾、红旗镇、水师营、杨树房等全省、全国闻名的特色小城镇,并取得了一些成功的经验,推动了农村工业化、农业现代化、乡村城市化、城乡一体化的发展进程。实践证明,建设发展小城镇是辽宁实现农村工业化、农业现代化和乡村城市化的必由之路。

2. 发展建设农村小城镇是辽宁提高农村城市化水平的重要步骤

农村城市化是工业化的必然结果。新中国成立初期,辽宁作为国家的重工业基地,采取了一切向城市和重工业倾斜的政策,人口向城市集聚,辽宁农村城市化随着大规模的工业化建设迅速提高。以城市人口比重为指标衡量辽宁省城市化水平,由1949年的19.5%上升到1962年的34.3%,13年间提高了14.8个百分点。同期小城镇人口比重由4.7%上升到8%,只增加3.3个百分点。表明这一阶段辽宁乡村城市化主要是大城市化,小城镇发展十分缓慢。此后,由于长期以来工农业发展失衡,工业存在着结构性矛盾,加之国家包办就业,不仅制约农业劳动力的转移,还一度因自然灾害农副产品供应不足,动员城市职工下乡,"文化大革命"中知识青年上山下乡,以及城乡分割、工农分离的户籍管理制度形成了二元经济、社会结构,导致辽宁城市化水平下降,到1970年城市人口比重降到27.8%,小城镇人口比重下降为7%。之后随着知青陆续返城,辽宁城市化水平有所提高。1978年辽宁城市人口比重为28.6%,小城镇人口比重为8%。党的十一届三中全会后,农村乡镇企业蓬勃发展,辽宁城市化水平大幅度提高:1991年城市人口比重达到50.8%,小城镇人口比重达到24.5%,分别比1978年增加22.2个和16.5个百分点。农村工业化的进展,使小城镇发展速度明显加快。但近两年城市人口比重继续上升,而小城镇人口比重却呈下降势态。1994年城市人口比重高达67.5%,又比1991年提高16.7个百分点,小城镇人口比重为16.3%,反而下降8.2个百分点。可见,全省市镇人口比重已高达83.80%。主要还是城市人口比重大,小城镇人口比重较小,而且小城镇人口中还包括所管辖的农村人口在内。因此,辽宁要提高农村城市化水平,必须加强农村小城镇的建设和经济发展。

3. 为了全面实现《辽宁省国民经济与社会发展的"九五"规划及 2010 年远景目标》，将农村工业化、农业现代化、乡村城市化、城乡一体化提高到一个新水平，需要加速农村小城镇的建设和经济发展

省委省政府提出的规划和远景目标已明确，要提前两年全面完成现代化建设的第二步战略布局，提前实现人均国民生产总值比 1980 年翻两番，人民生活达到小康水平。但是，目前全省农村经济发展和农民的生活水平还存在着较大的地区上的差距，辽西、辽北和交通条件差的山区，尚需很大努力才可实现 2000 年的目标。就全省小城镇建设发展质量和水平而言，与东南沿海先进省区的小城镇相比，与发达国家小城镇相比，无论从非农产业发展、非农人口比重、就业方式、基础设施和公用设施建设水平和质量、镇容镇貌、生态绿化环境、居民的物质文化生活质量等各方面，都存在着较大的差距。

因此，为了适应建立农村社会主义市场经济体制的要求，加速农业现代化、乡村城市化，使农民生活尽快实现小康，加速建设发展小城镇是"九五"时期的一项极其重要的任务。

二 农村小城镇建设发展的状况与特点

改革开放以来，辽宁农村小城镇建设和经济发展迅速。在 1980~1994 年的 14 年间，全省城镇化水平提高了 43.1 个百分点，其中小城镇人口比重提高了 7.6 个百分点。涌现出一批规模大，档次较高，现代化、社会化水平较高的典型小城镇，小城镇的建设和经济发展成绩显著。仅以所调查的 42 个建制镇（其中有 23 个列为省试点镇）为例，表现出以下几个特点。

1. 小城镇经济发展速度快，经济建设综合实力增强

1990 年以来，小城镇的经济发展成果斐然。到 1994 年，42 个小城镇平均每镇工农业总产值达到 49753 万元，比 1990 年每镇平均 13406 万元增长 2.71 倍；镇的社会商品零售额为 50449.6 万元，比 1990 年的社会商品零售额 3044.5 万元增长 15.57 倍；平均每镇集贸市场达到 2.1 个，比 1990 年 1.4 个增长 50%；镇均财政收入为 696.1 万元，比 1990 年镇均财政收入 349 万元增长 99.5%；镇均基本建设投资为 4060.43 万元，比 1990 年镇均 976.22 万元增长 3.16 倍。1994 年人均工农业总产值达到 1.79 万元，已是

全省人均工农业总产值1.31万元的1.37倍；人均基本建设投资达1405元，是全省国有单位基本建设投资671.6元的2.09倍。

2. 小城镇及辖区劳动力转移成效显著，就业结构发生了很大变化

在1990年的42个建制镇中平均每个镇的非农业人口占全镇总人口比重，由1990年7.23%上升到1994年的9.95%；镇内人口占全镇总人口比重由1990年24.79%上升到1994年的32.66%；镇劳动力占全镇劳动力的比重达到59.7%。这充分表明这些小城镇经过1990~1994年的经济建设，农村人口、农村劳动力向小城镇快速聚集，使城镇化水平显著提高。而且劳动力的产业就业结构也发生了明显变化，第一产业就业劳动力比重由1990年的54.84%下降到1994年的48.23%，减少6.61个百分点；第二产业就业的劳动力比重由1990年的20.10%上升到1994年的23.94%，增加3.84个百分点；第三产业就业劳动力比重由1990年的13.52%上升到1994年的19.0%，增加5.48个百分点；其他和外出劳动力比重由11.54%下降为8.83%，减少2.71个百分点。在第二、三产业就业的劳动力比重已达到42.94%，比1990年33.62%增加了9.32个百分点。如果加上外出从事非农行业的劳动力比重51.77%，超过了50%。这进一步证明了大力发展建设小城镇，特别是使乡镇企业和第三产业的发展向小城镇集中，可吸纳大量的农村剩余劳动力。而且小城镇与大、中、小城市相比，由于规模小并面对广大农民和农村经济服务，发展第二、三产业，吸纳更多的农村剩余劳动力有巨大的潜力。据统计，目前辽宁省转移到小城镇和乡镇企业的农村剩余劳动力，已超过了全省农村剩余劳动力的1/3。综观全省农村剩余劳动力向小城镇转移的规律和特点如下。

①从就业行业上看，镇区以工业企业居多。据不完全统计，被调查的42个小城镇中，工业企业从业人员为54580人，占劳动力总数399870人的13.65%；在商饮服业从业人员为42131人，占劳动力总数的10.54%。

②从劳动力转移方式看，以兼业型为主。辽宁省转移到小城镇从事非农产业的劳动力，绝大部分并没有完全脱离农业生产。他们仍然利用自己的闲暇时间回农村从事农业生产，或配合家庭辅助劳动力经营农业。还有相当一部分人属于季节性转移，农忙务农，农闲务工经商。因此，总体上说转移到小城镇就业的劳动力是以"兼业型转移为主"。而且值得指出的是，那些常年在乡镇企业和小城镇就业的职工或经商者，也并非属于真正与农业脱离的"分离式"转移。他们与农业之间仍有一条割不断的"脐

带"，即他们并未放弃集体土地的承包权和经营权，一旦企业不景气或企业倒闭，或经商失利赔本，他们可以随时流回到土地上去。

③从不同类型地区的小城镇非农就业水平看，存在严重的不平衡。在工商业发达地区的小城镇，非农就业水平比较高，反之亦然。例如，海城市南台镇建设四个大批发市场，从事第三产业的达2万余人，占全镇劳动力总数的80%从事第二、三产业，还吸引外地流动人口500多人就业。而欠发达的葫芦岛市的高桥镇，从事第二、三产业劳动力约有2000人，仅占全镇劳动力总数的8%。

④从劳动力转移的地域看，均以就地（本镇）转移为主。在小城镇从事非农产业的劳动力，绝大多数直接来自本镇所辖农村。从外地农村转移来镇的劳动力仅占10%左右。因此目前辽宁省农村剩余劳动力处于地域转移半径较小的境况，多数是本镇范围内进行职业的转换。

3. 小城镇基础设施建设发生了历史性变化，进入了新的发展时期

①小城镇居民居住条件明显改善，住宅建设持续发展。1994年全省小城镇共投资54007.75万元，共建住宅面积达3897.23万平方米。人均居住面积为10.03平方米。根据我们调查的42个小城镇中的38个镇统计，1994年，建设住宅面积共有1161.28万平方米，其中楼房面积为143.08万平方米，占12.32%。人均居住面积达到16平方米，比1990年13.1平方米增加2.9平方米。在住宅建设中，所开发的商品房几乎占50%以上，大连湾镇尤为突出，绝大多数农民住商品楼，实现公寓化、乡村楼层化、住宅现代化，档次很高。

②小城镇交通设施逐步得到改善，近年来，小城镇发展很快，人们认识到交通道路对城镇发展的重要作用，"要想富，先修路"已成共识。1994年全省道路达6827公里，5226万平方米。其中铺装柏油路面占29.8%。财政困难的小城镇也把修筑道路、改善交通条件放在首位。例如，阜新市泡子镇投资200万元，修建了27公里的黑色路面，其余沙石覆盖路面达到85%。全省绝大多数小城镇已告别了"晴天一身土，雨天一身泥"的境况。全省共修建道路55475公里，实现了镇镇通公共汽车，交通运输四通八达。

③小城镇自来水厂建设迅速发展，自来水受益率显著提高。目前全省60.3%的建制镇人口和39%的集镇人口饮用清洁的自来水。

④能源、通信设施大发展，使小城镇开始迈入现代化信息世界。长期以来，"楼上楼下，电灯电话"是亿万农民向往的城市美好生活的理想，今

天已变为现实。1994年末,全省村镇通电率100%,约有40%的建制镇安装了程控电话。营口市路南镇普及农村电话,平均千人拥有电话90门、跻身于世界小城镇第13位。大连湾镇实现城乡一体化,达到了电话镇的目标。总之,小城镇基础设施建设获得了大发展,为小城镇实现现代化奠定了基础。

4. 小城镇投资体制改革取得成效,多元化投资体制已见雏形

"七五"时期以来,国家和各级政府比较重视农村经济发展和乡村城市化,加大投入力度,使小城镇发展加快。进入20世纪90年代,由于思想观念进一步转变,随着社会主义市场经济体制的逐步建立,有些经济发达、资金实力较强的地区,为适应小城镇建设大发展的客观要求,开始改变小城镇建设单纯依靠国家财政投资的体制,采取国家、镇和村两级社区政府、乡镇企业、个体农民、引进外资等多条渠道投资,共同参与小城镇建设的措施,取得了小城镇建设和经济大发展的成效。例如,海城市南台镇于1991年以来用于小城镇建设总投资1.2亿多元,其中镇政府投资占20%,主要用于修建道路、给水、排水、邮电通信基础设施的建设,改善投资环境和美化生活环境;乡镇企业投资15%左右,用于镇内企业建设和基础设施建设;本镇农民投资达4890万元,占40%,用于建市场和围绕市场建商品楼和餐饮服务网点;贷款和引进国内外资金建设市场和商贸设施,商品住宅开发,约3000多万元,占25%。形成了以个体农民和引进外资为主体的多元化投资体制。又如新台子镇是以农民个体投资为主体(占73.5%)的多元投资形式;牛庄是以镇政府投资为主体(占60%以上)的投资形式;杨树房镇是以国家银行贷款为主体的投资形式,目前这些镇都已初步形成了多元投资体制的雏形。

5. 小城镇居民生活质量有了很大提高

据42个小城镇调查,从1990年到1994年,人均收入由990.64元增加到1564.42元,增长57.92%,年均递增12.1%;人均居住面积由13.1平方米增加到16平方米,增长22.4%,平均每镇楼房占15.2%;自来水普及率(平均每镇自来水受益人口比重)由30.5%上升到38.7%;每千人拥有商业网点由3.3个增加到9.1个;每万人拥有的集贸市场由0.56个增加到0.64个;每万人拥有的医院数由0.33个增加到0.84个;每千人拥有病床数由1.6张增加到2.7张,在42个小城镇中有小学校数量由1990年493所增加到1994年的602所;到1994年共有初、高中学校61所,职高或农中

27 所；有幼儿园 437 个，入园儿童 13470 人，平均每个镇 13 个幼儿园，入园儿童 464 人；有文化馆、文化站 34 个；有图书馆、图书室 114 个；有公园 14 座。小城镇居民的生活条件有了显著改善，文化、教育水平也有了很大的提高。一些镇还加强路旁和广场等闲散地绿化，在美化、绿化生活环境方面也取得了一定的成绩。

三 小城城发展建设亟待解决的问题

近年来，辽宁小城镇建设和经济发展步伐虽然明显加快，但在发展中还存在着许多亟待解决的问题。

1. 资金不足仍然是困扰小城镇建设和经济发展的重要问题

1980 年以前，辽宁受国家实施的经济建设投资政策向大城市、工业重度倾斜的影响，极少投资兴建小城镇，加上实行城乡分割的二元经济社会制度，小城镇作为连接城乡经济发展的纽带失去了作用。工业化、城市化只在大中城市里孤立地发展，农民被限制在农村，从事种植业，而且通过工农产品价格剪刀差形式，无偿地为城市建设和城市工业化提供大量资金，致使辽宁小城镇建设和发展长期处于停滞甚至倒退的境地。1980 年代以来，随着改革开放，各级政府支持小城镇建设发展，投入了一些资金，但是有限的资金投放比较分散，资金使用效果差。这次调查发现，辽宁省政府出台的关于提取城市维护建设税（从县区工商税中提 7%、建制镇提 5%、集镇提 1%）全额返还给小城镇，用于基础设施建设。但是，除抚顺、沈阳等少数城市的小城镇返还了一部分外，大部分地区的这部分资金被挤占、挪用。在调查中，80% 的镇反映城市维护建设税税率较低，不能发挥应有的作用。目前，除了南台、西柳等几个镇以市场为导向依靠多元投资搞建设外，绝大多数镇还未形成多元化投资体制，政策性投资和经营性投资并存的小城镇投资运行机制还未形成。

2. 小城镇建设用地缺乏科学规划和有效管理，非农用地混乱，浪费现象严重

随着农村改革和乡镇企业的突起，农村产业结构的变化，使非农产业用地不断增加，与土地资源紧张的矛盾日益突出。基建占地使耕地不断减少，1980～1994 年全省耕地面积由 376 万公顷减少为 341.1 万公顷，人均耕地面积由 1980 年的 1.62 亩减少到 1994 年的 0.85 亩。有的乡镇企业布局规划科学性差，甚至无统一规划，占用高产耕地、乱占滥建、多占少用、占而不用等问题很严重。有的村盲目上项目，圈占耕地；有的镇一齐上6个项目占耕地10公顷，撂荒耕地均达一年以上。有的市村村镇镇建市场和砖厂，占地多，破坏了耕地资源。如锦州市1992～1995年，建市场21个，占地46.28公顷，其中耕地32.51公顷。本溪市现有村、镇办砖瓦厂78家占地3700余亩，其中耕地2500亩，平均每个砖瓦厂占地47亩，最大砖瓦厂占地180多亩。据不完全统计，52%的砖瓦厂吃土无计划，还田无规划，乱挖乱占耕地现象十分严重。由此造成的废弃耕地达1300余亩，其中已无复垦价值的达610亩。

3. 小城镇基础设施建设仍很薄弱，总体发展水平不高，欠账较多，基础设施建设普遍滞后于经济发展

小城镇公用基础设施落后；不仅数量规模不适应经济发展需要，而且设施质量标准低、完好率差。据1994年统计，全省建制镇实有铺装路面2032公里，1829.65万平方米，平均每个镇仅有4.35公里，3.92万平方米；集镇实有铺装路面910公里，795.79万平方米，平均每个集镇仅有1.26公里，1.11万平方米。小城镇自来水供水条件很差，全省自来水受益的建制镇有324个，占建制镇总数的69.3%，自来水受益的集镇有780个，占集镇总数的38.9%；建制镇自来水年供水量为10003万吨，占全省年供水量346000万吨的2.89%，集镇年供水量为1919万吨，仅占全省总供水量的0.55%；建制镇自来水普及率为60.30%，集镇为39%，比全省城市自来水普及率95.6%分别低35.3个和56.6个百分点。而且小城镇的自来水厂几乎无完备的净化装置，只设置沉淀池，通过漂白消毒，水质远远达不到要求标准。小城镇排水设施更为有限，1994年全省建制镇排水管线总长1782公里，平均每镇3.82公里，集镇排水管线总长为1128公里，平均每镇1.57公里。实际上大部分小城镇排泄雨水和生活污水主要靠路边挖明沟直接排泄入河流，严重污染水质。小城镇照明设施更加落后，仅有少数镇安装主干道路灯，如果平均计算，建制镇平均每镇为24.8盏灯，集镇平均每镇为2.5盏灯。环卫设施的设置很少。少数镇设有环卫工人清扫主要干道，多数镇无人清扫。平均每建制镇有环卫工人1.7人，清扫车辆0.85辆，公共厕所8座，平均每集镇有环卫工人0.2人清扫车辆0.1辆，公共厕所2座。防火设施还未纳入小城镇政府工作日程。总之，小城镇基础设施建设不仅落后，而且建成的设施质量也不高，功能发挥较差。

4. 小城镇建设和经济发展滞后，对日益增长的农村剩余劳动力不能容纳

由于农村人口增长过快，导致农村劳动力供给不断增加，农业劳动力的转移速度一直赶不上农村劳动力的增长速度。1978~1994年的16年间，辽宁省农村非农产业就业增加200.6万人，年均增长12.5万人。但同期全省农业劳动力总数增加230.8万人，年均增加14.43万人，新增长的劳动力比非农产业就业新增加劳动力还多30.2万人。在1990~1994年中，全省农村非农产业增加劳动力就业44.7万人，其中从第一产业（农业）转移到第二、三产业的有19.9万人，占44.52%；有新增加的劳动力24.8万人，占55.48%。因此，当前辽宁农村形成了一方面劳动力向非农产业转移，另一方面有大量的剩余劳动力仍然滞留在第一产业转移不出去的局面。据推算，①按每个农业劳动力经营15亩（1公顷）耕地计算，1994年辽宁全省种植业约有20万剩余劳动力；②如果按照1990~1994年平均每年新增农村劳动力6万人计算，1996~2000年间将增加30万人；③如果按照1990~1994年平均每年减少27.6万亩耕地计算，所产生的剩余劳动力近2万人，1996~2000年会产生10万人；④考虑农业生产依靠科技进步提高劳动生产率的因素，1996~2000年，如果按农业生产增产的科技含量再提高10%计算，又会增加剩余劳动力约35万人；⑤另外，今后乡镇企业由于技术改造，调整产业结构，应用高新技术，还会产生一部分剩余劳动力约有30万人；⑥此外，由于地区间劳动力流动扩大，外来农民工以其年轻力壮、能吃苦耐劳、工价低廉为优势，对辽宁省劳动力就业形成了强大的竞争压力，挤占辽宁省有限的就业岗位。从数量上看，在辽宁，外省区劳动力向省内流动的量大于省内劳动力向外流动的量，使辽宁省在1996~2000年有可能增加外省市流入的劳动力约50万人。综合以上六种因素，到2000年，辽宁必须新增300万~360万个就业岗位。这些农村剩余劳动力大部分要靠向非农产业转移来消化。面对着庞大的农村剩余劳动力大军，仅靠现有的大、中小城市是容纳不了的，靠国家出资扩大现有城市规模或建设新城市来安置，也是不现实的。农业人口转化的正确途径是：在充分发挥现有的大、中、小城市作用的基础上，积极地发展建设小城镇或发展农村多种经营，使农业人口就地转化。

但是，目前辽宁小城镇的建设和经济发展仍然比较落后。第一，小城镇的非农产业发展水平还很低,在很大程度上限制了吸纳农村劳动力和人口的聚集。大多数村镇由于劳力、土地等主要生产要素不能流动,从而受到以自然村为基础的相对独立的社区群体利益的制约,使乡镇企业布局比较分散,形成了"乡镇企业办在乡镇,村企业办在村,个体企业办在家"的普遍现象,不能脱离自然经济状态。1994年全省企业64.5万个,其中乡镇企业1.6万个,村办企业4.7万个,个体和私营企业37.8万个和其他企业合作20.4万个。约有60%以上的村镇企业布局分散在村里,致使转移到非农产业中的劳动力难以聚集到小城镇。第二,小城镇基础设施建设落后,不仅不利于第二、三产业的发展,创造的就业机会少,而且由于小城镇的各种生活设施缺乏,居民生活条件差,致使小城镇也难以成为吸纳人口的"磁力中心"。

5. **在小城镇推行的户籍管理体制改革进展不力,仍然限制着农村人口向小城镇迁移,影响城市化的进程**

改革开放以来,城乡分割的二元人口户籍管理体制开始发生变化。随着市场化改革的深入,附着在城市户口上的诸如生活消费品供给和福利保险制度等各种既得利益,正在逐步被剥离。1984年政府允许农民自理口粮,进入县城以下的小城镇落户,放松了对农民迁居的限制。但是由于户籍管理制度改革进展很缓慢,农村人口向城镇迁移仍然难以奏效。1994年辽宁省小城镇的非农人口只有184.6万人,占全省非农人口比重仅为10.43%,比1990年20.49%下降10.06个百分点,比1985年21.10%下降10.67个百分点。原有的二元户籍制度实际上并未受到根本触动。最突出的是,出现了离农人口"两栖化"现象。由于严格控制小城镇非农人口的迁入,进镇务工经商的农民,户口和承包地在原籍,就业和日常生活在城镇,形成了一个既非市民,又非农民的"游离阶层"。他们在农村既无心或无力再从事农业生产,在城镇又无法获得与城镇居民同等教育、社会福利保障的权利待遇,结果既影响土地向种田能手转移,又影响小城镇经济建设的迅速发展。1993年国家规定试点镇改革传统的户籍管理体制,实行按居住地和就业原则确定身份的户籍登记制度。农民只要在小城镇有住房和稳定的就业条件,就可以办理城镇户口登记手续。但是由于小城镇户籍管理制度改革仍因阻力较大而进展缓慢甚至大部分未能开展,从而限制了农村人口向城镇迁移。在我们深入调查的27个小城镇中,只有南台正在办理进迁小城镇人口登记。

6. 小城镇社会保障体系尚未确立，未能解除进城农民的后顾之忧

进入小城镇就业的农民尽管他们已实现职业的转化，但并没有彻底实现空间转变，除了户籍上的限制外，更重要的原因是进入小城镇的农村劳动力不享有城镇居民所享有的社会保障，还不能摆脱原有的生活方式。他们在婚嫁、教育、住房、医疗、幼托、社会保险及行使公民权利、义务等方面与城镇居民相比尚存一道鸿沟。加之国家对乡镇企业的宏观政策迫使农民顾虑重重，因而对土地的依赖性还很强烈，认为与其低价或无偿转包给别人，倒不如兼管农业，给自己留条退路。因此，很多进入小城镇做工经商的农民对全家户口迁入小城镇的兴趣不大。

7. 小城镇发展建设的行政管理工作薄弱，管理机构不健全，也影响城镇建设的快速发展

据统计，全省526个建制镇中设村镇建设管理机构467个，占建制镇的88.76%，有工作人员1925人。其中设村镇建设助理517人，其他管理人员598人，村镇建设企事业单位810人。平均每名工作人员、每名村镇助理员分别肩负1581人和5887人的生产、生活服务任务。小城镇发展建设管理机构和工作都十分薄弱。而且管理人员严重不足，尚有一部分乡镇未配备建设助理员，村镇建设工作不能纳入工作议事日程。据调查，村镇助理多为农民以工代干。无行政编制，无处开工资，待遇低，有的人工作多年得不到转干机会等，使其不能安心工作。由于村镇建设助理调换频繁，造成大量村镇建设资料流失。既影响工作开展，又不利于人才培养。村镇建设技术人员严重缺乏且素质不高，平均20个乡镇才有一名工程师。因此，常常出现管理失控，滥占乱建，质量差等问题。法规也不健全，缺乏控制村镇建设手段，不按规划建设，随意性很大，影响建设的质量和速度。此外，镇一级政府对本镇经济发展的调控和协调能力弱化。

目前小城镇作为二级政府，其政府职能还不健全，参与小城镇社会经济管理的银行、粮食、工商、公安、土地、交通、邮电等重要部门主要受上级主管部门控制，造成人权与事权的人为分离，特别是近年来部门利益倾向严重，条块摩擦加剧，使镇政府难以对本镇经济发展进行调控和协调。

辽宁城镇发展建设比较落后，原因是多方面的。但主要原因有：其一，长期以来，受历史上封建社会小农经济制度的影响，经济基础薄弱，生产力发展水平低，小城镇发展建设无物资基础。其二，在思想观念上认识不足。新中国成立以来，辽宁受国家总方针影响，党的经济建设重点放在城市和重工业上，而长期忽视小城镇建设和农村农业这个基础工作。在农村工作中，又"以粮为纲"，让农业保工业，为工业积累大量资金，但返还给农村的建设几乎是空白。即使近几年，对小城镇建设搞规划、搞试点的投入也不多。

四 加速农村小城镇建设和经济发展的新思路、新建议

1. 更新观念，增强城市化意识

发展建设农村小城镇，要以农村工业化、农业现代化、乡村城镇化、城乡一体化为目标，坚持统一规划、科学布局、分类指导、整体推进的方针，树立大农业，大市场和城乡经济协调发展的指导思想，逐步建立起布局合理、功能齐全、各具特色，与大中城市协调配套的小城镇群体，使之成为一定区域范围内的政治、经济、文化中心。通过深化农村改革，按照建立社会主义市场经济体制运行，带动农村产业结构调整，实现农村剩余劳动力的合理转移，达到繁荣农村，致富农民的小康战略目标。为此，首要的问题是尽快更新观念，增强乡村城镇化意识。目前各级政府、各阶层对小城镇建设的认识还不尽一致。由于长期受旧传统观念的影响，在小城镇建设、布局、规划、设计等方面，很大程度上还受到计划经济体制下形成的旧框框束缚，相关部门还不适应、不善于用市场经济观念去判断去决策，致使许多工作进展缓慢。因此，必须打破计划经济体制下工作中的传统思维方式，树立改革开放的新观念，建立一切工作从发展社会主义市场经济出发的思维方式；破除按行政区划设置小城镇的旧观念、旧框框，树立按经济区域发展小城镇的新观念；破除观望等待、安于现状和唯条件论的保守态度，树立勇于探索、大胆创新、开拓前进的新观念；破除小城镇建设起点低、标准低、水平低的滞后观念，树立高起点、高水平、高标准的新观念。

2. 以市场为导向，确立小城镇建设多元化的投资体制

20世纪80年代以来，辽宁省一些经济发达地区，由于思想观念的转变也改变了小城镇建设单纯依靠国家财政投资的单一投资体制，形成了国家、镇村政府组织、乡镇企业的多元投资体制雏形。但是据调查，在辽宁像西柳、南台这样发展迅速的小城镇毕竟是少数，而绝大部分的乡镇经济实力弱，在小城镇建设上仍然存在着"等、靠、要"思想，多元投资渠

道尚未形成,多元投资体制还未建立,尤其经济欠发达地区自筹资金、自我发展能力弱,加上认识不到发展建设小城镇的重要意义,甚至将规定搞建设用的资金也挪作他用。为此,辽宁亟须建立一个国家、镇村、企业、个体等多元化投资体制。改变计划经济体制下单一靠政府财政拨款搞建设的局面,应遵循市场经济发展原则,向"政府投资、社会集资、招商引资、农民带资"等多渠道、多元化投资方向发展。当前,辽宁经济发展,已经进入了应该向农业和农村社会发展大规模投资的阶段。从农业占国内生产总值比重(下降到150%以下)、农业就业人数比重(下降到30%左右)、城镇人口比重(达到50%以上)、人均 GNP 值(1980 年比值计算为1500 美元)等指标衡量,辽宁基本上达到了标准。小城镇建设作为农村经济发展的重要方面,必须给予大量的投资。首先,政府的投入应当大幅度增加,尤其是需要中央和地方政府在财政投资上实行倾斜政策。调查中发现小城镇的基础设施、公用设施的建设资金,很大一部分还是来自各级政府的投资。特别是经济发展实力强的乡镇政府一级社区组织的投入比例一般在 60%以上,最高达 80%。表明乡镇、村两级社区组织是主要的投资主体。其次,乡镇企业为小城镇建设的发展提供了大量的资金。一些小城镇靠乡镇企业提供资金修建道路、公用设施。特别是在镇上建企业建房屋。改善了镇容镇貌,而且乡镇企业促进了商品经济发展,扩大了小城镇的市场,带动了第三产业发展,为小城居民生产生活提供服务,为农村剩余劳动力开辟了就业门路。海城市平均每年为城镇建设提供资金近 6000 万元。乡镇企业的发展与加快乡村城市化进程有着不可分割的密切关系。因此乡镇企业是小城镇建设发展的主要资金来源。最后,本着自愿的原则,采取优惠政策吸引有资金的农民和城乡个体户向小城镇投资。据调查,目前农民个人投资份额占 5%~10%,一般用于购商品房、安装电话、自来水、有线电视以及发展公益事业等。

确立多元化投资体制,为小城镇建设有效地集聚资金,必须注意几个问题:①不同经济类型的小城镇,对投资主体的选择要各有侧重,因地制宜。②将有限的资金集中使用,提高资金使用效果。③在宏观规划布局上要着力形成以小城镇为基本单位的城镇群体,有利于集中投资集中利用资金,加速人口集聚,形成规模优势,增强投资社会效应。为了尽快建立和完善多元化投资体制,应采取一些有效措施:①尽快建立政策性投资和经营性投资并存的小城镇投资运行机制。②积极鼓励开拓小城镇房地产业,获得土地和房产的经营收入和利润，反哺小城镇建设。③加快发展农村第三产业，促进小城镇建设，尤其要以市场建设带动小城镇发展。④建立小城镇投资的法律保障制度。为确保小城镇投资体制行之有效，当务之急应尽快制订"农业投资法"。⑤切实抓好有关小城镇建设政策的调整与落实工作。在调查中，80%的镇反映城市维护建设税比例低，应予适当调整。

3. 积极改革并尽快落实小城镇户籍管理制度，推动城镇化进程

为了推动农业剩余劳动力向小城镇转移，加速农业人口非农化进程，适应市场经济发展，需要积极稳妥地改革城乡户籍管理制度，尤其要尽快改革小城镇的户籍管理制度。建立以居住地划分城镇人口和农村人口，以职业划分农业人口和非农业人口的户籍登记管理制度，实行城乡户籍一体化管理制度。在国家对小城镇户籍管理制度改革方案出台前，各有关部门（包括公安局）应认真积极地落实国家对试点镇实行的增加1000个小城镇户口指标的规定。对凡在小城镇有稳定的职业和收入，并有固定住所的农民，都可以申请登记为小城镇常住户口，应放宽小城镇常住户口的落户审批政策，可下放由镇政府及其公安部门办理户口登记，所征收的城镇增容配套费（3000~5000元），应用于小城镇公用设施建设。办理小城镇常住户口的农民，要收回在农村的承包地、宅基地、自留地，并落实好享受城镇居民的同等权利和待遇等有关政策。

4. 适应市场经济发展，建立新的土地管理制度和有偿使用的集体土地内部流转制度

加强集体土地管理和调控，并适应市场经济发展建立土地有偿使用的内部流转机制，应把握住三点：①严格控制非农建设占地。小城镇不仅要做好总体规划，更要做好控制性的详细规划。在规划实施中获得土地有偿使用的最佳经济效益、环境效益和社会效益。②根据农业区划成果制定科学的产业结构和产业布局规划。强化小城镇经济发展的整体功能，体现第一、二、三产业协调发展。需要认真制定土地中长期利用规划、小城镇新区规划，并以划定基本农田保护区为前提，保证足够的农业生产用地，使第二、三产业布局逐步集中，既可节约土地、减少不必要的投入，又能有序地开发利用土地。③逐步建立集体土地有偿使用内部流转市场，并强化对土地依法管理。随着市场经济发展和人们商品意识的增强，土地作为商品所具有的价值越来越显现出来，建立集体土地流转市场势在必行。在市

场运作初期由于一无经验、二无法规，可能出现无序现象，为此要在建市场的同时根据《土地法》制定具体法规条例，加强土地流转、有偿使用的监察和管理。

5. 小城镇建设发展要与环境保护、治理污染同步进行

当前小城镇建设发展仍处于自发、分散发展阶段，存在着小城镇生态环境恶化或开始受到破坏的问题。村镇工业对农村经济发展起到了巨大的推动作用，但它同时也给村镇自然环境带来了一定程度的污染、破坏。为了避免重蹈以牺牲环境为代价的"先发展后治理"的覆辙，我们必须采取经济建设、产业布局与保护生态环境和治理污染同步进展的有效措施。第一，在小城镇基础设施建设和进行非农产业布局上，首先注意有效地利用土地、矿产、水等要素资源，减轻工业发展对环境的污染程度。众所周知，自然资源有限，不可替代，尤其土地，在道路、厂地、宅地、林业生态屏障等需求量不断增加时，其供给绝对量却不会增加。必须高度重视节约资源，充分利用资源。第二，建立政府宏观调控下的污染控制体系，承担小城镇形成的规模工业小区和农村分散工业的环境污染控制工作，并与关联密切的大中城市、小城市建立互补、互利的环境调控体系。农村治理工业污染也要走上规模化道路，通过地区内的多家企业联合治污或形成规模企业。这样既可实现控污成本的最小化，又可控制排污量标准化。第三，树立环境保护既是政府行为，又应是市场调节行为的观念，小城镇的产业发展中，也必须经受得住"环境市场"的调节。引入市场机制，通过排污价格制度促使企业降低环境保护的企业成本和社会损害成本，提高企业效率和社会效益，使企业向低投入高产出的技术密集型方向发展。有利于稀缺资源的优化配置，推动第二、三产业的聚集。

6. 以小城镇为载体，建立和完善农村社会化服务体系

小城镇是城乡政治、经济、文化发展、交流的重要枢纽，是农村发展多种经营，改变农村经济结构，安置解决农村剩余劳动力的主要载体，是城乡商品购销流通、农产品集散、农业生产资料供应、农民内部商品交换的集中场所，是工业支援农业、工业品销售的基地。搞好小城镇建设也是完善统分结合、双层经营的联产承包责任制，促进城乡经济共同发展的需要。为此，小城镇建设要为农业、乡镇企业、农村第三产业和外向型经济服务，建立和完善金融服务体系，建立和完善科技管理和推广服务体系，完善统计监测体系。总之要为农村第一、二、三产业建立完善的产前、产

中、产后服务体系。

7. 加强小城镇精神文明建设，提高居民思想道德文明素质

精神文明是小城镇给人以最直接的面貌表现之一。精神文明建设亦称软环境建设，是全社会发展的综合工程。目前，小城镇的主要居民绝大多数是在乡镇企业工作和从事个体工商业的农民，他们的精神文明意识、商品意识、市场意识、法制意识等方面，距现代化城市的要求尚有较大差距。而且目前大多数小城镇对这些进城农民没有有效的管理和教育。因此笔者建议小城镇政府机构要将精神文明建设列入自己的职责范围，要"两个文明"一起抓。第一，在建设基础设施和公用设施的同时，规划布局好城镇绿化和生态环境建设。在生活、生产环境上首先创造一个舒适优美的环境，对人们的心理活动和情操产生潜移默化的影响和教育。第二，制定有效的法规政策，加强小城镇的法制管理，教育居民遵纪守法，树立公德。第三，抓好小城镇的文化教育工作。从幼儿教育、小学教育工作抓起，结合就业培训开展职业理想教育和精神道德教育等。第四，在小城镇公用设施建设上，要搞好中小学校、幼儿园、文化馆、图书馆、体育场、公园及娱乐场所的配套建设，使小城镇成为基础设施配套，服务设施完善，具有高度文明的农村政治、经济、文化中心。

8. 进一步抓好抓实试点，探索路子，树立样板，推动辽宁省、小城镇建设的快速发展

辽宁省于1994年末开始选择了100个经济、社会和自然条件好的小城镇作为试点镇，并在计划、规划、土地、人口、税收等方面赋予一定的优惠政策。据调查，试点镇实施一年来，有的试点镇，特别是辽中南地区的试点镇，原有经济基础好，投入大，小城镇发展建设快，档次高，落实有关政策较顺利。但在经济欠发达地区的试点镇，仍然处于"马路城镇，线状城市"的状况，建筑式样单调、呆板、重复建设、乱建乱占土地，规划缺乏超前性、综合性，功能不完善。发展建设资金渠道太窄，下发的土地、户籍、税收优惠政策文件不能完全落实，小城镇面貌变化不大。因此，抓试点镇工作的力度，应向欠发达地区倾斜。抓好欠发达地区试点镇工作，是推动辽宁省小城镇建设步伐、实现全省农村小康目标极为重要的工作。抓好这项工作首要的是按市场经济要求，集中精力抓好发展第二、三产业，特别是将发展交通通信业放在重中之重的地位，同时把发展建设小城镇与扶贫治穷工作结合起来。用扶贫政策和资金，把一部分居住在边远贫困地区的贫困村、贫困户有计划地分批分期地就近转移到小城镇及邻近地区，从事新的"种、养、加"行业，实行一次性脱贫致富。

总之，如果上述问题得到解决，措施得以实施，将会加快辽宁农村小城镇的建设和经济发展，也必然推动农村剩余劳动力向非农转移和农村工业化、乡村城镇化、城乡一体化发展的进程。

第七篇

乡村城镇化与城乡经济协调发展

市领导县体制是实现城乡一体化的重要模式[*]

建设辽中南经济区要求搞好城乡结合，实现城乡一体化，建立一个城乡互为市场、互为依托的社会主义新型城乡关系，而市领导县体制就是实现城乡一体化的重要模式。

一 市领导县体制的依据和条件

（一）市领导县的理论依据

1. 市领导县是我国经济和行政管理体制的一项重大改革，也是进一步完善社会主义新型城乡关系的重要途径

从经济理论上来讲，实行市领导县体制易于发挥城市的中心作用，带动周围乡村。促进城乡生产和流通的合理运行，建立市与县、城与乡协调发展、共同繁荣的经济关系，实现城乡一体化。在人类社会的城乡关系发展史上大体经历过三个阶段：第一阶段是"城市乡村化"，它是指古代那种以土地财产和农业生产为本的城市经济。第二阶段是随着生产力逐渐发展，工农分工，使城乡分离，城市剥夺乡村，产生了城乡对立的经济格局。第三阶段是"乡村城市化"，人类社会进入了现阶段的科学高度发展时期，尤其在我们社会主义国家，在逐渐消除城乡经济对立和城乡分割后，开始实现城乡结合、协调发展，乡村逐步走向城市化。我国在建立社会主义制度以后，城乡之间、工农之间根本利益的对立基本消除，互相协作、互相融合的社会主义城乡关系日益发展。

---

[*] 原载《辽中南经济区建设问题探索》一书，东北财经大学出版社，1988，第 206~218 页。1991 年辽宁省经济学会首届评为优秀成果一等奖。

2. 新的城乡关系的建立

党的十一届三中全会以来，我国城乡关系的发展又进入了新的阶段。在城市经济发达的地方，出现了城乡全面相互支援，工农联营企业蓬勃发展，城乡开始统筹规划和合理布局，乡村经济走上了农林牧副渔全面发展、农工商建运等综合经营的轨道，同时逐步实行了市领导县的管理体制。城市是工业生产中心、商品交换中心、交通运输中心、科技教育中心、金融信息中心等，市领导县体制实质上是建立以城市为依托，带动周围乡村经济共同发展成各种规模、范围大小不等的经济区的新体制。每一个城市与其所属县乡组成的经济区中，都有一个具有一定经济实力的大小不等的中心城市，发挥它的经济辐射作用，使城乡经济联系更紧密，形成城乡之间各种经济网络，包括工业生产协作网络、科技服务网络、商品流通网络、金融信息网络等，实行网络式的经营管理。中心城市经济实力越强，对周围乡村经济的辐射力越大，经济区的功能作用也越强大。它有利于冲破城乡和条块的束缚，按照社会化大生产的要求，组织生产和流通，建立更大范围的经济区。这样使行政区与以城市为依托的经济区趋向基本一致。这就是在城市经济发达的地区，实行市领导县体制的理论依据。

（二）市领导县是建设经济区的必要条件

现行城乡管理体制的一个突出问题，是政企职责不分，条块分割，按照城市、农村，全民、集体的体制，对经济实行分口管理，结果将浑然一体的城乡经济分割为若干条条块块。破除条块分割，发挥市领导县的优越性，由城市统一组织城乡的生产和流通，是建设经济区的必要条件。

辽中南经济区实行市领导县体制，具有独特的优越条件，充分发挥它"三大一强"（大中城市多、大中型企业多、大专院校多，经济辐射能力强）的优势，大有可为。辽宁省共有13座大中城市，辽中南经济区就集中了10个，都符合年国民生产总值10亿元以上，市区人口25万以上的大中城市的要求，具备了实行市领导县体制的规定条件。辽中南经济区已形成了实力很强的工业基地。都是本地区的政治、经济、科学、教育和文化中心，对周围的县和农村有较强的辐射力和吸引力。

辽中南经济区早在1959年就开始试行市管县的体制。过去市管县体制的优点，主要表现在城市从财力、物力上支援农村发展生产，农村帮助城市解决肉、蛋、蔬菜等副食品的供应问题。党的十一届三中全会以后，市

市领导县体制是实现城乡一体化的重要模式

管县的内容有了进一步的丰富和新的发展。特别是党的十二届三中全会以来，实行城市经济体制改革，迎来了市领导县的新时期。时任总理于1983年提出把"市管县"提法改为"市带县"，使得城乡之间互相联系，经济上互相渗透、互相促进、互相补充的功能和作用，都出现了新的变化。沈阳市近年来实行市领导县体制，创出了"以城带乡、以工补农、横向联合、优势互补，加速乡镇企业的发展，促进城乡一体化、工农一体化、农业集体化、服务社会化，全面发展农村商品经济"的经验。这个经验符合辽宁省城市辐射功能较强的省情，符合城乡改革相汇合的新形势，符合商品经济发展必然打破城乡分割的客观规律。这是一条体现辽宁特点发展农村经济的新路子，具有普遍意义。其他各大中城市在新形势下，对城乡经济协调发展的要求也越来越迫切，各市都创造出许多城乡一体化的好经验。

二 实行市领导县体制的作用和措施

（一）实行市领导县体制的作用

1. 围绕以城带乡，进行全面规划，有利于统筹安排城乡建设和经济发展

城市是一个地区政治、经济、文化、科学的中心，尤其是工业生产、商品交换的最大中心，它与周围地区的经济联系非常密切。当前辽宁经济形势的新特点是：城市越来越依靠农村，城市工业正在向乡镇扩散，同样，农村的产业结构调整，也越来越依靠城市的支援。市领导县有利于按照城市和乡村经济发展的内在联系，把县乡经济发展计划统一纳入城市经济发展计划，统筹安排城乡之间的生产建设。钢都鞍山市过去未实行市领导县时，城乡之间和工农之间是分立的，割断了自然的横向经济联系。实行市领导县以后，改变了鞍山市一手向国家交钢铁，一手向国家要粮食和副食品的历史局面，把农村经济工作和农业生产纳入了全市统一规划。从1979年起就提出在鞍山市所属农村建设四个基地。一是在平原沿河28个乡建设稳产、高产的商品粮生产基地；二是在东部山区13个乡建设林果蚕生产基地；三是在近郊6个乡建设蔬菜副食品生产基地；四是在西部利用6万亩可养殖水面，建设淡水鱼生产基地。同时提出重点改造两个落后地区，即水土流失严重的海城东部山区和土质沙化、盐渍化严重的台安县西北部地区。

把省、市、县、乡各级筹集的资金捆起来统一搞水利工程建设，加上市里统一投资和贷款，提供物资，改善了农业生产条件。更明显的是，市领导县对县乡工业也作出了统一规划，市里能够有计划地向农村扩散工业产品，把县乡工业的重点产品和技术改造项目、科学实验项目都纳入市的发展规划。

1982年鞍山市纳入国家设计的县乡工业产品共有288种，全市有37种农机产品，在两县就占34种。由于市领导县城乡经济统筹规划，加强了城乡生产协作关系。丹东学习常州经验，组织城乡工业生产"一条龙"，把"龙"尾伸向县、乡，其中电子行业，把电视机的某些零部件分散到东沟、宽甸、凤城三个县的16个县乡企业去生产，带动了县乡企业的发展。同样，大连市实行市领导县体制，市里通过扩散纺织工业产品生产，带动了县乡纺织工业的发展。

2. 在城乡建设中，发挥城市和乡村各自的优势，互相支援，互相协作，融为一体，共同发展

农村自身发展，由于缺乏经济实力和科学技术力量，农业生产不能很快摆脱旧结构模式的束缚，不仅不可能建设现代化农业，而且就是维持传统农业需要的物资、资金也不容易解决。专区领导县时，也只能起到上传下达、监督检查的作用。由市领导县，城市可以发挥经济实力雄厚的优势，从各方面支援农村建设。丹东市1979~1981年从机动财力中拿出32%的资金，用于开发水利、扶持水产养殖、建设小化肥、小水电等，收到良好效果。鞍山市近年来，从机动财力拨给所辖两县的农业建设资金达3000多万元，提供近7亿元的各种贷款，兴建水利工程，扩大水浇地面积36.8万亩，建成旱涝保收田达130多万亩，使两县粮食稳定增产丰收。该市以物资支援农村也很突出，拨给两县各种钢材11万多吨，焦炭3万多吨，水泥18万多吨，玻璃6万多标箱。还拿出大批更换下来的设备和备品、备件及加工任务，积极扶持农村乡镇企业的发展。1985年全市乡镇企业厂点已达到了31843个，从业总人数已占农村劳动力总数的41.5%。乡镇企业总收入比1983年增长4倍多。乡镇企业的发展，就有条件实行以工补农，大力支援了农业生产，建立了保证全市供应的粮食、蔬菜、副食品生产基地，鞍山市实现了粮、菜、蛋的自给有余。沈阳市发挥城市多功能作用，进行城乡横向联合，发展乡镇企业，坚持"以工补农"，支援农村经济发展，效果十分突出。从人才、物资和科学技术等多方面，采取以城带乡的有效措施，

市领导县体制是实现城乡一体化的重要模式

1984年市委抽调500名科技管理干部到乡镇企业进行为期两年的定点支援。最突出的是城乡企业间横向联合协作有了较大发展，近百个厂矿同乡镇企业建立了联合协作关系。城市向农村提供物资支援，仅钢铁、有色金属、焦炭三项生产资料就达1万多吨，各种机械设备278台（件）。乡镇企业到城市承揽各种加工任务达4000万元。通过横向联合，使鞍山市34%的乡镇工业产值直接或间接地纳入了国家计划轨道，缓解了乡镇企业人才匮乏、技术落后、资金和原料紧张的矛盾。由于以工补农武装了农业，因地制宜地引导种植业和养殖业扩大规模经营，使农村中46%的劳动力从土地上转移到第二、三产业，使工农业同时发展，切实加强了农业基础的地位，正在逐步实现城乡一体化。农业集约化、服务社会化。

3. 扩大城乡物资交流，繁荣城乡市场，全面发展商品经济，有利于流通体制的改革

我国现阶段的城乡关系，是商品交换关系。发展社会主义有计划的商品经济，是加速我国经济建设现代化的必由之路。城市和乡村，工业和农业是国民经济中联系最密切的有机组合，而过去的一套流通体制基本上是在否定商品经济思想指导下建立的，不是按商品流通的规律来发挥作用，而是按行政区划完成国家收购、调拨、分配的任务而形成的一套机构设施，因此造成城乡分割，商品流通渠道少，环节多。工业品下乡，要经过市二级站—专区二级站—县三级批发部—农村供销社和其他商业点等环节，进行层层调拨批发，才能到消费者手中。农产品的收购、调拨也是如此。这种交叉调拨、收购，环节多，迂回运输，严重地阻碍了商品经济的发展。市领导县以后，进行了流通体制的改革，商品流通不再受行政区划界限限制。按照经济的合理流向，在农村设立批发、收购网点，建立流动专业队伍，一方面巡回批发工业品，另一方面收购农副产品，允许农民进城，直接到二级站、三级站进货，可以在各种集贸市场上自由购销，还可以直接到大城市出售商品，参加各种展销会、交易会进行购销活动。允许农民长途运销，扩大商品流通范围，扩大贸易，各县乡村农民的运销队伍都很庞大。

总之，建立了跨地区的多形式、多层次、多渠道的商业体系，有利于搞活经济，加速了城乡之间的商品流通。新民县在铁岭专区管辖时，铁岭收购农副产品不及时，受贮藏、流通限制，收多了又积压。自从归沈阳市领导后，市场大，送多少，收多少，并且减少了中间环节，完全改变了收购农副产品的原来格局。市领导县还促进了城乡集市贸易更加活跃，1985年末辽中南经济区10个市城乡的1523个集市，成交额达22亿元。各种专业市场也有了很大发展，除农副产品市场、轻工业品市场、牲畜市场、家具市场外，还出现了汽车、钢材、科技、金融、文化、信息、劳务等新兴市场，上市商品种类、型号、款式成千上万，琳琅满目。还通过农行、信用社的改革，活跃了城乡资金融通，推动了生产要素的流动和经济优化组合。沈阳市1986年农行累计拆入资金7.19亿元，发放农村工业贷款4600万元，支持了4000多个联合体的发展，大大地缓解了农村资金供求矛盾。由于城乡市场繁荣兴旺，有力地促进了城乡商品生产和商品经济的发展。

4. 建立了以城市为中心，以小城镇为纽带，以广大农村为基础的新型经济发展模式，推动了农村精神文明的建设

小城镇是连接大中城市和广大农村经济的纽带和桥梁，是农村的经济和文化中心。在我国小城镇作为人口的蓄水池，对于控制大城市人口，调整农村产业结构和就业结构，都具有重要作用。小城镇的建设要靠城市和农村的共同努力。辽宁实行市领导县体制以后，在城乡经济、社会共同发展条件下，利用管理城市的经验管理小城镇，利用农村人力、物力建设小城镇，仅几年时间，小城镇发展迅速。1985年辽中南经济区小城镇已发展到271个，工农业总产值达113.5亿元。小城镇建设的迅速发展，越来越需要根据经济发展进行规划，合理布局。实行市领导县的体制，可以改变由于缺乏长远建设规划所造成的小城镇布局不合理状况。只有将城市—小城镇—乡村，进行统一规划、合理布局、系统配套，小城镇才能发挥连接城乡的纽带作用，促进城乡结合、工农结合，促进城乡商业和其他各业的迅速发展。

城市是物质文明和精神文明的中心，城市有较强的文化教育、科学技术力量和管理经验。市领导县以后，能够运用城市的比较先进的文化、教育、卫生等有利条件，提高和改变农村文化、教育和卫生事业的落后状态，促进农村现代化。各市以大专院校、科研机构、文艺团体、综合医院为骨干；把农村的文化、教育、卫生等工作纳入以城市为中心的网络中。有的市直接对所辖县、乡、村的教师进行培训，把科研成果通过市领导县体制推广到县和乡，通过大医院培训县乡医生，或派出医疗技术人员到县和乡指导工作，以提高县、乡、村的教学质量、医疗水平和科学技术水平。丹

市领导县体制是实现城乡一体化的重要模式

东市形成了由科研单位和科学技术队伍组成的,从城市到农村,由工业到农业等各个领域的科研网络,获得了较明显的成绩,1981~1985年间共取得1134项科研成果,其中931项在生产中得到应用。与此同时,加强了对农民社会主义思想教育,培养了新型农民。市对县、乡还进行文化扩散,增加农村的文化馆、图书馆、电影站、放映队,办农民夜校和各类培训班等,丰富了农民的文化娱乐生活。农村科学技术、文化教育的发展,推动了农村社会主义精神文明建设。丹东市和抚顺市,都采取"龙头带龙身,城市带农村"办法,建设文明村。

5. 有利于精简机构,克服多头领导、互相牵制的弊端,提高工作效率

实行市领导县体制,不仅是城乡经济协调发展所必需,也是进行政治体制改革的要求。它消除了专区与市机构重叠和多头管理的弊端。铁岭和朝阳实行专区体制时,地、市、县等三级管理机构都设在地辖市内,机构重叠,部门林立,矛盾重重。例如,铁岭市内有专区行署机关84个部门,编制2081人,铁岭市机关有62个部门,编制1343人,铁岭县机关64个部门,编制1258人。朝阳专区也是类似情况。在撤销铁岭和朝阳两个专区行政公署,改为市领导县体制后,两市分别领导6个县,缓和了由原来机构设置不合理造成的种种矛盾,使市县之间的矛盾也大为减少,从而提高了政府的工作效率,加强了对农村工作的全面领导。实践证明,行政体制同经济体制密切相关。市领导县能够促进市和县的组织结构和生产结构合理化,更能有效地带动县乡经济全面发展,不但没有削弱对县、乡的领导,反而加强了对县、乡的整治,特别是对经济上的领导,开辟了横向联合、搞活经济、对外开放的道路,也为促进城乡结合、条块结合、工农结合,实现城乡一体化创造了有利条件。

综上所述,市领导县的体制反映了社会主义新型城乡关系的发展。这种新型城乡关系,目前仍处于刚刚起步阶段。市领导县的体制是一个探索中的新课题,总的说来,优越性很大,但需要解决的问题也不少。辽中南经济区虽然实行市领导县体制时间较长,但由于封闭的自然经济影响,加上用行政手段管理经济,城市一些企业单位也受条块分割的束缚,难以同农村交往,城乡联合、城乡一体化进展很慢,只在近几年才有了较大发展,还不如上海、江苏等地进展得快。他们在实行市领导县体制中,创出了许多新的经验。因此我们还必须进一步采取改革措施,放宽政策,根据城乡经济联系状况,顺应商品经济发展的大趋势,使城乡经济逐步走上互相支持,共同繁荣的道路。

(二) 实行市领导县的主要措施

开拓市领导县的新格局,建立新型城乡关系,实现城乡一体化必须深入体制改革。县是城乡结合部,宏观经济和微观经济结合部,是非常重要、非常关键的层次。市领导县要根据所带县的特点,着力在"城"带"乡"的经济联系上下功夫。市带县固然要市从物力、财力上支援县的发展,它不仅是加快农村经济建设的需要,而且是加快城市本身经济建设的需要。这是因为城市经济发展要以农业为基础,以农村为市场,改变落后的农业与现代工业不平行发展的格局,达到城城开通、城乡开通、乡乡开通和条块开通。为此,还需采取一些有效可行的措施。

1. 广泛地开展城乡横向经济联合

通过以骨干行业、骨干企业、骨干产品为龙头组织起系列化的专业协作,通过联营形式、合同购销形式,组织开发协作,在科技转让、咨询服务、信息传递上,采用有偿服务的联合形式。在生产上采取来料加工、生产原料实行价格补贴的城乡结合形式。总之要因地制宜地进行横向联合。

2. 引进人才、技术、资金、设备,发展城乡经济

通过向市内外、省内外、国内外引进人才、技术、设备、资金等,充分开发利用城乡双方的资源优势,使其最大限度地活跃起来,并采取多种形式的国内外联合,形成新的生产力,实现城乡开通、条块开通、国内外开通。

3. 开展城市经济向农村扩散,特别是使城市工业适度地扩散到县乡村

要遵照既不放松大工业的发展,又要大力发展乡村工业的原则,将城市大工业及工业产品生产和配套零部件的生产扩散出去,建立不同层次的生产分工格局。发展乡镇工业,开辟我国城乡一体化的道路。

4. 加速发展和建设小城镇

小城镇是乡村小区域范围的经济、文化中心,是城乡横向联合的纽带,是城乡开通、条块开通的基层环节,而且在缩小"三大差别"、融合城乡、同化城乡中具有重要作用。

5. 深入进行经济体制改革,促进各项政策配套落实

完善农副产品产销体制,真正使其成为建立新型城乡关系的突破口。只有这样,城乡一体化才有了实现的途径。

三 完善市领导县体制需要解决的几个问题

为了正确发挥城市的经济中心作用，加速城乡一体化的进程，对市领导县体制需要研究和注意解决的四个问题，笔者提出以下探讨性意见。

（一）市领导县的适度规模和范围问题

市领导县体制实施的一个重要原则，就是中心城市的经济实力和领导能力，必须与它所领导县的范围相适应，由此据以确定一个多大规模的城市来领导几个县为合适。市领导县体制具有可变性和相对稳定性。除城市本身经济实力和经济能量的变化因素外，市所领导的县区域内的经济能量变化和邻近经济区发展状况，也是影响和制约市领导县规模和范围的主要因素。确定其适度规模和范围，要考虑这些因素变化。过去我们规划的市带县的范围，以及形成的经济区，之所以保持了行政区和经济区的某种一致性，是因为我国行政区划是在长期的经济活动中形成的，各种行政区的划分，都是以经济关系密切程度和发展经济的有利条件为依据的。经济区和行政区在一定的历史发展阶段，应该保持大体上的一致，使在这相对稳定的期间里，市的经济实力和领导能力与它所领导的县的规模范围相适应。辽宁省20多年的实践证明，一个100万人口，并有一定经济实力的大城市，一般领导2~3个县；200万人口，并有较强经济实力的大城市，领导4~5个县为宜。按此标准，当前，沈阳市、鞍山市领导的县少些，朝阳市、铁岭市、丹东市等领导的县多些，应适当进行调整。如果领导县过多，市经济辐射力和吸引力会削弱，出现"小马拉大车"拉不动的状态，农村经济发展得不到实惠，失去了市领导县的意义。如果一个城市领导县过少，会出现"大马拉小车"，有劲无处用，城市经济功效浪费，不利于加速城乡建设，城乡分离不能很快改善，也会减慢实现城乡一体化的进程。

（二）确定城乡一盘棋的领导思想问题

在实行市领导县体制过程中，有些县确实获得了市带县的好处，但也有一些县反映，它们并没有从城市得到多少好处，还觉得不如专署管好。后一种情况，就是有的市往往容易出现重城轻乡、重工轻农的现象。解决这一问题，关键要从指导思想上明确，城乡互相依存，互相促进，是国民经济中最密不可分的统一整体，必须树立城乡一盘棋的指导思想。这就要求各级领导干部正确处理发挥中心城市作用和农村基础作用，实现城市和农村共同繁荣的关系。从搞活城乡经济上全面考虑问题，把城乡一体化的指导思想落实到各部门的业务工作中去。同时，为完善市领导县体制，必须及时解决市对农业的领导机构不适应、不对口的问题。有的市取消了农委或农工部，又没有设农办，不利于市领导县工作的开展。应当随着城乡体制改革进行及时调整，尽快解决市、县、乡各级管理农业机构的不协调、不对应的矛盾。还要注意解决好改革当中出现的各种矛盾。如实行县财政包干后，县里超收不上交，而市财政对省还实行超收按比例分成，市向省和国家上交比例不变，结果加重了中心城市在财力上的负担。特别是城市把一些企业下放给县后，虽然增强了县经济财力，但企业本身的发展却受到影响。

（三）进一步贯彻执行改革和开放的方针问题

城乡一体，首先要求城乡双方都要开放。打破城乡分立，条块分割，必须坚持开放的方针，继续按照城乡一体化的要求，积极慎重地进行生产、交通、科技、流通等各方面的改革。从各个领域打开大门，逐步建设城乡一体的工农业生产网络、商品流通网络、资金融通网络、经济信息网络等，把城乡联在一起，结成一片。当前农村的经济发展，越来越受资源相对不足的限制，人口多，自然资源人均占有量远远低于世界平均水平，依靠科技进步来提高农村生产的资源利用率，是克服自然资源相对不足的唯一途径。科学转化为技术，技术转化为生产力，总是由发达地区、先进部门向不发达地区和落后部门转移，即由城市转移到农村，由工业转移到农业。国家批准的"星火计划"可以加速实现这种转移过程。它的内容是抓好适用于乡镇企业、有推广意义的"短平快"项目，把科技引向农村。但先进技术的普及和传播，也与商品经济发展紧密相连，只有通过建立市带县体制，以各种经济网络为传导，同时加强对农村的智力投资，促进城乡科技联合，这是实现城乡一体化的必要组成部分，是具有长远意义的事业，它是适合我国国情的农村发展道路的新途径，它要求城乡实行进一步改革和开放。

城镇化跨入新的发展阶段[*]

在我国城市化发展中,辽宁是全国城市化进程快、城市化水平最高的省份之一。改革开放以来,特别是在20世纪90年代,伴随全省经济社会逐步全面发展的大好形势,辽宁城市化在原有较高水平的基础上,取得了历史上最快、最辉煌的成就。尤其小城市和小城镇的迅猛发展,改变了辽宁城市化以大城市化为特点的发展模式,形成了大、中、小城市和小城镇协调发展的金字塔式的城镇化网络体系。进入21世纪,辽宁城市化又取得了新的进展,城市化水平迎来了新的里程碑。

一 城市化已开始跨入基本实现阶段

进入2001年,辽宁加速城镇化进程的总趋势进一步显现出来。从宏观角度观察全省社会经济发展,已经出现了工业与农业、城市与乡村互相结合、互相扶持的动态局面,城市和工业现代化、科技化发展,带动乡村和农业现代化、科技化的发展,使城乡人口流动和人力资源及各种生产要素重新配置组合。在知识经济和信息社会来临之际,农业生产科学技术和乡村居民生活文明质量有了显著提高。乡村的生产、生活方式向城市生产、生活方式转变,已经开始了由量变向质变的同化过程。可以说,辽宁城市化已经开始跨入了基本实现阶段,主要体现在以下几方面。

1. 城镇人口比重大,城市化水平高

按公安户籍统计,目前全省城镇人口达到3705.9万,比上年的3668.9万人增加37.0万人,占全省总人口4135.3万人的89.6%,非农业人口达到

---

[*] 原载《2001~2002年辽宁省经济社会形势分析与预测》,辽宁人民出版社,2001,第221~237页。

1902.2万人，占总人口的46.0%。其中，沈阳、抚顺、本溪三市的非农人口比重已分别达到63.25%、60.64%、65.25%，其次鞍山、大连、盘锦三市的非农人口比重也分别达到50.41%、49.94%、49.71%。可见，在以沈阳为中心的城市群和沿沈大高速公路线的城市带，已形成了辽宁省城镇人口和非农人口分布的高密集区。

由于公安户籍部门对人口统计的范围和口径不同，无论以其统计计算的城镇人口比重和非农业人口比重，来度量考察辽宁的城市化水平，都不符合实际。这是因为自1984年国家放宽建制镇标准后，在对小城镇和县级市人口统计中，将所辖乡村人口统计在内，造成了市镇人口数过大的偏差而出现的城市化高比例结果。因此，为了更切合实际地考察辽宁城市化水平，可以采用全国第五次人口普查统计资料。2000年11月1日普查辽宁居住在城镇的人口为2299万人，占全省总人口4238万人的54.24%，比1990年全国第四次人口普查时的城市化率50.86%增加3.38个百分点。据理论界对城市化进程划分为四个阶段（即起步阶段、快速发展阶段、基本实现阶段、完全实现阶段），其中当第一产业产值在国民生产总值中的份额，下降到10%左右，第一产业就业率下降到30%左右，城市化率在50%～70%的时期，视为城市化基本实现阶段。辽宁城市化率已超过50%，第一产业就业率已下降到33.4%，第一产业产值比重为10.8%；第三产业就业率达到34.9%，已超过了第二产业就业率31.7%，第三产业产值比重已接近40%。可见，辽宁城市化已开始进入了基本实现阶段。

2. 城市建设开始向现代化、国际化目标前进

2001年是21世纪第一年，也是我国国民经济发展"十五"计划的第一年，面对人类世界向着多极化和经济社会全球化、城乡一体化发展的趋势，辽宁抓住了有利时机，引导各个城市在建设发展中，以现代化和国际化城市为未来发展目标和方向。首先在城市目标规划上，沈阳、大连提出建设现代化国际性大都市为发展目标。尤其大连市提出建造"北方香港"、全方位开放的现代化国际性北方最大港口城市之后，又确定了"不求最大、但求最好"的城市建设发展思路，提出用3～5年时间，使大连的城市功能和环境质量达到中等发达国家水平。2000年又提出用5年时间把大连建设成为国际名城的高层次定位。鞍山、抚顺、本溪、辽阳、铁岭都提出建设开放式现代化城市的发展目标，围绕省会沈阳为中心，形成国际化的世界上少有的城市圈、城市群网络。丹东、营口、盘锦、锦州、葫芦岛等都提出

实现建设成现代化国际性商贸发达的沿海港口城市带。朝阳和阜新提出了建设多功能、开放型、大流通的现代化中心城市目标，带动周边小城市、小城镇发展，形成现代化开放性梯度发展的城市圈格局。

按照这样的思路和目标，各城市分别确定了"科教兴市""市场兴市""三产兴市"等战略方针，并对城市的功能、城市产业布局、城市市政建设空间布局、城市形象风格等都进行了不同程度的调整，建立了相适应的城市管理机制。大部分城市把发展外向型经济、高新技术产业、第三产业、非国有经济，以及加速开发区建设作为经济发展的新增长点。把调整、优化产业结构作为发展的重点，实现产业结构高级化，企业经营规模化。以大产业大项目为支撑，进行生产要素重组，以科技为先导，培育和发展支柱产业，建成一批以高新技术产业为先导的企业集团，并通过大力发展第三产业来扩大和完善城市功能，策动了新一轮经济增长。经济增长进一步带动了城市建设的发展和人民生活质量的提高。目前，辽宁省城市建成面积达1558.6平方公里，市区人口密度1174人/平方公里。全年完成投资额达到765793万元，比上年增长31.1%。其中用于基本建设投资增长15.9%，用于设施投资增长37.4%。城市维护费支出1040887万元，比上年增长16.6%。城市道路里程达到9249公里，道路面积已有10152万平方米，永久性桥梁1253座，排水管线长达8354公里。同比分别增长1.7%、3.5%、1.9%、3.1%。城市营运公交车达到13136辆，比上年增长7.1%，平均每万人拥有车辆比上年的8.0标台增加为8.5标台。交通运营线路达到6071公里，比上年5724公里增长6.1%。城市绿地总面积达到61432公顷，比上年增长4.3%，绿化覆盖率为31.5%，人均公共绿地为5.7平方米。14个省辖市建成区公共绿地达到8084公顷，绿地覆盖率为33.7%。人均居住面积达到8.9平方米，用水普及率98.2%，"三气"普及率89.3%，城市污水处理能力2001年每日已达到85万吨，比上年40万吨增长1.13倍。城市市政建设质量有了显著提高，不仅提高了居民的生活质量和环境质量，而且城市面貌发生了明显变化。瑰丽的高楼大厦林立，居民住宅小区、文化体育场馆等一座座落成，商业区市场繁荣，道路拓宽、立交桥通畅，公园草绿树茂，湖河水清，景观优美，初步形成了现代都市风貌。特别是大连市在美化城市环境，提高居民生活质量方面取得瞩目成就。近年来，大连市先后被评为国家卫生城、环境保护模范城、全国绿化先进城市、国家级园林城市、全国优秀旅游城市、亚太地区环境整治示范城市。2000年大连荣获迪拜国际改善居住环境最佳范例称号。2001年又被联合国环境计划署评为"世界环境500佳",成为我国第一个获此殊荣的城市。

3. 小城镇建设走上了提高内涵质量的轨道

2001年辽宁小城镇发展建设总趋势越来越好。自2000年以来,小城镇发展建设目标基本明确,思路基本清晰,开始走上了提高内涵质量的发展轨道。

(1) 全省小城镇规划水平进一步提高。到2001年9月末全省已有77%的建制镇完成了总体建设规划,到年底预计可完成80%左右。根据高起点、高标准、科学规划的要求,对已完成总体规划的镇,已有100多个镇完成了第三、四轮的规划修编工作。由于马上面临进行合乡并镇的工作,全省小城镇的规划和修编工作也将随之调整。小城镇发展建设开始逐渐从数量扩张型走向重视提高内涵质量型的道路。1997年全省乡镇共有1226个,其中建制镇616个,乡610个。1999年和2000年因继续撤乡并乡建镇,全省乡镇分别为1143个和1123个,其中建制镇分别增加到655个和659个,乡分别减少到488个和464个。2001年10月份以前,据不完全统计,全省乡镇为1080个,其中建制镇为622个,乡458个。乡镇数量继续减少。

(2) 财政对小城镇建设投资力度加强。各级政府对小城镇建设越来越重视,财政增加投资完成额有了较大幅度增加。省财政历年来对小城镇建设投资,而2001年安排投资达1120万元,市县财政投资仍保持上年投入额度,达到3700万元左右。小城镇建设招商引资的势头比历年更加强劲,特别是在辽中南地区,沿海城镇带和沿沈大高速公路线城镇带,吸引投资能力很强,利用外资和镇集体与个人自筹投资搞小城镇建设均高于历年水平。

(3) 小城镇基础设施建设又取得了新进展。2000年末,全省小城镇镇区实有住宅建筑面积达到7218.01万平方米,人均住宅使用面积为15.4平方米,比上年增加0.2平方米。安装自来水设施的小城镇有659个,镇区受益人口为321.31万,比上年增加20万人,自来水普及率由上年的71.8%上升为74.3%。小城镇实有道路由上年的13206公里增加到13497公里,道路面积由10787万平方米增加到10930万平方米,高级、次级路面积达到4806.4万平方米,占镇区道路面积的42.2%。小城镇公共建筑面积由3087万平方米增加到3134.9万平方米。小城镇每年平均新建公共建筑面积为105.9万平方米。

(4) 以示范镇和中心镇为重点抓提高内涵质量建设。2001年小城镇建设注重提高内涵质量,重点抓了在省15个示范镇和100个中心镇实施"六个一"工程建设。"六个一"工程建设包括:编制一个科学规划;制定一个可行的管理办法;建设一条主街道;建设一个游园广场;建设一个居民住宅小区;建设一个工业小区或商贸小区或旅游园区。在15个示范镇中,有10个示范镇目前已全部完成了"六个一"工程建设,有5个示范镇基本完成了"六个一"工程建设。在100个中心镇中也有一部分完成了"六个一"工程建设,要求在"十五"期间100个中心镇全部完成此项工程建设。为了加强示范镇、中心镇的建设,省财政直接投资720万元,市县财政也相应地增加了投资。省16号文件对小城镇建设提出了优惠政策,促进辽宁小城镇建设进一步蓬勃发展。尤其示范镇、中心镇的建设,2001年是辽宁变化最大、取得成绩最显著的一年。

(5)乡镇企业向小城镇集聚出现了可喜的成效。近两年辽宁抓小城镇建设坚持改造和新建相结合,搞好工业小区布局取得了成效。乡镇企业向小城镇集中,在小城镇发达的辽中南地区出现了可喜的成果。辽阳市佟二堡镇建设了工业园区,除了资源型企业之外,凡是适合进镇进园的企业都迁进了园区。前阳镇、南台镇、腾鳌镇、登沙河镇、水源镇等许多镇的乡镇企业大部分比较集中。乡镇企业逐步向小城镇集中,调整了镇内产业结构,同时增强了小城镇的经济实力,为小城镇发展服务业和市场建设创造了条件,出现了镇与镇相互联合搞"双营"。以市场兴镇的西柳镇在前阳镇开辟了新市场,借助前阳镇边贸环境优势,又建立了一处经营服装、布料和农产品及海产品的大市场,面向日本、韩国出口经营。

(6)小城镇注重生态环境建设,镇容村貌发生了显著变化。小城镇建设转向提高内涵质量的一个重要方面,就是加强生态环境建设,在绿化美化环境上取得了成效。2001年下发了小城镇绿化工作方案后,小城镇和乡村普遍开展了植树种草、绿化美化村容镇貌的工作。全省15个示范镇列入"绿叶杯"竞赛范围后,制定了竞赛标准,提高了建设管理水平。2000年,示范镇建设全年总投资达1.9亿元,2001年又加大了投资力度,总投资已超过5亿元。在全力推进绿化美化工程建设上,示范镇镇区和环镇带的生态环境发生了显著变化。在示范镇的带动下,全省乡镇村绿化美化环境建设也取得了突破性进展。特别是辽南地区充分利用自然资源,保持固有的天然丽质,建设山川秀美的村镇已见端倪。大连市金州区已建成"花园城市"。在金州已找不到乡村与城镇的分明界线,卫星城、小城镇、乡村的楼群、住宅、别墅、工厂、企业都耸立在菜园、果园、花园之间。2001年造林绿化、退耕还林10万亩。美化村庄，创建"花园村""园林村"活动已见成效，112个"园林村"见雏形，占全区192个村的58%，有60多个村建成70多个村级公园。原来一家一户的田园式乡村农业被许多"产、供、销一条龙"的农业公司和农产品加工企业所取代。果园里生产水果、果汁和罐头，养殖场生产出奶粉、酸奶、分割鸡肉和猪牛羊肉直接送到市场和市民家中，农民务农务工经商、兼营兼业等，使金州区的城乡差别、工农差别逐渐消失。

4. 城镇网络体系已经形成

长期以来，辽宁以大中城市相对密集而著称。由于近年来小城市和小城镇的迅猛发展，已经形成了由特大城市、大城市、中等城市、小城市、小城镇等构成的城镇网络体系。2001年特、大、中、小等各级城市共计31座，其中，100万人口以上的特大城市4座，50万~100万人口的大城市5座，20万~50万人口的中等城市7座，20万人口以下的小城市15座，建制镇有622座。全省从区域布局上看，形成了以沈阳为中心，包括抚顺、本溪、辽阳、鞍山、铁岭在内的中部城市群；形成了以大连为核心，包括丹东、东港、庄河、瓦房店、营口、盘锦、锦州、葫芦岛、兴城在内的沿海城市带；在辽西，分别以锦州、葫芦岛、朝阳、阜新为中心，各自形成向外辐射、扩散和集聚的城市圈。总之，进入21世纪，辽宁已基本形成了呈金字塔式的城镇协调发展的城镇化网络体系。

辽宁城市群、城市带、城市圈的形成，增强了城市化的集聚效应，带来了经济社会的进一步繁荣发展。大中城市都以构建城市圈来增强各具特色的城市功能。一般在城市中心区建设以市场、金融、通信、餐饮、服务业为核心，开发建设商贸区、商业一条街、金融一条街、电子商品城、通信设备一条街、风味餐饮一条街或美食城等。在城市中心区外围，开发建设高新技术开发区、科技城（园区）、文化教育区、企业群、大型专业批发市场等。公园绿地、居民住宅区和文体娱乐区分布其间。在城市近郊区，有绿化带、绿化区，保持着包括蔬菜园、果树园、养殖场及其加工企业在内的鲜活副食品生产基地。同时还规划并建成了大面积的森林公园、动物园、生态旅游园等。总之，大城市的这种环形或扇形或组团式的社会经济圈或网络框架基本形成，加上建成的纵横交错、立体交汇的交通道路连接，发挥了城市的集聚和扩散作用，促进了国民经济的迅速发展。2000年辽宁省国内生产总值达到 4669.1 亿元，比上年 4171.7 亿元增长 11.9%，其中，第二产业增长 17.1%，第三产业增长 10.4%。比城市化水平较低的 1980 年（城市化率 40.7%）GDP 281.0 亿元增长 15.6 倍，比 1990 年 GDP 1062.7 亿元增长 3.4 倍。经济实力的增强也带来了社会文明的进步和人民生活质量的提高。

二 加速城市化面临的新问题

1. 辽宁城市化内涵质量仍然较低

辽宁城市化水平在全国一直处于前列，但是，面临 21 世纪知识经济社会发展的要求，城市化水平和内涵质量并不高。城市化发展不仅是城市数量增加，城市区域扩大，人口向城镇集中，而且需要国民经济和社会发展的各种要素也向更高层次发展和变革，使城市增强综合实力，发挥更大的集聚效应。辽宁省虽然城市数量多，密度大，但仍以外延型扩张为主，城市化水平无论在形象上，还是内涵质量上，都显得比较落后。世界著名城市都注重塑造和设计自身的形象，注重提高特色的文化内涵。而辽宁各城市对自身独特形象的规划设计和提高文化色彩都比较欠缺。城市硬环境建设上缺乏特色，每个城市的代表性建筑物特点不突出，建筑的规划设计也缺乏科学性、超前性。由于资金短缺，基础设施建设特别是交通道路的规划设置和旧城区改造，都明显落后于京、津、沪等特大城市。在城市软环境建设上，主要表现在城市管理水平落后，在社会治安、卫生环境、生态保护等方面，也表现出城镇居民文化道德素质不高的弱点，城市的文化文明水平和科技创新能力也较弱。近年来，只有大连市在城市形象建设上和软硬环境建设上取得了很大成就，而其他城市的软硬环境建设还存在着很大的差距。

2. 辽宁工业发展与加速城市化仍不协调

辽宁在长期的计划经济体制下，国有经济比重大，国有企业改革相对进展缓慢。由于受地区和部门分割的影响，产业结构调整所需资金不足，又缺乏高风险的政府扶持，有关政策不配套，落实不力，都制约着产业结构升级，使高新技术产业和第三产业的快速发展受到影响，工业现代化进程延缓。另外，20 世纪 90 年代乡镇企业经过内在整合，虽然促进了辽宁城市化发展，但是乡镇企业赖以生存和发展的必要条件，诸如农产品原料、待利用和开发的资源、农业剩余劳动力、产品交易市场等，都具有分散性，因而必然导致乡村工业分散化的空间布局结构，这种分散结构凝聚力小，带来乡村工业以"小、散、低"为核心的弱质化。由于规模小、分散性、低层次平面扩张，多数企业游离于城镇之外，必然产生过量占用耕地、大面积污染、技术管理落后、市场竞争能力弱、经济效益低下等多种后果。此外，乡镇企业自产生起基本上是以要素投入拉动增长的。这种运行方式对能源、资源、人力、资金的利用水平较低，最终会表现出投入高产出低的竞争弱势。而且乡镇工业从业者的科技文化素质相对不高，也影响乡镇工业的持续发展。总之，乡村工业发展水平低的状况仍然是制约着加速城市化进程的重要因素。

3. 土地资源浪费，耕地减少严重

城市化进程中，城镇数量增加，城镇建设和发展占地面积不断扩大。大中城市向周边扩延占用郊区耕地、林地，乡镇企业和小城镇的发展更是直接占用郊区耕地、林地，甚至占用了优质农田。辽宁耕地面积减少的形势十分严重。1952~1978年减少耕地1453万亩，1978~1996年又减少437.6万亩，1997~2000年又减少835万亩。目前，全省人均耕地面积为1.47亩，比1952年的3.7亩减少2.23亩，比1978年的1.7亩减少0.23亩。其中有的城市人均耕地面积已经低于或接近联合国规定的人均耕地面积的临界点0.8亩。本溪、营口、抚顺三市人均耕地分别为0.68亩、0.81亩、0.86亩。造成耕地减少，土地资源浪费的因素很多，而且大多数是非农占地因素所致。一是大中城市"扩散式"外延发展和20世纪90年代小城镇盲目发展，是耕地减少的主要原因。二是土地利用的总体规划工作滞后于城镇规划，用地计划基本屈从于城镇规划，而且规划缺乏科学性和全面的统筹指导，甚至出现跟随城镇建设搞规划或修订规划。三是地方政府受经济利益驱动，以建城、修路、办工为由无控制地占用土地、出让土地，不断扩大非农建设用地。不少地方出现了土地征而不用，闲置浪费。尤其近年"房地产热""开发区热"，缺乏总体规划，占用大量耕地。四是宏观调控不力，土地管理体制不利于保护耕地。地方政府（包括村级），既是土地管理者又是土地经营者、使用者，双重身份是保护耕地的最大障碍。一些县市仍然是多部门管地，多支笔审批，造成人为的土地流失。近年出台的土地法规仍有许多地方执行和落实不够，土地资源浪费仍然很严重。

4. 政府对乡村人口流动和转移的政策调控不力

在城市化进程中，最主要的一条规律就是乡村人口向城镇流动。辽宁的乡村人口非农化进展也很快，乡村人口向城市流动广泛发生。不仅本省乡村人口向城镇转移，而且来自外省的流动人口也急剧增加，为交通、城市的运行带来了重大压力，加重了城市病的发生。特别是在改革开放要求社会转型和体制转轨的情况下，乡村人口流动显露出城乡社会矛盾尖锐化，加上农民流动动机不同，文化素质较低，法治观念薄弱，以及城乡劳动力市场不健全，劳动关系不规范，不仅造成人口流动引起的破坏社会治安和城市生活环境等现象，而且使乡村人口向城镇转移存在着极大的不稳定性。这种不稳定性需要加快城乡体制和管理政策的深化改革。目前，城乡一体化的户籍管理制度、就业制度等还未建立起来，服兵役、子女就学和其他福利待遇的政策措施还不配套。这些问题不解决，农民就不肯放弃承包土地、宅基地和集体资产权益，从而，影响乡村人口向城镇转移的决心和积极性，阻碍乡村城市化进程的快速发展。因而，迫切需要政府将人口流动和乡村剩余劳动力转移问题纳入国民经济和社会发展计划；尽快改革城乡就业体制和户籍管理制度；确立人口流动机制，进一步理顺、修订、完善人口迁移政策和管理政策。

5. 小城镇发展仍存在数量多、规模小，建设质量低的问题

辽宁城市化质量低主要表现在小城镇的发展建设重数量轻质量上。城乡分割的二元经济社会结构的固定性，加上一些乡镇干部急功近利扩大财源的心态，盲目撤乡设镇，使小城镇的发展出现了追求速度而轻视或不顾及质量建设的问题，造成了小城镇发展数量多、规模小、分布不合理。另外，由于乡镇企业发展的自发性和无序性，在很大程度上也引起小城镇的盲目发展，蜂拥而出。2001年虽然已开始注重小城镇建设质量问题，加强了对中心镇和示范镇建设，并取得初步成果，但是小城镇数量多、规模小、建设质量低的问题仍然比较突出。虽然2001年建制镇为622个，比2000年659个减少了37个，但镇区平均人口7000人左右。据有关研究认为，小城镇镇区人口达到5万人左右的规模，才能正常有效发挥集聚功能。辽宁如此超小规模的小城镇，基础设施建设不经济，对人口、企业和经济发展的凝聚力和集聚效益都十分低下。而且小城镇的产业结构仍偏重第一产业为主，第二产业比重小，第三产业发展尤为薄弱。由于缺乏资金，基础设施跟不上，交通道路、引水排水设施粗放简陋。大多数小城镇的社会文化发展水

平低，转移到小城镇居住的人口仍然保持着乡村人的价值观念和生产、生活方式，其内涵本质仍属于乡村社会。多数小城镇的建设规划起点低，管理水平处于初级阶段，对周边乡村不能产生很大的吸引力、辐射作用。

总之，在加速城市化进程中面临的问题还很多，对城市化进展产生的负面效应也很大。

第一，乡村工业和小城镇布局分散，在资金、技术、人才、管理等方面不能形成集成机制，人才素质和产业升级难以提高，资金集聚和技术进步与创新难以实现；同时乡村工业发展所需要的基本条件，如供水、供电、供气及交通、通信、仓储等配套设施无法共享，各乡村各行其是，无疑造成资源巨大浪费，加速乡村城镇化发展的综合动力也难以形成。

第二，第三产业发展相对滞后，市场需求拉动力小，尤其乡村市场需求较弱，必然制约城镇产业发展和扩散，进一步影响着乡村非农产业发展速度和规模，非农产业发展缓慢又难以拉动农业现代化发展。

第三，人才素质低，尤其乡村文化教育水平相对落后，乡村人才素质提高缓慢。乡村缺乏高素质人才，不仅使乡村工业、农业科学技术水平低、粗放经营，并导致乡村土地、生态环境恶化，而且使农民不能摆脱兼业化状况，同时更加剧了农业劳动力过剩的矛盾。

第四，全省小城镇发展建设极不平衡。辽宁有1/3的乡镇发展建设现代化水平很高，大部分分布在辽中南地区。有1/3的乡镇有积累有发展，处于中等水平。还有1/3的乡镇处于很困难状态，尤其2001年干旱灾害严重，经济极其困难，小城镇几乎没有建设，甚至学校教师和乡镇干部已有两年未开工资。贫困的乡镇在辽西北分布较多。

三 2002年加速城市化进程展望

面对21世纪经济社会全球化、城乡一体化发展趋势，根据辽宁城市化发展的基础水平，按照高起点、高标准、跨越式发展的要求，应当实施"以提高大中城市内涵质量建设为核心，以调整小城镇发展数量和提高建设质量为基础，以构筑都市圈、加强城市群、城市带的综合集聚力为目标，使城市化水平梯度升级，建立起高层次的大、中、小城市和小城镇协调发展的城市化网络体系"。为了实现这样的战略目标，全省人民努力奋斗，在2001年城市化发展的基础上，2002年会取得更大的辉煌业绩。

1. **城镇发展建设将普遍展开，从注重量的扩张转向注重质的提高**

第一，乡村城镇化和小城镇建设，2002年将加速合村合乡并镇步伐。辽宁省计划将目前1100个乡镇合并为800个乡镇，并掉1/3乡镇，其中建制镇并为600个左右，乡并为100多个。通过乡镇体制改革，建立市场、工业园区、科技园区、贸工农企业、第三产业等，发展第二、三产业，将乡镇企业和服务业向小城镇集中，使非农人口向小城镇集聚。建制镇区平均人口可望达到0.9万人，居住在小城镇的人口可望达到500万左右。第二，大中小城市建设转向提高内涵质量，注重塑造城市形象。各市经过调整建设规划，以加强环境建设为突破口，因市制宜努力塑造具有本市特色风格的城市形象，让生态化、人文化、智能化等不同风格的现代化、国际化城市展现出来。在大城市郊区和辽东半岛上将连片出现花园式城镇，预计2002年可建成40~50个花园式小城镇。在辽东山区和辽西北干旱地区的小城镇扩大退耕还林还草的面积，促进小城镇的绿化美化环境的进展。通过调整城市结构和空间布局，促进产业结构升级，实施"退二进三"战略，形成第二、三产业双驱动的经济增长新格局，使城市功能和环境质量都有较大提高，沈阳和大连将接近中等发达国家水平。

2. **各项制度改革将有新的突破**

第一，二元户籍管理制度改革带动就业制度和福利保障制度的改革，基本形成了人口和第二、三产业向城镇有序集聚的发展机制，逐步建立起以居住地划分城镇户口和农村户口的户籍登记和管理制度。在城镇落户的人员，在就业、子女就学、参军、社会保障等方面，与原城镇内居民享有同等待遇。完全实现了小城镇内有合法定居或经营场所、有稳定职业和生活来源的农民，经本人申请，均可将本人、配偶、未成年子女及其赡养的父母转为城镇户口，不受农转非指标限制，各地区各部门不得收取任何费用。第二，建立起土地有偿使用制度。小城镇建设用地除法律规定划拨部分外，一律实行有偿使用，其收益70%以上留给小城镇。以"十分珍惜和合理利用土地，切实保护耕地"为原则，鼓励在城镇务工经商有稳定收入的农民，把土地转让出来，将其在农村的宅基地适时置换出来。第三，建立起城乡统一的社会保障制度。重点发展小城镇就业保险、医疗保险、养老保险，建立城镇、乡村社区统筹与个人账户相结合，管理服务社会化的保险体制。建立城乡统一的养老保险统筹制度。保险面要达到100%，实行统一比例缴纳基本养老保险,统一管理使用。

3. 在财政体制上按照"一级政府、二级财政、一级国库"的原则建立镇级财政

理顺县、镇两级财政关系,明确小城镇的事权和财权,合理划分收支范围,普遍建立镇级分税制体制,提高镇财政的留成份额。省市财政对城镇建设尤其对试点小城镇基础设施建设给予一定财政贴息,或实现增加建设贷款。

4. 省示范镇中心镇建设步伐加快

2002年全省15个示范镇除了巩固完善"六个一"工程建设成果外,还要开展新一轮的基础设施建设。在100个中心镇,约有1/2的中心镇完成了"六个一"工程建设。基础设施建设的快速发展,为"两镇"改善了行政环境、政策环境、投资环境,增强了招商引资的竞争力,建成一些设施完备、功能齐全的开发先导区、开发区,形成一批人文景观、旅游休闲场所。建成的园林镇、花园镇会更多。在全省构筑的城市圈、城市群(带)的功能进一步显露出来。

四 加速城市化进程的对策与建议

1. 加速调整城镇的科学规划和规划的修编工作

针对辽宁城镇建设滞后、重复建设、资源浪费、低质发展等各种问题,城镇的科学规划必须要高起点按照现代化、国际化标准,按照信息化知识经济社会发展的要求,从全局角度和战略高度,科学合理地制定总体规划和各专项规划,统筹安排加速城市化发展的战略重点、战略步骤。一是明确城市发展的目标和方向。二是制定和完善全省各区域的城市圈、城市群、城市带的发展规划,使区域内形成整体结构有序,大中小城镇布局合理。三是制定和完善每个城镇的具体规划,将每个城镇规划纳入到区域整体规划中,城镇之间相互关联,发挥总体优势。四是对已做过规划的城镇,按照整体城市群规划的高标准搞好规划的修订和完善工作。尤其撤村合乡并镇之后,更应做好科学规划和修编工作,合理布局城镇,控制发展数量,遵照可持续发展的要求高标准、高质量地发展,增强其辐射和带动作用。

2. 建立有效经营的城乡土地资产要素市场

为了尽快改善城市环境，对城市国有土地资产推行有偿使用制度，按照"放开市场、有偿使用、公平竞争、统一管理"的方针，对土地资产实行统一规划、合理规划、优化整合，做到"规划一片，开发一片，建设一片，美化一片"。建立"一个窗口对外"的高效快捷的统一管理体制，使土地有偿使用市场的运作带动经济增长。在乡村建立和完善新型土地管理和有偿使用土地的内部流转制度。辽宁人多耕地少，在加快城市化过程中必须强化土地使用和管理的调控机制。一是必须严格控制非农建设用地；二是乡村必须把第二、三产业布局向小城镇集中，以划定农田保护区为前提，有序地开发利用土地，保证足够的农林牧渔生产用地；三是建立健全土地有偿使用的内部流转市场，对土地加强依法管理，制定保护基础耕地的政策法规和关于耕地转包、出让的具体规定，促进耕地向种田大户集中，实现土地规模经营，保证粮食生产规模数量。

3. 采取有力措施使劳动力、资金、土地、技术等各种生产要素和生产企业向城镇集聚

除了建立城乡统一管理的户籍制度外，一是完善劳动力市场和人才市场，建立有序运作机制，促进人才和剩余劳动力向城镇转移。二是在小城市小城镇建立商贸市场、工业园区、科技园区，发展劳动密集型产业，集聚城乡剩余劳动力和人才，使分散的乡村企业、服务业向工业园区和市场集中。在大中城市发展高新技术开发区，集聚高层次、高科技人才，发展高效益的第二产业。开发市场，面向城乡发展金融、信息、商贸、房地产、服务业等第三产业，充分发挥大中城市的经济扩散作用和对人力的集聚作用。三是建立多层次、多渠道、多形式的多元融资体制。鼓励政府、企业、个人参与投资，吸引外商投资建设，同时促进金融部门扩大贷款，加速城镇建设的发展。

4. 强力推行退耕还林的政策

在辽西北地区和东部山区推行退耕还林还果还草政策，十分必要。为了改善辽宁生态环境和人民生活环境，改造干旱沙化缺水的生产生活条件，植树造林，种果种草是唯一的出路，也是经济发展促进这些地区加速城市化的前提。就是在大城市郊区退耕还林也很必要。有许多郊区盲目开发建设占用耕地菜地果园，导致郊区把仅有的极少山林也开荒种植，甚至在山

林中建墓地，到处埋坟，破坏山林植被。因此加强城乡生态环境建设必须退耕还林。

5. 采取多种形式提高居民文化道德和科学知识水平

在乡村、在社区办学习班开展文化科学知识普及教育；在中小学设置文化道德和科普知识教育课；在社会上办各种文化科学技能等学习班、培训班和学校，培训人才，增强就业才能，提高全民的文化道德科学水平，为加速城市化向知识经济信息社会迈进，做好准备。

辽宁城市化和加速城市化进程的新思路*

加速农村城市化进程是人类经济社会现代化发展的普遍规律,然而实现城市化选择的方式却因自然、历史、社会、经济、政治、政策等不同因素的影响而有所不同。本文通过对辽宁城市化历史进程的剖析并对所调查的42个小城镇近年来发展建设状况进行研究,揭示辽宁城市化发展的规律、特征,提出了加速发展辽宁城市化进程的新思路,供有关部门决策参考。

一 辽宁城市化特征

1. 不同时期城市化特征

(1) 1949年前近代城市化特点。第一,19世纪末20世纪初,在辽宁主要是伴随着对外贸易和资源开发而形成了一些商贸城市和工矿城市,大部分城市崛起与工业同步发展。到20世纪40年代,已初步奠定了当今辽宁城市的基本格局。据1941年统计,各市人口数量均有一定规模:沈阳107.7万人,属于特大城市;丹东(原名安东)31.2万人;抚顺27.9万人;鞍山21.4万人;大连市70万人,仅日本人就有20余万;以上均属于20万以上人口的中等城市。锦州14.1万人,阜新16万人,营口18.3万人,辽阳10.2万人,本溪9.8万人,为20万以下人口的小城市。第二,近代辽宁城市化发展是带有殖民地性质的,是帝国主义各国,主要是日本帝国主义对辽宁资源掠夺、对人民欺压剥削的过程。辽宁和外省的农村人口集聚到辽宁的商贸、工矿城市,所创造的财富均被外国资本所占有。

(2) 新中国成立后30年城市化特点是以大城市化为主,小城市和小城

---

* 原载《社会科学辑刊》1996年第6期,选入厉以宁、许中田主编《中国改革发展文库》一书第八部分,第十一章。还选入《中国网二十一世纪论坛》丛书等。

镇发展十分缓慢。新中国成立后，辽宁在国家宏观经济政策影响下，新建和扩建的大中型建设项目绝大部分集中在大中城市。伴随着辽宁重工业基地形成，人口也向大中城市集中，推动了大城市化进程。1949年仅沈阳为特大城市，大连、抚顺为中等城市，其余7个均为小城市。到1978年沈阳、大连发展成特大城市，抚顺、鞍山、本溪、阜新发展为大城市，丹东、锦州、辽阳、营口由原来小城市发展成中等城市。但是小城市未见发展，而且小城镇发展很缓慢，由1949年的47个增加到1978年的85个。30年间，由于农村商品经济不发达，小城镇只作为行政中心，而经济中心职能却非常微弱。甚至因有些小城镇被撤销而一度萎缩。从城镇人口占全省总人口比重指标上看，1978年达到36.6%，比1949年24.2%增加12.4个百分点，其中城市人口比重增加9.1个百分点，小城镇人口比重增加3.3个百分点。可见，这一时期，由于农村小城镇发展微弱，辽宁城市化是以大城市化为主的模式。

（3）改革以来形成了多层次、功能齐备的城市化网络体系。党的十一届三中全会后，随着农村家庭联产承包责任制的确立和实施，特别是乡镇企业、农村工业的异军突起，使农村剩余劳动力获得了转移场所，加速了农村小城镇的建设和发展，从而促进了辽宁城市化水平进一步迅速提高。到1984年，开始改变了辽宁大城市多、中小城市和小城镇过少的头重脚轻、畸形发展状态。1994年，全省特、大、中、小城市达到29座，其中特大城市4座，大城市6座，中等城市6座，小城市13座，建制镇已发展为525座，比1984年增长89.53%，比1978年增长5.18倍。全省市镇人口达到3357.6万人，比1984年增长67.78%，比1978年增长1.7倍，占全省总人口比重高达83.79%，比1984年增加29.03个百分点，基本上形成了特、大、中、小城市和小城镇呈金字塔形的多层次、功能齐备、协调发展，符合大城市少、中小城市和小城镇多的一般规律的城镇化网络体系。

2. 不同区域的城市化特征

辽宁城市化水平高，但不同地区城市化水平有不同的特点，可分为三大区域。

（1）中北部以沈阳为中心的城市群区，城镇分布最密集，城市化水平最高。围绕在沈阳政治、经济、文化中心的四周形成有"钢都"鞍山、"煤都"抚顺、"化纤城"辽阳、"煤铁之城"本溪和商品粮生产基地及新兴能源基地铁岭，它们与沈阳的距离最远的鞍山为90公里，最近的抚顺为45公里，本溪、辽阳、铁岭为60多公里。这个密集的城市群有丰富的铁矿、煤炭、石油资源，是我国重工业最发达的地区，有"东方鲁尔"之称。这一地区还分布有4座县级市和239座建制镇。在5.9万平方公里的范围内，平均每千平方公里分布有4.2座城镇。城镇人口达到1585.5万（1994年），占全省城镇人口的47.22%，占本地区总人口的86.15%，每平方公里城镇人口268人。

（2）南部沿海以大连为中心的城市带，城镇分布也很密集，城市化水平也很高。沿着2100多公里的海岸线上，分布有丹东、大连、营口、盘锦、锦州、葫芦岛等6座大中城市，有9座县级市和231座建制镇。在5.7万平方公里内，平均每千平方公里分布有4.3座城镇。城镇人口为1433.5万，占全省城镇人口的42.69%，占本地区总人口的86.71%，每平方公里城镇人口249人。这个沿海城市带，除盘锦外均为优良港口城市，水陆交通方便，经济比较发达，有广阔的依托腹地，是辽宁和东北地区对外开放的前沿阵地，以及引进、消化先进科学技术的重要窗口，具有十分重要的地位和作用。

（3）辽西经济欠发达地区，城市化水平较低。在3万平方公里范围内，有中等城市2座，小城市（县级市）2座，建制镇55座，平均每千平方公里只有2座城镇，城镇人口为338.6万，占全省城镇人口的10.09%，占本地总人口的65.93%，每平方公里城镇人口为113人。这一地区城镇相对稀少，人口向城镇转移较慢。

3. 农村小城镇发展现状和特点

中共十一届三中全会以后，小城镇建设和经济发展进入了一个新的阶段。

（1）全省小城镇发展速度快。在1978~1994年16年间，建制镇由85个增加到525个，增长5.18倍，小城镇人口由271.5万人增加到652.6万人，增长1.4倍，占全省人口比重由8%提高到16.3%，增加了8.3个百分点。

（2）小城镇经济发展速度快，经济建设综合实力增强。仅以我们所调查的42个建制镇为例，1990~1994年平均每镇工农业总产值由13406万元增加到49753万元，增长2.71倍；镇均社会商品零售额由3044.5万元增加到50449.6万元，增长15.57倍；平均每镇集贸市场由1.4个增加到2.1个，增长50%；镇均财政收入由349万元增加到696.1万元，增长99.5%；

镇均基建投资由 976.22 万元增加到 4060.43 万元，增长 3.16 倍。1994 年人均工农业总产值达到 1.79 万元，已是辽宁省人均工农业总产值 1.31 万元的 1.37 倍；人均基建投资额达到 1405 元，是全省国有单位人均基建投资 671.6 元的 1.09 倍。

（3）小城镇基础设施建设发生了明显变化。不仅房屋和公用建筑持续发展，而且交通设施建得到较大改善，特别是能源、通信设施的大发展。1994 年全省小城镇建设共投资 54007.8 万元，建住宅 3897.2 万平方米。其中楼房占 12.0%。全省小城镇修筑道路 6827 公里，其中铺装柏油路面占 30%，实现了乡乡镇镇通公共汽车，交通运输四通八达。全省村、镇通电率 100%，大部分的建制镇安装了程控电话，电话村、镇不断涌现，为小城镇实现现代化奠定了基础。

（4）小城镇居民生活质量有了很大提高。据 42 个小城镇调查，1990～1994 年，人均收入由 990.64 元增加到 1564.42 元，增长 57.92%；人均居住面积由 13.1 平方米增加到 16 平方米，增长 22.4%，平均每镇楼房占 15.2%；自来水人口受益率由 30.5% 上升为 38.7%；每千人拥有商业网点由 3.3 个增加到 9.1 个；每千人拥有的医院病床数由 1.6 张增加到 2.7 张；平均每镇有小学校由 11.7 所增加到 14.3 所。各镇还设有中学、职高、幼儿园、图书馆（室）、文化馆（站）、公园等。小城镇居民生活条件明显改善，文化教育水平也有很大提高。一些镇在美化绿化生活环境方面也有了进展。

（5）小城镇建设多元化投资体制基本形成。1990 年以来，一些经济发达、资金实力较强的小城镇改变了单纯依靠国家财政投资搞建设的体制，采取国家、镇和村两级社区政府、乡镇企业、个体农民、引进外资等多条渠道投资，共同参与小城镇建设的措施，取得了成效。例如，海城市南台镇形成了以个体农民和引进外资为主的多元投资体制；铁岭新台子镇是以个体农民投资为主体（占 73.5%）的投资形式；牛庄是以镇政府投资为主体（占 60% 以上）的投资形式；杨树房镇是以国家银行贷款为主的投资形式等。目前发展建设快的小城镇基本上都形成了多元化的投资体制。

（6）小城镇及辖区劳动力转移成效显著，就业结构发生了很大变化。据 42 个小城镇调查，1990～1994 年平均每个镇非农业人口占全镇总人口比重，由 7.23% 上升到 9.95%；镇内人口占全镇总人口比重由 24.79% 上升到 32.66%；镇内劳动力占全镇劳动力的比重达 59.7%。这充分表明农村人口和劳动力向小城镇聚集加速，使城镇化水平显著提高。而且劳动就业结构发生了明显变化,第一产业劳动力比重由 54.84% 下降为 48.23%;第二、三产业就业劳动力比重由 33.62% 上升到 42.94%,如果加上外出从事其他非农行业劳力,已超过 50%。目前农村劳动力转移表现的特点是:从就业行业看,镇区以工业企业居多;从劳动力转移方式看,以兼业型为主;从不同地区看,存在严重的不平衡性;从劳动力转移的地域空间看,均以本镇就地进行职业转移为主。

二 辽宁城市化进程中存在的问题

1. 缺乏高起点的科学规划

目前,在政府决策中,由于仍然存在着城市化意识薄弱、墨守条块权利的旧观念,因而在城镇布局、规划、建设上还跳不出原有市域、县城范围,往往以本地区为中心自我规划、自我发展建设,致使从全省全局上还看不出统一协调、高起点,具有超前性、可操作性的城市化科学规划蓝图。有的市制定规划较早,但缺乏科学论证和超前预测,眼界狭窄,在建设上仍套在老框之中,跟着别人后面行进。甚至在一些经济欠发达地区,城镇建设特别是小城镇建设,还停留在自然无序发展阶段。

2. 城镇建设滞后于城市化和非农化发展

第一,人口向大中城市集聚仍然是辽宁城市化的突出特点。1978~1994 年,全省总人口增长 12%,城市非农人口增长 64.3%,大大超过全省总人口增长速度,而且进城务工经商农村流动人口日益增多,造成城市用地、住房、就学、就业、就医,特别是交通和环境出现一系列问题。城市建设欠账太多,加上房地产业宏观调控不利等因素,使城市综合经济效益差,居民生活质量、生活环境改善速度较慢。辽宁省虽然贯彻了"控制大城市规模,合理发展中等城市,积极发展小城市",但大城市规模仍在继续扩大,占地面积不断增加。第二,农村小城镇建设和经济发展滞后,非农产业发展水平低,不能创造较多的就业机会,在很大程度上限制了农村人口和劳动力的集聚。大多数村镇由于劳动力、土地等主要生产要素不能流动,受到以自然村为基础的相对独立的社区群体利益的制约,使乡镇企业布局比较分散。1994 年全省 64.5 万个乡镇企业,有 60% 分布在村里,所以转移到非农产业中的劳动力难以向小城镇集中。由于小城镇基础设施建设落后,城市功能不健全,居民生活条件差,致使小城镇难以成为吸纳人口的"磁力中心"。这也是导致农村人口向大中城市集聚超过小城镇的一个重要原因。

3. 有关政策和管理体制不配套、不健全

长期实行的计划经济体制和形成的二元社会经济体制,仍然制约着土地、劳动力等各种生产要素在城乡之间的自由流动和合理配置。改革以来,城乡分割的二元户籍管理制度虽然已开始改革,附着在城市户口上的各种福利保障制度也正在逐渐剥离,但是户籍管理工作改革因阻力较大而进展很缓慢。据42个小城镇调查,仍旧严格控制务工经商的农业人口迁入小城镇,出现了离农人口"两栖化"现象。进镇务工经商的农民户口和承包地在原籍,就业和日常生活在城镇,变成一个非农民、非市民的"游离阶层"。他们在农村无精力再从事农业生产,在城镇又未获得城镇居民同等教育和社会福利保障权利待遇。结果既影响农业规模经营的进展,又影响小城镇经济建设发展。小城镇社会保障体系尚未确立,未能解除进城农民的后顾之忧。由于他们与城镇居民各种福利、权利、义务尚存一道鸿沟,加之国家对乡镇企业的宏观政策迫使农民顾虑重重,对土地的依赖性还很强烈。从而为了给自己留条退路而兼管农业,使其不能摆脱原来的生活条件和生活方式。小城镇管理工作薄弱,管理机构不健全。有些镇村建设助理配备不齐,有的镇即使配备了人员又无处开资,工作困难。尤其专业技术人员缺乏,管理人员素质不高等,也影响小城镇的快速发展。

4. 现行考察城市化水平的统计指标与实际的偏差较大

辽宁是我国工业化起步较早的地区之一,城市化的历史是工业集中的结果,特别是20世纪50~60年代工业部门吸纳劳动力能力较强,体现出工业化与城市化趋于同步发展的特征。在1978年以前,以市镇人口占总人口比重为指标,考察辽宁城市化水平还比较符合客观实际。1984年以后,再以市镇人口比重为指标考察城市化水平(1978年为36.61%、1985年为67.32%、1991年为75.34%、1994年为83.79%),出现了世界城市化高水平的比率数。然而实际上,从社会结构、人口素质、经济效益、生活质量、社会环境等方面进行综合评价辽宁整体社会经济发展水平,不仅与世界经济发达的城市化水平很高的国家相比差距相当大,而且在国内各省之间相比,辽宁的社会经济发展综合效益也较差,排列位次逐渐后移,其实83.79%的高比率是自1984年国家放宽建制镇标准后,建制镇数量骤增,而且将小城镇辖区内的大量农村人口划入镇人口,使城镇人口比率骤增。同

时小城市（县级市）增加也较多，在人口统计上也将所辖农村人口纳入县级市人口，使小城市人口比重增加。例如，营口市原来的盖县和营口县升级为盖州市和大石桥市后，人口统计均为市镇人口，而无乡村人口。这种统计上的偏差，不仅不能反映城市化的真实水平，而且可能会延误城市化进展和城乡经济发展。建议进行统计方法和数据上的修正，同时要尽快进行户籍管理制度改革。据42个小城镇调查资料，按城市化率为33%（32.66%）计算镇域和县级市的市镇人口数量，全省有560万人，加上省辖市区人口之和1656万人，合计2216万人，占全省总人口的55.3%。如果再加上迁入市区的农村人口，这一比率大约为56%。可见，辽宁城市化水平高于全国28.62%的平均水平，并高于世界平均水平。

三　加速城市化和农村小城镇建设的新思路

1. 坚持制定高起点、高标准、科学规划城乡一体的城市化蓝图

第一，进一步更新观念，增强城市化意识。由于长期受计划经济体制下形成的城镇规模框框所束缚，不适应、不善于用市场经济观念进行城镇布局规划。因此，要打破旧的传统思维方式，树立社会主义市场经济发展的新观念和新思维方式；破除观望等待、安于现状和唯条件论的守旧观念，树立勇于探索、大胆创新、开拓前进的新观念；破除城镇建设上起点低、标准低、水平低的滞后观念，树立高起点、高标准、高水平的新观念，用新思想、大手笔、大气魄，科学地搞好各层次的城镇规划和布局。

第二，各市、区、县都要跳出传统的行政区域概念的思维定式，根据系统工程理论和迈向21世纪辽宁社会经济总体发展规划的要求，以建设现代化城乡一体、协调发展的城镇化体系为目标，因地制宜地找准本地的优势特点，科学、全面地进行区域功能定位，正确进行规划布局。

2. 加速农村城市化不在于小城镇数量的增多，关键是提高其质量

国家放宽了建制镇标准后，辽宁的建制镇数量骤增，虽然标志着乡村城市化进入新的时期，但小城镇作为城市化的最小区位，在一定程度上降低了城市属性中重要的人口结构质量。1982～1994年全省镇人口由26.3万人增至652.6万人，主要增加了农村人口数量。据42个小城镇调查，平均每镇总人口中有2/3是所辖区农村人口，而且在镇内生活、工作的那1/3居民，多数是在乡镇企业工作和从事个体商业的农民。他们的城市文明意识、

社会化商品经济意识、市场意识、法制观念、文化素质、精神文明和生活方式等，距现代化城市要求尚有较大差距。尤其是为了获得建制镇征用土地等优惠政策及其他利益而设的镇，无论从人口素质还是从经济规模、功能表现看，都不具备条件。因此，加速农村城市化，一方面在数量上要适量适度地发展小城镇，另一方面要着重加强小城镇质量建设。各市要根据区位、交通、经济社会聚集效应和农民居住集中趋势，对中心城镇和一般乡镇都要科学地布点选址。按照统一规划要求对现有小城镇进行适当调整。如果中心城镇与乡镇按照1∶5的比例规划，居住人口逐步达到5万人左右和1万~2万人，全省中心城镇可发展到85~100个，乡镇可发展425~500个，共可容纳1000万人以上。但是小城镇人口达到这样的规模，必须以提高小城镇质量为前提。小城镇尤其中心城镇要建设成为功能齐全、设施先进、环境优美、生活方便舒适的现代化小城镇。届时，农村70%的人口集中到小城镇，城市化率可达到85%以上。

3. 建立健全推进城市化的运行机制

①以市场为导向建立多渠道筹集城镇建设资金的投资机制。向"政府投资、社会集资、招商引资、个体带资"多渠道筹资方向发展，建立健全国家、集体、个人、引资等多元化投资体制，是解决建设资金短缺的根本出路。②适应市场经济发展，建立新型土地管理制度和有偿使用的集体土地内部流转机制。辽宁是人多地少的省份之一，强化土地使用管理和调控非常重要，第一，城乡建设上必须严格控制非农建设用地。第二，农村使第二、三产业布局逐步集中，以划定农田保护区为前提，保证足够的农业生产用地，节约土地并有序开发利用土地。第三，建立健全城乡土地有偿使用内部流转市场，加强对土地依法管理。③通过实施各种生产要素向城镇集中化措施，逐步形成完善的追求规模效益、集聚效应的利益驱动机制。乡村城市化的重要方面就是使劳动力、土地等各种生产要素为提高配置效益逐步向城镇集中。首先，从实际出发，加快企业向工业园区集中。工业园区作为城镇的一个重要功能区或一个新型城市雏形，必须进行合理布局，连片开发，不断扩大区域集聚效应。其次，建立完善劳动力市场的有序运作机制，实现农村剩余劳动力向城镇第二、三产业转移集中，引导农民居住向城镇集中。最后，深化农业经营方式改革，因地制宜地消除由于分散的小规模土地经营方式对乡村城市化的制约因素，一方面积极引导农民把农田向规模经营的农户和农场集中，提高农业劳动生产率；另一方面通过

完善土地有偿使用流转市场，提高土地使用效率和土地生产率，从而逐步实现农业生产适度规模经营，达到规模效益的目的。

4. 加快改革步伐，尽快建立适应市场经济体制的城乡一体化的各种配套体系

①国家应尽快改革二元结构的户籍管理制度，建立以居住地划分城镇人口和农村人口，以职业划分非农业人口和农业人口的户籍登记制度，实行城乡一体户籍管理体制。②逐步破除城乡分设的社会保险不合理制度，实施社会保障体制城乡一体化的方针政策。使城乡居民获得同等就业、教育、住房、医疗、社会保险等权利和义务。③从城乡协调发展的意义上出发，尽快完善健全镇一级政府的村镇建设机构，设一定编制，配备一定数量的管理和技术人员，加强建设质量管理，以健全法制为手段，保证城镇规划顺利实施。④城市化一个十分重要的内容就是建设一个洁净优良的生态环境，这也是提高城乡人民生活质量的重要标志。我们切记国外以牺牲环境为代价的工业化经济发展的教训，要进一步确立人与环境和谐发展的观念。为此，城市化建设中，在继续加强城市治理污染的同时，抓好农村小城镇建设与环境保护、治理污染同步进行的工作。产业布局规划必须包括环境保护规划内容。建立政府宏观调控下的城乡统一的控制污染体系。

走向现代化的必由之路：
加速城市化进程[*]

辽宁是我国城市化起步较早，水平高的省区。改革开放以来，辽宁城市化也随着社会主义经济现代化建设发展有了显著的进展。特别是20世纪90年代，辽宁城市化发展又跨入了新的辉煌历程。加速小城镇和小城市的发展建设，改变了辽宁过去以大城市为主的城市化模式倾向，形成了金字塔式的由特、大、中、小城市和农村小城镇布局结构合理的城镇网络体系。还在已形成的以沈阳为中心的中部城市群基础上，又形成了以大连为中心的沿海城市带；以沈阳和大连为骨干的，沈大高速公路沿线的城市带。城市群、城市带的形成，进一步增强了城乡网络体系的集聚功能效应。而城市化的迅速发展，又进一步促进了经济建设和社会进步向更高层次的现代化发展，也就是说，辽宁城市化的高速发展，为辽宁走向知识经济信息社会奠定了基础。

一 城市化发展进入新阶段

（一）辽宁城市化发展的历史基础及其特征

辽宁城市形成历史久远，沈阳、辽阳、丹东、朝阳、锦州、兴城等都是历史名城。然而称之为城市化则应始于19世纪末。至今，在辽宁出现了三次城市化发展的高潮时期。第一次是19世纪末到20世纪上半叶，随着帝国主义列强入侵，为掠夺辽宁的丰富资源，从辽宁农村和关内一些省区集聚来的大批民工和劳工，修铁路、辟海港、开矿山、建工厂，发展商业贸

---

[*] 原载《在变革中崛起》一书，辽宁人民出版社，2001，第310~337页。

走向现代化的必由之路：加速城市化进程

易和工矿业，把辽宁的钢铁、煤炭、农产品和木材等资源运往日本或其他各国。在殖民掠夺过程中，辽宁又形成了营口、大连、抚顺、本溪、鞍山、阜新等商贸港口城市和工矿业城市。到20世纪40年代就已初步奠定了辽宁城市的基本格局。据1941年统计，沈阳已是拥有107.7万人口的特大城市，其次大连70万人、丹东31.2万人、抚顺27.9万人、鞍山21.4万人、营口18.3万人、阜新16万人、锦州14.1万人、辽阳10.2万人、本溪9.8万人。这一时期是辽宁城市化的起步阶段，走的是与西方城市化起步阶段相似之路。即资产者为剥夺资源财富，发展采掘业、加工业、轻纺工业等劳动密集型的主导产业，需要物资和人力资本在该资源区位大量集聚，从而使资源的集聚点——城市得以迅速发展。其不同之处在于西方国家是掠夺本国和外国资源产生集聚开始城市化的；而辽宁及东北地区的资源是被外国掠夺产生集聚开始城市化的，其特点是带有殖民地性质的城市化。

第二次，在20世纪50~60年代，新中国成立后，为尽快恢复和发展经济，国家采取优先发展重工业的战略方针。辽宁作为重工业基地，投入了巨额的建设资金。"一五"时期全国156项重点建设项目，在辽宁安排24项。辽宁以98个大中型工业项目为骨干，累计投资65.1亿元，发展了钢铁、机械、化工、煤炭、电力、建材等重工业。在新中国建设高潮中，全国成千上万的工程技术人员、工人和管理干部奔赴辽宁，向城市大企业集聚，城市人口迅速增加，加快了辽宁大中城市的发展，推动了城市化进程。1965年辽宁省非农业人口达到1013.7万人，比1949年331.4万人增加2.1倍，城市化率（非农业人口占总人口比重）由1949年的18.1%上升到36.1%，上升了18个百分点。辽宁成为全国城市化水平最高的省份。纵观这一时期，辽宁城市化已跨入了快速发展阶段，走的是与工业化基本同步、以大城市化为主的发展道路，而小城市和小城镇的发展十分缓慢。

第三次是20世纪80~90年代，中共十一届三中全会后，城乡经济体制改革不断深入，使辽宁城市化发展又跨入了新的阶段。农村实行家庭联产承包责任制，农民生产积极性得到释放，使劳动生产率大幅度提高，加上"对内搞活，对外开放"方针的贯彻实施，大批农村剩余劳动力从传统农业中解脱出来，一些人就地转入非农产业，发展多种经营或到乡镇企业就业，一些人进入城镇务工经商或从事其他经营活动。以及大批下放农村的"知青"和干部陆续返城就业，使城乡两方面非农就业人口迅速增加，极大地促进了乡村人口非农化，形成了乡村城市化的又一次大高潮。特别是到90年代，在城乡深层次改革的带动下，经济社会事业迅猛发展，交通、通信和基础设施建设取得了历史上前所未有的辉煌成就。小城市、小城镇迅速发展，促进了人口高密度、城镇高密度的城市群、城市带的形成，改变了过去以大城市为主的格局。2000年全省特、大、中、小城市共达到31座，比1949年10座、1990年20座分别增加21座和11座。其中100万人口以上的特大城市4座、50万～100万人口的大城市5座、20万～50万人口的中等城市7座、20万以下人口的小城市15座。建制镇已发展到659座。基本上形成了金字塔形的多层次，功能齐备，趋于协调发展的城镇化网络体系。城市化水平已达到54.24%（2000年全国第五次人口普查资料），比1990年50.86%上升3.38个百分点。在全国各省中仍居首位。

（二）20世纪90年代辽宁城市化迅速发展的原因

1. 20世纪80年代农业生产力迅猛发展为加速城市化进程创造了前提条件

农村实行家庭联产承包责任制，极大地激发了农民被平均主义压抑的生产积极性，农业生产力获得大解放，使农民成为独立的商品生产者，加上农产品收购价格的提高，粮食和其他农畜产品持续增产，农产品产量达到历史最高水平，农业总产值和劳动生产率大幅度提高。1990年辽宁省农业总产值273.8亿元，比1978年49.2亿元增长4.57倍，农业劳动生产率为4238.4元/人，比1978年826.5元/人增长4.13倍。农业生产力的迅猛发展，使大量的农业剩余劳动力从农业中分离出来转向非农产业。与此同时，由于农村经济的繁荣，粮食和农畜产品的增产和城市市场开放，有力地扩大了城乡有效需求，带动了城镇经济中第二三产业大发展，又为一部分农村劳动力到城镇就业开辟了门路。农业生产力的大发展推动了农村人口的非农化和城市化。

2. 城乡经济体制改革深入发展进一步加速了乡村城市化进程

进入20世纪90年代，城市经济体制改革滞后于农村经济体制改革，所暴露出来的深层次矛盾逐步解决。在农村经济体制变革的驱动下，城市经济发展和生产经营管理的"条块分割"制度受到了冲击，特别是多环节单一渠道的商品流通体制，统一层层调拨的模式，财政"分灶吃饭、画地为牢、互相封锁的禁域",已逐步打破。由于农业生产超常发展而出现的卖粮难、卖猪难等销售问题,也得到了解决。在城乡商品流通中,基本上建立了少环节、多渠道、多种形式的流通体制。此外,对计划经济体制下实施关于城市化、工业化和产业发展战略所需要的传统积累方式和手段,以及产生的诸如工农产品销售剪刀差政策、城乡户籍管理政策、城乡人口就业政策、城乡居民不同的福利制度等,均已陆续开始改革。这些政策和制度经过几年的相互碰撞、磨合、交融、探索,逐步建立起新的体制,推动了城市经济体制改革的全面展开。由于计划、物资、财政、金融、外贸、科技、教育、劳动工资、住房、社会保障等方面的体制改革不断深化,加之交通、通信和基础设施建设的飞速发展,从而促进了辽宁早已形成的城市群和改革开放以来形成的城市带进一步发挥其集聚效应,使辽宁城市化呈现出跨越式发展势态,形成了人口高密度和城镇高密度的城镇网络体系。

3. 加速小城镇的发展和建设使辽宁城市化发展跨入了新的阶段

由于农业劳动生产率大幅度提高,乡镇企业和乡村工业异军突起,使乡村剩余劳动力获得了转移场所,为乡镇建设和发展创造了条件。特别是中共十五届三中全会后,中央、省、市各级政府对小城镇的建设和发展,在政策上有了更明确的规定,使辽宁又掀起了加速小城镇建设的高潮。2000年全省小城镇已发展到1120座,居住人口472万人,占农村人口的19.2%,占全省总人口的11.5%。其中建制镇达到659座,比1990年448座增长47.1%,比1979年93座增长6.1倍。建制镇镇区人口平均达到7000人。小城镇不仅数量上骤增,而且在建设上取得了更大成效。由于小城镇综合经济实力增强,在基础设施、公共设施、社会福利事业等建设上,均取得了长足发展。在"九五"期间,全省小城镇建设投资318.8亿元,2000年全省小城镇镇区实有住宅建筑面积10599.4万平方米,人均住宅面积18.7平方米,全省小城镇绿化面积3523公顷,人均绿地面积2.51平方米。90%的乡镇实现了柏油公路,全省实有道路13206公里,高级和次级公路占64%,自来水普及率80%,电话用户达140多万户,村镇通电率100%,小城镇有学校1186所,卫生院956个,病床25462张,医护人员31256人,广播站1105个,文化站1123个,农村广播电视人口覆盖率达到100%。小城镇的迅速发展,改变了辽宁改革前的大中城市多,小城市和小城镇过少的畸形状态,形成了城镇化网络体系,城市化水平显著提高。

二　城市化的重大作用剖析

（一）辽宁城市化为走向现代化奠定了基础

城市化是社会生产力发展的必然产物。城市化发挥规模经济的集聚效应，既进一步增强了经济社会综合实力，又推动了经济社会向现代化发展。在城市化初期，生产力发展是通过工业化来实现的。这个过程中，一个不可违背的经济规律：城市化是工业化的必然结果，工业化是城市化的必要条件。二者是相辅相成的难以隔离的孪生物。纵观辽宁城市化的历史进程，在殖民资本利益驱使下，基本上是以辽宁丰富资源为基础，使人力资本和其他生产要素的集聚，形成了早期的一批以商贸和工矿业为主的城市，继而依托这些城市的资源配置效率和产业规模经济效应，生产力进一步提高，形成了包含资源、人才、技术、信息等先进生产力要素相关联的产业群。产业群的发展促进城市扩大，进而更增强了吸纳人力资本等要素的集聚能力。这种规模经济的集聚效应就是辽宁工业化初期城市化发展的源泉。20世纪50~60年代，在国家经济建设的方针政策指引下，集聚了大量的资本、技术和人力，工业化迅速发展，形成了具有比较完整的工业体系和比较高的工业产品水平的重工业基地。辽宁的冶金、机械、煤炭、石油、化工、建材等产业发展在全国占有举足轻重的地位。同时，还形成了一大批高素质产业工人和一支科技队伍，不仅为辽宁提高人口素质和经济社会走向现代化发挥了重要作用，而且向全国调出数十万名工程技术人员、技术工人和企业管理干部，调出大量的生铁、钢材、机床、建材等建设物资，为国家提供相当于国家投资4倍的利润和税金，有力地支援了全国经济建设。1965年辽宁工业总产值达到170.5亿元（按当年价格计算），比1952年44.2亿元（同上）增长2.86倍。经济综合实力的增强，不仅改变了殖民地工业性质的畸形结构，而且为辽宁工业化和城市化发展奠定了坚实的基础。

特别是中共十一届三中全会后，辽宁工业发展进入了新的历史时期，根据中央提出的"调整、改革、整顿、提高"和"对内搞活、对外开放"的方针，调整了工业结构和重大比例关系，改造了老工业基地，提高了技术水平和产品水平，外向型工业迅速发展，形成了强大的工业品出口能力。经过结构调整、技术改造、企业和城市经济体制改革，辽宁省生产力布局趋于合理，国民经济综合实力进一步增强，更显示了辽宁工业依托城市而发展的特点。形成了以沈阳为中心的中部城市群和以大连为中心的沿海城市带，构成了比较集中的产业群和高密度城市网络，为辽宁经济社会现代化发展奠定了基础。

（二）发展小城镇对加速城市化进程具有重要的现实意义和战略意义

数十年来，中国工业化实行城乡分割的政策，尤其人民公社化将农民更牢固地束缚在有限的耕地上。辽宁是国家重点建设的重工业基地，更突出地表现在工业建设从农业部门集聚资金而忽视农业发展，形成了城市大工业和农村小农业非均衡发展的城乡关系。尽管改革开放对这一状况有了一定的改善，但由于农村人口基数大，农业剩余劳动力存量仍不断增加。在这种情况下，如果让多年积淀的大量农村剩余劳动力涌入大中城市，不仅会给城市带来巨大的压力，加重"城市病"，而且增加因城市工业企业改革而下岗的人员重新就业的障碍，不健全的社会福利保障体制的影响，也将增加农民进城的风险。

因此，广大农民为了增加收入改善生活，开辟了农村工业化的发展道路；通过发展乡镇企业和其他非农产业，实现了部分剩余劳动力的转移。但是村村办企业，布局分散，难以提高经济效益，并带来环境污染、占用大量耕地、资源浪费等社会问题。因而发展小城镇，使农村走向工业化和形成经济发展磁力中心，具有十分重要的现实意义和战略意义。

第一，发展小城镇可以加速乡村人口城镇化，为农业剩余劳动力转移设置了最佳的场所和巨大的发展空间。小城镇建设发展需要大量的人力，必须靠吸纳乡村人力来完成。小城镇的生产建设和生活方式吸引着乡村人口迁来居住。2000年辽宁在小城镇居住的人口已增加到472万人，占农村人口的19.2%，占全省总人口的11.5%。有效地缓解了农村人口向大中城市转移的冲击，为辽宁乡村城市化作出了贡献。

第二，发展小城镇有利于实现农村工业化。与广大乡村地区相比，小城镇具有较好的基础设施、便捷的服务和良好的投资环境，以及形成了相应水平的经济社会集聚效应等条件，成为乡村工业和第三产业发展、集中的动力机制。乡村人口和第二三产业向小城镇集中，使其成为乡村地区经济增长中心，为乡村工业和乡镇企业扩大信息交流，提高科技水平、改善生产条件、提高经济效益；为解决非农产业与农业发展中的矛盾和带动第三产业发展；为统一治理环境污染，防止生态环境恶化等，都发挥了重要的主宰作用。

第三，发展小城镇是实现农业现代化、提高农业经济效益的必由之路。一方面，小城镇的发展实现了农业剩余劳动力的顺利转移，使土地流转，向种田大户集中，不但实现了农业规模经营，产生规模经济效应，而且促进了农业机械化的发展，提高了劳动生产率；另一方面，小城镇是连接城乡的桥梁和纽带，一头受城市辐射，一头向乡村扩散，加强了城乡间在信息、技术、服务上的联系和交流，促进了农业科技推广和农业增长方式的转变，推动了农业向优质高产高效的现代化发展。

第四，发展小城镇有利于节约农业资源，改善生态环境，使农村经济走持续发展的道路。乡镇企业占用耕地较多，而且易于污染环境。通过发展建设小城镇使人口和乡镇企业集中，改变分散格局，不但节约了土地资源，合理利用资源，提高投入产出率，促进经济快速发展，而且有利于综合治理污染，防止生态环境恶化。

第五，发展小城镇有利于改善农民生活环境，提高生活质量。小城镇接受城市文明生活方式快，可以把城市的先进文明、生活方式、价值观念传播到乡村，对乡村，特别是对镇区居民文化素质的提高，改变生活方式，增长就业能力都起到重要作用。加之小城镇的生产和生活环境易为广大农民所接受，符合农民原有的意愿，从而会大大减少农民进入大城市的风险。

可见，小城镇的发展和建设，在辽宁城市化进程中，具有不可替代的重要作用，它绝不是一种权宜之计，而是依照省情所做的一种必要的战略选择。

三 加速城市化的理论思考

（一）正确理解城市化及其内在本质规律

理论界对城市化的含义、概念问题已经研究探讨多年，目标仍然是智者见智，仁者见仁。笔者认为城市化就是先由生产力水平较低的乡村人类生活文明和农业经济社会向生产力水平较高的城市人类生活文明和工业经济社会转化，进而再向更高生产力水平的城乡融合一体的人类生活文明和

走向现代化的必由之路：加速城市化进程

知识经济信息社会转化的历史过程。这个进程大体可分为四个阶段：一是起步阶段。生产力低下，经济不发达，城乡差别很大，二元经济社会结构矛盾突出，城市化进展缓慢。二是快速发展阶段。生产力增强，经济水平提高，城乡对立逐渐转变为城乡联系，城乡互相促进，二元经济社会向一元经济社会转变。三是基本实现阶段。城市化各要素"量化"到一定程度（50%左右）转变为"同化"过程，城市向农村传播辐射，农村自身城市化能力增强，人类文明社会和经济发展从传统的落后的农村社会步入了现代化的先进的城市社会，农村发生了根本性的"质变"。四是完全实现阶段。城市化高度发展，生产力和经济水平高度发达，城乡差别消失，城乡融合，劳动者双向流动，城乡一体化发展，城乡居民共享发达的物质文明和精神文明成果。

辽宁城市化发展的进程也体现了这一规律。辽宁城市化起步于19世纪末和20世纪初，到20世纪50～60年代城乡分离、二元经济社会结构更加明显，70年代城乡对立、城乡分割达到顶峰。只有80～90年代改革开放，重新肯定了农业在国民经济发展中的重要地位和作用，大力发展农业生产力，改造传统农业为现代农业，扭转了重工轻农的偏向，出现了工业和农业、城市和乡村互相扶持、互相结合的动态局面。特别是以乡镇企业为核心的乡村工业的突起和迅速发展，有力地冲击了城乡二元经济社会结构模式。尤其是伴随乡镇企业发展和乡村经济的繁荣，小城镇迅猛发展，建设日新月异，为农业剩余劳动力开辟了转移场所，有力地推动了乡村城镇化。与此同时，辽宁城市经济体制改革和老工业基地的改造，步入了新的科技发展时代，城市的工业现代化为城乡人口流动和人力资源重新组合配置，为乡村提高生产技术和文明质量并向城市文明转化创造了新的机遇和条件。虽然当前人口流动仍然以单向（从乡村到城市）为主，但城市化已处于开始"同化"时期（1990年辽宁城市化率50.86%）。城市化由量变向质变发展，即将达到基本实现阶段。在一些发达的大城市郊区、城市密集区，城乡生产、生活方式互相融合、互相渗透，开始城乡融合，出现了人口双向流动趋势，城乡"同化"过程加快。2000年城镇人口达到2299万人，占全省总人口54.24%。比1990年增加3.38个百分点，比全国同期城镇化水平36.09%高18.15个百分点。人口素质显著提高，每10万人中受过大学教育的达6182人，比1990年增长1.38倍；受高中教育的提高20.76%；受初中教育的提高24%；而只受小学教育的下降1%；文盲率为4.76%，比1990

年8.84%下降4.08个百分点。国民经济三次产业就业结构发生很大变化，一、二、三产业就业比重由1990年的34.0：41.0：25.0变为2000年的33.4：31.7：34.9，一二产业在变革中崛起分别下降0.6个和9.3个百分点，第三产业则上升9.9个百分点。人均GDP达到11235元（1360美元），比1990年2698元（320美元）增长3.16倍。

（二）城市化发展中动力机制和演变规律

1. 城市化必须以农业经济发展为基础

农业经济不仅是工业和第三产业发展的前提，而且是城市化发展的前提。世界城市化历程表明，在城市化初期，许多先发展的国家几乎都是以剥夺农业、牺牲农业为代价的。城市化往往伴随着大量土地被兼并，耕地荒芜，农业人口盲目流入城市，尤其资本主义国家城市化起步是通过向外经济扩张，农业经济作为国民经济的基础，掠夺、输入其他国家（殖民地）的资源、财富和劳动力等生产要素，而输出剩余产品，造成农村或殖民地的资源过度消耗和生态环境污染等，直到城市化水平发展较高时，才开始重视本国农业的发展。而现代发展中国家（原殖民地国家）正相反，都具有一个共同的殖民地性质的城市化特征。由于无经济扩张能力，大多只靠国内来消化吸收解决城市化进程中产生的经济社会问题。在中国尤其辽宁建设工业基地时期，即城市化起步时，也是走了剥夺农村、农业、农民之路，实行限制农村农民的政策和制度，靠工农产品剪刀差积累建设资金。这一政策持续了几十年，工业化发展以农业基础薄弱为代价，造成乡村城市化进程停滞状态，农业为基础的城市化动力未能发挥应有的作用。

2. 资本扩张引起工业革命是城市化初期的动力源

经济发展和产业变革均由于资本集聚，尤其资本扩张追求利润最大化为目标所产生的结果。而产业变革和大工业的迅速发展就为推动城市化进程奠定了物质技术基础，工业产业形成规模，构成了城市的基本框架。因此资本扩张也是推进城市化发展的动力源泉，城市化的过程就是资本扩大再生产的延伸过程。辽宁城市化起步时期最有力的动力源就是靠建立重工业基地，发展大工业。大工业的发展吸收、集聚了更多的资本，为城市化奠定了物质技术基础。今后，在加速推进城市化过程中，还需扩大资本的投入，不仅发展高科技工业产业，而且应注意大力吸收民间资本和引进外资，为城市化积累大量的建设资本。

3. 第三产业终将成为加速城市化发展的最大动力源

通过对产业就业结构变化规律的探讨，发现在世界各国经济发展中，第一产业（农业）就业人口占总就业人口比重均呈现持续下降的趋势；第二产业（工业）就业人口占总就业人口比重是呈现倒 U 形的变动，即先上升，而后停滞在 40% 左右，之后开始逐渐下降；第三产业（服务业）就业人口占总就业人口比重与第一产业正相反，呈现持续上升的趋势。三次产业就业结构的变动规律在中国和辽宁的城市化进程中也不例外。如图 1 所示，在 1952~2000 年间城市化发展中，辽宁第一产业就业人口比重由 71.7% 逐渐下降到 33.4%；第二产业就业人口比重由 16.1% 上升到 1988 年的 42.2% 顶峰后，开始下降为 31.7%；第三产业就业人口比重则由 12.2% 逐渐上升为 34.9%。

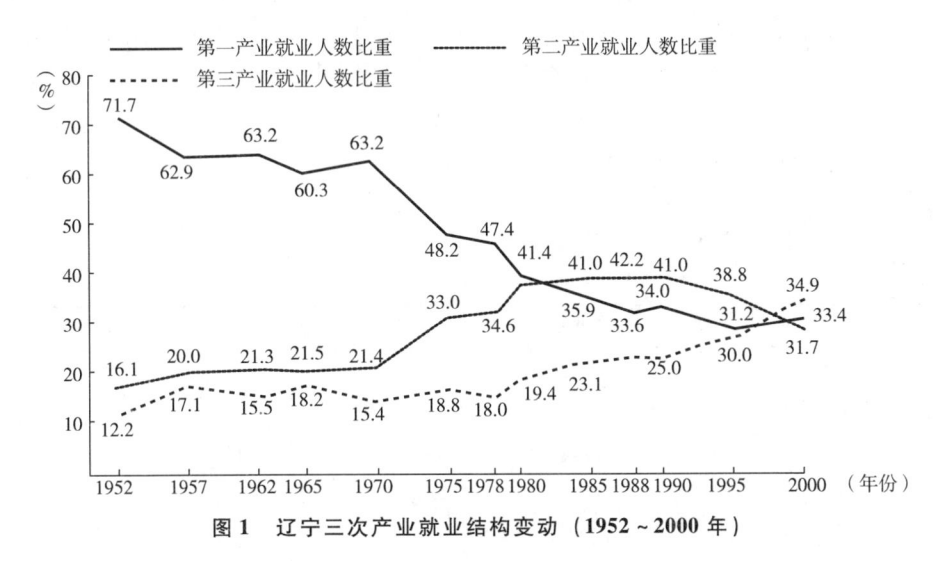

图 1　辽宁三次产业就业结构变动（1952~2000 年）

这一变动过程表明，在城市化初期，随着工业的发展，农业就业人口主要流向工业部门。同时由于工业在城市的集聚又带动了服务业发展，因而一部分农业人口也流入服务业，但流入较慢。到城市化快速发展阶段，工业化经过扩张期接近成熟期时工业就业人口开始减少，也同农业多余的就业人口一起转向服务业就业，因而服务业就业人口开始迅速增加，其就业比重也开始快速攀升，此后服务业在国民经济发展中，无论是就业规模还是 GDP 水平，其发展速度越来越快，将发展成为最大的产业部门，从而服务业终将成为城市化的最大动力源。2000 年辽宁第三产业（服务业）的就业比重为34.9%，已超过了第一产业或第二产业的就业比重，预示着辽宁的工业化已进入成熟期，城市化已跨入基本实现阶段，由量化发生质变过程的开始，城乡同化进程开始加快。

（三）城市化发展与产业结构变动规律

1. 城市化与经济发展水平具有不可分割的相关规律性

一般说来，城市化水平是随着国民经济发展水平的提高而推进的。从世界上人均GNP（或GDP）与城市化率之间的相关关系来分析，2000年中国城市化率达到36.1%（全国第五次人口普查资料），人均GDP接近900美元左右，参照表1数据中城市化率在30%～39%范围内，人均GDP约为820美元，相比大体相当；辽宁的城市化率达到54.24%，人均GDP为1360美元，参照数据中城市化率在50%～59%范围内，人均GDP约为3621美元，相比也在此范围内。可见全国和辽宁的城市化进程与经济发展水平基本相适应。但辽宁正处于产业结构调整时期，需要尽快解决与加速城市化进程相适应的经济基础问题，否则经济发展水平势必制约城市化进程。

表1 世界城市化与人均GDP分组参照（1989年）

单位:%，美元

城市化率	人均GDP	辽宁城市化率	人均GDP
20～29	374		
30～39	820		
40～49	1087		
50～59	3621		
60～69	6424	5424	1360
70～79	8569		
80～89	9960		
90以上	10757		

资料来源：谢文蕙、邓卫《城市经济学》，清华大学出版社，1996。

2. 城市化与产业结构变动具有密切的相关规律性

学术界研究表明，在工业经济社会发展中，产业结构的变动对城市化进程影响很大。普遍规律显示城市化随着工业化过程而呈现出"S"形的发展趋势（见图2）。城市化率一般是在工业化初期即起步期呈上升态势，经过工业化中期即扩张期的加速发展,使城市化率超过30%而迅速向70%攀升的过程,到工业化后期即成熟期又呈缓慢上升态势。其中,工业化扩张时期,由于工业和国民经济快速发展,必然带动城市化的快速发展,城市化率增长速度往往是工业化起步时期的2倍左右。随着生产经营的科技水平的提高,国民经济各产业部门生产经营开始由量的粗放型扩张向质的提高和集约化方向发展,而且第三产业发展加快,逐渐成为国民经济主体产业。根据发达国家工业化过程中产业结构变动情况分析,第二产业的GDP比重和就业比重均上升到40%左右后,将缓慢下降,随之第一产业的GDP比重和就业比重仍继续下降,而第三产业的GDP比重和就业比重迅速上升。表明工业化进入了成熟时期,城市化的进一步发展,已开始由依赖第二产业为主转向以依赖第三产业为主的阶段。

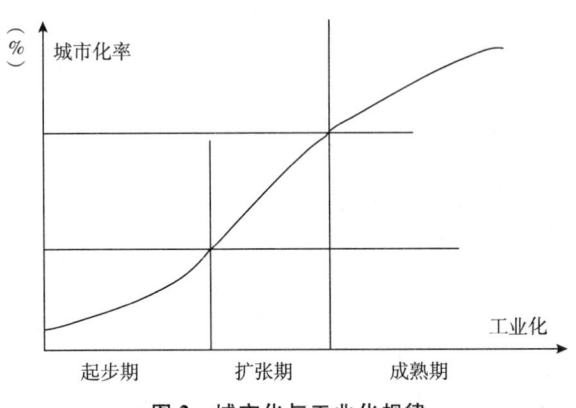

图2 城市化与工业化规律

辽宁的城市化进程与产业结构变动的关系基本上符合上述规律,但也具有自身的特殊性。辽宁城市化在国内起步较早,新中国成立以来又一直处于全国各省领先地位。1952年辽宁市镇人口比重已达到29%,比全国平均水平12.5%高出16.5个百分点,至2000年全国第五次人口普查时,辽宁市镇人口比重高达54.24%,仍比全国平均水平36.09%高出18.15个百分点。在20世纪50年代初,辽宁城市化就已进入了快速发展期,本应在城市引力作用下,劳动力快速向城镇流动,城市化与工业化互促共进。然而也正是从50年代开始,国家实行了城乡分割的政策和制度,为了优先发展重工业实行诸如粮食统购统销政策、副食品供应政策、城乡户籍管理制度、城市职工医疗保健、城乡劳动就业制度和其他福利待遇等。尤其在农村建立了高度集中统一经营管理的人民公社制度，将农村人口牢牢地限制在耕地上。加上 1960 年前后的三年自然灾害，不仅农村劳动力向城镇流动受到严格限制，反而实行了城市人口向农村回流政策。特别是"文化大革命"期间知识青年和广大知识分子及干部下放农村插队落户，使城市化停滞不前，甚至一度使城市化率下降。总之，受计划经济体制下优先发展工业而造成的落后的农业和不发达的第三产业的制约，辽宁的工业在长达 30 余年中一直处于粗放型量化扩张状态。直到 20 世纪 80 年代初，首先在农村进行的改革使第一产业（农业）得到了迅速发展，解放了农业劳动力，发展农村第二、三产业，使产业结构开始改变。尤其 90 年代以来，第二产业从由于质化水平低而萎缩中解脱出来，开始了产业结构调整和建立现代企业制度，城乡第三产业也迅猛发展，使产业结构发生了巨大的变化。一、二、三产业增加值在国民经济中的比例由 1980 年的 16.4∶68.4∶15.2 变为 2000 年的 10.8∶50.2∶39.0；三次产业就业比例由 1980 年的 41.4∶39.2∶19.4 变为 2000 年的 33.4∶31.7∶34.9。由此变动才使城市化名副其实地进入了快速发展阶段。

（四）城市化的梯度发展规律

20 世纪 80 年代初，从西方引进梯度推移理论以来，中国学术界在发展经济学、区域经济学和经济发展战略等领域研究了梯度推移理论及方法，取得了成果。目前，尽管国内外学者对梯度理论应用的普遍性有着明显的不同看法，但笔者认为，从城市经济学角度研究梯度推移理论还是有其应用价值的。从城市经济学角度以城乡关系来划分和理解区域经济，一般可以划分为城市经济、城郊经济、小城镇经济和乡村经济四种区域经济。这四种经济板块则依次体现出高、中、低三个梯度的区域经济（见图 3）。城市经济社会是先进的高梯度区，它具有的生产力、经营管理水平、科学技术、生产方法和生活方式等，均通过辐射和扩散作用，围绕城市呈环形或扇形向外推移和传播。首先向城市郊区和小城镇推移。城郊和小城镇被称为城乡结合部、城乡连接的纽带和桥梁，在地域上、经济社会发展上、人类进步文明上，实现城市与城郊或小城镇的衔接，城郊或小城镇与乡村的衔接，完成乡村城市化的三大梯度的推移和融合。因此说，城市是城市化的先导，城郊和小城镇是城市化的第一梯队。总之，在乡村城市化、城乡一体化漫长的进程中，城市这个高梯度区对乡村这个低梯度区的吸引和同化，总是由近至远，要经过郊区或小城镇这个中级梯度区向乡村推移、扩散，这就是城市化梯度推移理论规律。集聚和扩散是城市化的基本性质。二者虽然是反向对立的，但二者效应结果是统一的。集聚效应能推动和加速城市化进程，扩散效应同样也能加速城市化进程，尤其发挥梯度扩散效应的作用，城郊地区和小城镇首先实现城市化。在辽宁由于大中城市密集，城郊乡村连片，大中城市的郊区互相交叉、重叠，一个郊区既接受这个城市的扩散，又接受另一个城市的扩散，与多个中心城市发生联系。由于来自多方渗透和辐射，使其经济社会发展迅速，从而加快了郊区城市化和小城镇的建设发展，进而带动全省乡村城市化发展步伐。这种城市化的梯度扩散、梯度推移，使辽宁城乡间的生活和生产条件差异渐趋消失。从长远看，在消灭城乡差别，实现城乡融合的过程中，梯度扩散效应和梯度推移规律将起到极其重要的作用。

图 3 城市化梯度区

四 辽宁面临的主要问题及战略选择

（一）面临的主要问题

辽宁有较早的城市化历史，城市化发展在全国一直处于高水平，尤其是在改革开放的 20 年特别是近十年中发展得最为迅速。但是，由于长期受国家实行的重工轻农、重城轻乡政策和对城乡人口、土地、就业等多方面的制约，无论从纵向自身发展历史上，还是从横向与国外发达国家城市化水平（75%以上）相比较，都还存在着明显的差距。

1. 城市化内涵质量较低

面临 21 世纪知识经济社会发展的要求，城市化水平和内涵质量应向更高层次发展。不仅是城市数量增加，城市区域扩大，人口向城镇集中，而且需要国民经济和社会发展的各种要素也应实现更高层次的变革，使城市增强综合实力，发挥更大的集聚效应。辽宁省虽然城市数量多，密度大，但仍以外延型扩张为主，城市化水平无论在形象上还是在内涵质量上都显得比较落后。世界著名城市都注重塑造和设计自身的形象，而辽宁各城市对自身独特形象的规划设计都比较欠缺。城市硬件建设上缺乏特色，每个城市的代表性建筑特点不突出。建筑物的规划设计缺乏科学性、超前性。由于资金短缺，基础设施建设，特别是交通道路的规划设置、修建都明显落后于京、津、沪等特大城市。在城市软件建设上，主要表现在城市管理水平落后，社会治安、生态绿化、卫生环境都不尽如人意。城镇居民文化道德素质还有待进一步提高，城市的文化功能和科技创新能力也较弱。近年来，只有大连市在城市形象建设上和软硬环境改善上取得了很大成果，而其他城市成果尚不明显。

2. 辽宁工业发展与加速城市化仍不协调

辽宁长期在计划经济体制下，国有经济比重大，国有企业改革相对进展缓慢。由于受地区和部门分割的影响，辽宁产业结构调整所需资金不足，又缺乏高风险的政府扶持，有关政策不配套，落实不力，都制约着产业结构升级，使第三产业和高新技术产业发展受到一定影响，工业化进程延缓。另外，20 世纪 90 年代乡镇工业经过内在整合，虽然促进了辽宁城市化发展，但是，乡镇企业赖以生存和发展的必要条件，诸如农产品原料、可利用和开发的资源、农村剩余劳动力、产品交易市场等，都具有分散性，因而必然导致乡村工业分散化的空间布局结构，这种分散结构凝聚力小，带来乡村工业以"小、散、低"为核心的弱质化。由于规模小、分散性、低层次平面扩张，多数游离于城镇之外，必然产生过量占用耕地，大面积污染、技术管理落后、市场竞争能力弱、经济效益低下等多种后果。特别是这种分散化无法造就相应规模的乡村第三产业的市场需求，使小城镇对乡村第二、三产业的依赖性和第二、三产业对小城镇的支撑作用不强。此外，乡镇企业自产生起基本上是以要素投入拉动增长的，这种运行方式对能源、资源、人力、资金的利用水平较低，最终会表现出投入高产出低的竞争弱势。而且乡镇工业从业者科技文化素质不高，也影响乡镇工业的持续发展。

总之，乡村工业发展水平低的状况对加速城市化进程很不适应。

3. 土地资源浪费和耕地减少严重

城市化进程中，城镇数量增加，城镇建设和发展占地面积不断扩大。大中城市向周边拓延占用郊区耕地、林地，乡镇企业和小城镇的发展更是直接占用耕地和林地，甚至占用优质农田。辽宁耕地面积减少的形势十分严峻。1952~1978年减少耕地1453万亩，1978~1996年又减少耕地437.6万亩。目前，全省人均耕地面积为1.47亩，比1952年的3.7亩减少2.23亩，比1978年的1.7亩减少0.23亩。其中有的城市人均耕地面积已经低于或接近联合国规定的人均耕地面积的临界点0.8亩。本溪、营口、抚顺三市人均耕地分别为0.68亩、0.81亩、0.86亩。造成耕地减少，土地资源浪费的因素很多，而且大多数是非农占地因素所致。一是大中城市"扩散式"外延发展和90年代小城镇盲目发展，是耕地减少的主要原因。二是土地利用的总体规划工作滞后于城镇规划，用地计划基本屈从于城镇规划，而且长期以来缺乏科学规划和全面的统筹指导。三是地方政府受经济利益驱动，以建城、修路、办厂为由无控制地占用土地、出让土地，不断扩大非农建设用地。不少地方出现了土地征而不用，闲置浪费。尤其近年"房地产热""开发区热"，缺乏总体规划，占用大量耕地。四是宏观调控不力，土地管理体制不利于保护耕地。地方政府（包括村级）既是土地管理者又是土地经营者、使用者，其双重身份是保护耕地的最大障碍。一些县市仍然是多部门管地，多支笔审批，造成人为的土地流失。近年出台的土地法规仍有许多地方执行落实不够，土地资源浪费仍然很严重。

4. 对人口流动和劳动力转移的调控不力

在城市化进程中最主要的一个规律，就是乡村人口向城市流动。尤其到20世纪90年代，辽宁农村经济的非农化进展很快，乡村人口向城市流动广泛发生。不仅本省乡村人口向城镇转移，而且来自外省的流动人口也急剧增加，为交通、城市的运行带来了重大压力，加重了"城市病"的发生。从深层来看，主要是改革开放要求社会转型和体制转轨，而城市改革却滞后于农村改革，乡村人口流动显露出城乡社会矛盾尖锐化，加上农民流动动机不同，文化素质较差，法律观念薄弱，以及城乡劳动力市场不健全、劳动关系不规范，使人口流动带来了一些不稳定现象。特别是流动人员中少数不以正当方式谋生的游民，破坏社会治安和城市生活环境。因此，迫切需要政府将人口流动和农村剩余劳动力转移问题纳入国民经济和社会发展计划；尽快改革城乡就业体制和户籍管理制度；确立人口流动机制，进一步理顺、修订、完善人口迁移政策。而在这些方面，目前政府的调控政策还显得无力。

5. 小城镇发展数量多、规模小，建设质量低

辽宁城市化质量低表现在小城镇的发展和建设重数量轻质量上。城乡分割的二元社会结构，加上一些乡镇干部急功近利扩大财源的心态，盲目撤乡设镇，使小城镇的发展出现了追求速度而轻视或不顾及质量建设问题，造成了小城镇发展数量多、规模小、分布不合理。另外，由于乡镇企业发展的自发性和无序性，在很大程度上也引起小城镇的盲目发展蜂拥而出。2000年辽宁省小城镇（县以下建制镇和乡政府所在地）达1120个，其中建制镇659个，比1978年85个增长6.75倍，镇区居住人口平均达到7000人左右。据有关研究认为，小城镇镇区人口达到5万人左右，才能正常发挥集聚功能。辽宁小城镇镇区平均人口虽然高于全国镇区平均人口（4519人）水平，但如此超小规模的小城镇，基础设施建设不经济，对人口、企业和经济发展的集聚效应也十分低下。小城镇的产业结构仍偏重第一产业为主，第二产业比重很小，第三产业的发展尤为薄弱。由于缺乏建设资金，基础设施建设跟不上，交通道路、引水排水设施都很粗放简陋。大多数小城镇的社会、文化发展水平还很低。转移到小城镇居住的人口仍然保持着乡村人的价值观念和生产、生活方式，其内涵本质仍属于乡村社会。总之，多数小城镇的规划建设起点低，管理水平处于初级阶段，对周边乡村不能产生很大的吸引力、辐射作用。与此同时，在加速城市化进程中面临的问题还很多，对城市化进展产生的负面效应也很大。第一，乡村工业布局分散，在资金、技术、人才、管理等方面不能形成集成机制，人才素质和产业升级难以提高，资金集聚和技术进步与创新难以实现，其发展所需要的基本条件如供水、供电、供气及交通、通信、仓储等配套设施无法共享，各乡村各行其是无疑造成资源巨大浪费，而且不能形成城市化快速发展的综合动力。第二，第三产业发展相对滞后，市场需求量少，尤其乡村市场需求较弱，必然制约城镇产业发展和扩散，从而影响乡村非农产业发展速度和规模，进而非农产业发展缓慢又难以拉动农业现代化发展。第三，人才素质低，特别是乡村文化教育水平相对落后，不仅使乡村工业水平低、粗放经营，并导致乡村土地、生态环境恶化的后果，而且使农民不能摆脱兼业化状况，更加剧了农村劳动力过剩的矛盾。

走向现代化的必由之路：加速城市化进程

（二）21世纪的战略选择

进入21世纪，世界向着多极化和经济社会全球化、城乡一体化趋势发展。同时，21世纪中国将实现从工业化到信息化的跨越、从工业经济社会到知识经济社会的跨越过程。我们必须抓住有利时机，特别是要抓紧今后10~15年在我国建立起更加成熟的社会主义市场经济体制，与世界经济全面接轨，同时也探索出一条与信息化知识经济社会相适应的加速城市化发展的道路，让辽宁的城市化进程和产业现代化发展尽快接近或达到国际化高水平。

1. 以新的视角加速城市化进程

面对21世纪新时代的发展，按照跨越式、高标准、高起点的要求，根据辽宁城市化发展的基础水平，应当实施"以提高大中城市内涵质量建设为核心，以调整小城镇发展数量和提高小城镇建设质量为基础，以构筑都市圈、加强城市群和城市带的综合实力为目标，使城市化水平梯度升级，达到建立高层次的大、中、小城市和小城镇协调发展的城市化体系的目标"。

第一，以现代化或国际化城市为未来发展方向，提高大中城市建设的内涵质量。目前，各市都已明确了这一点。其中，沈阳、大连都将现代化国际性都市作为自己到2010年的发展目标，尤其大连市提出再造"北方香港"、全方位开放的现代化国际性北方最大港口城市的定位目标；鞍山、抚顺、本溪、辽阳、铁岭都提出实现现代化城市的发展目标，围绕省会沈阳市这个中心，形成国际化都市圈、城市群体；丹东、营口、盘锦、锦州、葫芦岛等市提出实现现代化国际性商贸发达的港口城市目标，围绕大连市形成沿海现代化国际性的城市带；朝阳、阜新提出建设多功能、开放型、大流通的现代化中心城市目标，带动周边小城市、小城镇的发展，形成现代化梯度发展的城市化格局。为了实现城市现代化国际化的目标，有些城市已经分别确定了"科技兴市""科教兴市""市场兴市""三产兴市"等战略方向。大部分城市都把发展外向型经济、高新技术产业、第三产业、非国有经济以及加速开发区建设作为未来经济发展的新增长点。把调整优化产业结构作为发展重点，力求实现产业结构高级化，企业经营规模化。以大产业大项目为支撑，进行资产要素重组，以科技为先导，培育和发展主导（或支柱）产业，建成一批以高新技术产业为先导的企业集团。并通过发展第三产业促进城市功能的完善，策动新一轮经济增长，逐步实现经济增长方式由粗放型向集约型转变。尤其是要以服务业为主导产业，以发展市场为中心，以建设发达便捷的交通网为支撑，实现城市建设与世界经济发展接轨。在全方位开放中，投资软环境建设从依靠优惠政策转向建立符合国际规范的体制；利用外资要从以工业为主转向多元化、多行业引进；生产要素要从单向引入转向双向流动；对外贸易从以本市本省为主的贸易转向外地外省市和全球的国际化大贸易，实现全方位、高起点、国际大区域联合的开放新格局。城市建设必须遵循可持续发展的原则，重视基础设施、生态环境保护、精神文明建设，把教育文化卫生事业发展、民主法制建设、提高人民生活质量、环境质量作为城市现代化的首要目标。努力实现城市管理规范化、法制化，着力构筑高标准、高起点的现代化城市框架。

第二，以人口和产业集聚为根本目标，发展建设小城镇，实现乡村城镇化。辽宁要加速城市化进程，实现乡村城镇化、农业现代化是关键。目前制约乡村城镇化和农业现代化的主要因素，一是小城镇接纳农村富余人口和劳动力的能力还有限；二是小城镇对集聚乡镇企业的能力也很弱；三是小城镇建设对耕地的浪费还很严重；四是乡村社会和农业生产现代化水平还比较低；五是小城镇居民生活质量和环境质量还不高。

因此，辽宁乡村城镇化发展，首先必须增强小城镇吸纳人口和劳动力的能力，这是乡村城镇化发展的根本目标之一。发展小城镇是促进人口集聚、推进乡村城镇化发展的客观要求。小城镇吸纳农村人口和农业富余劳动力所需要的投入成本，比大中城市吸纳农村人口所需的投入成本低得多，这是在国家财力有限的条件下加速城市化的必然选择。而且小城镇具有从乡村向城市转化的过渡时期的特征，小城镇比较适合农民长期形成的思想观念和生活方式。2000 年辽宁小城镇居住人口只有 472 万人，仅占全省总人口 4238 万人的 11.5%，而乡村人口达 2039 万人，占总人口比重为 45.6%。辽宁建制镇镇区平均人口仅为 0.7 万人，如果到 2010 年 200 个建制镇的非农人口平均增至 5 万人左右，就可以把 800 多万人口转移到城镇来。届时辽宁乡村人口比重可降到 25% 以下。

其次，应切实加强小城镇集聚乡镇企业的功能。目前，乡镇企业产值已占乡村社会总产值的 2/3，对乡村经济和社会发展起着主宰作用。但是，乡镇企业布局分散、企业规模较小、信息不畅等问题，制约着乡镇企业技术水平和经济效益的提高，也制约着生产条件的改善。因此，乡镇企业要

走向现代化的必由之路：加速城市化进程

向小城镇集中，发挥规模经济的集聚效应，降低乡镇企业基础设施成本和产品交易成本，加强企业间的协作和有益组合，减少因不合理占用耕地所造成的与农业发展的矛盾，促使兼业农民离土转向第二、三产业，促进第三产业在小城镇集聚。乡镇企业集中发展还便于企业废弃物的统一排放和综合治理，遏制因乡镇企业分散无序所造成的大面积环境污染和生态环境的恶化。

再次，必须把集约用地、保护耕地作为乡村城市化的一项战略目标。随着人口的增加，人地比例关系的刚性约束更加突出，人口对农副产品的需求矛盾愈加强烈。保护耕地事关亿万人民生活粮食安全，而要保护耕地则必须集约用地。要通过科学合理地规划，把过去浪费的土地退耕还田。无论大、中、小城镇的发展，都应严格控制用地规模，不能通过占有农田来扩大城镇用地，而应通过调整城市内部不合理用地，尽可能使用现有存量土地进行建设和改造旧城建设，提高建筑密度和城镇功能密度，特别是应用非农土地，如山坡（岗）、沙石滩地等劣质耕地。严禁占用城镇周围的优质农田、菜地、果园，并将其作为永久保护的"硬界限"，不管是小城市还是大城市都应继续扩展外延，应在规划区内划定永久保护的耕地和生态地带。新建扩建都尽可能越过农田、菜地、果园等"硬界限"，选择适宜地段建设新城区，发展分散式城市集聚区或城市群。将农田、菜园、果园等作为城镇的绿色隔离带，使城镇在绿色的田中，绿色田在城镇间，既美化了城镇，又改善了生态环境。

最后，要把乡镇居民生活质量和环境质量提高到城市化标准水平。农民对城市文明生活的追求，渴望提高生活质量和环境质量，不仅依赖于加速乡村工业化，而且依赖于提高农业生产现代化、科技化水平。只有壮大小城镇的经济实力，才能提高生活质量和环境质量，实现过上城市人的现代生活的目标。为此，必须提高人口素质，提高农业生产科技水平，壮大小城镇和乡村经济实力，加强自身财力的积累，为兴办企业、商店、市场、车站、道路、学校、医院、剧院、文化站、图书馆等设施创造物质基础条件。小城镇各项事业的发展，使农民很快受到城市文明的洗礼和精神文明教育，有利于乡镇企业家提高市场经济知识水平和企业科学管理水平，有利于企业职工和农民学习现代科学技术，提高适应现代化工农业生产能力和素质。加上实施经济与社会的制度创新措施，优化制度环境，从根本上改革不利于人口和产业集聚的政策和制度，使小城镇居民和农业人口在上学、入伍、就业、购物等一切待遇上，享有与城市人口完全平等的权利和地位。同时要注重小城镇的环境建设。在生产力发展和生活水平提高的基础上，不断提高人们对生活环境质量和建筑美学的要求。要实施可持续发展的战略，注重生态环境建设和推行绿色规划，加强对大气、水体、噪声环境的污染治理，全力进行绿色生态环境建设（发展绿色产业），充分体现生活安全性、便捷性，环境舒适性、经济性、生态持续性等小城镇规划建设的原则。总之，通过发展和建设小城镇，使乡村人口和乡村企业集聚，发挥规模经济集聚效应；使来自农民的乡镇企业职工和镇区居民转变为具有市场观念、竞争观念、效率观念的新型人才，使小城镇健康、快速而协调地发展。

第三，构筑城市圈，发挥城市群、城市带的集聚效应，带动辽宁城市化发展的整体水平。

为了发挥中心城市的作用，大中城市都要以构建城市圈来增强各自特色的城市功能。一般在城市中心区以市场、金融、通信、餐饮、服务等为核心，开发成商贸区、商业一条街、金融一条街、通信设备一条街、电子商品城、风味餐饮一条街或美食城等。城市中心区外围分布高新技术开发区、科技城、企业群、大型专业批发市场等。公园绿地、居民住宅区及文体娱乐区分布其间。在近郊区是绿化区带，不仅保持蔬菜、果园、养殖场，包括其加工企业在内的鲜活副食品生产基地，还要建设大面积的森林公园、动物园、特色的乡村旅游区、水库等。总之，要形成环形或扇形的城市功能网络框架，其中由建设现代化的立体交汇的交通道路及交通工具连接其中，发挥城市功能的辐射和扩散作用。然后，由各具特色的城市圈为中心源，向四面八方的小城市、小城镇、乡村辐射、扩散；每个小城市、小城镇也要形成各个小中心源，向周围扩散，形成大、中、小城市和小城镇相互重叠的辐射区，从而连成功能齐备、综合发展的城市带、城市群，使全省城市化进程梯度升级带动全省经济、社会向现代化、国际化方向发展。辽宁中部城市群、沿海城市带、辽西城市圈等在21世纪将会以崭新的姿态，跻身于国际上不断发展的现代化潮流中。

2. 加速辽宁城市化近期的对策和建议

第一，加速科学规划或修订规划工作。加速城市化进程必须防止急于求成、盲目发展，否则造成重复建设、低质发展、资源浪费。目前，存在的城镇布局不合理，城镇建设滞后，主要是缺乏科学规划。科学规划必须

走向现代化的必由之路：加速城市化进程

按照现代化、国际化标准，按照信息化知识经济社会发展的要求，从全局角度和战略高度，科学合理地制定总体规划和各专项规划，统筹安排城市化发展的战略重点、战略步骤。一是要明确城市发展的目标和方向。二是要制定和完善全省各区域的城市圈、城市群、城市带的发展规划，使区域内形成整体结构有序，大中小城镇布局合理。三是要制定和完善每个城镇的具体规划，要将每一个城镇的规划纳入到区域整体规划中，使城镇之间相互关联，发挥整体综合优势。四是对已做过规划的城镇，按照整体城镇群规划的高标准，进一步做好修订和完善规划的工作。总之，要根据强化可持续发展的现代化城市发展的要求，充分发挥城镇、都市圈、城市群的作用及集聚效应，遵循"经济繁荣、社会文明、环境优美、功能完善、城乡协调"的原则，制定和修订城市化规划，达到合理布局控制发展数量，高标准高质量发展的目标。

第二，建立和完善多元投资体制。以市场为导向建立多渠道筹集城镇建设资金，是加速城市化进程的动力保证。辽宁城市和小城镇基础设施建设严重滞后，主要是资金供给困难，而且由于基础设施建设存在着投资规模大，建设周期较长，资金回收慢，回报率低，投资吸引力低等问题，因此应采取有效对策利用多元投资力量，调动各方面的积极性，建立多层次、多渠道、多形式的多元投资体制。要按照"谁投资谁受益"的原则，鼓励政府、企业、个人参与投资，吸引国营、集体、个体、外商投资搞建设。尤其在加强小城镇基础设施建设上，对征收的小城镇建设维护税、基础设施配套费、土地出让费等全部财政收入应由城镇政府统一掌握，用于公共基础设施建设项目。国家也应拨出一定资金用于这方面的建设。金融部门要扩大向小城镇建设贷款。

第三，加速户籍管理制度改革，强化人口及第二、三产业向城镇有序集聚。长期以来，城乡分割的二元经济社会结构导致户籍管理制度，虽然在一定层面上做了变动，但仍然是制约城市化发展的重要因素。要加快城市化进程，首先就必须加速户籍管理制度的改革与创新。户籍管理制度改革无疑会带动就业制度和福利保障制度的改革，从而形成人口和产业向城镇集聚的正常发展机制。20世纪90年代各地对二元户籍管理制度进行了局部调整，如出现了小城镇的"绿色户口"和"蓝皮户口"，城镇流动人口临时户口管理，夫妻离异子女落户规定等。但是这仅仅起到对传统二元户籍管理制度的松动和冲击作用，并未彻底改为一元户籍管理制度。为了加快推进城市化进程,当务之急必须以改革户籍制度为突破口,着力推动城镇吸纳和安置外来迁移人口的制度,建立以居住地划分城镇人口与乡村人口,以职业划分非农人口与农业人口的户籍登记制度,实行城乡一体的户籍管理制度,从而破除城乡分设的就业制度和社会保障体制,使城乡居民享受同等就业、教育、住房、医疗、社会福利保险等权利和待遇。

第四,建立和完善新型土地管理和有偿使用土地的内部流转制度。辽宁省人多地少,强化土地管理和使用调控非常重要。在加速城市化过程中,一是必须严格控制非农建设用地;二是乡村必须使第二、三产业布局向小城镇集中,以划定农田保护区为前提,有序地开发利用土地,保证足够的农牧渔业生产用地;三是要尽快建立健全城乡土地有偿使用的内部流转市场,加强对土地依法管理,制定保护基础耕地的政策法规和关于耕地转包、出让的具体规定,保证基本口粮生产规模数量。

第五,采取有力措施使劳动力、资金、土地、技术等各种生产要素和生产企业向城镇集聚,形成规模经营和规模效益,提高劳动生产率。为此,除了改革城乡分割的户籍管理制度外,还必须进一步完善劳动力市场和人才市场,建立有序运作机制,促进人才和剩余劳动力向城镇转移集中。在产业布局方面,大中城市应集聚高层次、高科技、高效益的第二产业,建立高新技术开发区;要面向全社会和城乡广大市场发展金融、商业、贸易、房地产、服务业等第三产业,充分发挥大城市的中心作用。小城市和小城镇应以发展劳动密集型产业为主,并着力发展本地优势产业和区域特色经济。特别是应从实际出发,建立工业园区或具特色的专业市场,作为城镇的一个重要功能区或一个新型小城市雏形,进行合理布局,连片开发,实行优惠政策,使分散在乡村的企业、服务业向城镇工业园区和市场集中。与此同时,加速乡村农业经营方式的改革,创造条件积极引导农民把小块农田向规模经营的农户或家庭农场集中,提高农业劳动生产率;或通过实施土地有偿使用流转市场转让耕地,提高土地使用效率和土地生产率,实现农业生产规模经营,提高农业生产力,为农村剩余劳动力向城镇集聚、为加速城市化进程创造前提条件。

第六,按高标准、高质量的要求,抓好城镇管理工作。加速城市化进程绝不是只抓发展搞建设而忽视管理工作,必须发展建设与管理同步进展。从城乡协调发展的意义上出发,尽快建立城市化管理体制,建立城镇一体相应的机构和规章制度。尤其要健全镇一级政府的村镇建设和管理机构。

走向现代化的必由之路：加速城市化进程

设一定编制，配备管理人员，加强管理工作。按照城市的高标准高质量的要求，抓好城市形象包括市容市貌、文化环境的管理；抓好基础设施建设管理，包括供水排水、道路管线、供电供气、公用设施、邮电通信、交通运输等；抓好商业服务业和各类贸易市场的管理；抓好人口登记户籍管理、社区管理、社会治安管理和思想道德教育等工作；尤其要抓好生态环境管理，包括环境卫生、三废污染、环境噪声、园林绿化等方面的管理工作。

对于加速城市化进程来说，抓好管理工作比抓好建设工作更为重要。抓好管理是城市化发展的重要保证。